# ORGANIZATIONS
Second Edition
James G. March
Herbert A. Simon

オーガニゼーションズ 第2版
現代組織論の原典

ジェームズ・G・マーチ＋ハーバート・A・サイモン 著
ハロルド・ゲッコウとの協業による
高橋伸夫 訳

ダイヤモンド社

ORGANIZATIONS, Second Edition
by James March & Herbert Simon

Copyright © James G. March and Herbert A. Simon, 1993
All rights reserved.

Japanese translation rights arranged with John Wiley & Sons Limited
(a company of John Wiley & Sons, Inc.)
through Japan UNI Agency, Inc., Tokyo

オーガニゼーションズ［第2版］ 目次

第1章 組織的行動

- 1・1 社会的制度としての組織の重要性　3
- 1・2 組織論の文献　5
- 1・3 本書の体系　7
- 1・4 命題の類型　9
- 1・5 いくつかの心理学的な公準　11

第2章 「古典的」組織論

- 2・1 テイラーの科学的管理法　16
- 2・2 部門化の諸理論　28
- 2・3 管理論の操作的問題と経験的問題　39
- 2・4 結論　43

第3章　動機的制約：組織内決定

- 3・1 影響過程　46
- 3・2 官僚制の理論　48
- 3・3 満足と生産性　63
- 3・4 生産動機づけ　69
- 3・5 結論　104

第4章　動機的制約：参加の決定

- 4・1 組織均衡論　106
- 4・2 参加者　112
- 4・3 従業員参加：参加判定基準　114
- 4・4 従業員参加：一般モデル　117
- 4・5 知覚された組織退出願望に影響する要因　118
- 4・6 知覚された組織移動容易性に影響する要因　125
- 4・7 他の参加者への拡張　133

第5章 組織における葛藤・対立

- 5・1 個人的葛藤 143
- 5・2 組織内葛藤・対立：組織内の個人的葛藤 149
- 5・3 組織内葛藤・対立：組織内集団間対立 154
- 5・4 葛藤・対立に対する組織の反応 162
- 5・5 組織間対立 166
- 5・6 結論 170

第6章 合理性の認知限界

- 6・1 合理性の概念 174
- 6・2 組織内プログラム 181

- 4・8 機会主義と組織の存続 136
- 4・9 結論 137

第7章　組織における計画と革新

- 7・1　創始の概念　216
- 7・2　革新の過程　221
- 7・3　革新の原因　227
- 7・4　プログラムの作成　232
- 7・5　組織層と革新　240
- 7・6　計画過程　246
- 7・7　結論　259

- 6・3　知覚と一体化　191
- 6・4　分業　200
- 6・5　伝達　203
- 6・6　組織構造と合理性の限界　212

あとがき 261

謝辞 263

第2版への序文 265

訳者あとがき 289

索引 317

変数索引 326

参考文献リスト 345

［図索引］

図3・1 一般的な官僚制モデル 49
図3・2 単純化したマートン・モデル 54
図3・3 単純化したセルズニック・モデル 58
図3・4 単純化したグールドナー・モデル 61
図3・5 適応的で動機づけられた行動の一般モデル 64
図3・6 想起集合に影響する要因 75
図3・7 想起代替案の知覚された結果に影響する要因 83
図3・8 集団一体化に影響する基礎要因 86

図3・9　知覚された集団名声に影響する要因　89
図3・10　相互作用頻度、知覚された目的共有の程度、集団内充足個人欲求数、競争量に影響する要因　91
図4・1　知覚された退出願望に影響する主要要因　124
図4・2　知覚された移動容易性に影響する主要要因　132
図5・1　個人的葛藤とそれに対する個人の反応に影響する要因　148
図5・2　組織内の個人的葛藤に影響する要因　153
図5・3　組織内集団間対立に影響する要因　163
図6・1　下位目的への選択的注意に影響する要因　196

第2版邦訳における表記上の注意

- 原典には注は一つもなかった。翻訳についている脚注は、すべて訳者注である。

- 原典第2版でのページ数を欄外に【 】で示している。

- [ ]で囲んだ部分は、原典にはないが、訳者が補った部分である。ただし、軽微なものについては数も多く、見掛け上煩雑な印象になるので、[ ]で明示していない。

- 変数を示す変数番号は、原典では初出時にしか記載されていないが、訳では、命題に変数番号が登場する箇所では、変数番号を再掲している。

- 文中で参考文献を表示する場合、たとえば第4章の原典第2版p.120に登場する (Raynolds, 1951⑤) のように 、出版年の後に丸で囲んで示した数字は、その章の中で当該文献の登場が何度目かを示している(この場合は5度目)。このことで、特定の文献が頻繁に引用されていることが手に取るようにわかる。そのことは参考文献リストでも下記のように明示している。ここで、たとえば【ch.4⑤, p.120】は、第4章で5回目の引用が原典第2版p.120でなされていることを示している。

    Reynolds, L. G. (1951). *The structure of labor markets: Wages and labor mobility in theory and practice*. New York: Harper & Brothers.【ch.4①, p.105】【ch.4②, p.114】【ch.4③, p.115】【ch.4④, p.116】【ch.4⑤, p.120】【ch.4⑥, p.121】【ch.4⑦, p.122】【ch.4⑧, p.122】【ch.4⑨, p.123】【ch.4⑩, p.123】【ch.4⑪, p.123】【ch.4⑫, p.125】

- 原典では箇条書き等になっていないが、番号をつけておいた方が理解しやすいものについては、訳者の判断で、①、②、③、……と丸で囲んだ番号をふっている(たとえばpp.28-29)。丸で囲んだアルファベット、Ⓐ、Ⓑ、Ⓒ、……も同様である。

- 原典でイタリック体表示されているものは、翻訳ではゴシック体表示している。

---

1) これが本書における最多被引用文献である。これ以外で被引用回数の多いものは、Morse (1953)が、第3章で2回、第4章で6回、Katz, Maccoby, Gurin, & Floor (1951)が第3章で5回、第4章で1回、Brissenden & Frankel (1922)が第4章で5回引用されている。

第1章
組織的行動
Organizational Behavior

本書は公式組織の理論についての本である。公式組織とは何か、用語の定義をするよりは、例をあげた方が簡単で、かつ多分有用である。USスチール株式会社は公式組織であり、赤十字も、街角の食料雑貨店も、ニューヨーク州高速道路局も公式組織、ニューヨーク州政府の一部である。もちろんニューヨーク州高速道路局は、より大きな公式組織、ニューヨーク州政府の一部であるが、さしあたりは、組織の周囲に引くべき正確な境界線や「組織」「非組織」の正確な区別に悩む必要はない。

これから扱うべき現実の世界は、すっきり分類するのが面倒なのだ。

著者というものは、たいていは、世間が認める以上に自分が扱っているテーマは重要だと信じている。われわれにとってはそれが、実務家向けに書かれた組織の本も多かったのに、組織論は今の社会科学で重要な位置を占めてはいない。今の心理学、社会学のたいていの教科書では、公式組織のテーマに短い章すら割かれていないのである。たとえば『社会心理学ハンドブック』(Lindzey, 1954①) には、小集団、マスコミ[*2]、「産業社会心理学」（組織についてでに触れるだけ）、リーダーシップ、投票行動についての章はあるのに、公式組織の章はなく、本文のあちこちで触れられているだけである。

このように公式組織が、今の社会科学の文献では目立たない存在である。考えられる理由の一つは、公式組織がたいして重要でないというものだが、この理由が正しくないことは、1・1節で示される。考えられる第二の理由は、組織の命題で他の社会科学のテーマに包含できないものはほとんどないというものだが、この主張については、ここでよりも本書の最後の方が正確に評価できる。考えられる第三の理由は、知られていることが非常に少ないので、書かれていることも非常に少ないというものである。本書で文献の検討が進めば、この理由が外れていないことがわかる。

【p.20】
【p.21】

[*1] USスチール (United States Steel Corporation; U. S. Steel) は、1901年2月25日に、カーネギー社、フェデラル・スチール社、ナショナル・スチール社の三つの地域的結合企業を中核に10社が経営統合してできた、当時、世界最大の巨大な鉄鋼総合一貫企業だ。現在でも、米国で最大規模の製鉄会社。USスチール社は、1991年に一度USXと名称変更し、2001年に再びUSスチールに名前を戻しているので、第2版出版時はUSXだったはずだが、原典ではそのような修正は行われていない。

[*2] 日本語の「マスコミ」は、新聞、ラジオ・テレビなどの大衆伝達機関の意味で用いるが、その意味での英語はmass communicationではなく、(mass) mediaである。英語のmass communicationは、新聞・ラジオ・テレビなどによる大量大衆伝達「新英和大辞典第6版（研究社）」。したがって、本書ではmass mediaは「マスコミ」と訳し、mass communicationは「マスコミ情報」と訳す。

[*3] ここで『社会心理学ハンドブック』を例示に使うこと自体、論理的に正しくない。実際、『社会心理学ハンドブック』は、その後50年以上、編者も増え、出版社も変わりながら版を重ね、2010年には第5版が出ている。Fiske, S. T., Gilbert, D. T., & Lindzey, G. (Eds.) (2010). *Handbook of social psychology* (5th ed.). Hoboken, NJ.: John Wiley & Sons. しかし、全2巻合わせて全37章2000ページ近くの大部の第5版でも、かろうじて「組織」がタイトルに出てくるのは、第33章「組織的選好とその結

2

1・1 社会的制度としての組織の重要性

しかし、なぜ組織は重要なのだろうか？ 表面的な答は、人々が非常に多くの時間をそこで過ごすから組織は重要だというものである。労働力人口、すなわち成人人口の大部分は、起きている時間の三分の一以上を自分が雇われている組織の中で過ごす。子供もほぼ同程度、学校組織の環境で生活している。そして子供も大人も、余暇の大半を無数のほとんど自由参加の別組織で過ごす。われわれの社会で、行動が実質上「組織的」ではない人といえば、その代表は、就学前児童と専業主婦だけである。

ただし、組織が至る所にあることが、組織に注目する唯一、主要な理由ではない。社会科学者としては、人間行動の説明に関心がある。社会心理学的立場をとれば、個々の人間が環境からどんな影響を受け、その影響にどう反応するかに関心がある。たいていの人にとって、公式組織は環境の大部分を占める。さらに、前述のような単なる時間配分での対比以上に、組織は行動に対して重要な影響力をもっているだろう。他の多くの社会的影響過程との対比で、組織内影響過程特有の特性を一つに要約しようとすれば、**拡散性**に対して**特定性**である。

具体例で、さらに際立たせよう。噂の伝達とメーカー内の顧客の注文の伝達を比較してみる。噂の伝達はまさに拡散の過程である。噂がたった一つの経路だけで外に伝わることはめったになく、実際、情報源から広く撒き散らさないと、たいていの場合、噂はすぐに消えてしまう。他方、顧客の注文は、明確に限定された経路で、しかも通常は少ない経路で伝えられる。これは、噂の伝達経路は選択できない*とか、公式組織の伝達先は特定の伝達先まで不確実ではな*いとかいいたいのではなく――確かにどちらもよくある――、この2例では、経路の特定性

[p.22]

果」(Organizational preferences and their consequences)(pp.1252-1287) だけである(ただし、内容的には、本書ともかなり重なる章も多い)。つまり、組織論が確立した後でも、状況は変わらないのである。第一、マーチ自身が編集した『組織論ハンドブック』*Handbook of organizations*, Chicago: Rand McNally (1965) に「組織」「組織論」などという章はない。そもそも仮に「社会心理学ハンドブック」に「組織論」という章があったら、組織論は社会心理学の一部ということになってしまい、そうなったらそうなったで、本書の著者は噛みついたはずである。

に顕著な程度の差があるといいたいのである。

組織の伝達の特色には、経路の特定性だけでなく、内容の高度な特定性もある。この点、組織的伝達とマスコミを通しての伝達は、好対照をなしている。新聞・ラジオの読者・聴取者は、共通の専門的語彙をもたず、共有特殊知識もない。マスコミ情報が届いたとき彼らが何を思うか予測する良い方法もない。しかし組織的伝達の受け手は、少なくとも原則的には、これとは反対の極にある。つまり、受け手の特殊能力・特性について、多くのことが知られている。この知識は、受け手とのたくさんの過去の経験から得られ、受け手の仕事環境の詳細な知識から得られる。

マスコミが影響力を行使したり、指示を与えたりしようとするときは、そのメッセージは通常一番簡単な種類のもの、たとえば「今すぐ街角の薬屋さんに行き、そして……」となり、みんながその気になるように訴えかける。これに反して、組織の指示は、しばしば非常に細かく、しばしば受け手のやる気を仮定できる。組織伝達は詳細なだけではない。送り手・受け手双方が理解する高度に発達した共通専門言語を用いれば、暗号にもなりうる。ただし再度注意しておくが、ここでは白黒がはっきりしているといいたいわけではないし、それは事実にも反する。両者は程度の違いが大きくて、しかもその違いがとても重要だと指摘したいだけなのである。

組織内伝達を特徴づけている高特定性は、**役割**という社会学の概念を用いて、少し別の方法で説明することができる。個人が果たす他の役割の多くとは対照的に、組織内の役割は高度に精巧で、比較的安定し、相当程度明示的で文書化される傾向すらある。役割定義は、それを果たす個人のためだけではない。組織内で取引機会のある人に相当詳細に知られるので、各組織メンバーの周囲の人の環境が高安定・予測可能になる傾向がある。組織は調整して環境に対処

する能力をもっているが、その能力は、これから議論する組織の構造的特徴とともに、この予測可能性のおかげなのである。

組織行動の調整が高度なことは、組織内調整と経済学的市場調整の比較で例示できる。もちろん、市場はしばしばかなりの安定性と予測可能性を示すので、商品の総供給量と取引価格について事前にある程度分かった上で、売り手は商品を市場に持ち込むことができる。しかし売り手は、商品の買い手が具体的に誰で、正確な価格がいくらかを事前に知らない。それに対して、組織内取引は、市場取引よりもはるかに事前計画、事前調整されている。たとえば、自動車エンジン部門は、生産すべきエンジンの台数を正確に知っているが、それは、その部門が市場予測をしたからではなく、エンジン生産計画がその会社の完成車生産部門の生産計画と調整済みだから分かるのである。

ちょっと生物学的にたとえてみるのもいいだろう。組織は相互作用する人間の集合体であり、この調整システムとしては社会最大の集合体である。この調整システムは、高等生物の中枢神経系統ほどには発達しておらず、組織は猿よりミミズに近い。にもかかわらず、組織内構造・調整の高特定性──組織間・非組織化個人間の散漫で変わりやすい関係とは対照的──により、社会学的単位としての個々の組織に仕切られる。それは重要さの点で、生物学における生物の個体に匹敵するものである。

1・2　組織論の文献

本書では、組織研究者・組織著述家による組織記述の重要なものを体系的に概観する。組織理解への社会科学者の貢献が大きくなかったことは既に見てきた。にもかかわらず、組織は社

会に多面的に影響するので、組織論の断片、破片、かけらと経験的データは、次のように広範な資料から収集可能である。[*4]

1. 多くの経営者や行政官が、書物や論文の中で、伝記的・体系的に組織の経験を記録してきた。
2. 科学的管理運動は組織論と関係しているし、経営管理の標準的教科書はほぼどれも良い組織の原則について一、二章を割いている。
3. 社会学者の中には、組織について理論化し、体系的な観察を行った者もいて、そのほとんどはマックス・ウェーバーの「官僚制」の分析に影響を受けた者である。
4. 社会心理学者は、組織行動の二つの側面——リーダーシップと監督、勤労意欲と従業員態度——に特別の興味を示してきた。最近になって、伝達パターンが組織行動に及ぼす影響についての研究にも着手している。
5. 政治学者は、科学的管理法グループとまったく同様に政府組織の効率的な運営の問題、さらに行政に対する外的（民主的）統制確保の問題にずっと関心をもってきた。
6. 経済学者は、経済における市場操作、価格・配分メカニズムへの広い関心から、その構成要素として企業の理論をつくった。さらに、計画か放任かという論争においても、組織についての考察が、体系的ではないにしろ重要な役割を果たしてきた。

このように散在する多様な組織関連文献を集めて、全体として首尾一貫したものにしようとすれば、誰もが二つの深刻な問題を乗り越えなければならない。第一に、結局、文献は組織について多くを語らず、さまざまな言葉で繰り返し語ってきただけの印象を受ける。したがって、

[p.24]

*4 原典は初版（p.5）も第2版（pp.23-24）も項目ごとに改行していないが、見にくいので、ここでは改行している。このリストの中に、本書の理論的背骨ともいえるゲーム理論や統計的決定理論が含まれていないことは非常に奇異である。

共通の言葉を作ることに真剣に取り組む必要がある。

第二の問題は、文献では、仮説と証拠の間に大きな隔たりがあることである。組織について知られ、信じられていることの多くは、常識や経営者の実務経験から抽出されている。この大量の知恵と伝承は、科学的方法による厳密な精査を受けたことがない。文献は多くの主張を含んでいるが、通常の科学的基準——公の検証可能性と再現性——で考えて、その主張を確かめる証拠がほとんどない。

本書では、どのような証拠が存在するのか概観、吟味する。新証拠の提出が目的ではないが、次の二つの方法で、今の組織論の経験的検証に向けて踏み出してみたい。まず、変数を注意深く操作的に定義して、一群の既存仮説を検証可能な形に言い換えよう。次いで、いくつかの例で、どんな種類の検証が妥当で、実行可能かを示そう。

1・3 本書の体系

素材となる文献の体系化に際し、特定・特別な組織論に由来する偏狭な視点を押し付けることなく、体系化したいと思った。つまり折衷主義と偏狭主義の間の道を進もうとした。それがどの程度成功したのかは、読者の判断にまかせたい。

組織に関する命題は、その中の人間行動についての記述である。組織内人間行動を説明するために、こうした命題はすべて、明示的であれ暗黙にであれ、人間の何かの特性を仮定して埋め込んでいる。その埋め込まれた仮定に基づけば、組織的行動に関する命題は、次の三つに大別できる。

[p.25]

*5 「操作的 (operational)」は、本書のような分野の場合、辞書にはないが、「測定可能」の意味だと理解してほぼ間違いない。

1. 組織メンバーとりわけ従業員は、主として**受動的機械**であり、仕事遂行と指示受諾はできるが、行為創始や影響力行使はあまりできないと仮定している命題。
2. メンバーは①**態度、価値、目的**を組織に持ち込み、②組織行動システムへの参加には動機づけ、誘因づけが必要で、③個人目的と組織目的の対応は不完全で、④現実あるいは潜在的な目的の葛藤・対立のために、組織的行動は権力現象、態度、勤労意欲を中心に説明されると仮定している命題。
3. 組織メンバーは、**意思決定者・問題解決者**であり、組織内行動は知覚・思考過程を中心に説明されると仮定している命題。

これら3組の仮定の間に矛盾はない。人間はこれらすべてであり、もしかしたらそれ以上かもしれない。組織内人間行動の理論が妥当であるためには、人間行動の機械的側面も、動機的・態度的側面も、合理的側面も考慮する必要があるだろう。組織に関する大量の文献で、これらのうち一つだけを一心不乱に一貫して採用し続けたものはなかった。にもかかわらず、強調点に違いがあることは、文献を概観すれば明白である。理論化は抽象化を伴うので、組織の理論家は、自分の目的に特に重要と思われる生物としての人間の一側面に注意を集中させてきたのである。たとえば、機械としての従業員モデルは、科学的管理運動の文献に顕著である。動機と監督を強調する第二のモデルは、過去数十年の間に、官僚制、人間関係論、リーダーシップと監督、権力現象の研究でより顕著になってきた。組織的行動の合理的・知的側面を強調する第三のモデルは、他の二つのモデルほどには広く使われていないが、経済学者他の計画過程に関する文献、心理学者の組織伝達と問題解決に関する文献が特に代表的なのである。

そこで、この三つのモデルを、命題の分類、既存知識体系化の基礎としよう。次の第2章は、

[p.26]

*6 原典では instruments。この章で、科学的管理法との関連では、一貫して instrument が用いられる。ところが第2章以降、科学的管理法との関連の段落では machine が用いられ、第6章の最初の段落ではまた instrument が用いられる。訳し分けをすると混乱するので、この翻訳では両者をともに「機械」と訳すことにする。

*7 原典初版では、章は "Chapter 2" のように大文字で始めていたが、原典第2版では "chapter 2" のように小文字で始まる(たとえばp.26)ように統一されている。

*8 英語の "function" には「関数」という意味と「機能」という意味があるので、原典(初版p.7)第2版p.26)には「ここで "function" は数学の用語で「関数」である」という文章が入っているが、翻訳では必要ないし、除いてある。

*9 原典初版では、「(a)値域がある範囲をもった変数の命題」(b)すべてか無かの二分法的、または順序のない離散値をとる変数を一つ以上含んでいる命題」となっているが、現在の用語法では、「(a)量的データの変数を一つ以上含んでいる命題」と表現するのが適切なんでいる。(ただし、原典の(b)の説明には「被説明変数である『効率』としても表せる『部門化のタイプ』」—この場合は、数個の離散的な値をとる変数—『目的別部門化』もしくは『過程別専門化』」—を挙げている。命題によっては、基本的には二分法の変数であって、連続変数に変換されるものもある。頻度を使

科学的管理法の文献に見られる機械としての従業員を扱う。それに続く第3章、第4章、第5章の三つの章は、主に第二のモデルに基づく命題を扱う。第6章、第7章は主に、組織的行動の意思決定的・問題解決的側面に関係している。

1・4 命題の類型

本書の中心は、組織に関する一連の命題である。命題を記述する際は、できる限り標準的な形式を用いようとした。ただし、時折、変種もあり、単一形式にはできなかった。なぜなら、次に例示するように、命題にはいくつか異なる種類があるからである。

1. 一つの被説明変数が、他の一つもしくは二つ以上の（説明）変数に左右されることを表している命題。この命題は「yはxの関数である」という見なれた形のもので、一般には、次の2種がある。[*8]

   a 量的データの変数の命題。例：「生物の満足が低いほど、その探索量は大となる」[*10]。ここで被説明変数は、「探索量」であり、説明変数は「満足」である。[*9]

   b 質的データの変数の命題。例：「小規模組織においては、目的別部門化は、過程別専門化を妨げることで、深刻な非効率を招く」[*11]。被説明変数である「効率」は量的データの変数であるが、説明変数「目的別部門化」「過程別専門化」は質的データである。こうした質的データの変数は、各カテゴリーに該当するものを数えたものを量的データとして使うこともできる。例：「誘因―貢献バランスの増加は、組織からのメンバー個人の退出性向を減少させる」[*13]。組織を去るか留まるかの選択は、

[p.27]

（原典初版p.8; 第2版pp.26-27）という記述があるが、これでは量的データに分類されている質的データの一つである順序尺度を勢い余って否定してしまったりと混乱している。

「離散変数」「連続変数」の使い方は、当時の通常の用語法からすら逸脱している。「序数」「基数」の用語法にも違和感がある。したがって、やむをえず、記述内容に齟齬がないように、一部変えている。現在の標準的な用語法では、まず①名義尺度（nominal scale）、②順序尺度（ordinal scale）、③間隔尺度（interval scale）、④比率尺度（ratio scale）の四つに分類した上で、①名義尺度・②順序尺度に基づくデータを質的（定性的）データ（qualitative data）といい、③間隔尺度・④比率尺度に基づくデータを量的（定量的）データ（quantitative data）という。

[*10] 第3章3・3節に登場するが命題が簡条書きの第1項目となる文章（原典初版p.68; 第2版p.68）とは、文章が異なる。ここではあえて統一しなかった。

[*11] 第2章2・2節（原典初版p.24; 第2版p.43）に登場する文章と同じ。ただし、第2章では明示的に命題として扱われていたわけではない。また「深刻な非効率を招く（leads）」は第2章では「深刻な非効率を招きうる（can lead）」という表現になっていた。

[*12] 原典（初版p.8; 第2版p.26では）「目的別専門化（specialization by purpose）」となっているが、他の箇所では「目的別部門化（purpose departmentalization）」なので、後者に統一した。混乱を招かないために、後者に統一した。

第1章 組織的行動

9

1か0かの選択であるが、被説明変数「退出性向」を離職率——ある特定期間に退出するメンバーを計数して、その百分比をとったもの——に置き換えることができる。組織に関する質的、記述的な一般命題。例：「組織内で続く重要な活動の一つは、日常業務内にルーチン化を要する新活動のプログラム開発である」。*14 この命題は、問題となっている組織内で続く活動の量の尺度をつくれば「計量化である」。*14 この命題は、問題となっている組織内で続く活動の量の尺度を誰ももっていないという事実は別として）（計量化しても命題に突き合わせるデータを誰ももっていないという事実は別として）もともとこの命題は2変数間の関係を述べていない。多分、単純で質的な解剖学的記述「人間は規則的に収縮する心臓をもっている」のような、ほとんどいつもたいていの組織に当てはまるものとして解釈されるのが一番いい。

3. 組織の特定の構造・過程が、特定の機能を果たすと主張する命題（「心臓の機能は血液を循環させることである」のように）。*15 例：「行動硬直性は個人的な行為防止可能性を増大させる」。*16 行動硬直性と個人的行為防止可能性の尺度を持ち込めば、関数関係の命題にもなる。しかし、この命題は、行動硬直性には個人的行為を防止する機能があるという主張までも含んでおり、この意味で、機能分析は、この例文が登場する第3章3・2節のマートン・モデルのような自己維持システムの研究ツールとして有益なのである。

第一類型の命題の叙述では、その変数に番号を付け、たとえば、「被説明変数3.7の値は説明変数3.3、3.4、3.6の値によって変化する」という命題を【3.3, 3.4, 3.6→3.7】と表記する。*17 【また、その命題が図で示される場合には、【3.2→3.7《図3・2》】のように、その図を《 》で囲んで明示する。】*19 このように、命題は、説明変数が被説明変数に影響するメカニズムの存在を主張している。

* 13 第4章4・4節（原典初版p.93、第2版p.112）の冒頭の段落に登場する命題【4.1→4.2】「誘因効用－貢献効用バランス(4.1)の増加は、組織からの参加者個人の退出性向(4.2)を減少させ、またこのバランスの減少は逆の効果をもつ」。太字部抜けで「参加者個人」（the individual participant）が「メンバー個人」（an individual member）に変わっているが、ここではあえて統一しなかった。

* 14 第2章2・2節（原典初版p.26、第2版p.45）に登場する文章と同じ。ただし、第2章では明示的に命題として扱われているわけではない。

* 15 英語の"function"には「関数」という意味と「機能」という意味があるので、原典（初版p.8、第2版p.27）には「今度は"function"を生物学または社会学でいう『機能』の意味で用いる」という文章が入っているが、翻訳では必要ないので、除いてあります。

* 16 第3章3・2節（原典初版p.38、第2版p.58）に、該当する命題【3.7→3.10】がある。

* 17 原典では「変数と命題に番号を付ける」と書いているが、実際には、このタイプの命題には番号は付けられず、番号を付けた変数だけで識別している。

* 18 原典（初版p.9、第2版p.27）では「【3.7: 3.3, 3.4, 3.6】と表記する。被説明変数、説明変数の区別は本質的で、因果関係の矢印の向きまでも主張しているのである」と文章で説明されていたので、この翻訳では、因果関係の矢印を表示して、分かりやすく【3.3, 3.4, 3.6→3.7】と表記することにした。

これとは別に、「A」を頭に付けた番号で表す命題のシリーズもあり、分かりやすいように翻訳では明記した。第三類型の機能についての命題は、第二の解剖学的な命題がこれに該当する。第三類型の機能についての命題は、第一類型の命題と同じ形式で、変数に番号を付けて表記される。この場合には、機能が被説明変数となり、その機能を果たすメカニズムが説明変数となる。たとえば、前述の例では、「行動硬直性」が説明変数であり、「個人的行為防衛可能性」が被説明変数である。

1・5　いくつかの心理学的な公準

この序説的な章の最後に、生物としての人間、特にその中枢神経系について、分析全体の基礎になる仮定をいくつかしておこう。心理学者ならば、その仮定が、①トールマン (Tolman, 1932①) およびトールマン＝ブルンスウィック (Tolman & Brunswik, 1935①) の理論、②認知・知覚理論の最新動向、たとえばブルーナーたちの研究 (Bruner, Goodnow, & Austin, 1956①)、③生物としての人間は複雑な情報処理システムとみなしうるという見解 (Simon, 1947①; 1955①; 1956①; March, 1955a①; Newell, 1955①; Newell, Shaw, & Simon, 1958①) と大体一致すると分かるだろう。

生物の行動は、短い期間であれば、(1)期首の内部状態と(2)期首の環境によって説明される。この2要因、初期状態と環境は、行動だけでなく、次の期首の内部状態をも決める。これは生物になじみのある描写——遺伝と環境が同時に影響する——であり、動的システムの通常の数学的記述とも一致する。

こう記述すると、暗黙のうちに、生物の内部状態は、それ以前の歴史全体の関数ということになる。生物としての人間においては、内部状態はたいてい、記憶と呼ばれるものに入ってい

[p.28]

* 19　このような表示は原典にはないが、分かりやすいように翻訳では明記した。
* 20　原典初版 (p.9) の"A separate series of number, prefixed by 'A'"のコンマ"，"は、原典第2版 (p.27) では消えている。
* 21　原典 (初版p.9, 第2版p.27) では「命題の中の変数」にAを頭に付けた番号が使われると書いているが、実際には、変数ではなく、命題に番号がふられていた。
* 22　原典 (初版p.9, 第2版p.28) では、「行動硬直量」(amount of rigidity of behavior)、「行為防止可能性」(degree of defensibility of action) と言い換えたり、その元になっている第3章3・2節 (原典初版p.38, 第2版p.58) の該当命題 [3.7～3.10]、変数 (3.7) が「行動硬直性」、変数 (3.10) が「個人的行為防止可能性」とそのまま使われているので、混乱を避けるため、ここでもそのまま変数名として使っている。
* 23　原典の参考文献リスト (初版p.245, 第2版p.272) では出版社の記載がなく、出版地がBerkeleyになっている。1932年版はNew York: Centuryが正しい。Berkeley: University of California Pressは1949年で、原典の参考文献の訳者である富田達彦による「まえがき」によれば、この本は1932年版の参考文献の訳者である富田達彦による「まえがき」によれば、この本は1932年代心理学の理論的枠組、すなわち新行動主義の宣言の書といわれる。また、学習理論としては、S—S説とS—R説の二大学派のうちの、前者を体系的に示した唯一の書と評されている」(p.440)。よく知られるS-R説 (stimulus-response theory; S-R theory) の刺激と反応学習説で、刺激と反応の結合が学習されると考えるのに対して、S-S説

る。(これに限らず)あらゆる種類の過去の経験と環境刺激反応プログラムの一部記録・修正記録が記憶に入っている。より細かく言うと、任意の時点の人間の記憶内容は二つの部分に分かれていると通常考えられる。すなわち、①その時点での行動にほとんどまたはまったく影響を及ぼす部分と、②それよりもはるかに大きいが、その時点での行動に重大な影響を及ぼさない部分である。ある特定の時点で、行動に影響を及ぼす記憶の部分①は、**想起集合**と呼ばれる。②から想起集合①に移す過程は、その内容の**想起過程**と呼ばれる。

経験的には、記憶内容全体の変化は、一般に**学習**と呼ばれる過程を通して比較的ゆっくりと起こるらしい。しかし、想起集合の内容の変化は、非常に速く起こるかもしれない。学習過程と想起過程は、この違いや他の違いもあるので、影響の理論では両者を区別しておくことが重要である。行動に影響を及ぼすには、記憶内容の変化(学習)を引き起こすか、あるいは当該行動の有効な決定因を変化(想起)させればよい。ただしこの2種類の影響が、同じ法則に従うと仮定する先験的理由はないのである。

これと同様に、環境面でも、任意の時点で、次の期の行動に重要な影響を及ぼすものと、及ぼさないものに区別できる。前者はよく**刺激**と呼ばれる。一般に、刺激は、環境のうちの急速または突然に変化する部分である(たとえば、視界の中を速く動く物体)。刺激と想起集合には強い相互作用がある。ある時点に存在する刺激は、どの集合が想起されまたは想起され続けるかの主な決定因である。反対に、ある時点における想起集合は、環境のどの部分が刺激として有効かの主な決定因である。この関係は堂々巡りではなく、動的システムの変数間の通常の相互作用である。

生物の内部状態を想起部分と非想起部分に分けること、同様に、環境を刺激と「注意されな

[p.29]

*25 ここで挙げられている文献のうち、March (1958a)とSimon (1955)は、第3・1節「影響過程」で影響過程を描くのに再登場する。

*26 原典初版(p.9)では出版年は1957年になっていたが、原典第2版(p.28)で1958年に修正されている。

*27 ただし、原典(初版p.9, 第2版p.28)では"the same two sets of factors"となっているので、おそらく、初期状態と環境をイメージしていると思われる。つまり、初期状態ベクトルと環境ベクトル、それぞれスカラーではなくベクトルを描いていると思われる。本来は、初期状態ベクトルと書くべきだったのかもしれない。実は、第4章(原典初版p.85, 第2版p.104)でも誘因ベクトルと思われるものを誘因(原典初版p.137, 第2版p.158)でも結果ベクトルと思われるものをset と呼んでおり、第6章(原典初版p.137, 第2版p.158)でも結果ベクトルと思われるものをsetと呼んでいるらしい。本書ではベクトルという用語を使いたくないらしい。

*24 原典では、本文(初版p.9, 第2版p.28)でも、参考文献リスト(初版p.245, 第2版p.272)でも、Brunswickとなっているが、Brunswikの間違い。

(sign-significate theory)は記号=意味学習説で、ゲシュタルト心理学の場合、見通しによる学習だとされるが、トールマンは、目的行動に対する知識の獲得、すなわちサイン=ゲシュタルト期待の形成の過程とした【心理学辞典(有斐閣)】。

い」残りの部分に分けることは、物理学や化学に出てくるたいていの動的システムから生物を区別する基本的特徴である。内部状態でも環境でも、今さら論じなくても、人間行動の顕著な理論的特徴として十分明確である。ただ、内部状態や環境の活動的部分と非活動的部分の間の線引きは、特に、選んだ観察期間の長さに依存するだろう。実際、もし、たとえば1秒の何分の一のような非常に短い期間を選べば、想起集合の要素と刺激は非常に少なくなるだろう。もし、たとえば1週間のような長い期間を選べば、記憶内容の大部分が、その間のどこかでは想起集合の一部となるだろうし、またそれに応じて多数の環境事象が行動に影響する刺激の一部になるだろう。本書では、長い期間の場合には、集合の代わりに「状況定義」または「準拠枠」といった言い方をよくする。この用語選択は、何かとても基本的な区別のせいというわけではなく、文脈に関係なく「集合」という用語を使い続けるよりは、文脈に応じた普通の用語法により近づけようとするものである。

記憶内容については、このように「活動的」要素と「非活動的」要素に分ける方法とは別の分類法もある。(a)価値または目的：考慮した代替的行為の中でどれを選好するか決める際の適用基準、(b)行為とその結果の間の関係：代替的行為の結果に関する確信、知覚、期待、(c)代替案：可能な代替的行為。

要素の一つが刺激により想起されると、その要素から連想されるように学習された他の要素もまた想起されるかもしれない。たとえば、前回、特定の代替的行為の実行で特定の目的が達成されていたならば、その目的の想起が当該代替的行為をまた想起することもありそうだ。習慣的反応はこの極端な例で、刺激の想起と反応のつながりは無意識かもしれない。同じように、ある代替的行為の想起が、それから連想される結果の想起につながるだろう。

これが、本書で組織的行動の分析に用いられる生物としての人間の一般的描写である。それ

第1章 組織的行動

[p.30]

*28 原典（初版p.10、第2版p.29）では active and passive parts。

*29 原典初版（p.11）では time interval だったが、原典第2版（p.29）では time-interval とハイフンが入っている。このページでは、interval of course of action が2度登場するが、この言い方はここしかない。

*30 これ以降 course of action は「代替的行為」と訳し、alternative「代替案」とは訳し分ける。

*31 本書の背景の一つとなっている統計的決定理論の文脈では、「確信（belief）」は自然の状態（環境の状態）に対する事前確率分布を指している。行為の結果は自然の状態に依存するので、行為の結果もその確率分布に従うことになる。本書では、「確信」という用語は、暗にそのイメージで用いられていると考えると理解しやすい。

13

は、同時には一つか数個のことしかできず、記憶情報や環境情報のほんの小さな部分しか注意できない選択・意思決定・問題解決をする生物の描写である。本書では、この生物としての人間特有の特徴が、組織内人間行動の顕著な特徴のいくつかの基礎であることを見ていく。

第2章
「古典的」組織論
"Classical" Organization Theory

2・1 テイラーの科学的管理法

伝統的な組織論は、発展経路で大きく二つに分けられる。一つは、20世紀初頭のテイラーの研究を起源としたもので、生産の基礎である肉体的活動に焦点を当てている。時間研究と方法研究がその代表である。二つ目は、ギューリック＝アーウィック編の論文集が良い例で、第一のものと比べると大きな組織問題、部門間分業・調整問題に関わっている。[*1] この章では、この二つの理論領域の主要な特徴と問題点について述べることにしよう。

フレデリック・W・テイラー（Frederick W. Taylor）は、工業組織を舞台に人間を効果的に使うことを研究した。その際、人間特性と組織内の社会的・課業的環境との相互作用を分析することーーこれは一般的な組織論の課題であるーーを実質的に自身に課したのである（Taylor, 1907①; 1911①; 1919①; 1947①）[*2]。しかし、テイラーとその後継者たちが、実際に科学的管理運動で研究したのは、ずっと狭い範囲の行動だった。テイラーとその仲間たちは、たまたま歴史的に彼らの置かれた立場から受けた教育訓練、そして工場で直面した具体的問題のせいで、ルーチン的製造作業において、機械の付属物としての人間をいかに使うかを主に研究したのである。

科学的管理法グループは、時間研究・方法研究をする際、比較的単純な機械として人間を扱い、その特性を描写してきた。科学的管理法の目的は、生産工程の中ではむしろ非効率な生物としての人間を、最善可能な方法で使うことにあったのである。この目的を達成するには、人間という汎用機械をより効率的な専用機械に変える詳細な行動のプログラム（「方法」）または方法一式）を作ることが必要だった。科学的管理運動のおかげで、組織内の従業員個人の生産活動の測定精度はかなり向上した（測

[*1] Gulick and Urwick (1937) のこと。全11章195ページのうち、第1章Gulick, L., "Notes on the theory of organization," (pp.1-45)、第2章Urwick, L., "Organization as a technical problem," (pp.47-88) がページ数のほぼ半分を占める。他にはFayol, Hの1923年の講演内容（フランス語）の英訳（第4章pp.99-114）とファヨールに関してUrwickが1934年に行った講義録（第5章pp.115-130）、Henderson, L.J., Whitehead, T.N., & Mayo, E.の論文（第7章pp.143-158）、Mary Parker Follettの1932年の講義録（第8章pp.159-169）などが含まれている。

[*2] ここに挙げられている4点は、順に『金属切削法』『科学的管理の原理』『工場管理』『科学的管理法』『科学的管理の原理』『工場管理』の初出はASME（The American Society of Mechanical Engineers）が発行する ASME Transactions, 24 で1903年に発表されたもので、後に単行本は1919年しかないが参考文献リストには1911年のHarper & Brothers版も同年のNew York: McGraw-Hill Book 版も存在する。逆に1919年版は存在を確認できなかった。『工場管理』は『工場管理』と『科学的管理の原理』などは、合計して、1947年に出版されたもので、前2冊との重複引用になる。

16

定については後述する)。多くの人間工学的基本問題が提起され、部分解決され、単純肉体作業の生理学的制約に関するものすごい量の研究を刺激した(Wechsler, 1952①)。その結果、ルーチン的製造作業に含まれる活動は、正確に特定可能であることが示されたのである。その点では、科学的管理法の研究は、組織内人間行動のより広い心理学的側面にというよりも、むしろ機械化やオートメーションに関連しているといえる。ただし組織内の機械の役割は本書の主要関心事ではないので、オートメーション化(Diebold, 1952①、特にpp. 31-53)に対する科学的管理運動の影響についてはこれ以上論じない。[*3]

組織内の機械ではなく、組織内の人間の活用を論じよう。このアプローチに内在する人間行動の理論は、生理学的変数を主に扱うので、「生理学的組織論」と呼んでもいいものである。この理論は狭い課業範囲に限って、限られた数の生理学的変数を強調するので、次にそのことを考察する。

生理学的組織論が扱う課業類型

科学的管理法グループが最も深く関与したのは、生産現場や事務部門で行われる類の課業である。これらの課業には、工業組織の他種の活動とははっきり異なる重要な特性がある。第一に、大部分が反復的である。そのため、労働者個人の日々の活動は、実質同一もしくは類似の活動の多数の周期的反復に分解できる。第二に、担当労働者自身による複雑な問題解決活動を必要としない。訓練や経験を積んだ労働者であれば、各課業を実行するための標準的方法を身に付けている。これは、本書の後の方で、より精緻な意思決定手続が必要になる状況と対比される。

科学的管理法では、課業は比較的ルーチンなので、労働者の心の過程を記述しなくても、見

---

*3 原典(初版p.13, 第2版p.21)の表現は紛らわしいが、Diebold (1952) は科学的管理法に言及していない。後にサイモンは、別の本でオートメーションについて書いている。Simon, H.A. (1965). *The shape of automation: For men and management*. New York: Harper & Row. 本書第7章脚注67も参照のこと。

える行動だけでほぼ完全に記述できる。たとえばボルト締め付けは、ある程度経験のある労働者にとってはルーチンなので、行動での記述を想像できる。

他方、価格決定、機械設計、生産計画に伴う目に見える行動で記述するというのは、まったく別の話である。人間のより高度な心の過程に関する最近の理論的発展により、問題解決ステップがある程度詳しく分かってきたが、通常の手作業の記述とは非常に異なっているからである (Dinneen, 1955①; Newell & Simon, 1956①; Bruner, Goodnow, & Austin, 1956①)。伝統的な時間研究・方法研究は、問題解決課業を回避し、本書がもっぱら扱うようなこうした人間行動面を扱わなかった。

時間研究と方法研究の特徴は、この分野で標準的な『時間研究による作業標準決定法』(Lowry, Maynard, & Stegemerten, 1940①, pp.357-426) の公式を例にして説明できる。同書では、最後の三つの章で、それぞれ次の活動についての公式が紹介されている∴ (a) キャビネットにパネルを取り付ける (ch.33: pp.357-378) (b) 非鉄金属を旋盤にかける (ch.34: pp.379-415) (c) 真鍮鋳物工場において卓上型込め法で合金を鋳造する (ch.35: pp.416-426)。最後の2活動(b)(c)は、普通は高度な熟練労働者が行う。この2活動は製造業を代表する最単純活動ではないが、課業達成に必要な具体的ステップは、高度にプログラム化されうるし、実際されている。たとえば、(b)の旋盤操作の細かい記述は、「A. 部品を持ち上げて機械に運びなさい、B. 中間部品をチャック(旋盤のつかみ)に定置しなさい、C. 18インチ旋盤の独立チャックを締め付けなさい、D. レンチのパイプでチャックを締め付けなさい、E. チャックに部品を正しく合わせなさい、F. 床から芯合せ棒を取り上げなさい、G. トースカンを用いて)部品を中心にチャックで芯合せしなさい、H. (トースカンを用いて)芯合せ棒を取り除いて床に置きなさい、J. トースカンを脇に置きなさい」(p.388) という調子で、この最初の10個から始まり、全部で183個の

[p.33]

* 4 原典での書名は、本文(初版p.14;第2版p.33)と初版の参考文献リスト(p.234)では*Time and motion study*、第2版の参考文献リスト(p.259)では*Times and motion study*となっているが、いずれも*motion study*, *and formulas for wage incentives*である。正しくは、*Time and motion study and formulas for wage incentives*. 正しくは、*Time and motion study*. 背表紙に*Time and motion study*とだけ書かれていたので、誤解したのだろう。また引用されていたのは1940年版は第3版に当たり、初版は1927年、第2版は1932年。藤威夫訳『時間研究による作業標準決定法』初版の翻訳は1932年で、野田信夫・加マネジメント社のタイトルを用いた。なおここでは翻訳書のタイトルを用いた。なお「訳者序」によれば、3人の著者は、ウェスティングハウス・エレクトリック社の時間研究専門家である。

*6 ここでいう公式(formula)とは、今でいうところの重回帰式のようなイメージのものである。色々な変数に値を入れて、所要時間に相当する定数の組合せも含めて、翻訳書でも公式と呼んでいた。ただし、いわゆるダミー変数に相当する定数の組合せも含めて、所要時間を推定できるようにしたもので、必ずしも線形とは限らず、もっと複雑な計算式を組み込んだものもあった。本文中では"surface gage"になっているが、正しくは"surface gauge"か入るる。実は、Lowry, Maynard, & Stegemerten (1940, p.388)で、既に"gage"だった。トースカンとは、工作物に線を描くために用

細かい操作からなっている。

もちろん、このように精密な行動記述でも、筋肉の活動を、明示的にも、はっきり詳細にも定めていない。実際、「部品を持ち上げて機械に運びなさい」という指示は、色々なやり方で実行できる。しかし、時間研究をやっている人の一つの狙いは、労働者の行動の代替案をかなり制限して課業を定めることなのである。それにはまず、職務記述書の細目が使われる。しかし、「この物体を旋盤加工せよ」という指示も１８３の細分指示も筋肉運動の細目を唯一に定めるものではなく、いずれも活動の確定度は著しく低い。そこで、さらに時間標準によって実行方法選択の自由を制限するのである。たとえば「部品を取り上げて機械に運ぶ」ために許される時間を０・００４９時間（約18秒）にすると、その時間内に労働者が実行可能な活動方法の数は厳しく制限されることになる。

生物としての人間の仕様書

科学的管理法の理論では、扱う課業の種類で、考慮される人間の特性が決まってくる。行動を一連の高度に規則正しい肉体的活動としてみれば、関連するのは、生物としての人間の神経生理学的次元、すなわち能力、速度、持久力、代価である。これらを見出しにして分けて議論しよう。

能力　生物としての人間が達成可能な生産率には上限がある。能力尺度は、単に速度と疲労の２要因の要約にすぎないという面もあるが、人間の質的特性を表す説明変数ともなる。仮にある課業で手５本と指12本が必要ならば、人間はその実行に不向きな機械である。この意味で、能力は、人間・機械システムを設計する際の重要な要件になる。

【p.34】

*8　原典（初版 p.14、第２版 p.33）では、"183 specific tasks"となっているが、Lowry, Maynard, & Stegemerten (1940, p.388) では、183個の operations "detail operations" が挙げられている。課業達成に必要なステップを同じ用語「課業」と呼ぶのでは紛らわしいので、ここでは操作 (operation) と訳した。また原典にはなかったが、分かりにくいので、同書に倣いＡ、Ｂ、Ｃ、……と記号を付けた。

*9　原典（初版 p.15、第２版 p.34）では "cost"。もちろん cost は費用と訳したいところだが、後に詳述する項（原典初版 pp.18-19、第２版 pp.37-38）では、cost には金銭的なもの（まさに費用）と時間的なものがあるとして議論を展開しているので、後者もイメージ的に含めるために、あえて費用とせずに、代価と訳している。

また、能力概念は、科学的管理法の文献に出てくる動作節約原則の基礎でもある。手足を同時に使うことで、すなわち仕事中遊んでいる「未使用」[10]能力をなくすことで、生産を増大できることが多い。

速度 時間研究は生物としての人間の速度──熟練度も「努力」度もさまざまな個人による特定課業（たとえば、「部品を取り上げて機械に運ぶ」）の実行速度──を強調する。複雑な課業の時間標準を設定しようと、単位時間に関する膨大なデータが収集、分析されてきた。完全には達成できなかったものの、時間研究の目的は、「基本」[11]動作一式と各動作の単位時間を見つけることだった。そのことで、もっと複雑な活動も、基本動作の要素に分解して、その要素の単位時間を合計することで、全体の標準時間を算出できるのである。ギルブレス夫妻（Gilbreth & Gilbreth, 1917①）による18種の基本動作サーブリッグ（therblig）[12]のリストは、この方向を目指した最も知られた労作である。

あいにく、サーブリッグは同質的ではなく、多くの付帯条件に依存してその実行時間も変わり、とてもむらのある単位である。さらに、複雑な課業の場合、各構成要素単独の所要時間を合計しても、課業全体の所要時間とは等しくならないほど構成要素間の相互作用が重大なこともしばしばある。

しかし近年、単位課業の時間を総和して時間標準を設定する「方式」[14]が、数多く考案されている。ある程度の工業的応用例もあり、少なくとも比較的単純な組立て手作業や、それに類似した作業については実用的と思われる。メイナード＝ステジマートン＝シュワブが著した『メソッド・タイム設定法』[15][16]（Maynard, Stegemerten, & Schwab, 1948①）は、そのような方式の一つである。この方式では、手をのばす、移動する、まわす、つかむ、定置する、分離する、手を放す、という七つの動作ごとにデータを集めて時間データ表が作成される。この表は、各動作の

[p.35]

*10 原典（初版p.15、第2版p.34）では「遊んでいるメンバーという（in the form of members）」『未使用』能力」となっているが、これだと前の部分がしっくりこないのと、一般に、後で動作節約の原則2として同時に両手を遊ばせてはいけない」（原典初版p.20、第2版p.39）のように言うのが自然なので、ここではあえて太字部は訳さなかった。

*11 原典では"basic activity"であるが、通常は「基本動作」と呼ばれ、その方がイメージが伝わりやすいので、ここでは一貫して「基本動作」と訳している。

*12 サーブリッグ（therblig）は、手作業の単位動作を表す記号で、ギルブレス（Gilbreth）の綴りを逆から読んだもの。しかし、同書（Gilbreth & Gilbreth, 1917）にサーブリッグ（therblig）という用語が登場するのは、確かにGilbreth & Gilbreth（1917）の第7章（pp.131-157）として収録されている（Journal of the American Society of Mechanical Engineersのニューヨークの地方大会で発表された論文Motion study for crippled soldier）にも収録）。ただし、同書では1915年にThe American Society of Mechanical Engineers年報の第7章（pp.131-157）として収録されているが、1917年当時は18種ではなく、16種なので、引用内容としては間違っている。サーブリッグの原型は、1915年にAmerican Society of Mechanical Engineersの地方大会で発表された論文Motion study for crippled soldier（Gilbreth, 1917）に登場する。この論文は確かにGilbreth & Gilbreth（1917）の第7章（pp.131-157）として収録されている（Journal of the American Society of Mechanical Engineers, 1915）にも収録）。ただし、同書では"therblig"という用語は用いられておらず、16種の要素（the elements of a cycle of decisions and motions）が列挙されているだけである（p.138）。後になって「つかみ続

標準時間を三つまたは四つのパラメーターの関数として表している。たとえば、「手をのばす」に要する時間は、その前に手が動いているかどうか、移動距離、手をのばす対象が正確に置かれているか、等に依存するとされる。[*17]

通常、工業的職務の時間標準は、今のところまだ直接推定されており、構成単位の標準データから合成するケースは少数派にすぎない。人間を神経生理学的「機械」とみなしたときでさえ、ギルブレスのような開拓者たちが人間作業のサーブリッグ要素分解に着手したとき希望し期待したよりも、生物としての人間ははるかに複雑だと分かったのである。

時間研究では、時間標準に隠れている技能・努力水準を定めることにも困っていた。標準時間とは、「平均的技能と平均的努力のときの平均時間」なのか、「最短時間」なのか、それとも「工具集団から無作為抽出した複数個人による連続試行の平均時間」なのか、多くの場合あいまいなのである。この混乱は、少なくともその一部は、通常用いられる推定方法に原因がある。観察の詳細については、一般に非常に明確な仕様書があるが、データ分析についてはあいまいなものしかない。

たとえば、「熟練」と「努力」の測定は、多分、速度の測定と同時に行われ、分析はこれらの推定値に決定的に依存する。しかし、熟練や努力の違いを考慮して測定時間を標準化する手法が、非常に大雑把なのである。そのため、同じ(または、ほとんど同じ)課業を実行する人々を標本とし、そこでの測定時間を単純に平均して時間標準を求める傾向がある。さらに、その推定方法は、標本抽出や推定についての最近の統計学理論の発展をわずかしか反映していない。こうした発展を手法に取り込めないことが、誤差を大きくする原因である(Abruzzi, 1952①)。

持久力 人間の「持久力」は、主に筋肉疲労と関連している。疲労に関する議論は、いくつかの点において、生理学的組織論の文献の最も洗練された部分である(Gilbreth & Gilbreth,
[p.36]

*13 この部分のコメントには疑問がある。そもそもギルブレス夫妻は動作研究が専門であり(時間研究はテイラー派のツールだった)、時間研究のための改善を批判することとしては問題があると自体、時間研究の目的は、動作の改善である。時間研究の2派に、互いに批判し合っていた時期もあるほどで(Maynard, Stegemerten, & Schwab, 1948, ch.1)、一緒くたに議論することは適切ではない。

*14 原典(初版p.16; 第2版p.35)では"system"であるが、システムと訳すとイメージがかなり異なる。引用符付きで用いられることもあり、この段落では「方式」と訳している。

*15 原典(初版p.16; 第2版p.35)、Methods-Time Measurementはイタリック表示されていない(=書名として扱われていない)が、Maynard, Stegemerten, & Schwab (1948)の書名である。ここでは"describe"という表現とも一緒に使われているので、翻訳では書名として扱い、翻訳の書名に倣い「メソッド・タイム設定法」とした。ちなみに、この段落の記述は、Maynard, Stegemerten, & Schwab (1948)の第4章の事例研究を引用したものである。同書は、時間研究と動作研究の良いところを一つにまとめた作業工学(methods engineering)の立場から、作業方法と時間を同時に考える手法とされる(ch.)。実はサイモンは、

1919①; Hill, 1926①, 1927a①, 1927b①; Muscio, 1920①; Vernon, 1921①; Viteles, 1932①)[18]。そのモデルは、非常に一般的な関数関係を示す下記のような命題群からなっている。任意の単一筋肉群内の活動について。

1. 所与の筋肉群の今の活動率(すなわち生産率)は、その筋肉群の疲労の減少関数である。
2. 所与の筋肉群の疲労は、その筋肉群の過去の総活動の増加関数である。

ゆえに

3. 所与の筋肉群の疲労は、その筋肉群の過去の労働時間の増加関数であり、かつ、その筋肉群の過去の休憩時間の減少関数となる。

それに加えて、通常「疲労の蔓延」があると指摘されており、それゆえ、

4. 所与の筋肉群の今の疲労は、他の筋肉群の過去の総活動の増加関数である。[19]

このモデルでは、所与の筋肉群の今の疲労は、当該・その他筋肉群における労働、休憩の時間パターンの関数となる。しかし、疲労の量は正確な関数形に大きく左右されるので、このモデル自体は情報量が限られる。たとえば、時間研究の文献は事実上すべて、いくつかの条件の下では、休憩時間を認めると効率的になると示唆している。いま、3の疲労を表す労働時間の関数が不連続で、労働時間が増えるに従い、ある臨界値までは生産率が緩やかに減少するだけだ[20]

* 16 原典(初版p.16; 第2版p.35)ではサーブリッグ (therblig) となっているが、そもそも「手をのばす」(reach) もサーブリッグにはなく、間違いであろう。引用元のMaynard, Stegemerten, & Schwab (1948, p.41) では「動作」(motion) としているので、ここでも「動作」とした。実際、「手をのばす」(reach) はサーブリッグ「空荷運び」(transport empty) と「荷運び」(transport loaded) の違いがあいまいなので(たとえば、手にハサミを持ったまま手をのばす場合は、どちらに分類するか、人によって異なる)両者を合わせて「手をのばす」と呼ぶことにしているのである (ch.5)。

* 17 Maynard, Stegemerten, & Schwab (1948) では、実際には、条件で場合分けした上で、移動距離ごとにかかる時間を計測している (ch.5)。つまり同じ動作でも、条件と移動距離によって所要時間が異なるので、それを測定して、より正確な所要時間を求めようというわけである。始点: 終点で手が動いているかどうかで三つ、手をのばす対象の状態で五つに場合分けされている。ちなみにここで「手をのばす」対象が正確に置かれているか」と「移動距離」が条件にはさ

[16] Guetzkow and Simon (1955) の実験で、このメソッド・タイム設定法を使っており、この論文は本書第6章でも引用されているのだが、原典 (初版p.143; 第2版p.164) の記述では、なぜか "methods-analysis technique" と表記され、そのことが明示的ではない。

22

が、臨界値に達すると急落するとしよう。（一部の文献が主張するように）もし関数がこのような不連続な形をしているならば、疲労困憊の臨界点直前に休憩を与えることが効率的である。

しかしもし関数の傾きが変化しても連続ならば、疲労困憊以外の条件で、最適な休憩が決まるかもしれない（Gilbreth & Gilbreth, 1919②, p.40）[*21]。疲労について、そのいずれなのかを判断する証拠は、どちらかといえば断片的かつ印象的なものにすぎないのである（Ryan, 1947①）。

ここで、文献にある具体的な命題を二つ挙げておかなければならない。労働時間と休憩時間の関係は、次のように考えることができる。所与の生産率を初期状態とし、そこから始めて労働時間を増加させると、それにつれて生産率は減少していく。初期状態の生産率に戻すにはある量の休憩が必要になる。それゆえ「回復時間」は労働時間の関数として表せる。第一の命題は、所与の筋肉群の回復時間は、その他筋肉群の労働時間の関数であり、労働時間が増えるに従い加速度的に増加していくというものである。この命題は、ギルブレス夫妻の著書（Gilbreth & Gilbreth, 1919③, p.5）[*22]に見出すことができる。この関数の労働時間の定義域全体で妥当するとは思えないが、この理論にとってはかなり重要な命題である。

第二の具体的な命題は、疲労の蔓延に関する命題から導かれる。それは、すべての筋肉群が同時に休憩したときに限り、生物個体全体の回復時間を最小にできるというものである。単一筋肉群だけが「休憩状態」のときに、その不活動状態に見合うほどには急速に回復しないというのが、文献に見られる標準的所見である（Mayo, 1924①; Hersey, 1925①）。筋肉が一つでも活動中であれば、すべての筋肉が部分的に活動してしまい、効率的に休憩できないのである。

代価　時間研究・方法研究は、二つの代価の単位――時間と金銭――に関係している。この理論は本来、時間の測定をしており、時間で計った代価と金銭で計った代価の関係は複雑で

[*18] 原典は *Fatigue study* の第2版（1919）を引用しているが、初版は1916年である。

[*19] 原典は *Lectures on industrial psychology* の第2版（1920）を引用しているが、初版は1917年である。

[*20] 原典（初版p.17；第2版p.36）では、「疲労を活動に関係づける関数かまたは生産性を疲労に関係づける関数のどちらかが不連続」と記述されているが、これは1（不連続）の関数のことで、その後の記述に使われている変数としての労働時間は3のままなので、1の関数と同じ文の後の記述に初めて登場し、3の関数は同じ文の後の記述にも入ってこない。変数としての労働時間は3のままだと意味不明なので、翻訳では、3の関数に置き換えた。

[*21] Gilbreth & Gilbreth（1919, p.40）は、休憩をとることで仕事の効率が上がって、より短時間で仕事がこなせるようになったのであれば、休憩をとったことで労働時間が短くなったからといって、賃金を下げてはいけないのであり、疲労を除くことは経営側の義務であるというようなことを説いている条件で良い休憩のとり方が決まることもある、と言いたいのではないだろうか。ただし、同書が直前のp.39で例に挙げているのは、隔週で週休2日にする（当時は、もともと土曜日は午後1時まで）、という話

ある。

第一に、その関係は、競争的な労働市場で決まる賃金率と、整合的でなければならない。賃金の経済理論が支払額の決定因として市場競争を過大評価し、組織内過程を過小評価しているのは間違いない。ところが、実際には、たいてい支払額を決めるのは組織内過程であり、その際守るべき限度を設定するのが市場なのである (Bach, 1957①, pp. 580-596)。

第二に、賃金は、労働者が最大限の率で生産する（生理学的「機械」を能力いっぱいに使う）ように動機づけると仮定されている。ところが、時間研究に基づく奨励給 (incentive payments) の動機づけの仮定は、常に単純過ぎ、しばしば間違いなのである。

時間研究における動機づけの仮定の典型は、再びローリー＝メイナード＝ステジマートンの『時間研究による作業標準決定法』によれば、「従業員の主要目的は、条件の許す限り健康的で快適な環境の中で働き、費やした努力に見合った最大の収入を得ること」というものである (Lowry, Maynard, & Stegemerten, 1940②, p.6)。真面目に考えると、この記述はどうしようもなくあいまいになる。でなければ、時間標準で計った生産・効率に直接連動した賃金のみを強調しているだけだ。

いくつかの理由で、この強調の仕方は間違っている。第一に、時間研究・方法研究は、労働者に、奨励給の最大化こそが長期的利益になると説いたものの、成功には程遠かったと記録されているからである (Viteles, 1953①, pp. 18-61)。第二に、団体交渉の存在やこの制度に対する労働組合の概して冷淡な態度が奨励給制度の効果をさらに分かりにくくしているからである。

それどころか、労働組合の態度は別にしても、当然だと思われてきた奨励給の動機づけ効果にまで、重大な疑問を投げかける証拠が、労働者の動機づけに関して出てきているのである。その証拠の一部は、第3章でさらに詳しく考察されるが、そこから示唆される一般的な結論を

[p.38]

*22 「疲労の量が2倍になると休憩の量は2倍以上必要になる。疲労の量が4倍になると、その"2倍以上の休憩の量"のさらに2倍以上の休憩の量"が必要になる」という記述がある (Gilbreth & Gilbreth, 1919, p.5)。

*23 引用されているのは第2版 (1957)。初版は1954年。経済学の教科書としてよく売れたらしく、次々と版を重ねて1980年には第10版が出ている。1987年の第11版が最後の版。with the assistance of David J. Teece で第11版が出ている。

*24 同書第2章 "Wage-incentive system" (pp.18-44) と第3章 "The worker and wage-incentives" (pp.45-61) の二つの章に対応している。

なので、ここで言っている休憩 (rest) をとるというイメージではなく、休日を増やすという話であった。

先取りして書いておくと、(a)賃金は、全体として数ある報酬のうちの一つにすぎない（しかし多分主要なもの）。(b)賃金の効用関数は、「満足」概念を反映すれば不連続かもしれず、線型でも（あるいは単調でさえも）ないかもしれない。(c)この効用は、要求水準の変化につれて時とともに変化し、そのため奨励給の効果は安定しない。

生理学的組織論の命題

ここまで、科学的管理法に関して、主に関係する課業の範囲と、含まれる神経生理学的変数について検討してきた。前項では、その命題で特に疲労に関する命題をいくつか例示したが、この項では、より広く科学的管理法の主要命題を文献渉猟しよう。

テイラーとその後継者たちの業績は、命題よりも手法での方が、概して説明がしやすい。自然科学者というよりむしろ技術者の視点で、ルーチン的な仕事の効率的な組織と管理のための処方箋を与えている。テイラーの主要な処方箋は三つある。(1)職務遂行の「唯一最善の方法」をみつけるために、時間研究・方法研究を用いよ。ここで最善の方法とは、一日の平均生産率を最大にする方法を意味する。(2)最善の方法かつ適切なペースで職務を遂行するように、労働者に奨励給を与えよ。一般的に、労働者が標準生産量を満たしたならば、一日の賃率を超えてボーナスを支給せよ。(3)方法、機械の速度、課業の優先順位等、労働者の課業を取り巻く諸条件を確立するために、特化した専門家（ファンクショナル職長）を用いよ。

この処方箋から、テイラーの貢献は、仕事を効率的に組織する一般原則ではなく、各具体的状況での効率的方法の発見とその確実な適用のための作業手続の方にあることが分かる。テイラーによる時間研究の発明は、いわば細胞説というよりも顕微鏡の発明にたとえた方が正確なのである。奨励給に関する処方箋(2)は、すでに簡単に触れたが、第3章でさらに論じられる。

ファンクショナル職長に関する処方箋(3)は、この章の後半、部門化のところで議論するのがより適切である。残る疲労の処方箋(1)については、この節で、それをさらに発展させた動作節約を概括することで、テイラーの業績に関する節を締めくくろう。

動作節約は、疲労の研究と並んで、生理学的組織論が命題の形をとる領域なので、ここで触れておく。その命題は、主にフランクとリリアンのギルブレス夫妻の研究と著作 (1909①, 1911①, 1912①, 1914①, 1917②) に由来する。動作節約の原則は、(a) 人体の使用に関する原則、(b) 作業場の整備に関する原則、(c) 工具および設備の設計に関する原則、の3グループに分類され、さまざまな形で要約されてきた。バーンズの次の22原則のリストはその典型的なものである (Barnes, 1949①, pp. 556-557)。[25]

(a) 人体の使用に関する原則

1. 両手の動作は同時に始め、また同時に終わるべきである。
2. 休憩時間以外は、同時に両手を遊ばせてはいけない。
3. 両腕の動作は、反対の方向に、対称かつ同時に行うべきである。
4. 手の動作は、仕事を満足になしうる最低次の分類に限られるべきである。[26]
5. できるだけ運動量を利用すべきである。ただし、筋力によって運動量を制御しなければならないときは、運動量は最小限にすべきである。
6. ジグザグ動作や突然で鋭角的な方向転換を含む直線動作よりも、円滑で連続的な手の動作の方が好ましい。[27]
7. 弾道状の運動は、制限された運動（固定）や「制御された」運動より、速く容易で正確である。

---

*25 引用されている1949年版は第3版で、初版は1937年。1949年版の総ページ数はxiii+559pp.もあり、初版193 7年版の約2倍のページ数になっている。ここに挙げられている3分類22原則は、既に初版1937年版でも存在している。原則1～8が(a)人体の使用に関する動作節約原則 (principles of motion economy as related to the use of the human body)、原則9～16が(b)作業場の整備に関する動作節約原則 (principles of motion economy as related to the arrangement of the work place)、原則17～22が(c)工具および設備の設計に関する動作節約原則 (principles of motion economy as related to the design of tools and equipment) に分類されていた (Barnes, 1949, p. 193 初版邦訳 p. 102)。ところが、本書の原典 (初版pp.20-21; 第2版pp.39-40) では、(a)(b)(c)の3グループに分類されると明言しておきながら、なぜか22原則を3分類することは忘れられているので、ここではバーンズの記述に従い、3分類の小見出しを付けて補っている。ちなみに、原典 (初版p.21; 第2版p.40) では「詳細なコメントはほとんど必要ない」などと書かれているが、実際には、バーンズの解説を読まないと理解できないことがかなり多いので、適宜、脚注で解説を加える。

*26 手の動作は、1. 指の運動、2. 指および手首の運動、3. 指、手首、および前腕の運動、4. 指、手首、前腕および上腕の運動、5. 指、手首、前腕、上腕および肩の運動、の五つに分類され、番号が小さい方が低次の分類とされている。従って、「最低次の分類」とは、1. 指の運動のこ

8. 円滑で自動的な動作をするには、リズムは不可欠であり、作業はできるだけ楽で自然なリズムをもつようにすべきである。

(b) 作業場の整備に関する原則

9. 工具と材料はすべて定位置あるいは固定位置に用意すべきである。
10. 工具、材料、コントローラーは、オペレーターの近く、すぐ目の前に置くべきである。
11. 重力送り容器を用い、材料を組立位置近くに供給すべきである。
12. 「落下式送り出し」[*28]をできるだけ使用すべきである。
13. 材料や工具は、動作が最良の順序でできるべきである。
14. 適切な視覚条件を備えるべきである。
15. 立ったり座ったりができるだけ楽なように、作業台、椅子の高さを好みに応じて調節すべきである。
16. 作業者が良い姿勢を保てる型と高さの椅子を各作業者に供与すべきである。

(c) 工具および設備の設計に関する原則

17. 治具[*29]、取付具、足操作の装置を用いた方が一層便利になされうる仕事からは、手を解放すべきである。
18. 二つ以上の工具は、できるだけ組み合わせるべきである。
19. 工具と材料は、できるだけ前もって定置すべきである。[*30]
20. タイプライターを打つときのように、それぞれの指が特定の動きをする場合、それぞれの指の固有能力に応じた負荷にすべきである。

[p.40]

* とを指していることになる。バーンズは、より低次の方が、時間と労力を要しなく、したがって疲労がより少ないとしている（Barnes, 1949, p. 216 初版邦訳p.108）。

* 27　物理学の教科書通りに、運動量（momentum）＝質量×速度　のこと。運動量を利用するというのは、ギルブレスが「レンガを勢いづけて壁にのせるとその力で漆喰の付きが良い」と言っていることを指している（Barnes, 1949, pp. 218-219 初版邦訳p.111）。

* 28　たとえば、小さな金属板に穴をあける足踏み式ドリルで、ドリルの両脇にレンガなどの金属板を取付具に置いてドリルをいて、材料を取付具に置いてドリルをそこに下げて穴があけて、ドリルを上げると、穴あけの済んだ金属板が外れて、重力でドリル両脇の穴から下へ、シュートの口で落ちるというようなもの（Barnes, 1949, pp. 251-252 初版邦訳pp.129-130）。

* 29　治具（jig）とは、工作物を固定して、きりなどの切削工具を工作物に正しく当て、正確・迅速に加工するために用いる道具。[治具（じぐ）は意訳と音訳を兼ねたもの。][新英和大辞典第6版（研究社）／広辞苑第6版（岩波書店）]

* 30　たとえば、一つの工具で両端を使うようにした釘抜き付き金槌、消しゴム付き鉛筆など（Barnes, 1949, p. 293 初版邦訳p.162）。

21. クランクや大型ネジ回しに使われるようなハンドルは、できるだけ広く手のひらに接するように、設計されるべきである。
22. レバー、十字のクロスバー、輪状のハンドホイールは、姿勢を変えずに、最大の機械効率を得られる位置に置くべきである。

2・2　部門化の諸理論

詳細なコメントはほとんど必要ない。これらが生理学的性格をもった命題であることは明らかである。そして経験の基礎はあっても、人間のメカニズムに関する明確な基礎理論には欠けることも明らかである。全体的に、「純粋」科学の一般化というよりも、工学的原則の匂いがする。これらの命題は、動機づけを考える必要がある課業の領域ではなく、かつ、もっと計算を要する課業の領域でもないという、そのどちらでもない領域に入る課業については、疑問の余地なく重要性をもっている。しかしながら、その領域を超えて拡張することは、枠組みをかなり拡大しない限り無効である。

部門化を明示的に扱った理論は古くはアリストテレス（Aristotle①）『政治学』第Ⅳ巻、第15章まで遡ることができるが、ここでは、現代のルーサー・ギューリック（Luther Gulick）の有名な論文（Gulick & Urwick, 1937①）の理論を考察する。この系統は短い名称で「管理論」と呼ぶことにする。この理論の著名な論者としては、ギューリックに加えて、ホールデン（Haldane, 1918①）、ファヨール（Fayol, 1930①）、ムーニー＝ライリー（Mooney & Reiley, 1939①）、アーウィック（Urwick, 1943①）がいる。
*31
*32

[p.41]

*31　原典初版（p.22）では、出版年が1923年と誤植されていたが、原典第2版（p.41）では、1918年に訂正されている。なお参考文献リストでは、初版（p.227）も第2版（p.252）も出版年は1918年になっている。ちなみに、原典の参考文献リストでは書誌情報が欠落しているが、これは英国で、第一次世界大戦末期につくられた復興省（Ministry of Reconstruction）（第二次世界大戦末期にもつくられる）の政治機構委員会（Machinery of Government Committee）から英国議会に提出された報告書の政治家・法律家・哲学者Richard Burdon Haldane (1856-1928) だった。Haldaneは子爵だったので、報告書には称号でViscount Haldane of Cloanと記されている。英国の生物学者John Scott Haldane (1860-1936) はその弟『新英和大辞典第6版（研究社）』。

*32　アンリ・ファヨール（Henri Fayol, 1841-1925）は、経営管理理論の始祖といわれるフランスの鉱山技師出身の経営者。1888年から1918年まで、30年にわたって当時のフランスの大企業であるコマントリ・フルシャンボー・ドゥカズヴィユ鉱山会社（La Societe de Commentry-Fourchambault et Decazeville）、通称、コマンボール社（La Societe Comanboul）の社長を務めた専門経営者である。ファヨールは危機に直面していた同社を立ち直らせ、社長在任中の1916年に、"Administration Industrielle et Générale," *Bulletin de la Société de l'Industrie Minérale,* 3° livraison de 1916（『鉱業協会会報』1916年度第3分冊）を発表した。それが、1917年に同名の

本書で「科学的管理法」ないし「生理学的組織論」に分類した組織研究者たちと、いま「管理論者」と名付けた組織研究者たちとの間では、交流や重複がかなりあるのだが、にもかかわらず、この二つの学説の主要部分は、概念的にはむしろ別個のものである。この2系統は、特に、比較的単純な人間の神経生理学的特性と比較的単純な組織的課業にこだわるという形式的な共通点がある。しかし、後で分かるように、管理論者は、少なくとも知恵と洞察のレベルでは、そのモデルの限界を超えて分析する傾向があった。

管理論全体に比べ、管理論の定式化された部分は多少範囲が限定されるので、本書では、管理論の定式化された構造から分析を始め、より広範な派生部分については、その後、コメントで補うことにしよう。

定式化された管理論が問うている一般問題を記述すると、次のようになる。まず、組織の一般目的を所与とすると、その目的達成に必要な単位課業全体が分かる。これらの課業には、通常、基礎的な生産活動、サービス活動、調整活動、監督活動等が含まれる。このとき、問題は、これらの課業を個々の職務にグループ化し、その職務を管理単位にグループ化し、その管理単位をより大きな単位にグループ化し、最終的にはトップ・レベルの部門を確立することにある。さらにその際、全活動の総実行費用を最小化するようにグループ化することにある。この組織化過程においては、各部門は、課業――その部門の従業員が割り当てられ遂行する――の明確な集合とみなされる。定式化された管理論理解の要点は、この課業集合全体が事前に与えられているとされる点にある。

割当問題としての部門化 ── 技能専門化 ──

このように所与の活動集合を、多くの人々の間で効率的に割り当てる問題は、数学者やゲー

書物の形で出版された: Fayol, H. (1917). *Administration industrielle et générale: Prévoyance, organisation, commandement, coordination, contrôle.* Paris: Dunod et Pinat. (佐々木恒男訳『産業ならびに一般の管理』未来社、1972)。ここで引用されているものは、J.A. Coubroughによるその英訳本である。本章冒頭に登場するGulick and Urwick (1937) でもファヨールの講演内容が英訳されて掲載されているほど、米国でも注目されていた。脚注1も参照のこと。

ム理論の研究者からは多少注目され、最適割当問題といわれてきた。その最適割当問題で通常考察される問題は、ここで扱うものとは若干形式が異なっている。通常の書き方では以下のようになる（Kuhn & Tucker, 1953①, p.5）。

n 人の人、n 個の職務、および i 番目の人が j 番目の職務を行った際の価値を表す実数 A_{ij} の集合を所与とするとき、最大の総価値を生み出す人の配置はどうなるだろうか？

割当問題の力任せな解法としては、職務の集合について、すべての可能な人々の順列を試す方法がある。しかし、人々の可能な配置の仕方つまり順列は $n!$ 通りあるので、n が非常に小さな数のとき以外は、$n! = n(n-1)(n-2)\cdots\cdots 2\cdot 1$ が大きくなりすぎて、この方法は明らかに実行不可能である。[*33] そこで計算作業をなんとか処理可能な量に減らす試みが、いくつか成功している（Kuhn, 1955①）。つまり正確に言えば、最適割当に関する一般命題ではなく、現代のデジタル・コンピュータを使って個別問題の解を数値的に求める計算アルゴリズムが出てきたのである。[*34]

部門化理論と特に関連する割当問題は、これとは多少形式が異なり、文献ではほとんど注目されてこなかった。いま任意の可能な活動集合 S について、一人の人間による実行所要時間を $t(S)$ で表すことにしよう。活動集合 S_1 と活動集合 S_2 を足して得られる活動集合を (S_1+S_2) で表すと、一般に、二つの活動集合の総和 (S_1+S_2) の実行所要時間は、活動集合 S_1、S_2 それぞれ単独の実行所要時間の総和に等しくならない。すなわち非加法性がある：$t(S_1+S_2) \neq t(S_1)+t(S_2)$。活動集合 S が、ある特定の時間 T（たとえば8時間）以内に一人の人間によって実行可能なとき、すなわち $t(S) \leqq T$ のとき、[*35] それを**課業**と定義する。活動集合全体を課業によって実行可能なように分割すること

【p.42】

[*33] ハンガリー法と呼ばれる方法を提唱している。

[*34] 原典（p.42）では "computational routines" となっている。

[*35] 原典では初版（p.23）でも第2版（p.42）でも、不等号の向きが逆（Ⅳ）になっているが、間違いである。

で、活動集合全体の実行所要人員の総数が求まる。ただし分割の仕方は多数あり、その分割の仕方によって課業数が変化する。そこで課業数を——その結果として人員数、人時数も——最小にするような分割を**効率的**分割と定義する。

活動集合の実行所要時間に非加法性——$t(S_1+S_2) \neq t(S_1)+t(S_2)$——があることで、効率的分割探しは複雑になる。現場の仕事を例にして、非加法性の根拠を考えてみよう。たいてい活動は、始めるときにさまざまな「段取り」を必要とする。たとえば、短期的には、一つの活動からもう一つの活動に切り替えるときに段取りが必要になる。一つの活動を実行するのに必要なさまざまな訓練や情報収集といった段取りも必要になる。もし共通の段取りを必要とする活動があれば、それを一緒にすることで、何度も同じ段取りを繰り返さずに省くことができる。この種の節約効果は大きなものがたくさんあるので、グループ化の仕方で、課業の実行所要時間に大きな違いが生じるのである (Simon, Smithburg, & Thompson, 1950 ①, pp.137-145)。

このように段取りの存在を考慮して割当問題を定式化すると、いくつかの命題を演繹的に導き出すことができる。この命題は、部門化の文献にある標準的命題と同等なもので、定式化によって言い方は正確になるものの、たいして新しいことが言えるわけではない。

通常のピラミッド構造をもつ組織においては、①一つの課業に含まれる活動は、単一部門——その課業を実行する従業員の配属部門——関係の活動のみでなくてはならない。さらに、もし一課業の活動の範囲が、人材節約のために、限られた数の技能・過程（たとえば事務技能・過程）のみを必要とするものに限定されなければならないならば、②課業は、部門別・過程別**両方**で分割されたものの部分分割でなければならない。ただし、この二つの制約条件①②を満たす中で最も効率的な課業分割は、多分、すべての可能な課業分割の中では最も効率的というわけではないだろう。なぜなら、もし可能ならば、2部門の速記活動を一つの課業に

【p.43】

---

* 36　"man-hour" は「人時」（にんじ）と訳される。一人「一」時間当たりの仕事量を表す単位で、賃金・経費などの算定に使われる［有斐閣経済辞典第4版］。

* 37　原典（pp.42-43）では "setup" costs になっているが、実行所要時間の議論の中で、ここだけ費用にする理由もなく、おかしいので、ここでは単に「段取り」と訳している。

* 38　原典では "complementarity"（相補性）になっているが、この文脈では、共通する段取りを省略できる性質を指しているので、「節約効果がある」と訳している。

* 39　原典初版［p.24］では "a subpartitioning" となっていたが、第2版（p.43）では不定冠詞 "a" は削除されている。

ギューリックらは、これらの命題を常識として述べる（Gulick & Urwick, 1937 ②）。

目的別部門化は、過程別専門化を妨げることで、深刻な非効率を招く可能性があり、大規模組織であれば、目的別部門化の部分分割として過程別専門化を導入できる可能性がある。他方、大規模組織においては、活動をフル・タイムの課業にまとめることが不可能になるからである。したがって、小規模組織においては、活動をフル・タイムの課業にまとめる際の制約条件①②では、目的・過程両方で類似性を保ったままで、活動の総数が少ないときに特に重くのしかかる。なぜなら、目的・過程両方で類似性を保ったままで、活動の総数が少ないと活動を課業にまとめる際の制約条件①②は、どちらも二つの制約条件①②は許されない。しかし、医学・法学両方の分析技能を要する課業を一つに定めた方が効率的かもしれないし、医学・法学両方の分析技能を要する課業を一つに定めた方が効率的かもしれない。

第一に、〔主要過程別の組織は〕……（技術的にみて）同種の大量の仕事を種類ごとに単一事務所にまとめることで、それぞれ最も有効な分業と専門化を可能にする。

第二に、そのことで省力機械と大量生産を最大限に利用した節約も可能になる。この節約は、実行すべき仕事量が大量だからとか、同じ一般目的だからとかで生じるのではない。同じ機械、同じ手法、同じ動作で仕事を実行することから生じる節約なのである（p.23）。

……目的基準で創設された組織は、最新技術の装置や専門家を使えなくなる危険がある。なぜなら……その技術分野で効率的部分分割ができるほど十分な仕事がないかもしれないからである（p.22）。

〔過程別部門〕として、秘書や書類整理のような専門的サービスの部門を置くことに優位性はあるのだろうか？ その答は、非常に小規模な組織ではイエスであるが、大規模組織ではノーである。小規模組織では、各人に個人別秘書をつけると、各秘書にフル・タイ

［p.44］

*40 この節と次節では、"departmentalization" と "specialization" が明確に使い分けられており、後者は技能専門化の意味で用いられているので、それぞれ「部門化」「専門化」と訳し分ける。

*41 第1章（p.26）で、質的データの変数を一つ以上含んでいる命題の例として挙げられている部分。ただし、「深刻な非効率を招く可能性がある（can lead）」は第1章では、「深刻な非効率を招く（leads）」という表現に変えられている。

*42 原典（初版 p.25; 第2版 p.44）では、「個人別秘書（private secretaries）」となっているが、同じ段落の後の文章に出ている「個人別秘書（private secretary）」と同じだと考えると誤解を招くので、単に「秘書」と訳している。

32

割当問題を数学的に研究しても、上記の数学を使わない文献の既出命題を超えるような一般化はほとんど期待できないことが分かる。実行時に大きな節約効果が生まれる類似性が課業にあれば、課業配分がそれに基づく限りは効率的になろう。これがいわゆる「過程」類似性なのである。

しかし、節約効果があること以外、過程類似性がはっきり分かる方法はなく、これがまさにこの理論の限界なのである。つまり「仕事量が少なければ、過程別組織は効率的である」といった命題は、ほとんどトートロジー[*43]ということになる。節約効果のありそうなものを探してきてグループ化しなさいと言うのが関の山なのだ。

さらに、割当問題を解くには、具体的な経験的節約効果につながる具体的な経験的知識、たとえば人間の技能や機械の性能がどんな仕組みで決まるかが、明らかになるはずだが、組織構造についての提言を議論する際、必ずしも明確になっていないことも問題である。[*44]

一般化：調整問題 ── 自己充足性 ──

割当問題、そして古典的組織論の部門化問題のすべての定式化は、文字通りに受け取れば、調整問題の無視という奇妙な特徴がある。調整問題を無視しているので、あらかじめ分かっている実行すべき活動集合全体を、いったん組織単位・個人に配分してしまえば、これら理論が提起する実行すべき活動は解決したことになる。

もちろん古典組織問題の論者たちは、調整が非常に重大な問題であることには気づいている。問題

[p.45]

模組織はその逆である（p.20）。

ムの仕事量のない日ができるので、それよりも中央に秘書だまりを設けた方がよい。大規

[*43] トートロジー（tautology）は同語反復などともいわれるが、正確には「AはAである」のように、形式的には真であるが実質的には無内容な命題を指して使われる言葉。

[*44] 原典初版（p.55）では "e.g." であったが、第2版（p.44）ではカンマ "," が欠落している。

は、モデルからは調整問題が欠落している点で、そのために、組織についての常識的な主張との間に大きな隔たりがあることなのである。よくあることだが、モデルよりも常識の方が、現実世界の現象に、より妥当しているように見える。理論と知恵の間の溝を埋めるには、①正確な時と場所で活動を行うことと、②普遍的なものを除いて実行すべき活動集合は事前に与えられていない――組織では活動集合の作成が非常に重要な過程の一つ――ということを認める枠組み、の両方が必要である。

本書では、この一般化①②を2段階で導入し、そのうち①第一段階だけをこの章で詳しく検討する。一般化の第一段階とは、組織の活動自体は、良く定義された高度にルーチン化された種類のものであっても、その実行機会は「指示」「情報」などの環境的刺激に決まる、というものである。たとえば、自動車は並はずれてルーチン的な方法で、組立ラインで製造されるが、それでもなお、車体スタイル、色、エンジンの型式のようなあらゆる種類のものは自動車ごとに状況依存的に決められている。*45

さて、一般化の第一段階に戻ろう。組織内行動は、詳細な青写真や計画によって前もって一度に決められるわけではない。たとえ高度にルーチン化されていても、ルーチンは、固定されているというより、むしろ戦略の特徴をもっている。つまり、あれこれ信号・刺激に反応して、具体的活動が実行されるのであり、特定の活動が適切かどうかは、常に実行時刻に依存し、それはしばしば決定的となる。たとえば工場にある標準作業指示票(特定製品の詳細な製造仕様が書いてある)は、注文を受けたときだけ生産に入るという条件が付くこと

②一般化の第二段階は、第6章と第7章で詳細に検討するが、これは、**状況依存的**プログラムですら、しばしば事前に与えられていないことを認めるというものである。事実、組織内で続く重要な活動の一つは、日常業務用にルーチン化を要する新活動のプログラム開発である。*46

*45 原典(初版p.26, 第2版p.45)の文章では①と②は逆の順に並んでいるが、その後で、一般化の第一段階、第二段階と呼ばれるので、それに合わせて、訳では順番を入れ替えている。

*46 第1章(原典第2版p.27)で、組織について質的・記述的に一般化した命題の例として挙げられている部分。

でプログラムになるのである。

静態的に、その時その時に実行されている活動の種類で、ルーチン化された組織を記述することは可能である。しかし、時間を表す添字のついた実際の活動集合を記述することとは非常に違ったものになるのである。活動は条件付きで、あらかじめ決まっておらず、調整問題に加えて、これからみるように組織の問題も発生する。便宜上、こうした違いをあまり厳密には説明しないが、次のように列挙しておく。

(a) 活動が生起する時刻は、組織外部の事象や組織内部の事象の条件付きである。
(b) 特定の活動の適切さは、組織のさまざまな部署の他の活動の条件付きである。
(c) 特定の機能・目的用の活動が、他の機能・目的に影響を与えるかもしれない。

われわれの知る限り、活動の条件依存的特性を考慮に入れた部門化問題のモデルを作った者はいない。そこで、どのようなモデルになるのか簡単に概略を述べ、それから、このモデルに関連した組織の常識的命題に戻ることにしよう。

部門化モデルの改訂版では、活動リスト（すなわち、職務明細書、規程、標準製品の青写真、標準作業手続等の全体）が、各活動の実行条件を記した多数の条件文とともに、事前に与えられている。

もし、活動が依存する条件すべてが、外的環境に関わるものならば、新しい形の割当問題に戻ることになる。この場合、特定の活動が部門に割り当てられるのではなく、条件付きの実行責任が割り当てられるのである。課業は、これら条件文か、もしくは事実上、活動の確率分布の形で記述される。課業は一日分を超えないという割当問題の制約条件は、任意の所与の期間

[p.46]

において、①平均所要時間の期待値は一日分を超えない、または、②所要時間は長くても一日分を超えない、という条件になる。この①平均負荷または②最大負荷という概念がまた、活動の可能な集合のそれぞれについて時間関数を定義することを可能にし、割当問題を解くことを可能にするのである。

もし、ある活動が**他の活動**の条件付きならば、組織の問題も加わり、状況はもっと複雑になる。この複雑化した問題を扱うには、伝達の容易さと正確さを決める決定要因[*47]——たとえば、伝達は、専門家集団内では容易だが、それをまたぐと困難になるとか、公式階層のラインに沿えば容易だが、それを横切ると困難になる等[*48]——を変数として持ち込み、条件付きとなる活動の範囲を限定する必要がある。伝達の容易さと正確さは、第3章以下で扱う動機的要因にも認知的要因にも依存するかもしれない。

相互依存的な条件付き活動のために情報伝達システムを整えておく問題は、調整の問題である。たとえば、もし人事部が採用を行うならば、欠員ができるのはいつで、それに求められる技能はどんな種類なのか、人事部に情報伝達しなければならない。人事部の採用活動は、他の組織単位の実行条件が、他の組織単位の状態から独立的であるかぎり、その組織単位は自己充足的である。もし、調整に時間費用がかかるならば、調整の必要を減らすために過程別専門化を犠牲にすることも考えねばならず、その時間費用と、バランスをとる必要がある。この命題は古典的文献でもしばしば言われるもので、ギューリック (Gulick & Urwick, 1937[③]) を引用して

このモデルで、二つの組織計画、すなわち二つの課業配分を比較するとき、中心的変数の一つは組織単位の**自己充足度**である (Simon, Smithburg, & Thompson, 1950[②], pp.266-267)。組織単位の活動の実行条件が、他の組織単位の状態から独立的であるかぎり、その組織単位は自己充足的である。

【p.47】

つ」だけになる)。

に応じて変わるだろう (もちろん、もし活動リストが十分に詳しければ「いつ」だけになる)。

---

*47 原典初版 (p.28) では「さまざまな決定要因」"various determinants"だったが、第2版 (p.46) では "various" が削除されている。

*48 原典 (初版p.28、第2版p.47) では "across professional **group**" となっているが、その前の "within a professional **group**" と対で使われているものなので across professional groups として訳した。おそらくここに lines は、次の公式階層の line の話と混同して用いられていると思われる。

36

おこう。

〔目的別組織〕の優位性は三つある。第一に、一人の指揮官が職務全体を直接管理することで、任意の所与の広い目的・プロジェクトの達成をより確かなものにする。仕事の遂行に必要な専門家、代理人、サービスのすべてを、一人の指揮官が直接管理し、それを誰にも邪魔できない。指揮官は、他者を待ったり、援助・協力交渉をしたり、あるいは経営者に対立解決を要請したりする必要がない。指揮官は、全精力を傾注して職務にまい進できるのである。(p.22)。

これらが過程ベースの組織の優位性である。もちろん、それを相殺する難点もある……(p.24)。

そして最後に、効果的に調整する必要性が大いに増大する。目的別部門同士は、対立を避け、肩を並べて仕事をするように、調整される必要がある。しかしいずれにせよ、個々の主要目的は相当程度達成されるだろうし、失敗の影響はその部門だけに限定される。他方、過程別部門同士は、対立防止だけでなく、積極的な協力の確保のためにも、調整される必要がある。手に手を取って仕事をするように。目的別部門ではさほど重要ではないが、一つの過程での失敗も企業全体に影響し、進行中のすべての仕事を台無しにするかもしれない (p.24)。

組織変数としての自己充足性の重要性については、エリー・デボンズ (Ely Devons) がイギリスの戦時統制の文脈で (Devons, 1950①)、マルシャック=ラドナー (Marschak & Radner, 1954①) とマルシャック (Marschak, 1955①) がチームの最適意思決定の数学モデルで、それぞれ検討し

*49 デボンズの主張に関しては、本書第7章の原典第2版pp.227-231でかなり詳細に紹介される。

*50 後に、チームの理論として一冊の書物にまとめられる。Marschak, J., & Radner, R. (1972). *Economic theory of teams*. New Haven: Yale University Press. ここでチームは、メンバーが共通の利害をもった組織と定義される (Marschak & Radner, 1972 p.9)。利害が共通というのは、モデル的には効用関数と事前分布が同じという意味で、チームの理論では効率的な伝達ネットワークの選択が主要問題となる。もっとも、比較的単純なモデルの比較でも、それには膨大な計算量が必要になり、まさに机上の空論である。本書では第7章で、再度触れられることになる (原典第2版 p.231)。ただし、ここで書かれているように、チームの理論が自己充足性をそれほど重視していたとは思えない。

[p.48]

第2章「古典的」組織論

37

この節と前節に出てきた部門化問題は、自己充足性（逆に言えば、調整必要性）と技能専門化の2変数を軸として展開してきた。その主張の中心は、一つの変数からみて有利な部門化形態も、他変数からみると損失が大きいことがよくあるということである。すなわち、一般に、専門化による節約可能性の点では、過程別部門化の方が有利であるが、目的別部門化の方が、自己充足性がより大きく、調整費用が少なくなる。組織規模が大きくなるにつれ、専門化から生じる過程別組織の限界優位性は小さくなり、同時に、調整費用は大きくなる。したがって、差し引きで効率を考えると、組織規模が大きくなるにつれ、過程別組織から目的別組織へと移行するのである。

結論として、本節と前節で述べたものでは、プログラム作成——それまで存在しなかった新しい活動・プログラムを開発する過程[*51]——の動学が無視されているということを繰り返し述べておきたい。こうした要因を含む、より一般的なモデルは、少なくとも以上の定式化では、古典的組織論の限界をかなり超えている。

管理論はどんなふうに組織メンバーを見ているのか

古典的組織論から離れる前に、理論の中で組織メンバーがどんな見方をされていたのかコメントしておきたい。第一に、従業員は、割り当てられた課業は遂行するが、自力では動けない機械と一般にみなされる傾向がある。第二に、人員は、システム内変数というより、与件とみなされる傾向がある。

文献には例外もあるが、組織構造の一般理論では、個人行動に関する要因、特に動機づけを大部分無視している。その結果、生理学的組織論についての所見の多くが、ここでも当てはま

[*51] ここでの説明に従い、本書では "program elaboration" を「プログラム作成」と訳す。

る。組織内で機能している人の集合を、変数ではなく初期条件とみなす傾向は、組織内行動のいくつか重要な側面を隠してしまう。特定の活動を行う人・機械の能力（したがって関数 $t(S)$ を、割当問題においてでさえ外せるかもしれない。特定の活動を行う人・機械の能力（したがって関数 $t(S)$ を、割当問題においてでさえ外性能や従業員の訓練内容に依存する変数として扱うことはできる。こうすると、人・機械の性能に関する「投資」[*52] の問題になる。

2・3　管理論の操作的問題と経験的問題[*53]

これまでは、古典派の問題定式化の仕方に主に焦点を当ててきたが、提案された主要命題の意義と妥当性についてもコメントする必要がある。サイモンの初期の著作 (Simon, 1947①, ch.2) では、組織論の命題の操作化につながる問題をある程度詳しく論じた。したがってここでは、問題の範囲の例示になりそうな二つの例に限定する。

組織原則

最初に、ムーニー (James D. Mooney) が論文集 (Gulick & Urwick, 1937③) の中の論文で列挙したいわゆる「組織原則」について考察しよう。ムーニーは次の五つの原則を挙げている：(1)垂直的調整、(2)水平的調整、(3)リーダーシップ、(4)権限委譲、(5)権限。しかし彼の説明では、「原則」とは何なのかがまったく分からない――とりわけそれが「基本的」「本質的」「不可避的」「普遍的」だというが。見たままでいえば、それぞれが単語かせいぜい修飾語付き単語、顕著な特徴はイタリック体表示というのが、ムーニーのいう原則だ。

[p.49]

* 52　原典（初版 p.30、第 2 版 p.49）では "investment cost"。
* 53　原典では、これまで「管理論 (administrative management theory)」と呼んできていたものが、この節タイトルから断りなしに「古典的管理科学 (classical administrative science)」と変わり、これ以降、本章末まで 3 箇所に登場する。混乱するので、翻訳ではこれ以降も「管理論」で統一する。

ムーニーは「原則」が勧告なのか定義なのかはっきりさせない。最も寛容に解釈すると、多分、原則とは、組織観察時にいつも（経験的に）観察される現象ないし状態である。しかし、ムーニー的には、原則が単に組織定義の一部になってしまわないように、「組織」の意味を独立、詳細に定義する必要がある。この点で何の一貫性もないので、ムーニー論文も他の類似論文も、経験的に無意味となりがちなのである。

部門化の理論

これほど分かりやすくはないが、結果的に、第二の例は、より面白い問題を提起する。ギューリックの部門化理論では、説明変数は、組織内で仕事をグループ化する仕方である。この説明変数の値として、ギューリック (Gulick & Urwick, 1937④) は、次のような代替的方法を提案する：(a)目的別、(b)過程別、(c)顧客別、(d)場所別、(e)時間別。経営管理の文献で使われる分類はたいてい同じで、ギューリックの理論では、観察時、特定組織の特徴づけにどの部門化基準を使うかどうやって決めるのかが問題になる。問題を一番単純な形にするために、公式的な組織的階層だけを考え、公式の命令系統一元化を仮定し、どの従業員もただ一つの部門にのみ所属すると仮定しよう。

ある一組の仮定の下では、問題は難しくない。いま、(a)組織内で遂行される課業の完全なリストと、(b)個々の課業から組織目的に至る手段・目的関係の地図が与えられていると仮定する。この仮定(a)(b)の下では、もし個々の部門が、手段・目的地図の別々の部分地図に対応しているならば、その組織は「目的別」組織と呼ばれる。「過程別」「顧客別」「場所別」「時間別」部門化を区別するには、これらの変数に関して、類似性を定義しなければならないが、場所と時間、

多分顧客についても比較的簡単である。過程の類似性は、用いられる技能、知識、情報、装置の類似性を意味すると思われる。したがって、過程別に活動を分類するためには、どの種類の「類似性」が関連するかに関する命題全体が必要になる。

もし、手段・目的階層の地図が事前に与えられていないならば、実際にどの部門化基準を使うか決める問題は、もっと難しくなる。その場合、先に地図を作らなければ、目的別専門化と過程別専門化を区別できない。その上、こうして作られた地図が唯一でないなら、あるいは実質的に唯一でないなら、部門化の形はあいまいになるだろう。それでは、課業集合の手段・目的地図が唯一存在するとは、どんな意味でだろうか？

論理的意味 活動集合の手段・目的結合を分析する方法について、論理的に一貫性のある方法が唯一存在することを示せるかもしれないが、残念ながら、こんなことはほぼ確実にない。目的達成に対して、手段の活動集合が必要十分かといえば、一般に、十分性はあっても必要性はない。したがって、唯一の手段・目的地図を発見するのに、演繹的な論理的分析は不適切なのである。

物理的意味 （論理的必然性によってではなく）実際に、任意の特定の目的を達成する方法が少数しかないように世界ができているかもしれない。このことは、いくつかの目的については真実に思える。しかし、全部の目的についてではない。ただし、世界がそのようにできているらしいので、手段・目的関係が本来の複雑かつ絡み合っている状態よりははるかにましだということが、少なくとも慰めになる。

心理社会学的意味 たとえ客観的課業環境が活動に唯一の手段・目的秩序を課していないとしても、特定の社会的環境における人間の発明能力の限界が、それとほぼ同じ結果をもたらすかもしれない。すなわち、猫の皮を剥ぐ課業に直面したとき、一つの特別な文化のメンバー

たちは、すべての可能な方法の中でただ一つの方法——その文化で流布している特別な方法——しか思いつかないかもしれない。もし、ある文化に既成手段が存在するならば、その結果、たいていの課業は、これらの組合せで簡単にできるので、そうした所与の文化を発見できて、手段・目的地図作成の出発点にできる。手段・目的の認知地図を発見するためには、「なぜあなたは……するのか」とか、「どのようにあなたは……するのか」と質問するか、行動観察で足りるだろう。

問題点は、単に特定状況で手段・目的地図を決めるのが簡単ではないということではない。もっと重要なことは、古典的文献はどれもこの問題を提起すらしなかったし、その答である手段・目的地図が、命題の経験的検証にとって本質的だと考えていなかった点なのである。その結果、命題が実際にほとんど検証されてこなくても不思議ではない。

理論の経験的検証

多分、管理論の致命的欠陥は、理論を証拠と突き合わせないことである。その理由の一部は、上述のように操作化が難しいせいである。検証可能な形にしたとき、理論は瓦解しがちだが、これも、実証研究を無視してきた理由を完全には説明していない。広く同じ領域の研究者として、管理論の理論家の「実践的」勧告に経験的証拠が少ないことの責めは共有しなければならない。この事実は明らかで、本書の後の部分の「問題総括」で、いくぶんはっきりするだろう。
[p.52]

2・4　結論

生理学的組織論と管理論をこのように簡潔に概観したのは、その応用を詳しく示そうという

42

のではなく、その理論の重要な限界と広く実証面・定式化面で必要なものを指摘するためであった。生理学的グループの実証面で必要な、人間の単純筋肉活動の制約条件に関するより有用な命題は、多分、肉体課業に従事している被実験者の疲労、調整、速度に関する実験室研究を行えば得られるだろう。このグループに最も必要なことは、文献の中に見られる仮説や経験則の根底にある重要な関数の形を推定し、定式化することだと思われる。管理論の場合は、重要な変数の定義を操作化することが、緊急の問題に思われる。

これまで五つの基本的限界に言及してきた。(1) 理論の根底にある動機づけの仮定が不完全で、結果、不正確である。(2) 組織的行動の限界を定める組織的利害対立[*54]の役割をほとんど認めていない。(3) 複雑な情報処理システムとしての限界から来る人間の制約条件をほとんど考慮していない。(4) 決定だけでなく、課業の同定・分類における認知の役割にほとんど注意を払っていない。(5) プログラム作成の現象を軽視している。

これら古典的アプローチ[*55]の限界は、それぞれが近年発達してきた研究・理論と対になっている。以降の章では、人間が組織に課している動機的制約、利害対立の制約、認知的制約、計算的制約に関する現在の知識を探求してみよう。その議論の過程で、古典的組織論は、組織的行動に関する理論全体のごく一部にしか相当しないことを明らかにできればと思う。

*54 conflict of interest は、近年「利益相反」と訳されることも多いが、第5章で詳述するように、本書では conflict は「葛藤・対立」と訳すので、ここでも「利害対立」と訳すことにする。

*55 原典（初版p.33、第2版p.52）では「**科学的管理への古典的アプローチ (the classical approach to scientific management)**」となっているが、前段落の限界(1)〜(5)は、科学的管理法（生理学的組織論）だけではなく、管理論にも共通する限界であるし、「科学的な管理」としても誤解を招くので、ここでは太字部は訳出しなかった。

第 3 章
動機的制約：組織內決定

Motivational Constraints:
Intraorganizational Decision

第2章では、古典的組織論が、生物としての人間を単純機械とみなしていたことをみてきた。[*1] そのモデルでは、この単純「機械」[*1]の能力・速度・持久力・代価のみが、リーダーの組織目的達成の制約条件になるので、この制約条件に焦点を当てた問題・解が扱われた。

古典的理論の公準の場合、組織内個人環境、その環境から個人への影響、個人から環境への反応についての仮定は、陰に陽に、むしろ厳しくなる。環境は、よく定義された刺激システムとみなされ、そうした刺激（たとえば業務命令）はそれぞれ、個人の中によく定義された予測可能な心理学的集合を想起する。そして、刺激が想起した集合には、特定の反応行動——当該刺激に「適した」反応——を引き起こすプログラムが含まれる。つまり、どんな組織にもプログラムのレパートリーがあり、各プログラム特有の刺激・きっかけがあるので、その刺激が生じると、当該反応をそれのみ引き起こすのである。

この章では、まるでそんな機械で構成されているかのように組織を扱うと生じる予期しない結果について考察する。このことは、「古典的」理論がまったく間違いだとか完全に取って代わられる必要があるとかを意味するのではなく、これから述べる状況下では、組織を単純なメカニズムとして取り扱うと、古典的理論が予期しなかった結果を生みますよという意味である。

3・1 影響過程

【p.54】

こうした古典的理論が予期しない現象や逸脱は、基本的に、組織内影響過程の単純モデルから予測される。これから使う影響理論を簡単に概説することから始めよう（March, 1955a ①; Simon, 1955 ①）。[*2]第1章同様、個人に影響する「刺激」、刺激が想起する心理的「集合」・「準拠枠」、その結果生じる「反応」・「行為」、これらについて説明する。

---

*1 原典（初版p.34, 第2版p.53）では「伝統的（traditional）組織論」となっているが、第2章では一貫して「古典的（classical）組織論」だったので、混乱しないように、ここでは「古典的組織論」と訳している。次の段落冒頭も同様。ただし、その後は、原典の表記も「古典的」に戻っている。

*2 原典第2版p.28で「生物としての人間は複雑な情報処理システムとみなすという見解」を示す文献として挙げられていた6点のうちの2点が再登場している。

46

① 刺激が予期しない結果に終わるのは、想起集合が期待よりも**大きいか、または期待とは異なる**からである。極端な場合、予期した刺激反応を想起集合が含まないことすらありうる。しかし多分これはまれで、普通は、生物が想起要素から連想するネットワークが豊かなことが問題になる。すなわち、一つのきっかけが、多数の可能な反応、多数の期待結果、多数の結果の態度・選好・評価を想起する。

② 第二の問題は、刺激自体に、それを出した経営側[*3]が予期しない要素が含まれる可能性である。刺激状況に反応すべき参加者は、そこにわざと置かれたわけではないきっかけを察知するかもしれない。簡単な例を挙げれば、命令の内容だけでなく、命令する声の口調にも反応するかもしれない。これが起こると、刺激状況の想起集合は予期よりさらに大きくなり、異なってくるので、それに応じて、反応は期待しないものになる。

③ 第三の問題は、刺激に反応するはずの個人が、その刺激を他と間違えたり——判別が不適切なため——、単にまったく反応しなかったり——刺激の状況定義が不完全なため——することから起こる。この場合、経験不足・訓練不足で、刺激の想起集合が実際は理想より小さ過ぎたのである。

これらの「病理的」過程——①予期しない連想、②予期しない刺激、③予期した集合の想起失敗——が本章で議論する現象の根底にある。そして、ここで扱う問題は、一部は、経営側が自身の行動管理に「機械」モデルを使用することから生じ、悪化する。特に興味があるのは、この予期しない結果のせいで、階層最上位目的への組織の適合性が限られてしまう仕組みである。その観点から、大規模官僚制組織の指揮と統制、勤労意欲問題、勤労意欲と生産性の関係を考察しよう。少なくともこの分野には、単純「機械」モデルで従業員を扱うことによる予期しない結果について、仮説検証に使える実証データが存在する。

[p.55]

---

*3 原典には "organization (al) hierarchy" が何度も登場するが、一貫して、「経営側」と訳すと違和感がない。

3・2 官僚制の理論

「官僚制」の近代的研究は、ウェーバー (Weber, 1946①; 1947①) にまで遡り、負うところ大である。ただしある意味で、ウェーバーにはこの章よりも前章がふさわしい。なぜなら組織研究におけるウェーバーの主要関心は、次の四つと思われるからである。[*4]

1. ウェーバーが「官僚制」と呼んだものの特徴を同定すること。
2. その発達と、発達の理由を記述すること。
3. 付随する社会的変化を分離すること。
4. 官僚制組織による官僚制の目的（主に政治権力者の目的）の達成結果を明かすこと。

これから登場する他の著者とウェーバーの違いは、第四の関心にある。ウェーバーは、官僚制組織が、複雑な近代的問題の合理的解にどの程度なるのかを示そうとした。より具体的には、官僚制組織が、個人や他の組織形態の意思決定限界・「計算」限界をどんな方法で（専門化、分業等で）克服しているのかを示そうとした。

その結果ウェーバーは、その後継者を自認する者よりも、アーウィック、ギューリックらとより共通性をもつようにみえる。なるほどウェーバーは確かに「機械」モデルを超えており、特に、職員と職務の関係をある程度詳細に分析するが、概して官僚制を専門的技能活用の適応的装置として認識し、生物としての人間の特質に格別の注目はしていない。

しかし、ウェーバーから目を転じ、後の官僚制研究者を見れば、組織メンバーの「予期しな

[*4] 原典初版 (p.36) では、以下の4点は(1)〜(4)として本文中に埋め込まれていたが、原典第2版 (p.55) では、1〜4として改行した箇条書きの書式に変わっている。

48

図3.1｜一般的な官僚制モデル [*5]

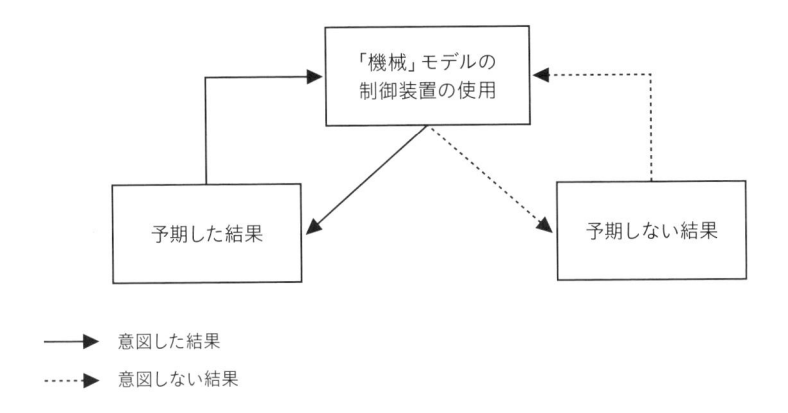

```
          ┌──────────────┐
          │「機械」モデルの │
     ┌───▶│ 制御装置の使用 │◀┄┄┐
     │    └──────┬───────┘    ┆
     │           │            ┆
     │           ▼            ┆
┌─────────┐              ┌─────────┐
│予期した  │              │予期しない│
│ 結果    │              │ 結果    │
└─────────┘              └─────────┘
```

──▶ 意図した結果

┄┄▶ 意図しない結果

い」反応への注目が増していることが分かる（Merton, 1936①; Gouldner, 1957①）。官僚制は他の組織形態より（経営側の目的に関し）効率的というウェーバーの本質的命題を否定することなく、マートン（Merton, 1940①）、セルズニック（Selznick, 1949①）、グールドナー（Gouldner, 1954①）の研究と分析は、官僚制組織に必然の重要な逆機能を示唆してきた。加えて、グールドナーは明示的に、他の2人は暗示的に、個人を機械として扱うと、その意図しない結果が、かえって「機械」モデルの使用を助長すると仮説を立てた。

つまり3人とも理論体系の一般構造が驚くほど似ているのである。基本的説明変数として、組織メンバー活動の制御用に設計された組織形態・組織的手続を使用する。この手続はここでいう人間行動の「機械」モデルに主に基づいていて、組織リーダーが予期した結果の他に予期しない結果もまた生み出すことを示す。そして、これらの結果が、今度は制御装置の使用傾向を強化する。こうしてシ

[p.56]

[*5] 図3・1では「予期した結果」からも矢印が返っているが、グールドナー他3人が仮説にしたと本文中で言及されているのは「予期しない結果」からの矢印だけで、図3・1とは符合しない。通常の強化として暗黙のうちに仮定されているのだろうか。また原典（初版p.37; 第2版p.56）では矢印はすべて実線で表示されていたが、後述する図3・2～3・4ではintended resultsを実線の矢印で、unintended resultsを破線の矢印で表示するので、その原型ともいえるこの図3・1でもそのように表示した。

ここで検討する3システムは、それぞれ異なる変数群と理論的関係を仮定している。しかし構造は似ていて、これらの「官僚制」理論を同種とするには十分なのである。

マートン・モデル

マートン (Merton, 1940 ②) は逆機能的組織学習を扱っている。すなわち、組織メンバーが反応を学習し、それが適切だった状況から他の類似状況に一般化して適用すると、組織の予期しない望まない結果に終わるというのである。マートンは、組織メンバー個人のパーソナリティの変化は、組織構造要因から生ずるある程度信頼性のある関係との間に特有な反応と、それに特有な反応との間のある程度信頼性のある関係から生ずると主張した。ここでパーソナリティ[*6]とは、ある刺激とそれに特有な反応との間のある程度信頼性のある関係のことで、反応パターンがすぐには簡単に変わらないとき、その反応パターンを「パーソナリティ」と呼ぶ[*7]。

マートンの命題体系は、階層最上位による組織内**行動の信頼性強調**(3.2)の増大となって現れる【3.1→3.2《図3・2》】から始まる。この要求は、組織**行動の信頼性強調**(3.2)の増大となって現れる。信頼性確保の手法は、ここでいう人間行動の「機械」モデルに依っており、具体的には、標準作業手続を制定し、実際にこの手続を守るよう点検することで大部分制御している。
信頼性確保手法は次の三つの結果を伴う。

1. **人格的関係量**[*8](3.3)が減少する【3.2→3.3】。官僚制は非人格的な職務間関係・役割間関係の集合である。つまり職員は、多少なりともユニークな個人としてではなく、具体的な権利・義務を伴う職位の代表として、他の組織メンバーに反応する。組織内競争はきち

[*6] Merton (1940) に、そのような記述は見当たらない。

[*7] パーソナリティ (personality) は、心理学では、人の広義の行動 (具体的な振舞い、言語表出、思考活動、認知や判断、感情表出、嫌悪判断など) に時間的・空間的一貫性を与えているものと定義される。日本語の「人格」には「人格者」という言葉があることから分かるように価値判断的色彩が強いので、学術的にはパーソナリティという表現が好まれる傾向にある [心理学辞典 (有斐閣)]。

[*8] Merton (1940, pp.565-566 邦訳p.186) は、官僚制の特質の一つとして、人間関係の非人格化 (depersonalization of relationships) を挙げていて、職員は人格的関係 (personal relations) をとるのは無視されるとしている。もっとも、マートンが人格的関係量(3.3)を最小にすると言うとき、人格的関係量(3.3)のような量で最小にすると言いたかったのは疑問である。素直に読めば、「人格的関係を最小にする」とは、「できるだけ人格的関係をもたないようにする」という意味であろう。

んと適度に行われ、（たとえば年功による昇進のように）評価と昇進は個人業績から比較的独立している。*9

2. **参加者による組織規則内面化**(3.4)が増大する【3.2→3.4】。規則は元来、組織目的達成のために考案されるが、組織目的に関係なくプラスの価値を帯びる。それには、手段が自己目的化する「目的の転移」*11と呼ばれる二つの現象が関係しているので、まずは両者を区別することが重要である。一つは、所与の刺激が、好ましい最終状態に導く特定の手段的活動を想起することが続いて、その選択が繰り返されると、選好の対象が最終状態から手段的活動へと徐々に移転する現象である。もう一つは、望ましい結果なしでも実際に行うと、当初は予期しなかった望ましい手段的活動を選択して実際に行うと、当初は予期しなかった望ましい結果が他にも明らかになり、その結果としてプラスの価値を帯びるのである。この後者の現象（二次的強化）がここでは働く。すなわち、組織的動機づけに参加していると、その中で、新しい結果が個人や下位単位にもたらされる。［このことで、規則はプラスの価値を帯びるのである］。

3. **意思決定手法としての範疇化の使用**(3.5)が増える【3.2→3.5】。範疇化とは、個々の問題や事例を基準に基づいて分類し、それに従って処理することで、*12確かに、どんな状況でも、範疇化は思考の基礎である。ここで関係する特色は、①使用範疇を比較的少数に限定する傾向、②適用可能な範疇を探索してその中から選択するよりも、むしろ形式的に適用可能だった最初の範疇を押し当てる傾向である。意思決定に範疇化の使用(3.5)が増えると、**代替案探索量**(3.6)が減少する【3.5→3.6】。*13

人格的関係(3.3)の減少、規則内面化(3.4)の増大、代替案探索(3.6)の減少が結びつくと、

[p.58]

*9 Merton (1940) が言っているのは、官僚制では、職員 (official) は選挙ではなく、上司による任命が非人格的 (impersonal) 競争を通じて任命する行為が設計されている (p.561 邦訳p.180) と、規律ある行為が、勤続年数による昇進、年金、年功賃金が設計されている遵奉のインセンティブとして、(p.561 邦訳p.184) ということで、この文章は、これらを一緒的にしている。

*10 内面化とは、ピアジェによれば、1歳半から2歳にかけて、実際に行っていた行為を表象化し、頭の中で行うことができるようになること［新社会学辞典（有斐閣）］。ただし、ここでは、規則それ自体が参加者にとってプラスの価値をもつことになること指している。

*11 Merton (1940, p.563 邦訳p.183) によれば、目的の転移 (displacement of goals) の過程のために「手段的価値が最終的価値となる」。つまり、もともと規則を守ることは手段だったのに、目的が移転して自己目的化し、直接的価値をもつようになる。

*12 範疇化 (categorization) の説明がなかったので、Merton (1940, p.561 邦訳p.180) に基づいて説明を加えた。

*13 範疇化に従って分類し、各分類に基づいて実行するので、代替案探索に伴う代替案使用するものしないものもあるが、意思決定には、範疇化を使用すれば意思決定の割合が増えれば、代替案探索量は減少することになる。したがって、この命題【3.5→3.6】は範疇化の定義そのものから導出されるものであって、①②から導出されるものではない。

組織メンバーの行動は高度に予測可能となる。すなわち、参加者の**行動硬直性**(3.7)が増大する[3.3, 3.4, 3.6→3.7][3.2→3.3→3.7][3.2→3.3→3.4→3.7][3.2→3.3→3.5→3.6→3.7]という3経路で命題[3.2→3.7]《図3・2》がいえる。」同時に、(特に内部競争においての)人格的関係(3.3)の減少は、**団結心の醸成**を促し、換言すれば**集団メンバー間で知覚された目的共有の程度**(3.8)を増大させる[3.3→3.8]。

このような目的、利害、気質に関する共通感(3.8)は、**組織メンバーの対外部圧力相互防衛性**向(3.9)を増大させ[3.8→3.9]、行動硬直化(3.7)で団結させる[3.9→3.7]。

行動硬直性(3.7)には主な帰結が三つある。第一に、元の信頼性要求(3.2)は大体満足し[3.7→3.2]、重要なシステム維持欲求が満たされる。信頼性要求(3.2)は、前述のように内集団一体化(3.8)の強化される[3.8→3.2]。第二に、行動硬直性(3.7)は**個人的行為防止可能性**(3.10)を増大させる[3.7→3.10]《図3・2》。官僚制は人間関係の非人格化が特徴で、職員は人格的関係を最小にし、範疇化によって個人的行為を防いでいる。顧客側は個人的で人格的な扱いを望んでいても、職員側は非人格的な扱いをするのが基本で、顧客の個人の特質にかまわず、単純な範疇が厳格適用される。その範疇に異議を唱えていいのは組織上位層だけである。

第三に、行動硬直性(3.7)は組織の**顧客との悶着量**(3.11)を増大させ[3.7→3.11]《図3・2》、顧客満足——ほぼ普遍的な組織下位者の**権威を笠に着る程度**(3.9)で助長され(3.12)の増大は、顧客との悶着(3.11)をさらに増大し[3.12→3.11]、内集団防衛の達成を面倒にする。組織下位者の**権威を笠に着る程度**(3.9)で助長される[3.9→3.12]。

概説済みの信頼性確保手法でシステムの一部を維持すると、予期通り、手法の継続的維持圧力が生じる。しかしそれだけでは、組織が顧客不満足に直面してもなお同じ手法を適用し続ける理由を説明するには多少難がある。なぜ組織メンバーは、各ケースで状況に合うように行動できないのか?(その行動が「パーソナリティ」の一部になるという説明では不十分で、明らかな

---

*14 原典では "i.e.," で接続されており、行動の高度な予測可能性のことを硬直性と呼んでいるらしい。実際、同じ段落の最後の出てくる行動硬直化 (tendency toward rigid behavior) の場合は、こわばった柔軟性がないという通常の意味での硬直である。

*15 原典第2版p.57 (初版p.38) の命題。

*16 変数 (3.8)「集団メンバー間で目的が共有されていると知覚する程度 (extent to which goals are perceived as shared among members of the group)」はラベルだけでなく、内容にも一貫性がない。「目的、利害、気質に関する共通感 (a sense of commonness)」も変数 (3.8) として扱われているし、次の段落では「内集団一体化 (in-group identification)」も変数 (3.8) として扱われている。さらに原典第2版p.85 (初版p.66) では「目的が共有されている程度 (extent to which goals are perceived as shared)」初版p.69)「知覚された目的共有の程度 (extent of perceived goal-sharing)」となっている。

*17 団結とは、人々が力を合わせ結びつくこと (『広辞苑第6版』(岩波書店)) であり、必ずしも目的共有ではない。ここはむしろ団結心 (esprit de corps) は削除され、個人間闘争が減ることで、個人目的より集団目的が重視され、集団目的を共有しやすくなると、直接結びつけるのが論理的であ

不適応学習がなぜ起こるのかを説明しなければならない[*24])。それに答えるには、マートンの明解な命題体系に、下記のフィードバック・ループ①②のうち少なくとも1本、多分2本を追加する必要がある。

まず、①前述の行動硬直性の第二の帰結（個人行為防止(3.10)の増大）は、行動の信頼性強調(3.2)を強化するはずの顧客のえこひいきを抑止する[3.10→3.2《図3・2》]。加えて、②顧客不満足それ自体が硬直性を強化するループもある。まず、低階層への顧客圧力つまり悶着(3.11)は、顧客がその顧客のえこひいきの犠牲になっていると知覚するからである（米国文化では「平等扱い」重視がこの知覚を助長する）。そうである限り、顧客の苦情やそれを聞いた職員の提案は多分、個人的行為防止の必要感(3.13)を増大させる傾向がある[3.11→3.13《図3・2》]。さらに、顧客の求めに応じて上位職員が改善行為を指示すること自体が間違いかもしれない。なぜなら、別の[3.2]。多くの公的官僚制の文献の背後には、こうした公的組織の目的として、「奉仕」と「公正」の間の対立があるように思える。

そこで、マートン・モデルが比較的多数の変数間のかなり複雑な関係の集合であることを見てきた。マートン・モデルの全体ではなく、マートン・モデルに追加が必要な2本のフィードバック・ループと、それに関係する元々の]マートン・モデルの主な命題を図示した単純化モデルを図3・2に示す。

セルズニック・モデル

制御要求に対して、セルズニック（Selznick, 1949②）は権限委譲を強調する。しかしマートン同様セルズニックも、制御手法（つまり委譲）の使用で、予

[p.59]

* 18 原典第2版p.57（初版p.38）では「行動の信頼性強調」(emphasis on the reliability of behavior) だったが、ここだけは「信頼性要求」(demands for reliability) と記されている。実は、Merton (1940) 自身は、「効果的官僚制には反応の信頼性を要求する」(An effective bureaucracy demands reliability of response) と表現していた (p.564 邦訳 p.184)。

* 19 「内集団」(ないしゅうだん) in-group とは、個人がそこに所属する集団のことをもち、帰属感や愛着心をもって意識する集団のこと。『新社会学辞典 (有斐閣)』。その内集団の一体化を変数(3.8)、つまり集団メンバー間の目的共有感とみなしているが、個人が集団に一体化することは、集団内で目的の共有感があることとは、明らかに別の現象である。

* 20 Merton (1940, pp.565-566 邦訳 p.186) 自身による説明を付加している。

* 21 原典第2版p.57（初版p.38）の命題、[3.2→3.3]（つまり、人格的関係量(3.3)が減少する）のところで、Merton (1940, pp.565-566 邦訳 p.186) が、官僚制の特質すり替え (solidity)、に結びつけている。実際、p.564 邦訳 p.184 自身は、①利害を共有する、②同じ集団内の仲間同士の攻撃 (in-group aggression) を最小化すること①②を直接結びつけずにせず、ここも最後の文の相互防衛と、同じ段落の議論あまり内部競争がないと、①年功で昇進し、団結心を絡ませておいて、団結心 (solidity) に結びつけている。実際、p.564 邦訳 p.184 自身は、①利害を共有する、②同じ集団内の仲間同士の攻撃 (in-group aggression) を最小化すること①②を直接結びつけている。

図3.2｜単純化したマートン・モデル *27

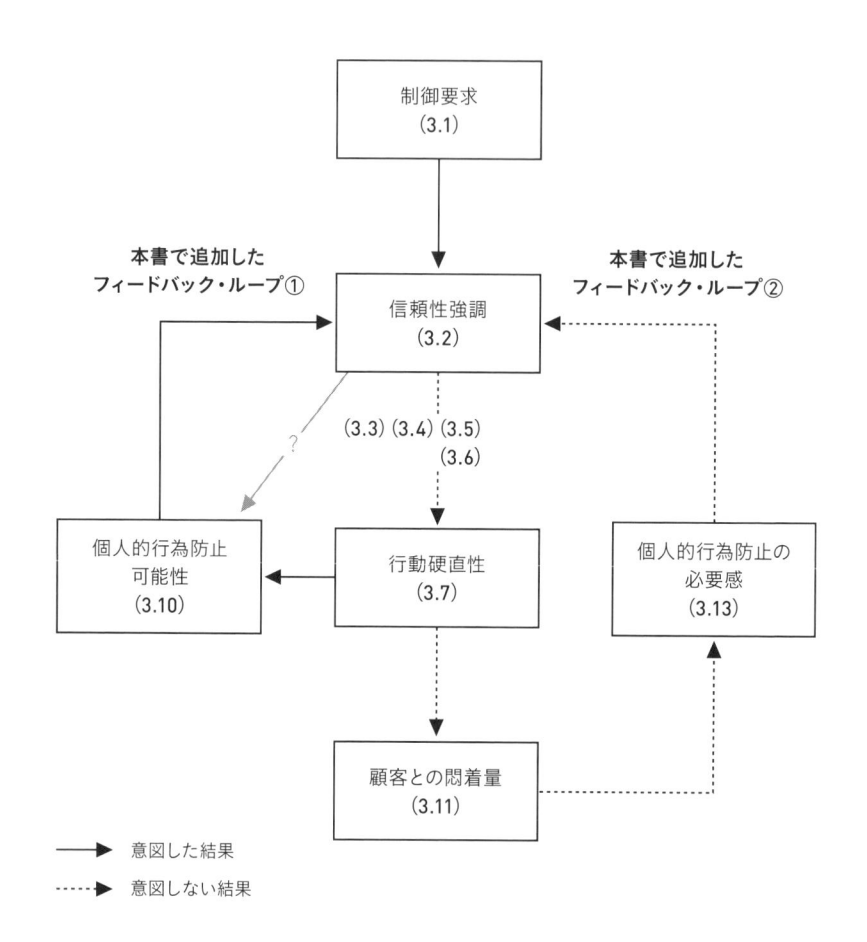

```
                         制御要求
                          (3.1)
                            │
                            ▼
本書で追加した          信頼性強調          本書で追加した
フィードバック・ループ①  ──→ (3.2) ←──── フィードバック・ループ②
                            │
                  (3.3)(3.4)(3.5)
                       (3.6)
                            │
          ┌─── ? ─────┐     ▼
    個人的行為防止  ←──  行動硬直性           個人的行為防止の
       可能性              (3.7)                 必要感
       (3.10)                                    (3.13)
                            │                      ▲
                            ▼                      │
                       顧客との悶着量 ──────────────┘
                          (3.11)
```

──▶ 意図した結果

┄┄▶ 意図しない結果

---

*22 Merton (1940) の次のような記述に対応していると思われる。「職員は階層内の地位にあまり関わりなく、構造全体の権力と威光の代表として行動する。職務でははっきりした権限を与えられているので、実際、偉そうな態度をとったりすることがよくある、これは階層内の地位と公に対する地位が食い違っているため誇張される。」(p.566 邦訳pp.186-187)

*23 Merton (1940) の次のような記述に対応していると思われる。「顧客側が抗議して、他の職員にあまり訴えても、前述の団結心が職員を多少連帯的な内集団に結びつけているので、そういうことは無駄で大抵受け付けられない。」(p.566 邦訳p.187)

*24 ( ) 付きの文は、原典では段落末にあったが、説明の流れを重視して、順番を入れ替えた。

*25 実は、Merton (1940, p.567 邦訳p.188)

54

期しない結果がいかに生じるかを示そうとするし、この結果が、高度に相互関連した個人間関係システムの維持問題から、いかに生ずるかも示す。[以下、セルズニックの命題体系を図3・3に沿って説明する。]

その結果、セルズニック・モデルの始点は、マートン・モデル同様、階層最上位の制御要求 (3.1) であり、**権限委譲** (3.14) の増大が始まる【3.1→3.14《図3・3》】。

しかしながら、委譲 (3.14) には二つの直接的結果がある。①意図した結果として、**専門能力の訓練量** (3.15) が増える【3.14→3.15《図3・3》】。つまり、比較的少数の問題に注意を限定することで、限定分野での経験を増やし、従業員の問題処理能力を向上させる。この過程 (3.15) の作用で**組織目標と実績の差異** (3.16) を小さくする傾向がある【3.15→3.16】。こうしてさらに委譲 (3.14) を促す【3.16→3.14】。[つまり【3.15→3.16→3.14《図3・3》】がいえる。] しかし同時に、②意図しない結果として、委譲 (3.14) により部門化し、組織内**下位単位間の利害分岐** (3.17) が増大する【3.14→3.17《図3・3》】。下位単位維持欲求は、組織全体計画以上に下位単位目的に貢献することを求める。この下位単位の継続的成功・拡大に、多くの個人的欲求がかかっている。前述の目的の転移モデルのように、組織目的に照らして元来評価されていた活動が、下位単位にとって重要な追加的派生結果をもっと分かる。委譲による(意図した)専門化訓練 (3.15) によっても利害分岐 (3.17) が促される。訓練の結果、能力が増すと、**人事異動費用** (3.18) が増え【3.15→3.18】、下位単位目的の差異 (3.17) がさらに広がる【3.18→3.17】[*30]。

この組織内利害分岐は、**組織下位単位間の対立** (3.19) を増大させる【3.17→3.19】。その結果、特に**参加者による組織目的内面化** (3.21) がほとんどなければ、組織内**決定内容** (3.20) はますます内部の術策で決まるようになる【3.19、3.21→3.20《図3・3》】。それで組織目標と実績の差異 (3.16)

【p.60】
【p.61】

*26 原典には、図3・2に描かれている命題【3.13→3.2】の表示がない。

*27 図中で追加したフィードバック・ループ①②は、理解を助けるために翻訳で追加したもの。ただし、原典 (初版p.41、第2版p.66) の図3・2は、本文の説明とは齟齬が多い。

本文中では命題 (3.7) の箱には、変数 (3.9) は、この図3・2に登場する変数の中で、変数 (3.9) が同居していたが、原典では変数 (3.7) とは関係がなく、同じ箱に入っていることは誤解を招くので、翻訳では箱から削除した。また、原典では変数 (3.2) の箱から変数 (3.10) の箱に実線の矢印が引かれているが、それでも、矢印を入れたのだろうが、それでも、マートンが意図していなかったために本書で追加した命題【3.10→3.2】を意図した結果 (intended results) としなくては、図3・1のような形には納まらないような矛盾を抱えて存在せず、【3.2→3.7】と間に命題 (3.3) を媒介して成立する経路と、同様に【3.2→3.3→3.7】と間に命題 (3.3) を組み合わせ、【3.27→3.3】【3.3→3.7】組み合わせ、【3.2→3.4→3.7】と間に変数 (3.4) 、変数 (3.5) 3.5→3.6→3.7】と間に変数 (3.4) 、変数 (3.5) と (3.6) をそれぞれ媒介した計3経路で、

いき等々の非難が必ず起こると書いているも、非人格的な扱いをしないければ、えこひ

が大きくなり【3.20→3.16】、このことでさらに委譲（3.14）が増大する【3.16→3.14】。[つまり【3.20→3.16→3.14】と間に変数（3.16）を媒介して命題【3.20→3.14《図3・3》】がいえる。]（組織内対立は第5章で議論する）。

日々の決定に対するこうした効果は、セルズニックの命題体系では他の二つの仕組みで強化される。組織内の主導権争い（3.19）は、決定内容に直接に影響するだけでなく、**下位単位イデオロギーの形成**（3.22）もまた引き起こす【3.19→3.22】。各下位単位は、その政策を組織全体の公式教義になじませることで、自らの要求を正当化しようとする。この戦術のせいで、下位単位内の**参加者による下位目的内面化**（3.23）が増大する【3.22→3.23】。[つまり、【3.17→3.19】【3.19→3.22】【3.22→3.23】をつなぎ合わせ、【3.17→3.19→3.22→3.23】となり、間に変数（3.16）と（3.22）を媒介して命題【3.17→3.23《図3・3》】がいえる。]

同時に、下位目的内面化（3.23）は、それが左右する日々の決定内容（3.20）からのフィードバックで強化される。すなわち、日々決定をする必要から決定の先例が体系化されるが、①決定（3.20）は、組織が与える操作的基準に主に依拠する。その基準の中でも下位目的（3.23）はかなり重要である【3.23→3.20《図3・3》】。②決定の先例（3.20）は、関連づけられた状況に習慣的に反応するようになり、それで下位単位目的内面化（3.23）を強化する傾向がある【3.20→3.23《図3・3》】。ところで、明らかに下位目的内面化（3.23）は、**組織目的の操作性**（3.24）――目的の操作性とは、目的がどのくらい達成されているか観察・検査できる程度のこと――に一部依存しているが、それは、組織目的の操作性（3.24）の変化が日々の決定内容（3.20）に影響し【3.24→3.20】、それがさらに前出の命題【3.20→3.23】で下位単位目的内面化の程度（3.23）に影響するからである。

このことから、委譲が、組織目的達成に機能的な結果も逆機能的な結果ももつことは明らか

成立するので、そのことを明示した。変数（3.7）の箱から変数（3.10）に向かう矢印は、原典第2版では実線になっているが、原典初版のように破線が正しいと思われるので、初版に戻している。この他にも、原典p.58に命題【3.7→3.2】があるが、原典初版、第2版では描き込まれていない。ただし、図3・2では描き込んでみればすぐに分かるように、この命題は、フィードバック・ループとして機能しているので、変数（3.10）を経由するフィードバック・ループ①の存在意義を減ずることになる。

*28 原典（初版p.41；第2版p.60）では「この過程を通して作用することが、委譲が組織目標と実績の差異を小さくする傾向がある」となっているが、これでは齟齬をきたすので、訳では委譲を外した。

*29 本書では goal は「目的」と訳すが、この変数については例外的に「目標」と訳さないと意味が通じない。

*30 セルズニックの事例でいうと、草の根民主主義を標榜したTVAの土壌保全事業で、地元の比較的規模の大きい自作農を実験模範農場に選んで教育し、事業に参加させて業務の一部を任せたことで、かえって貧農層との差が広がったこと（Selznick, 1949, pp.129-141）を指しているのだろうか。

*31 ここでいう「人事異動費用（cost of changing personnel）」（3.18）とは「人の粘着性（stickiness）を意味しているのかもしれない。後の情報粘着性の議論でも同様に、動かすのに費用がかかることを粘着性と定義する。von Hippel, E.（1994），"Sticky information"

である。目的実現にも目的歪曲にも貢献する。驚いたことに、この理論は、目標と実績の差異が増えても減っても委譲が増えると仮定しているのである。なぜそこに正常な学習が起きないのだろうか？　目的未達のとき、委譲は――「正しい反応」であり、この単純な委譲に代わるものを考えていないというのが、その答である。他方、このモデルは、逆機能的仕組みの働きを抑えている。セルズニック・モデルの概要は図3・3に示されているが、少なくとも二つ明示的に用意している。――完全な説明変数の暴走傾向ではなく潜在的に組織の制御に従う――二つの変数があり、どちらも日々の意思決定の内面化 (3.21) に、適切な変化が起きれば、委譲の逆機能的効果や参加者による組織目的の操作性 (3.24) や参加者による組織目的の内面化 (3.21) に、適切な変化が起きれば、委譲の逆機能的効果の一部を減少できる（確かに、このモデルは、そのような手続によって、下位単位の維持問題と組織全体から見た結果に対する可能な効果を無視するが、しかしここで批判するつもりはない）。

グールドナー・モデル

グールドナーのモデル (Gouldner, 1954②) は、変数・関係の数では、ここで取り上げた3モデルの中で一番単純だが、前の2システムの主な特徴は示している。マートン同様、グールドナーは、組織構造維持のための官僚制的規則が、どんな結果をもたらすのかに関心がある。マートン、セルズニック同様、下位システムの均衡維持のために設計された制御手法が、どのようにして上位システムの均衡を妨げ、下位システムにフィードバックされるか示そうとしている。

グールドナーのシステムでは、仕事手続を律する**一般的・非人格的規則使用** (3.25) への反応の一部となっている [3.1→3.25《図3・4》]。そのような規則使用最上位の制御要求 (3.1) への反応の一部となっている。

[p.62]

and the locus of problem solving: Implications for innovation, *Management Science*, 40 (4), 429-439.

* 31　命題 [3.16→3.14] は既出である。この2段落で登場する命題 [3.15→3.18] 【3.18→3.17】【3.17→3.19, 3.21→3.20】【3.20→3.16】【3.16→3.14】をすべてをつなぎ合わせると、[3.15→3.18→3.17→3.19→3.20→3.16→3.14] という経路で命題 [3.15→3.14] はその前の段落からもいえる。

* 32　「操作性」(operationality) は、本書のような分野では「測定可能性」と読み替えてほぼ間違いない。ただし、辞書的にはそのような意味はない。

* 33　原典初版p.43では "explicity" になっていたが、原典第2版p.62では "explicity" と "y" が抜けている。

図3.3｜単純化したセルズニック・モデル *34

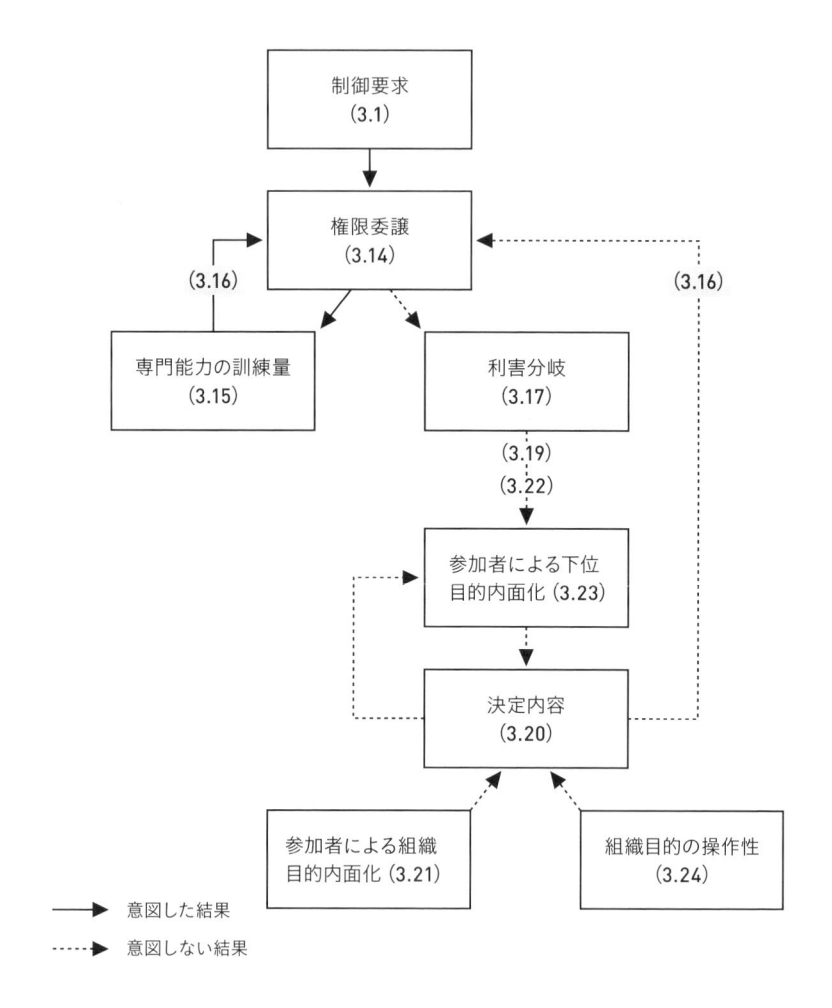

```
          ┌──────────┐
          │  制御要求  │
          │  (3.1)   │
          └────┬─────┘
               │
               ▼
          ┌──────────┐
    ┌────▶│ 権限委譲  │◀╌╌╌╌╌╌╌╌╌┐
    │(3.16)│ (3.14)  │  (3.16)  ╎
    │     └──┬────┬──┘           ╎
    │        │    ╎              ╎
┌───┴────────┐  ┌─▼──────┐       ╎
│専門能力の訓練量│  │ 利害分岐 │       ╎
│  (3.15)   │  │ (3.17) │       ╎
└───────────┘  └───┬────┘       ╎
                   │(3.19)       ╎
                   │(3.22)       ╎
                   ▼             ╎
              ┌──────────┐       ╎
         ┌───▶│参加者による下位│╌╌╌╌╌╌┘
         ╎    │目的内面化(3.23)│
         ╎    └─────┬────┘
         ╎          │
         ╎          ▼
         ╎    ┌──────────┐
         └╌╌╌│  決定内容  │
              │  (3.20)  │
              └──▲────▲──┘
                 │    │
    ┌────────────┤    ├─────────────┐
    │参加者による組織│    │組織目的の操作性│
    │目的内面化(3.21)│    │   (3.24)   │
    └───────────┘    └─────────────┘
```

──▶ 意図した結果

╌╌▶ 意図しない結果

*34 原典（初版p.43; 第2版p.63）の図3・3には、明らかに変数（3.1）の箱が抜けていたので、図3・2、図3・4との統一性を維持するためにも描き加えた。ただし、図3・3は原典の本文の説明とはギャップがあるのでそれを埋める必要がある。まず、命題【3.15→3.14】は原典の本文中には直接存在せず、【3.15→3.16】【3.16→3.14】を組み合わせ、【3.15→3.16→3.14】と間に変数（3.16）を媒介して成立するので、そのことを明示した。また命題【3.20→3.14】も同様に【3.20→3.16→3.14】と間に変数（3.16）を媒介して成立するので、そのこと示した。しかし、このように図示すればすぐに明らかになることだが、どちらも変数（3.16）を媒介しており、変数（3.16）を箱に入れてきちんと明示すれば、このような図にならないことは明らかである。そのため媒介変数（3.16）を隠していると思われる。また原典第2版の【3.20→3.14】の矢印には、初版にはなかった逆向きの矢印もあったが、明らかな誤植なので削除した。この他にも、命題【3.17→3.23】も同様に原典本文中には直接存在せず、【3.17→3.19】【3.19→3.22】【3.22→3.23】をつなぎ合わせ、【3.17→3.19→3.22→3.23】と間に変数（3.19）と（3.22）を媒介して成立するので、そのことも明示した。

58

(3.25) は、一つの帰結として、職場集団内の**権力関係可視性** (3.26) を減少させる 【3.25→3.26《図3・4》】。この職場集団内権限差の可視性 (3.26) は、**平等規範浸透程度** (3.27) とともに、監督者の役割正統性[*35]に影響する【3.26, 3.27→3.28】。これ (3.28) が次には職場集団の中の**個人間緊張の水準** (3.29) に影響する【3.28→3.29】。[つまり【3.26→3.28→3.29】の米国文化の中で権力可視性 (3.26) が減ると、監督者の地位正統性 (3.28) が増し、それで集団内緊張 (3.29) が減る。]

グールドナーの主張は、こうした規則制定の予期した結果が実際に起こること、一般的規則を作れば職場集団は事業単位としてさらに存続できること、その結果、そうした規則の使用が強化されることであった【3.29→3.25《図3・4》】。[ここまでが意図した結果である。]

しかし同時に、仕事の規則は、組織メンバーにきっかけを与える【3.25→3.30】。特に規則 (3.25) で受容不能な行動を規定すると、**最低受容可能行動の知識** (3.30) が増える【3.25→3.30《図3・4》】。これ (3.30) が、低水準の組織目的内面化 (3.21) と一緒になると、行動は最低水準に落ち、組織目標と実績の差異 (3.16) を失敗と知覚する。要するに、規則の内部安定効果は、規則の上位組織で起こす不均衡で相殺され、この不均衡に反応して、職場集団に対する**監督の細かさ**[*36]が増大する【3.21, 3.30→3.16《図3・4》】。

上司は最低水準の業績 (3.16) を失敗と知覚する。要するに、規則の内部安定効果は、規則の上位組織で起こす不均衡で相殺され、この不均衡に反応して、職場集団に対する監督の細かさが増大する。この反応は人間行動の「機械」モデルに基づくもので、低業績ならば「機械」操作のより細かな点検・制御が必要になる。

しかし細かな監督 (3.31) は、次には、組織内権力関係可視性 (3.26) を増大させ【3.31→3.26《図3・4》】、職場集団の緊張水準 (3.29) を上げ、それにより元来規則の上に成り立っていた均衡が崩れる。このモデルの大要を図3・4で示す。

ただしグールドナーのモデルは、いくつか説明が不足している。特に、低業績に対する監督

[p.64]

[*35] 原典初版 (p.44) では "level" と単数形だったが、原典第2版 (p.62) では "levels" と複数形に変わっている。

[*36] Gouldner (1954, p.159 邦訳pp.170-171) によれば、細かな監督 (close supervision) とは、たとえば労働者が動機づけられていないと見た場合「たるんでいる奴を見つけたら、その人間に、やるべき仕事はこれだというように細かく言い聞かせて、その人間が仕事をやり終わるまで、鷹のように監視を続ける」ことを指している。

[*37] Gouldner (1954, p.161 邦訳p.173) によれば、細かな監督によって誘発される感情的緊張の基盤として、米国の文化では各人の平等が大きく強調されており、かかる文化の場では、権力および特権の可視的な差異 (visible differences in power and privilege) は、容易に緊張の原因になるとされる。

者の反応が監督強化だというのはなぜだろう？　その反応傾向ならば、役割知覚とシステム第三の均衡化過程（3.31）は、監督者の個人的欲求――の両方が影響するのが妥当に思える。たとえば、監督の徹底（3.31）に限定的に推定通りの権威主義（authoritarianism）だけだったが、明らかに監督者に限定的に推定通りの権威主義を指しているので、原典索引通り**監督者の権威主義**（3.32）の関数であり、**監督者の役割知覚の中での懲罰力**（3.33）の関数である［3.32, 3.33→3.31］。

セルズニック・モデルのように、システム中に「制動子」が存在するとき、それを外部変数として扱うことには疑問がある。平等規範、知覚された利害共通性、監督者欲求を適切に操作すれば、システムの逆機能的な動きは制限されるだろう。経営者がこの制御手法を使えなければ、システムの不完全さがわかる。

実証問題

官僚制行動の主要3「モデル」を概説してきたが、仮説はどの程度経験的に実証されたのだろうか？　実は、セルズニックもグールドナーも、命題は、それぞれ一組織の実地長期観察に基づいている。それに対し、マートンが依拠するデータは、あまり具体的ではなく、組織行動の一般的特徴から抽出されたもののように思える。

これには二つ大問題がある。第一に、組織行動の仮説実証に、実地調査はどんな役に立つか？　実際、実地調査は、統計的推測の標準的手法が求める主な仮定の多くを満たせない。これと関連して、第二に、単一事例の証拠能力とは何か？　たとえば、これでは調査設計の基本である標本サイズを実際に決めることが困難である。

3人が提示した命題の少なくともいくつかは、後で違う文脈で再検討する。監督の細かさと従業員満足の関連についての仮説はこの章の後半で考察し、組織の葛藤・対立に関する仮説は第5章で出てくる。そこで示すが、命題の一部については、今述べた単一事例の他にも証拠が

[p.66]
[p.65]

*38 原典（初版p.46, 第2版p.64）では、変数を示すイタリック表示は「権威主義（authoritarianism）」全体を変数（3.32）として表示している。

*39 グールドナーは懲罰機能（punishment function）が動機づけを阻害し、細かな監督を強化すると述べている（Gouldner, 1954, p.179 邦訳p.195）。

*40 グールドナーが調査したのは、ゼネラル石膏会社（General Gypsum Company; 仮名）が所有し、経営する1事業所（従業員225名、うち地下の採鉱部門75名、地上の工場部門150名）だった（Gouldner, 1954, pp.31-32 邦訳p.20）。セルズニックが調査したのはTVA（Tennessee Valley Authority; テネシー川流域開発公社）だった（Selznick, 1949, Preface）。

*41 統計学では、標本誤差は標本サイズで決まるので、標本サイズを決めることは調査設計の推測にしろ標本誤差にしろ、母集団と標本の関係にだけ意味があるのであって、そもそも母集団を特定しないままに、統計学を振りかざして批判することが、意味のあることとは思えない。

60

図3.4 | 単純化したグールドナー・モデル [*42]

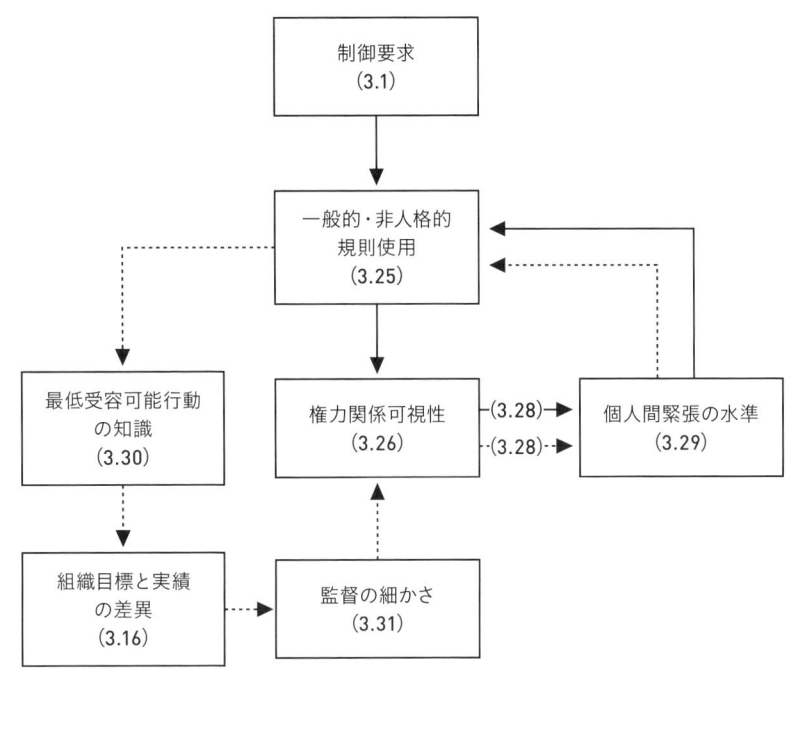

```
                    ┌─────────────┐
                    │   制御要求   │
                    │    (3.1)    │
                    └──────┬──────┘
                           │
                           ▼
              ┌──────────────────────┐
         ┌────│  一般的・非人格的    │◀────┐
         │    │     規則使用         │◀┈┈┐│
         │    │       (3.25)         │   ││
         │    └──────────┬───────────┘   ││
         │               │               ││
         ▼               ▼               ││
┌─────────────┐  ┌─────────────┐ (3.28) ┌─────────────┐
│最低受容可能行動│  │権力関係可視性├──────▶│個人間緊張の水準│
│   の知識     │  │   (3.26)    │◀┈(3.28)┈│   (3.29)   │
│   (3.30)    │  │             │        │             │
└──────┬──────┘  └──────▲──────┘        └─────────────┘
       ┊                │
       ▼                │
┌─────────────┐  ┌─────────────┐
│組織目標と実績│┈▶│  監督の細かさ │
│   の差異    │  │   (3.31)    │
│   (3.16)   │  │             │
└─────────────┘  └─────────────┘
```

──▶ 意図した結果

┈┈▶ 意図しない結果

[*42] 原典（初版p.45, 第2版p.65）の図3・4には原典の本文の説明とはギャップがあるのでそれを埋める必要がある。まず、命題【3.26→3.29】は原典の本文中には直接存在せず、【3.26→3.28】【3.28→3.29】を組み合わせ、【3.26→3.28→3.29】と間に変数（3.28）を媒介して成立するので、そのことを明示した。

ある。その証拠はとても決定的とはいえないし、完全でもないが、概して、マートン、セルズニック、グールドナーが用いた一般モデルと矛盾しない傾向をみせる。とはいえ、それ以上いえることはほとんどない。

官僚制モデルの意味

ここで検討したモデルに匹敵するモデルは他にもある。ベンディクス（Bendix, 1947①）は、組織内技術合理性の限界を論じ、制御システムとしてのスパイ使用の問題点を指摘した。デュービン（Dubin, 1949①）は、マートンとまったく似たモデルを提示した。ブラウ（Blau, 1955①）は、低層部で職場集団欲求の圧力により起こる作業手続の変更を調べた。

この節で示した「官僚制」文献3例では（他に触れた例も同様）、3・1節で概説した影響モデルから予測される3問題がいずれも発生している。すなわち、①想起連鎖の広がり、②意図しないきっかけの存在、③組織的な逆機能的学習は、上記理論が扱っている予期しない結果の大部分を説明しているように思える。[*43]

大規模組織の人間行動分析の主要問題の多くは、組織構造全体の中でも下位システムで生じる。この節で分析した職場集団の社会学的研究は、個人欲求・一次職場集団・大規模組織が相互に作用し合うところに焦点を当てていた。次節は勤労意欲と生産性の研究だが、そこでもまた同じ相互作用に、仕事の心理学研究が焦点を当てる。ただし、個人的パーソナリティ欲求と組織的欲求の関係がより強調されるだろう。

---

*43 原典第2版 p.54（初版 p.35）では、①予期しない連想、②予期しない刺激、③予期した集合の想起失敗であったので、表現が変わっている。

62

3・3 満足と生産性

勤労意欲、生産性、離職ほど、よく考察されてきた組織行動のテーマはない。明らかに経営者の日々の仕事に重要である。実際、経済学者の経営者モデルでは、生産性は二次的主要成功基準の一つである（一次は利益）。同時に、生産性のような成果変数を組織特性に関連づける命題は、組織研究者にとって基本である。

生産性の「伝統的」研究方法が暗に含む個人行動制約条件しか認めていない (Taylor, 1911①)。効率的組織化とは、明らかに機械から類推した遂行的能力を明らかにし、それを十分に使うよう活動をプログラムすることである。その後、組織内個人行動の研究者は、組織行動モデルに勤労意欲・満足・凝集性のような概念を導入し、これを生産性に直接関連づけようと試みたが、一貫した単純な関係は出てこなかった (Vireles, 1953①; Brayfield & Crockett, 1955①)。高い勤労意欲は高い生産性の十分条件ではなく、また勤労意欲の高い方が生産性は高くなるとも必ずしもいえない。多少不本意ながら、動機づけの理論家は、現在の代替案と将来の状態との間の知覚された関係と比べ、現在の満足は、人間行動への影響の点で、あまり重要ではないことが多いと認めるようになってきた。

このように、人間の「機械」モデルで生産を刺激すると、重大な予期しない結果になることが次第に明らかになってきた。勤労意欲と満足の概念で構築された単純な理論では、まず成功しないことも明らかになった。本章の残りでは、なぜこうなるのかを説明し、利用可能な研究データをどう使えば、より適切な理論を描けるのかを示してみよう。この節の残りは個人満足と個人生産性の関係を概説し、次の3・4節で個人の生産動機づけの重要決定要因を探る。

【p.67】

図3.5｜適応的で動機づけられた行動の一般モデル *47

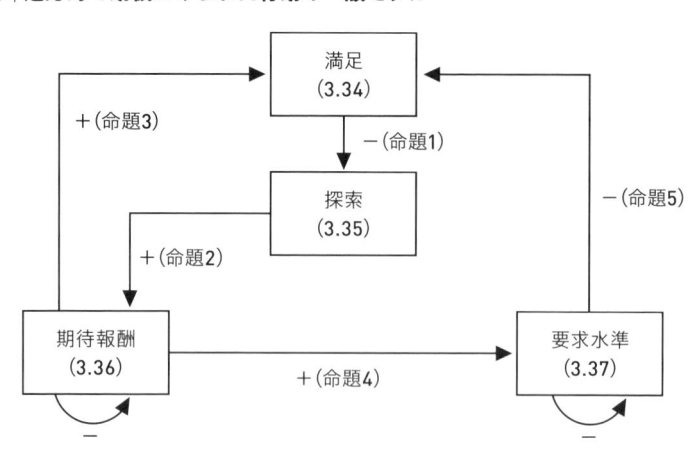

```
                        満足
                       (3.34)
         ┌──────────────┐ │ ┌──────────────┐
         │              │ │ │              │
      +(命題3)          │ ▼  −(命題1)        −(命題5)
         │            探索
         │           (3.35)
         │              │
         │           +(命題2)
         │              ▼
      期待報酬                          要求水準
      (3.36) ─────── +(命題4) ──────→  (3.37)
        −                                 −
```

本章と次章で、従業員の2種類の決定には重大な違いがあることを論じる。第一は、組織に参加する──もしくは組織を離れる──決定である。第二は、経営側が求める率で生産するか、それを断るかという決定である。著しく異なる集合を想起するという点で、生産の決定は参加の決定と実質的に異なる [A-3.1]。勤労意欲と満足に関する文献の混乱の少なくとも一部は、離職と生産性の区別に失敗したことに起因する。*44

次の命題群で表されるような一般モデルを考える。

1. 生物の**満足** (3.34) が低いほど、生物は代替的プログラムの**探索** (3.35) をより試みる【3.34→3.35《図3・5》】。

2. **探索** (3.35) をするほど、**期待報酬** (3.36) はより高くなる【3.35→3.36《図3・5》】。*45

3. **期待報酬** (3.36) が高くなるほど、満足 (3.34) はより高くなる【3.36→3.34《図3・5》】。*46

4. **期待報酬** (3.36) が高くなるほど、生物

[p.68]

*44 こうした整理の仕方は、期待理論にも引き継がれる。Vroom (1964) は期待理論(経済学の期待効用原理を模したもの) を提唱し、レビューした500以上の実証研究をその期待理論で説明しようとしたもので、ブルームがカーネギー工科大学准教授だったときに刊行されている。Vroom, V. H. (1964) . *Work and motivation*. New York: John Wiley & Sons. (坂下昭宣・榊原清則・小松陽一・戸康彰訳『仕事とモティベーション』千倉書房、1982)

*45 期待報酬は正確には expected reward の訳だが、報酬の期待値の意味なので、ここでは "expected value of reward" を期待報酬と訳した。

*46 原典(初版p.48、第2版p.68)では「満足 (satisfaction)」がなぜかイタリック表記になっているが、「満足」の初出は1なので修正した。

*47 原典の図3・5では図示されていないが、根拠となる命題も付記した。

5. **要求水準**[(3.37)] が高くなるほど、満足[(3.34)] はより低くなる【3.37→3.34《図3・5》】。

の**要求水準**[(3.37)] はより高くなる【3.36→3.37《図3・5》】。

このシステムは図3・5に要約される。三つ仮定を追加して、このモデルを単純な数式に翻訳した例を示そう。

いま S = 満足[(3.34)]、A = 要求水準[(3.37)]、L = 探索[(3.35)] 率、R = 期待報酬[(3.36)] とする。言葉で書いた命題1~5に対応した方程式は次のようになる。

(1)
$$\frac{dA}{dt} = \alpha(R - A + a), \quad \text{ただし} \quad a > 0, \; \alpha > 0$$

これは命題4を数式に翻訳し、命題4にはない動的な過程が均衡する仮定も加えている。a は正なので、均衡において、要求水準[(3.37)] は期待報酬[(3.36)] を上回ることになる。

(2) $S = R - A$

これは命題3と命題5を数式に翻訳したものである。

(3) $L = \beta(\bar{S} - S), \quad \text{ただし} \quad \bar{S} > 0, \; \beta > 0$

これは命題1を数式に翻訳したものであるが、命題1にはない「望ましい」満足水準

---

* 48 もともとはLewin (1935) にも登場していた概念で、ドイツ語からの英語訳が、原典にある"level of aspiration"だった。日本語訳では「要求水準」と訳されている(邦訳p.105)。
* 49 これから述べるように、命題1~5にはない仮定を三つ追加しており、それが図3・5にも反映されてしまっているので、図3・5は、正確には命題1~5の要約ではない。
* 50 命題4にはない右辺の $-A$ のことを指していると思われる。この部分は、図3・5で、変数(3.37)の箱から出てすぐ箱に戻ってくる負のループに相当している。
* 51 均衡では、(1)式は0とおいて、$A-R = a > 0$、つまり$A > R$

これは命題2を数式に翻訳したものであるが、命題2にはない仮定——現行期待報酬 $\bar{S}$——満足(3.34) 増大のための探索(3.35)がそこで停止する水準——の仮定も追加している。[*52]

(4) $$\frac{dR}{dt} = \gamma(L - b - cR),\quad \text{ただし}\quad \gamma > 0,\ b \geqq 0,\ c > 0$$

水準 R を維持するだけでも一定の探索(3.35)率 $(b+cR)$ が必要になる——を追加している。[*53][*54]

この方程式システムで、この動的システムの行動は完全に決まり、安定均衡をもつ。たとえ数学的記述がなくても、この動的システムの行動を用いて、本章と後の章で扱う関係をはっきり説明できる。しかしそうする前に、このモデルについてコメントしておくのがいいだろう。

命題1は、①環境が良好という生物側の確信と②探索が事実上満たされているという事実によっていることは明らかである。命題2は、この要件①②が事実上満たされているとの主張である。

探索行動は、①世界を良好と知覚している生物の行動にのみ真となる。もし環境を有害で不毛と知覚するなら、満足の減少は必ずしも探索行動につながらないだろう。たとえば攻撃、引きこもり、[*55][*56]退行が、欲求不満あるいは不満足への反応として確かに観察できる(Maier, 1949①)。これらの[*57][*58][*59]「神経症的」反応は、このモデルからは排除される。

同様に命題2は、②探索が有効でないならば真ではないだろう。無効な探索——堂々巡り、紋切型等——は人間の問題解決の重要な一面であるが、今のモデルには入っていない。「正常」反応から「神経症的」反応へ、有効な探索から無効な探索への切り替えに関する仮説一式も最終的には必要になるし、官僚制モデルの「異常」例も既に考察したが、当分は、①②両方が「正常な」状況にとどめる。[*60]

*52 この追加された望ましい満足水準 $\bar{S}$ の存在は、図3・5には反映されていない。

*53 「期待報酬水準を維持」した状態のことを指しているようにも訳している。このとき $L = b + cR$ となる。式を0とおいた状態の式に相当する。

*54 命題2にはないのだが、図3・5で、変数(3.36)の箱から出てすぐ箱に戻ってくる負のループに相当する量の探索(a certain **amount of search**)となっているが、そうしなければ、意味が通らないので、このように訳している。**rate of search**)(a certain

*55 原典(初版p.50、第2版p.69)のこの段落と次の段落では、1~5は、もともと「命題」と呼んでいるが、事実、原典の直前部分(初版p.49、第2版p.68)では「仮説(hypothesis)」と呼んでいたので、一貫性を保つために、ここでは「命題(proposition)」と呼んでいる。

*56 引きこもり(withdrawal)は精神医学の用語で、いわゆる「ひきこもり」は social withdrawal という精神医学の用語を訳した「社会的ひきこもり」から来ているといわれる。ただし、Maier (1949) は、攻撃と退行について頻繁に言及するが、引きこもりについては、ほとんど触れていない。マイヤーは米国の心理学者で、ミシガン大学卒業後、ドイツに1年留学し、ベルリン大学でレヴィン(K. Lewin)などの下で研究を行い、帰国後ミシガン大学で学位を取り、後にミシガン大学の教授となった人物である(邦訳訳者あとがき)。

*57 退行(regression)とは、心理学用語で、

66

この適応的で動機づけられた行動の単純モデルから、なぜ満足と個人生産性の関係が複雑なのかが分かる。「満足した」ネズミがT迷路で最善を尽くすとは誰も予測しない。同様に、高い満足自体が個人を経営側の目的に従うように動機づけると予測する理由がない。

工員が不満足だと仮定しよう。この状況で想起される代替的行為を探索すると予測される。彼が利用できる代替案は何か？　この代替案はかなり多数になりそうだが、想起条件は動機づけ理論が明らかにする。単純化のため、鍵となる代替案三つだけに注目しよう。

第一の代替案、従業員は組織を辞めることができる。組織退出決定に影響する要因の一部は、第4章で論じるので、当座は、この代替案が低満足のときに頻繁に想起されることだけ見てほしい。この代替案の採択確率で、従業員の自発的離職が決まる。

第二の代替案、従業員は組織の生産規範に従うことができる。どんな複合組織でも制御システムがあれば、（少なくとも米国では）組織活動を取り巻く一般の文化的風土も加わって、この代替案がまったく想起されない状況は想像しにくい。

第三の代替案、従業員は、生産を上げずに満足機会を探すことができる。組織の中で「策を弄して私利を図る」かもしれないし、当該組織・下位組織以外の集団の規範——当該組織規範から大きく逸脱したり、特に生産を抑えたりする——に従うかもしれない。

この三つや他の代替案は以下でより詳細に探究されるが、本書の主張は、この一般形の代替案三つはほぼ常に想起され、従業員の決定問題の少なくとも一次近似にはなっているということである。つまり従業員は、(1)組織を辞める、(2)組織に留まり生産する、(3)組織に留まり生産しない、のどれかを選択する【A.3.2】。組織を辞める決定(1)は次章で考察するので、今は組織に留まる決定(2)(3)に注意を絞る。どちらの決定（(2)生産する、(3)生産しない）も、従業員が自分の行動の結果と知覚する報酬をもたらしうる。すなわち、どちらかに決定したとき、ある条件

【p.70】

* 58　原典（初版p.50；第2版p.69）では "dissatisfaction that lead to frustration" と書いている。ここではマイヤーの主張とは齟齬が生じる。Maier (1949) は、ネズミを使った実験で、ネズミの異常行動である異常固着 (abnormal fixation) を動機づけでは説明できないと考え、そこから行動の説明する動機づけと欲求不満の2種類の異なった心理的メカニズムがあることを主張しているからである (ch.5)。たとえば子供が自分のものではないものをとる行動（盗み）は、魅力あるものもあるかもしれないが、もし子供にとってほとんど満足しらないような状態で欲しいものを盗んだとしたら、それは生活の中の欲求不満に原因があるのではないかと考えようというのであるづけられた行動の場合なのに、欲求不満に原因があるのではないかと考えようというのである (ch.6)。つまり、欲求不満による行動と動機づけられた行動を明確に区別すべきというのがマイヤーの主張なので、原典のような両者が一緒みたいにした表現では、マイヤーの主張に反する。マイヤーは、攻撃、退行を欲求不満による説明として説明しており、ここではあかして訳しておかない間違いである。しかしこう訳しておかないと、この段階の論理は成立しない。
* 59　グールドナーは Maier (1949, p.194) を引用して「懲罰すなわち「苦痛、失敗感、自己毀損」を労働者に課すことは、脅威を受けている監督者の地位を支え、彼の傷ついた自我を救済することに役立ったであろう」（実際には、はっきり禁止されて

下で従業員は自分の選んだ行動と正の報酬を結びつける。他の条件下では正の報酬との結びつきがずっと弱いか、望まない結果と結びつける。

個人は、自分の報酬は自分の生産性とは無相関、あるいは非生産変数次第で生産行動とは無相関か逆相関、としばしばみなす。たとえば、もし従業員が下位集団規範に従って生産努力を制限し、その後その下位集団から報われる（そして組織から重い罰を受けない）ならば、生産量を制限するように動機づけられる。

このことから、高い満足それ自体は、高い生産の特に良い説明変数ではないし、生産を促進する因果関係もないと結論していい。生産の動機づけは、現在の不満状態もしくはその予感と、個人生産が次の満足状態に直結するという知覚から生じる。

ここでは、高い満足が、それを感じる個人ではなく、組織内の別の人の高い生産を促進する程度を考察していない。そうした関係は、労使関係の文献では時々暗示されるようだ。しかし個人の高い満足と生産動機づけに直接関係がないならば、高い満足や低い満足が組織内で伝染しやすいことを十分示せない。それどころか、なぜ、どのように一個人の満足水準が別の人の生産習慣に影響するのか、理論が明らかにする必要がある。

このことから、心理学研究は主に「生産性」より「生産動機づけ」に向けられている。後でみるように、生産動機づけに影響する重要な社会要因はある。しかし、参加者個人の目的への直接作用を除き、今の理論は、組織化された生産における個人間相互作用を無視している。

【p.71】

* 60 原典初版 (p.50) では "stereotyping" だったが、第2版 (p.69) では "stereotypy" に変わっている。

* 61 T字の形状をした迷路で、T字の下端からネズミが入り、分岐点からは見えないようにT字の左右の先端のどちらかに餌が置いてある。餌を報酬とするため、ネズミを空腹状態にして試験をする。ちなみにマイヤーのネズミを使った実験とは、T迷路ではなく、ラッシュレーの跳躍装置を使った実験である。この実験では、ネズミは自分の前に置かれた2枚のカードのうち、どちらか一方に向かって跳躍し、正しいカードにぶつかれば、そのカードが向こう側に倒れて餌にたどり着き、間違ったカードにぶつかれば、カードは固定されていて、ネズミは下の網に落ちてしまうようになっている (Maier, 1949, ch.2)。

いたので、そうしなかった）と述べている (Gouldner, 1954, p.169 邦訳 p.183)。

68

3・4 生産動機づけ

本書が提唱する満足と生産性の関係の一般モデルは、調査者に対し、次の①②③のような非常に重要な問いかけをする。一連の「試行」(すなわち組織メンバー個人による選択)において、環境的報酬が比較的一定のとき、問題の核心は選択状況なので、①個人はどんな代替案を知覚しているのか？ ②その代替案をどのように評価しているのか？ ③その代替案のどんな結果を予想しているのか？ 生産動機づけ——経営側の要求に従うこと——に影響する要因は、本書のモデル同様、影響理論に無理なく適合する。そのことを論じよう。

影響モデルは、(a)所与の状態に結びつく適合する価値を変える、(b)行為の代替案の知覚された結果を変える、また(c)(きっかけを変える、きっかけと想起集合のつながりを変えるかのどちらかで)想起された状態の集合を変えることで、個人が影響を受けるだろうと主張する [A-3.3]。これに対応して、個人の生産動機づけの実証研究は、(a)個人目的、(b)結果の期待、(c)決定時点の知覚された代替案集合、それぞれに関連する要因をつきとめようとしていた。[(a)(b)(c)はそれぞれ先ほどの問い②③①に対応している。]

まず、この3影響モードを要約する基本的命題から始めよう。

生産動機づけ (3.38) は、代替案の**想起集合の特性** (3.39)、**想起代替案の知覚された結果** (3.40)、代替案の評価基準である**個人目的** (3.41) の関数である [3.39, 3.40, 3.41→3.38]。

この命題を理論の基礎にしてよければ、以下の3・4・1項〜3・4・3項で3要因それぞ

---

*62 原典(初版p.52, 第2版p.72)では states of affairs であるが、ここでは単に「状態」と訳している。

*63 原典初版(p.72)では(1)(2)(3)だったが、第2版(p.72)では(a)(b)(c)と変更になっている。ただし、その後に出てくる(a)(b)(c)と対応関係があるので、ここでは、初版の表記に戻している。

*64 原典では、これ以降、変数(3.40)は「知覚された結果」として言及される。

*65 原典初版(p.53)では、命題は本文の中に埋め込まれていたが、第2版(p.72)では、命題だけを独立させている。

れを検討し、それに関連して見出される命題を見ていく必要がある。

3・4・1　代替案の想起集合

代替案の想起は次章の重要テーマで、次章では組織に参加する（もしくは辞める）決定を扱う。特に、どんな条件下で、個人は組織を辞める代替案を想起する必要がある。

しかしここでもこの決定を簡単に論じる必要がある。特に、どんな条件下で、個人は組織を辞める代替案を想起するのか？について。

この問題を詳細に検討した文献はないが、辞める代替案を想起する単一要因で最も重要なものは、真剣な転職先が客観的に存在することらしい（Behrend, 1953①）。一般に、**外部代替案の客観的利用可能性**(3.42)が大であるほど、辞める代替案がより想起(3.39)されやすくなる【3.42→3.39】《図3・6》（客観的利用可能性を知覚された利用可能性に変換するメカニズムは、第4章でより詳しく論じる）。

それゆえ参加者にとって、外部環境はきっかけの一重要源泉となるが、唯一ではない。他にも少なくとも4種類のきっかけがあり、どの行動代替案集合を想起するかの条件となる。第一に、複合組織（特に事業組織）の中では、参加者は、経営側からのきっかけ――規程「制御」下の意図したきっかけも、そうではない意図しないきっかけも両方含む――には格別敏感である。第二に、きっかけは課業それ自体が発する。第三に、多くの重要なきっかけは公式に定めた仕事の報酬から生じる。賃金支払制度は、職務行動に影響するだけでなく、さまざまな代替的行動も想起する。これは課業が単純なとき、特に重要である。第四に、個人は組織内の同僚からきっかけを受け、職場集団自体がしばしば代替案を示唆する。たとえば同僚の不満をきっかけに伝染することもある。

[p.73]

70

監督習慣と想起[※66]

組織メンバー個人が追求する目的に対する監督習慣の効果を論じよう。これは監督習慣と代替案の想起集合の関係の問題に関連する。監督方式の2次元――決定への参加 (3.43 後述) と監督の細かさ (3.31) ――は文献で十分探究されてきたが、ここでも特に注意を向ける。

監督方式は、①事前相談なしに監督者が決めて労働者に伝える極から、幅のある連続体に基づき決定する極まで、幅のある連続体通り行動するなら、①監督者の直接命令は他の代替案の想起をかなり増加させる。逆の結果が観察されることも事実だが、これは二つの別個のメカニズムで説明できる。一つは、意思決定の独立性尊重の文化規範が広く存在するので、最低限形式的な決定参加が、決定受容――これ以上代替案を探さないということ――の条件となること。もう一つは、つまり「参加的管理」は、組織下層部の影響力拡大手段としてだけでなく、経営側が想起を(少なくとも一部)制御できる状況で代替案が示されること。この点、セルズニック (Selznick, 1949) が議論した取り込み現象とよく似ている。

多分、どちらのメカニズムも働いている。確かに、たいていの研究は、**決定参加感** (3.43) が大きいほど、組織内権力差の可視性 (3.39) が減る【3.26→3.39《図3・6》】といっている。それで、組織未承認の代替案の想起 (3.26) はより小さくなり【3.43→3.26《図3・6》】。これは、独立性規範が要因である事実を示している。さらに、これを研究するたいていの人は、(もしうまくごまかせれば)個人の目的設定参加知覚は、多くの点で事実上参加と同等だと主張している。このように、個人にとっては、特定の意思決定に実際に影響を与えることは、影響ある身分を自認するほどには、重要ではない。

[※66] ここで "practices" を「慣行」と訳すか「習慣」と訳すかで微妙にニュアンスが異なるが、ここで問題にされているのは、組織の「慣行」ではなく、監督者個人の「習慣」なので「習慣」と訳している。

同時に、第二のメカニズムももっともらしい。参加感 (3.43) が大きいほど、代替案想起に対する**組織の制御** (3.44) はより大きくなり [3.43→3.44《図3・6》]。それゆえ、組織が望まない代替案の想起 (3.39) はより少なくなる [3.44→3.39《図3・6》]。

この関係は、文化の種類に依存しそうだが、大部分の研究が行われた西欧諸国では実証されたようだ (Friedman, 1954①; Krulee, 1955①; Richmond, 1954①)。

厳密に論理的にというわけではなく、経験的にだが、意思決定への参加は、監督のもう一つの重要次元、細かくて具体的な監督とより大まかな監督の区別に関連しており、この次元は代替案の想起集合に影響する (Katz, Maccoby, Gurin, & Floor, 1951①; Katz, Maccoby, & Morse, 1950①)。もし個人にとって自尊心と威信の維持が重要ならば、監督が細かいほど、組織未承認の代替案がより多く想起される。逆に、**課業複雑性** (3.45) と**個人の計算能力** (3.46) の割には、従業員への指示が非常に大まかで、その達成手段が漠然としているならば、重大な誤指示に終わるかもしれない。こうして、監督の細かさが効果的かどうかは、課業複雑性に依存する。①個人の遂行能力と比較して課業が単純ならば、監督指示がより具体的 (3.31) であるほど、組織未承認で有害な代替案の想起 (3.39) が増える。しかし、②個人能力と比較して課業が高度に複雑なときは、監督がより具体的 (3.31) であるほど、そのような代替案の想起 (3.39) は少なくなる [3.31, 3.45, 3.46→3.39《図3・6》]*67*68。

少なくともミシガン研究の実証研究はこの命題を支持している。①課業が単純な事務所では、非効率な部署の監督者が細かい監督をしているのと比べて、効率的部署の監督者は大まかな監督をしていることを見出した (Katz, Maccoby, & Morse, 1950②)。他方、②課業が複雑な鉄道の保線区では、効率的部署の方が細かい監督になっているはずだという関係は見出せなかった (Katz, Maccoby, Gurin, & Floor, 1951②)。しかし、関係がなかったということに対する彼らの説明は今

[p.75]

*67 原典（初版p.55；第2版p.74）では"the Michigan group"とだけなっているが、一般に「ミシガン研究」と呼ばれているので、そう訳した。戦後1947年以降に、ミシガン大学社会科学研究所が集中的に行っていた研究を総称したものである。

*68 この研究は、ミシガン研究の集大成ともいえるLikert (1961) の頭の方 (p.9 邦訳pp.15-16) でも取り上げられる有名な研究で、生産性の高い係では、細かい監督と大まかな監督では1対9なのに対して、生産性の低い係では8対1になると図示されている (Figure 2-3)。Likert, R. (1961). *New patterns of management*. New York: McGraw-Hill. (三隅二不二訳『経営の行動科学：新しいマネジメントの探求』ダイヤモンド社、1964) ただし、その引用元 (1950) のp.30, Table 14では、1対9ではなく2対9になっている。ちなみに、調査対象は、プルデンシャル保険 (Prudential Insurance Company) の本社の事務員とその監督者であった (p.1)。

の仮説と完全に合致していて、二つの課業の特性と保線区長の技術的助言能力で説明する (Torrance, 1953①; Adams, 1954①; Halpin, 1954①)。

以上が、これまで監督習慣と想起集合の関連で見出された主なことである。明らかに、監督方式の重要次元でまだ考察されてないものが他にもあるだろう。

報酬と想起

金銭的報酬がもしあったら、代替案想起にどんな効果があるだろう？ 報酬の変化の主効果は結果の評価変更だが、想起現象にも関係すると考えられる。代替案の想起集合 (3.39) が革新を含む確率は、**奨励金制度** (3.47) の種類の関数である【3.47→3.39《図3・6》】と仮説を立てる。すなわち、革新は、①奨励金が革新に直接結びつく所で最も起こりやすく、次いで②全社奨励金制度下、そして③個人生産性連動の制度下で最も起こりにくい。

個人奨励金は個人活動と結びついているので、より大きい個人努力を誘発するが、もし革新に直接連動しなければ、せいぜい小さな組織的・技術的変化を要する代替案しか想起しない (Krulee, 1955②)。報酬制度は注意集中のきっかけとして、広い組織的枠組みを定めるが、もっと狭い個人的枠組みを定めることもある。

たとえこの命題が妥当だとしても、課業構造特性の知識がないと、特定の組織における2種類の生産性連動報酬の効果の違いを具体的に比較予測できないことはいうまでもない。さらに、この命題の説得的な経験的証拠も今のところない。こうした留保付きにもかかわらず、これは合理的かつ潜在的に重要な仮説である。この本では終始、組織的文脈で革新行動に影響する要因が、組織論の最重要要因の一つだと主張する。特に、組織メンバーの注意をいつものことから新代替案探索に切り替えるメカニズムに関心がある。

*69 Katz, Maccoby, Gurin, and Floor (1951) によれば、Katz, Maccoby, and Morse (1950) の保険会社の事務員の監督者の細かい技術的助けは必要なかったので、監督者の仕事は十分に標準化されているのに対して、鉄道会社の場合には、あまりルーチン化しておらず、保線区長 (foreman) の監督余地があったのに、保線区長の技術的貢献が、細かい監督の有害さに勝るほど十分ではなかったために、本来は保険会社と逆の関係が出てもよかったのに、それが出なかったと説明している (pp.33-34)。ちなみに調査対象は、Chesapeake and Ohio Railroad と Pere Marquette District (p.1)。

職場集団と想起

最後に、職場集団内接触伝染に関する命題を出そう。集団メンバー個人は、互いにきっかけ（基準を含む）を出し合い、ある程度、行為の代替案も想起し合う。労働者個人で想起された生産率規範 (3.39) は、同じ課業の隣接個人行動 (3.48) に反映する傾向がある【3.48→3.39《図3・6》[*70]。

たとえば、菓子包装作業の労働者が、隣の労働者の生産率に応じて自分の生産率を変化した事例（Hewitt & Parfit, 1953①）が分かっている。こうしたことから想起現象を信じる。外部のきっかけがないとペース設定は難しい。数人の労働者が本質的に同種の仕事をしているところでは、隣の人の速度が、利用可能な最良のきっかけの一つになる。

しかし、これには未解決の問題も残っている。たとえば、もしAが隣人Bの「環境」というのも等しく真である。たとえば、もし一人の労働者の生産が、当人と隣人の平均生産率に向かうならば、その集団の総生産量は労働者の配列とは無関係に決まるだろう。円形以外の空間配置が使われ、非対称に配置されたならば、総生産量は各人の配列に依存するだろう。ただしどちらでも長期では、集団メンバー同士は等しい生産量に収束するだろう。利用可能な実証データは、労働者配列の長期効果と短期効果を明確に区別していないので、このようなモデルが現実の関係に合うかどうかは定かではない。特に、高生産者と低生産者を分ける他の要因——ひょっとしたら接触感染の感受性に関する代替案の想起集合についての仮説は、図3・6で示される。一般に、これらの仮説は単純で、明白な証拠で支持されているわけでもない。しかし、ここで議論した命題はすべて事実上支持する証拠もあるし、想起現象を含む労働者の動機づけ理論の少なくとも出発点にはなりうる。——も多分あるだろう。も含むパーソナリティの差を分ける他の要因

[p.76]

[*70] この文章中の表現をそのまま表現すれば【3.39→3.48】になるはずであるが、なぜか【3.48→3.39】とされ、図3・6でもその向きで矢印が引かれている。直しようがないので、ここでは原典の誤謬のままにしている。

[*71] 原典参考文献リスト（初版p.248, 第2版p.275）によれば、Vitels (1953) の孫引き。

[*72] 正確にいえば、対称でも、たとえば中心が存在するような配列では、中心に置かれた人間の影響力が大きくなる。円形の配列では中心がいない。

図3.6 | 想起集合に影響する要因

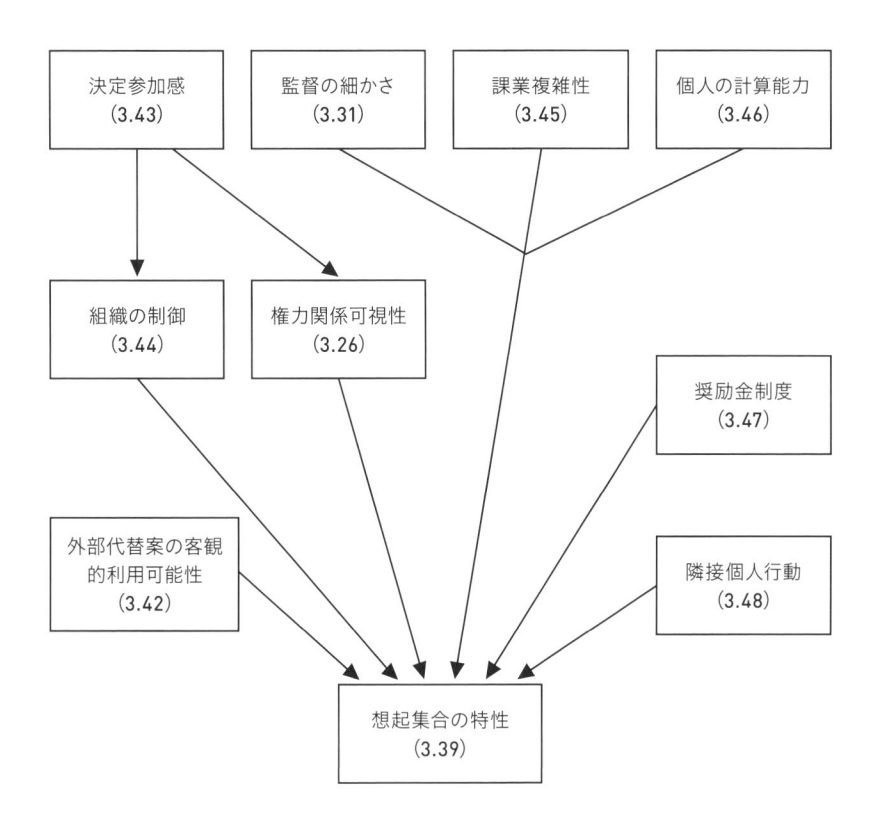

3・4・2　想起代替案の知覚された結果

行為の代替案集合が想起されると、同時に結果・評価のネットワークも想起され、続いて可能な選択（代替案）とありそうな結果の連結に拡大する【A-3.4】。結果の知覚の制御は決定的影響力の一つで、行為結果に関する個人の期待形成メカニズムが議論の中心となる。

行為結果の期待形成に使われる主な情報3種を考察する。第一に、Ⓐ外部環境状態（特に潜在的代替案に関して）が重要である。第二に、Ⓑ組織内下位集団発の圧力が、生産選択の結果で何が重要か期待形成の決定要因である。第三に、Ⓒ組織指定の報酬制度が、生産選択の結果で何が重要かを示す。［以下、3種の情報ⒶⒷⒸごとにそれぞれ下位システムとして要因をまとめて整理する。］

Ⓐ 要因としての環境[73]

知覚された結果に対する環境の効果に関し、明らかだがしばしば忘れられている命題がある。すなわち、外部環境で利用可能な**参加に代わる知覚された代替案** (3.49) の数が多いほど、組織要求に従うときの結果 (3.40) は、より重要ではなくなる【3.49→3.40《図3.7a》①】。この命題は生産性現象の説明や他の関連命題の解釈にも使える (Goode & Fowler, 1949；Stone, 1952a①)。たとえば、一般的雇用情勢と代替案利用可能性は明らかに関係がある。**失業者数** (3.50) が多いほど、参加に代わる知覚された代替案 (3.49) の数は少なくなる【3.50→3.49《図3.7a》[74]】。［以上のメカニズムを示しているのが、図3・7aの小さな下位システムなのである。］

【p.78】【p.77】

---

[73] この見出しは、原典（初版p.58；第2版p.78）では一つ前の段落につけられていたが、構成上混乱するので、場所を付け替えている。

[74] 原典初版 (p.58) ではピリオド「.」だったが、第2版 (p.78) ではコロン「:」に変わっている。

[75] 原典にはない図だが、理解のために追加した。図4・2にも明記されているが、原典の図3・7bとの関係は、詳しくは脚注77を参照のこと。また、変数 (3.49)「参加に代わる知覚された代替案」は、図4・2の変数 (4.18)「知覚された組織外代替案」と同じものと推察されるが、明記はされていない。

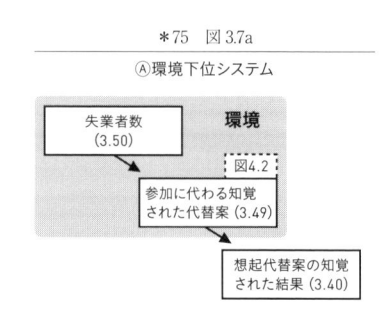

---

*75　図3.7a
Ⓐ環境下位システム

```
┌─────────────────────────┐
│  失業者数              環境  │
│  (3.50)                    │
│    │          ┌┄┄┄┄┄┄┐   │
│    ▼          ┆図4.2┆   │
│  参加に代わる知覚   └┄┄┄┄┄┄┘  │
│  された代替案 (3.49)         │
└────────┬────────────────┘
         ▼
    想起代替案の知覚
    された結果 (3.40)
```

Ⓐ 個人特性——第4章で考察

次に、知覚された代替案の数は、個人特性の関数である《図3・7a》。個人特性は第4章で考察するので、ここでは扱わないが、関数の具体例としては、他組織から見た個人の可視性、個人から見た他組織の可視性、個人の外部代替案探索性向、個人の専門化程度の関数である。[*76][*77]

外部環境の変化は比較的緩慢なので、結果の知覚に対する環境の効果は本来受けるべき注意を過度に強調しやすく、外部労働市場の効果を見過ごしやすい。生産性研究では、制度的要因を過度に強調しやすく、外部労働市場の効果を見過ごしやすい。市場条件は、労働組合化（または、それが可能な）労働力にだけでなく、監督者層にも重要であり、上層管理者には多分最重要だと仮説を立てる。ベーレンド（Behrend, 1953②）の指摘のように、[*78]

Ⓑ 集団圧力

生産性決定の影響要因としてより頻繁に引用されるのは、下位集団・組織外集団の圧力である。「機械」モデルが仮定する生物と違い、従業員は組織権限体制外の集団から物理的・感情的支持を受ける。従業員行為の重要な結果が、組織内下位集団や組織外集団に制御される。たとえば、従業員の組織内行動はその家族に制約される（Hoppock, 1935①）。この制約の正確なところはさらに調べる必要があるが、その存在は確かである。同様に、個人の動機づけに対する職場小集団の影響も一般に認められ、証拠資料も十分ある。

代替案の知覚された結果 (3.40) は（一部分）下位集団・組織外集団由来の**集団圧力強度** (3.51) と**集団圧力方向** (3.52) の関数である【3.51, 3.52→3.40《図3・7》】。集団圧力の方向に影響する要因は後に回し、ここでは参加者個人への圧力強度に関する要因に焦点を合わせる。

[p.79]

---

*76 原典初版 (p.59) では何もなかったが、第2版 (p.78) ではコンマ「,」が入った。

*77 「他組織から登出の知覚された容易さ (4.4)」「他組織から見た個人の可視性 (4.26)、個人から見た他組織の可視性 (4.30)、個人の外部代替案探索性向 (4.32)、個人の専門化程度の関数である」となり、図4・2にも示されている。ただし「個人の専門化程度」については記述がない。

*78 原典初版 (p.59) では記述がなかったが、第2版 (p.78) ではコンマ「,」が入っていたが、第2版 (p.78) では消えている。

第一に、一体化メカニズムがある。**集団一体化** (3.53) が強いほど、集団圧力強度 (3.51) はより強まる【3.53→3.51《図3・7c》】。第二に、明確な一体化がなくても、**集団意見一様性** (3.54) が増すにつれ、集団圧力強度 (3.51) が増大する【3.54→3.51《図3・7c》】。集団意見一様性 (3.54) が増すにつれ、集団が個人に矛盾する指示を出す可能性が減る。第三に、**集団の環境制御範囲** (3.55) が拡大するにつれて、集団圧力強度 (3.51) は増大する【3.55→3.51《図3・7c》】。つまり、個人環境の大部分を制御する集団は、個人環境のほんの一部分のみ制御する集団と比べて、個人により圧力をかけることができる。

第一の集団一体化に影響する要因は（原典第2版pp.83-90）で考察する。第二の集団意見一様性に影響する主なメカニズムは、二つ特定できる。まず、集団メンバー間伝達が意見共有につながる傾向があるので、①**集団内相互作用** (3.56) があるほど、集団意見一様性 (3.54) が高まる【3.56→3.54《図3・7b》】。同時に、同量の集団内伝達があっても、その有効性は集団メンバーの集団内残留必要感で決まる【3.57→3.54《図3・7b》】。意見一様性に影響する変数からなるこの小さな下位システムは、フェスティンガー＝シャクター＝バック (Festinger, Schachter, & Back, 1950①) とホマンズ (Homans, 1950①)の両方の小集団行動モデルと密接に関連する (Simon, 1952a①; Simon & Guetzkow, 1955a①, 1955b①)。[p.80] この小さな下位システムに主な命題を二つ追加できる。1つ目は、集団内相互作用 (3.56) が増すにつれて、集団凝集性 (3.57) が増す【3.57→3.56《図3・7b》】。二つ目は、集団意見一様性 (3.54) が増すと、集団凝集性 (3.57) が増える【3.54→3.57《図3・7b》】。つまり、個人が集団に一体化するとその個人の目的が影響を受けるが、それだけではなく、他の人が集団に一体化しても集団意見一様性が増し、その結果、集団圧力強度が増す。[そのメカニズムを示しているのが、図3・7bの小さな下位システムなのである。]

---

[79] この命題は、本文に忠実に書けば、正確には【3.57→集団内コミュニケーションの有効性→3.56→3.54】とすべきところを、真ん中の2変数を省略したものらしい。

[80] 原典（初版p.60；第2版p.79）では改行していたが、内容的に同じ段落にすべきなので、改行していない。

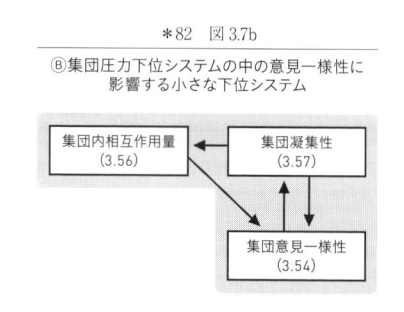

[81] Simon (1952a) はHomansの著作の、Simon and Guetzkow (1955a; 1955b) はFestingerの著作の、それぞれ数学的な翻訳であるとサイモン自身に位置づけられている (Simon, 1957, p.88 邦訳p.160)。

[82] 原典にはない図だが、理解のために追加した。

*82 図3.7b

Ⓑ集団圧力下位システムの中の意見一様性に影響する小さな下位システム

集団内相互作用量 (3.56) ← 集団凝集性 (3.57) → 集団意見一様性 (3.54)

第三の集団の環境制御範囲の効果についての研究はもっと少ないが、それでも合理的な2命題を提示できる。集団の社会的地位はさまざまで、権力・威信のほとんどないものから大きいものまである。①**集団の環境制御**(3.55)は、制御に関する**集団間競争量**(3.58)に依存する。すなわち集団間競争が少ないほど、集団は環境をより制御する【3.58→3.55《図3・7c》】。家族・幼児間、共産党・党員間の権力関係は、集団圧力強度が増すと、このメカニズムに大きく依存しがちである[*83]。②**集団凝集性**(3.57)もまた集団の制御範囲(3.55)に正の関係がある【3.57→3.55《図3・7c》】。集団凝集性が大きいほど、メンバーたちは進んで個人に集団要求を強要するようになる。集団凝集性は集団内競争――もしこれを制限しなければメンバー個人に対する集団の制御は弱まる――を制限する[*84]。[以上のメカニズムを示しているのが、図3・7cの下位システムなのである。これには図3・7bもその一部として包含されている。*85]集団圧力の強度は既出変数にかなり依存するが、**方向**は依存しない。集団圧力方向に影響する重要な要因については後で(原典第2版pp.97-101参照)考察する。

© **組織の報酬**

環境の状態と組織内下位集団・組織外集団の活動は、組織が部分的にしか制御しないが、知覚された結果への影響は大きい。その結果、最近の米国の組織行動論研究者は、明示的な報酬制度を裏に追いやり、他の今議論した要因を検討する傾向にある。しかしたいていの人には、経済的誘因を強調しない人間モデルでは不十分である。

こうした理由で、組織的報酬に触れた命題をいくつかここで導入する。特に、生産を制限する(または増やす)決定の予期した結果(3.40)はより好ましいものになる[p.81]。**昇進の業績依存性**(3.59)[*87]が大きいほど、生産性向上の知覚された結果(3.40)は[*88]本質的に年功昇進

[*83] 原典(初版p.60;第2版p.80)では改行していたが、内容的に同じ段落にすべきなので、改行していない。

[*84] この2文は集団内の話であり、変数(3.55)は**対環境**集団制御範囲の話なので、議論が錯綜している。その前の文章の「集団制御範囲」が環境に対するものなのか、集団内に対するものなのか明記されていないが、後者である可能性が高い場合、【3.57→3.55】の変数(3.55)は間違いである。

[*85] 原典にはない図だが、理解のために追加した。原典(初版p.61;第2版p.84)のFigure 3.7では、変数(3.56)の箱がFigure 3.8と関係するように描かれているが、後出のFigure 3.8には登場せず、変数(3.56)の間違い。

[*86] 原典(初版p.61;第2版p.80)では "the effectiveness of group pressures to uniformity" となっているが、effectiveness is strength の間違い、あるいはその逆は論じていないでいるが、その集団圧力強度に対する一様性の影響は論じている。また集団圧力強度に対する一様性の影響は論じていない。"group pressures to uniformity" は間違いである。

[*87] 原典(初版p.61;第2版p.81)の "organizational mobility" を「昇進」と訳しているが、後出のStone (1952a)の場合、mobility とは "vertical mobility"、つまり垂直な異動のことで、ここでも横の異動に関する記述はなく、実際p.82でも "upward mobility" という言い方もされる。

*85 図3.7c
Ⓑ集団圧力下位システム

```
                    集団圧力
      ┌図3.8─────────────────────────────┐
      │ 集団内相互      集団凝集性      集団間競争量 │
      │  作用量         (3.57)          (3.58)    │
      │  (3.56)                                  │
      │                                          │
      │┌図3.8                                    │
      ││ 集団一体化    集団意見       集団の環境制御 │
      ││  (3.53)      一様性           範囲        │
      │               (3.54)          (3.55)      │
      │                                          │
      │┌後述                                     │
      ││ 集団圧力方向   集団圧力強度                │
      ││  (3.52)       (3.51)                    │
      └──────────────────────────────────────────┘
                          ↓
                  想起代替案の
                  知覚された結果
                     (3.40)
```

*88 この命題 [3.59→3.40] は次に出てくる命題 [3.59, 3.60→3.40] と一部重複している。前者は、説明変数の多い後者に吸収されるべきだと思われるので、図3・7ではそうしている。

*89 Stone (1952) は百貨店と工場を一つずつ取り上げているが、このような比較は行っていない。そもそも両者は似た報奨金制度をもっていたとされる (p.62)。

*90 原典初版 (p.61) では何もなかったが、第2版 (p.81) ではコンマ", "が入っている。

*91 「付加給付」と訳しても意味不明なので「フリンジ・ベネフィット」(fringe benefit) とカタカナ表記しているが、これは、主たる報酬以外の、諸手当・有給休暇・社宅などを指している。いわゆる役員の三種の神器、個室・秘書・車もこれに該当する。

*92 原典初版 (p.62) では"Londen"と誤植があったが、第2版 (p.82) では修正されている。

制度の組織は、昇進が生産指標連動の組織よりも生産的ではないだろう (Stone, 1952a②)。同様に、生産性に基づいて昇進させる企業よりも、生産性優位であると予測する。

昇進制度はこんな結果になりそうだが、特に人間関係には別の影響があるので、条件次第では、組織目的達成を促進したりしなかったりするだろう。たとえば、下位集団は常に組織を支持するわけではないので、下位集団が組織目的に貢献的かどうかで、下位集団に対する昇進制度の効果は、機能的にも逆機能的にもなる。

とはいえ、この命題には最低一つ注意がいる。組織が、(a)生産品の量、(b)生産品の質、(c)潜在的監督能力、(d)時間正確性、で昇進させる昇進制度を作ったと仮定する。この業績基準は、従業員から見て二つ特徴がある。第一に、要因の重みづけが明らかではないこと。測定の仕方が定かでない要因があること。その結果、この基準では具体的行動と「評点」が結びつかず、結果がほとんど分からない。昇進の決定に使われる**基準の主観的操作性** (3.60) は大であるほど、行為の知覚された結果 (3.40) に対する昇進制度の効果がより大きくなる [3.59, 3.60→3.40 《図3・7》] (K. Davis, 1953①; Denerley, 1953①)。

この命題は単に「明記された業績基準」ではなく「知覚された業績基準」についてのものなので注意がいる。従業員は、公表された業績基準には悪評通り疑念をもち冷笑的なので、業績基準の主観的操作性に影響する要因は、将来の重要研究領域であるが、これまでの研究動向をいくつか簡単に示そう。

昇進制度は組織の奨励制度の一つにすぎない。他で最も重要なものは、賃金・給与制度（「フリンジ・ベネフィット」[*91] を含む）である。考案された多くの賃金制度を論じはしないが、奨励金[*92]制度の詳細はどの標準的文献にも書いてある (Britton, 1953①; Dickinson, 1937①; Louden, 1944①

Lytle, 1942①[*93]。ここでの目的は、広く奨励金制度を、従業員個人の行為の結果知覚に関する単純な特徴に照らして扱うことである。主な代替的制度としては、生産性とは無関係で固定の日給制、週給制、年給制。また給料を個人・集団の生産量で決める制度もある。最終的によくあるのは、さまざまな種類の制度を組み合わせたものである。

金銭報酬の業績依存性 (3.61)[*94] 一般に、奨励給制度の導入は単純な時給・日給よりも生産を増やし、奨励金制度に代えた固定給の導入は生産を低下させる (Wyatt, 1934②; Feldman, 1937①; Viteles, 1953②)[*96]。概して、固定給の雇用契約は、遂行される活動の**類型**は制御しても、遂行の**率**を制御しないと考えられる。

また、業績基準の主観的操作性 (3.61) の効果はより大きくなる [3.60, 3.61]→3.40 《図3・7》 (Marriot, 1951①; Byrt, 1954①)。したがって、集団と比べ個人の奨励金制度は、個人の生産動機づけにより大きな**直接的**効果がある。ただし昇進制度の場合同様、解釈には注意を要する。なぜなら、集団圧力の二次効果や集団凝集性の必要条件の理解が不十分だからである (Learner, 1955①)。

以上の命題では、昇進と金銭報酬増加に対する参加者の欲求を仮定してきた。人により報酬の軽重が違ったとしても、この仮定は概して妥当である。この点は次節で考察する。また、典型的な企業組織でも、昇進制度が関係ある従業員とほぼ関係ない従業員とでは違いがある。たとえば、たいていの組織の大半のブルーカラーの従業員には、昇進という形の報酬はほとんどない。

[p.82]

* 93 引用されている1942年版は第2版で、初版は1929年。
* 94 命題 [3.59→3.40] のところでも同様には次に出てくる命題 [3.60, 3.61→3.40] と一部重複している。前者は、説明変数の多い後者に吸収されるべきだと思われるので、図3・7ではそうしている。
* 95 原典初版 (p.62) では "hourly or daily rate" だったが、第2版 (p.82) では "hourly or day rate" に変わっている。
* 96 Viteles (1953) は、その第7章「職務遂行、作業集団規模、結果の知識の影響 (The influence of job performance, size of work group, and knowledge of results)」(pp.127-147) で、一般に入手困難な報告書Wyatt (1934) の実験結果を詳細に引用、紹介している。その実験は、15～16歳の少女10人に隔離した部屋でチョコレートの包装作業をさせるというもので、時間給 (time rate) 9週→歩合給 (piece rate) 12週、と奨励給15週→ボーナス付加給 (bonus rate) に変えていくと、生産性が上がり、その後一部の工程で固定給に戻したら生産性が下がったというものだった。ただし、この実験では、賃金システムの違い以前に、水準自体が違っているので、解釈には注意がいる。

図3.7 | 想起代替案の知覚された結果に影響する要因 [*97]

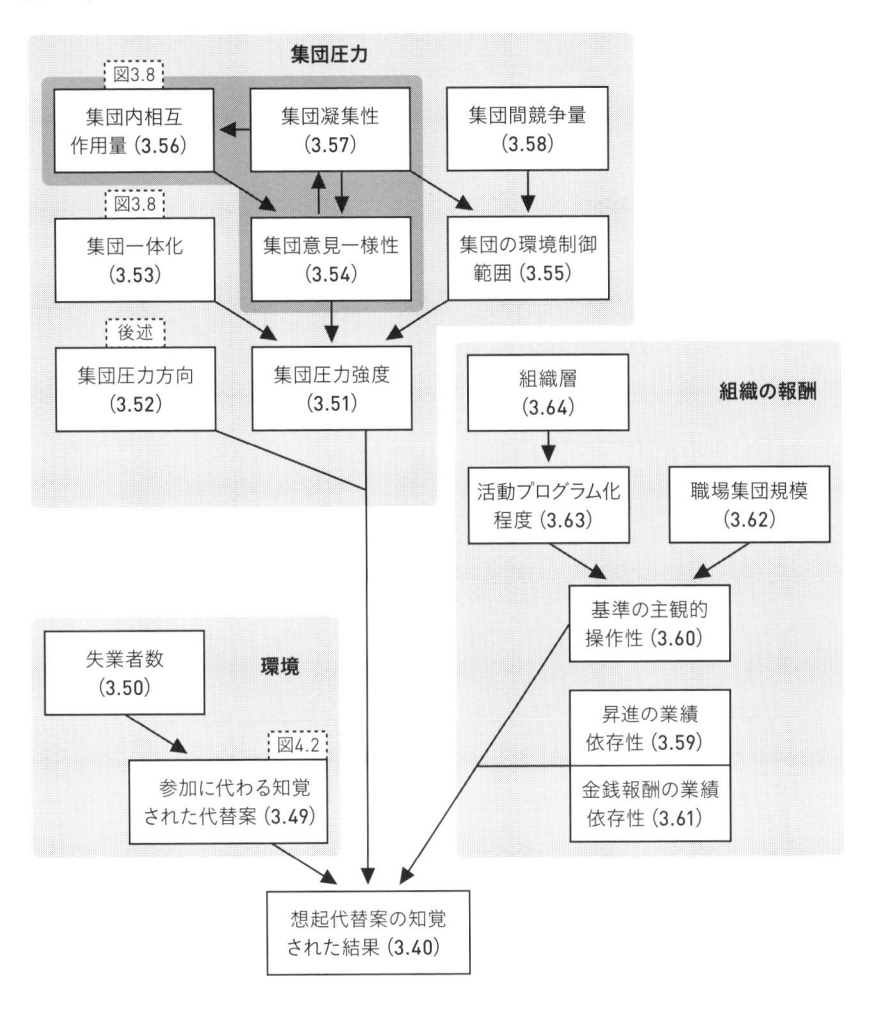

集団圧力

- 図3.8: 集団内相互作用量 (3.56)
- 集団凝集性 (3.57)
- 集団間競争量 (3.58)
- 図3.8: 集団一体化 (3.53)
- 集団意見一様性 (3.54)
- 集団の環境制御範囲 (3.55)
- 後述: 集団圧力方向 (3.52)
- 集団圧力強度 (3.51)

組織の報酬

- 組織層 (3.64)
- 活動プログラム化程度 (3.63)
- 職場集団規模 (3.62)
- 基準の主観的操作性 (3.60)
- 昇進の業績依存性 (3.59)
- 金銭報酬の業績依存性 (3.61)

環境

- 失業者数 (3.50)
- 図4.2: 参加に代わる知覚された代替案 (3.49)

想起代替案の知覚された結果 (3.40)

[*97] 原典（初版p.64, 第2版p.84）のFigure 3.7では、変数（3.57）の箱がFigure 3.8と関係するように描かれているが、Figure 3.8には登場せず、変数（3.56）の間違い。また原典では表示していないが、理解しやすいように、「環境」「集団圧力」「組織の報酬」の三つの下位システムに分けて表示している。

ⓒ 基準の操作性[98]

昇進制度・賃金制度の効果の議論では、業績基準の主観的操作性を最重要とした。この要因の重要性は時には「方向感覚」欲求によるものとされてきた――なぜ他でもなくその方向なのかの理由は不明でも（Friedman, 1954①; Krulee, 1955③）。組織のたいていの参加者は自分の行為の成否を評価したがり、成功基準は学習と満足の両方を確かに促進する（Thorndike, 1927①; Elwell & Grindley, 1938①; Bilodeau, 1954①; Payne & Haury, 1955①; Viteles, 1955①）。[99] しかし生産性基準に特に不可侵な何かがあるわけではない。生産現場では他の基準も使えるし、頻繁に使っている。その結果、所与の精密な業績基準の有効性は、他でもなく当該基準の受容を動機づけるメカニズム（たとえば基準に基づいた報酬制度）に依存する。逆に、所与の業績基準に基づく報酬制度の有効性は、その基準が（主観的に）いかに精密かに依存する。

業績基準の操作性（3.60）に影響する要因に関しては、いくつか命題が出されうるし、出されてきた。まず単純に **職場集団規模**（3.62）である。奨励金制度は大集団よりも小集団でうまく機能すると予測される【3.62→3.60《図3・7》】。また、**活動のプログラム化程度**（3.63）が大であるほど、業績基準は主観的に操作的（3.60）に、よりなりやすい【3.63→3.60《図3・7》】という命題を加えれば、奨励金制度は高い組織層よりも低い組織層でよりうまく機能するだろうと予測できる。

高い **組織層**（3.64）ほど、活動のプログラム化（3.63）はより小となる【3.64→3.63《図3・7》】という命題を加えれば、奨励金制度は高い組織層よりも低い組織層でよりうまく機能するだろうと予測できる。

図3・7は、この節で議論した関係を図示している。図3・6で図示した関係同様、この命題群は、第2章で概説した人間行動理論に入れた命題群よりかなり複雑である。

---

*[98] 原典初版（p.63）では "wage payment system" だったが、第2版（p.82）では "wage-payment system" とハイフンが入っている。

*[99] 原典初版（p.64）・第2版（p.83）さらに参考文献リスト（初版p.223, 第2版 p.247）でも "Grundley" になっているが、"Grindley" の間違い。

3・4・3　個人目的

前2項では、議論の焦点は生産状況の認知的要素だった。この項では、個人目的と特に一体化現象に目を向ける。機械とは違い、人間は他者の価値と比較して自らを位置づけ、他者の目的を自身の目的として受容するようになる。さらに組織メンバー個人は、選好の事前構造——パーソナリティと呼んでもよい——をもち、組織にいる間はそれに基づいて意思決定をする。このように、個人目的は組織にとって「所与」ではなく、採用手続と組織的慣行の両方を通じて変えうるのである。

一体化の対象にできるものは主に四つある。[*100] (1)焦点組織の外部組織（組織外一体化）、(2)焦点組織それ自体（組織一体化）、(3)職務に含まれる仕事活動（課業一体化）[*101]、(4)焦点組織内下位集団（下位集団一体化）[A・3.5]。少なくとも部分的には認知的な影響のせいにしてきた現象のいくつかは一体化でも説明できる。動機づけの研究者は概して好んでそうしてきた。

ただし、組織外一体化の命題を述べるとき、集団目的の知覚に影響する要因が分かるまで、生産動機づけを推論できないので、この要因のいくつかは、この項の後で示す[*102]。

個人の集団への一体化 (3.53) が強いほど、個人目的 (3.41) は集団規範の知覚に、より従いそうだ [3.53→3.41]。[*103] この基礎命題は、さまざまな知見が広く支持しており、前述の4対象への一体化の強さに影響する要因を研究しよう。五つの基礎仮説を提案する。

1. **知覚された集団名声** (3.65) が大であれば、個人の集団一体化[*104] (3.53) の性向は強くなり【3.65→3.53《図3・8》】、逆も成り立つ【3.53→3.65《図3・8》】。

【p.85; p.84は図3.7のみ】

* 100　原典（初版p.65; 第2版p.83）では "In this section," となっているが、前の文章では "In the two previous subsections," となっており、明らかに3・4・1項、3・4・2項の前2項に対して、この3・4・3項(subsection) という意味なので、section の間違い。ちなみに "In this subsection" の後にはコンマ","が入っていないが、原典初版 (p.65) ではコンマ","がなかったが、第2版 (p.83) ではコンマ","が入っている。

* 101　原典初版 (p.65) では "four principal available targets" だったが、第2版 (p.85) では "four principal, available targets" とコンマが入っている。

* 102　原典（初版p.65; 第2版p.83）では "subsection" だが "section" として訳している。

* 103　原典（初版p.65; 第2版p.85）では、[3.41: 3.53] と表記しているが、すべてところを "," (3.41; 3.53)."と表記している。

* 104　原典（初版pp.65-66; 第2版p.85）に登場する仮説／命題1～5では、すべて "propensity of the individual to identify with the group" となっていて、一体化の性向 (propensity) が強いほど、という表現をしているが、図3・8では「集団一体化強度」(strength of identification with the group) となっている。一体化の性向が強いということは別の事象のはずであるが、図3・8では一緒くたにされている。ちなみに変数 (3.53) の初出箇所である原典（初版p.59; 第2版p.79）でも図3・7でも "identification with (the) group"、つまり「集

図3.8 | 集団一体化に影響する基礎要因 *105

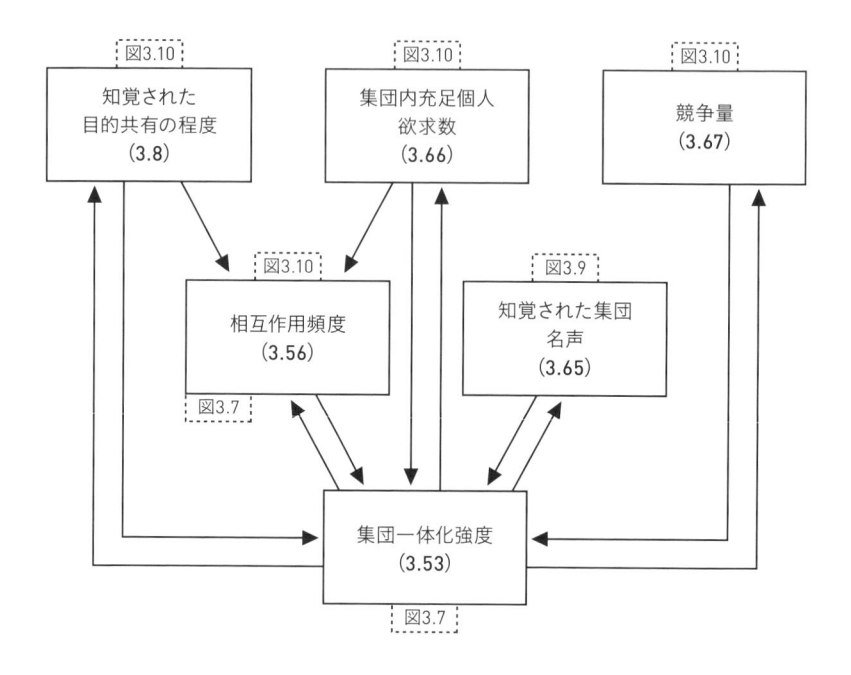

```
[図3.10]                [図3.10]               [図3.10]
知覚された              集団内充足個人          競争量
目的共有の程度          欲求数                 (3.67)
(3.8)                  (3.66)
                                              
           [図3.10]              [図3.9]
           相互作用頻度           知覚された集団
           (3.56)                名声
                                 (3.65)
           [図3.7]
                      集団一体化強度
                      (3.53)
                      [図3.7]
```

*105 原典（初版p.66; 第2版p.86）の図3・8には記載が抜けているが、変数（3.53）と変数（3.56）は図3・7につながっているので、そのように表記した。また変数（3.53）は「集団一体化強度」(strength of identification with the group) と「強度」がついているが、原典の図3・7ではついていなかった。

団一体化」であった。訳では統一していない。

2. 集団メンバー間で**知覚された目的共有の程度**(3.8)が大であれば、個人の集団一体化(3.53)の性向が強くなり【3.8→3.53《図3・8》】、逆も成り立つ【3.53→3.8《図3・8》】。[*106]

3. **個人・集団メンバー間の相互作用の頻度**(3.56)が大であるほど、個人の集団一体化(3.53)の性向が強くなり【3.56→3.53《図3・8》】、逆も成り立つ【3.53→3.56《図3・8》】。[*107]

4. **集団内充足個人欲求数**(3.66)が大であるほど、個人の集団一体化(3.53)の性向が強くなり【3.66→3.53《図3・8》】、逆も成り立つ【3.53→3.66《図3・8》】。

5. 個人・集団メンバー間の**競争量**(3.67)が小であるほど、個人の集団一体化(3.53)の性向が強くなり【3.67→3.53《図3・8》】、逆も成り立つ【3.53→3.67《図3・8》】。[*108]

以上の5命題は、集団内相互作用(3.56)を目的共有感(3.8)に関連させる命題【3.66→3.56《図3・8》】と一緒に基礎的枠組み3・8》と集団内充足欲求数(3.66)に関連させる命題【3.66→3.56《図3・8》】と一緒に基礎的枠組みを形成し、その中でより具体的な命題の展開が可能になる。その枠組は図3・8に描かれる。

このシステムでフィードバック・ループが重要なことは、5命題の「逆も成り立つ」や図から明らかである。このシステムの可能なループすべてではないが、一体化現象の動態の広範な相互作用、選好、知覚のような変数間の動態の一部を示唆するループは十分示している。相互作用、選好、知覚のような変数間の厳密さはさまざまだが探究されてきた。その中で、多分最も有名なのは人間行動の諸分野で、同じメカニズムが組織の動機づけに影響しているように見えるのは、小集団と投票行動だが、同じメカニズムが組織の動機づけに影響しているように見えるのは、さほど驚くことではない。

集団一体化の命題を提示する際、便宜上、一般的な関係の命題と具体的な予測を区別する。一般命題は特定の集団や集団の種類から独立であるが、予測は具体的な経験的状況に当てはまる。この区別は、本書では明示していないが、生産性の決定に

[p.86]

---

*106 ここで、原典初版の変数(3.8)が再度登場する。原典初版・第2版ともに、初出ではないが、イタリック表示され、しかもp.58とはイタリック表示の範囲が異なる。この変数の表記は一貫性がない。初出時の脚注16を参照のこと。

*107 原典初版・第2版ともに、変数(3.56)は初出ではないのに、なぜかイタリック表示されている。しかも、初出p.79では「集団内相互作用(interaction within the group)」だったのに、ここでは「集団内相互作用の量(amount of interaction within the group)」と、記述に一貫性がない。さらってp.84図3・7では、「相互作用頻度(frequency of the interaction)」、p.86図3・8でもイタリック表示されており、p.85下から5行目では"within the group"とされているが、p.90図3・10でも"in the group"とされている。

*108 原典初版・第2版ともに相互作用(3.56)が「頻繁な相互作用(frequent the interaction)」、仕方がないので、ここでは「個人・集団メンバー間の相互作用」を変数として表示した。

は多様な異なる集団が関連するので、明示的に区別する必要がある。この多様性のために、まず一般的な理論命題を示し、その後にさまざまな集団についての具体的仮説とそれを支持する証拠を検討するのが、最も素直である。

集団一体化に影響する要因

これで5変数、一体化に影響し影響される基礎変数を特定した。次に、この5変数に影響する重要要因について述べたい。まず、知覚された集団名声に影響するものは何か？ 名声は、集団の客観的地位（すなわち、他人から寄せられている名声）で変わる。他方、個人が集団名声をいかに知覚するかは、他人の評価だけではなく、個人的基準の関数でもある。つまり知覚された集団名声 (3.65) は、**集団の社会的地位** (3.68) と**個人的基準** (3.69) の性質の関数である [3.68, 3.69→3.65《図3・9》]。

集団の社会的地位は、文化的な成功シンボルで決まる。ここではその全部ではなく、一体化で重要な三つに注目しよう。第一は**集団目的達成成功** (3.70) で、これが大であれば、集団の社会的地位 (3.68) が高くなる [3.70→3.68《図3・9》]。第二は集団メンバーの**身分** (3.71) で、その平均が高いほど、集団の社会的地位 (3.68) が高くなる [3.71→3.68《図3・9》]。第三は**集団の可視性** (3.72) で、これが大であるほど、集団の社会的地位 (3.68) が高くなる [3.72→3.68《図3・9》]。

次に、可視性は、当該集団を他集団と区別する特性か観察確率を上げる特性から生じる。たとえば、①（目的、メンバーシップ、慣行のいずれでも）**集団の特異性** (3.73) が大であるほど、可視性 (3.72) は大となる [3.73→3.72《図3・9》]。②**集団の規模** (3.74) が大であるほど、可視性 (3.72) は大となる [3.74→3.72《図3・9》]。③**集団の成長率** (3.75) が大であるほど、可視性 (3.72) は大となる [3.75→3.72《図3・9》]。

図3.9 │ 知覚された集団名声に影響する要因 *[109]

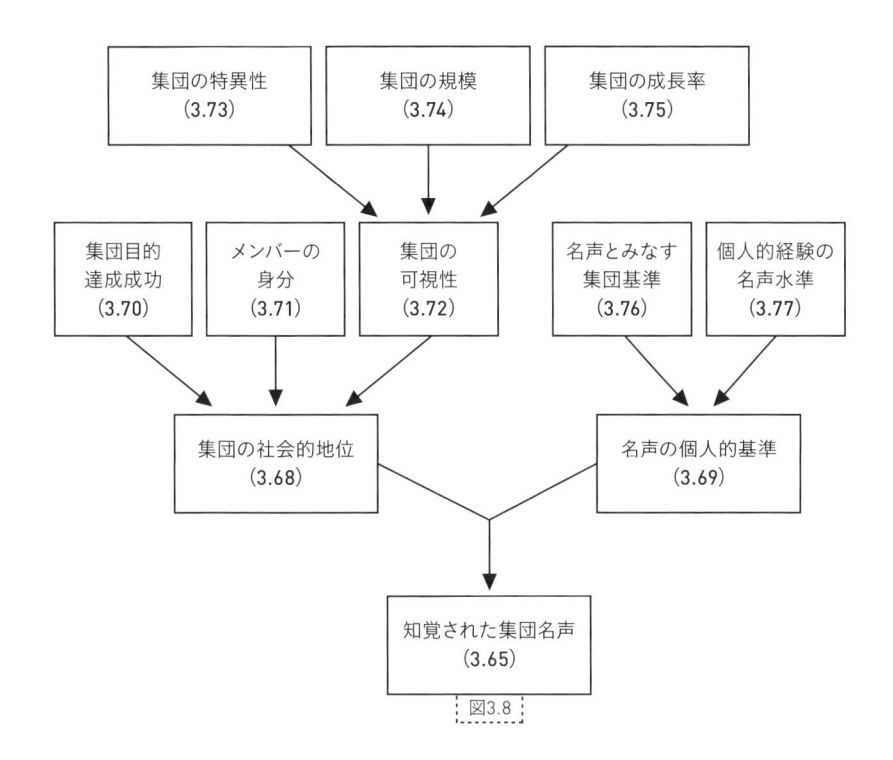

```
集団の特異性 (3.73)    集団の規模 (3.74)    集団の成長率 (3.75)
                            ↓
集団目的    メンバーの    集団の         名声とみなす    個人的経験の
達成成功    身分         可視性         集団基準       名声水準
(3.70)     (3.71)       (3.72)         (3.76)        (3.77)
    ↓        ↓           ↓               ↓             ↓
    集団の社会的地位 (3.68)              名声の個人的基準 (3.69)
                    ↓
            知覚された集団名声 (3.65)
                   図3.8
```

*[109] 原典（初版p.69; 第2版p.88）の図3・9には記載が抜けているが、変数 (3.65) は図3・8につながっているので、そのように表記した。また変数 (3.75) は原典では単に「成長率」になっているが、横並びの変数 (3.73)(3.74) さらに変数 (3.72) もいずれも「集団の〜」となっていて不揃いなので統一して「集団の成長率」と表記した。変数 (3.70) は図3・9では"amount of success in gaining goals"となっていて、本文中の変数名とは異なるので、ここでは本文に合わせた。変数 (3.76) は本文では「集団基準」だけだが、図3・9では「名声とみなす集団基準」となっているので、図に合わせた。さらにp.87第2段落の記述では、変数 (3.70)(3.71)(3.72) は三つの文化的成功シンボルなので、ここでは横並びに直している。

名声の個人的基準の決定要因で2変数が主に重要と思われる。第一は個人がこれまでそして今も属している集団の規範で、これに依存する名声の個人的基準(3.69)は、**集団基準**(3.76)[*110]にのこと。似ているだろう【3.76→3.69《図3・9》】。第二は個人的経験で、経験を通して基準は上下する。要求水準現象の根底にある社会的比較過程に基づけば、**個人的経験の名声水準**(3.77)が高いほど、名声の個人的基準(3.69)が高くなると予測する【3.77→3.69《図3・9》】。知覚された集団名声に影響する要因は、図3・9で示される。

次に、個人・集団間の相互作用頻度(3.56)[*111]の主決定要因を考察する。まずは、図3・8の復習から。最重要要因の一つは一体化から相互作用へのフィードバックで、個人の集団一体化(3.53)が強いほど、相互作用(3.56)は大となる。目的共有の程度(3.8)か集団内充足欲求数(3.66)のどちらかの増大でも相互作用(3.56)は増大する。では、相互作用を通して作用する要因には他に何があるだろうか?

その一つは単純な曝露である。**接触曝露**(3.78)が多いほど、集団・個人間の相互作用頻度(3.56)は大となる【3.78→3.56《図3・10》】。

個人はさまざまな集団に近づくが、相互作用の相対頻度は偏っている。これは一部は、個人が育った文化・下位文化の規範の反映なので、集団の**文化的参加圧力**(3.79)が強いほど、集団・個人間の相互作用頻度(3.56)は大となる【3.79→3.56《図3・10》】。

他にも一部は、集団メンバー・個人間の知覚された類似性——共通の生い立ち、訓練、経験等に由来——に基づくので、**生い立ちの同質性**(3.80)が大きいほど、相互作用頻度(3.56)は大となる【3.80→3.56《図3・10》】。「大きさ」の効果のアノミー的仮説も記しておくと、集団・個人間の相互作用頻度(3.56)は小となる【3.81→3.56《図3・10》[*113]】。ここで「コミュニティ」とは、その中でだいていの個人欲求が充足される多少自律的な

[*110] 原典(初版p.69、第2版p.88)の図3・9の表示に従えば、「集団内相互作用基準」のこと。

[*111] 変数(3.56)はもともと初出の原典初版p.59、第2版p.79では「集団内相互作用」(interaction within the group)だったが、原典版p.71、第2版p.87のこの段落以降は「集団・個人間 相互作用」(interaction between the group and the individual)という表現になり、変数(3.56)も単に「相互作用頻度」(frequency of interaction)に変化する。ちなみに原典(初版p.66、第2版p.86)の図3・8や原典(初版p.71、第2版p.90)の図3・10では「相互作用頻度」(frequency of interaction)なのだが、原典(初版p.64、第2版p.84)の図3・7では「集団内相互作用量」(amount of interaction within group)だった。表記に一貫性がないだけでなく、そもそも集団内相互作用と集団・個人間相互作用は別の概念であるし、頻度と量では測定尺度が異なるはずである。

[*112] アノミー(anomie)は、無規制状態とも訳される。急激な社会変動に伴う社会規範の動揺や崩壊、それによって個人の欲望が無規制状態になり、欲望が際限なく肥大化することに伴う焦燥・不安・幻滅などを指しているデュルケムの用語。人々の欲求/行為の無規制状態[心理学辞典](有斐閣)/広辞苑第6版(岩波書店)。

[*113] このアノミー仮説が実際に使われる原典第2版p.91(初版p.72)である。

90

図3.10 | 相互作用頻度、知覚された目的共有の程度、集団内充足個人欲求数、競争量に影響する要因 [*114]

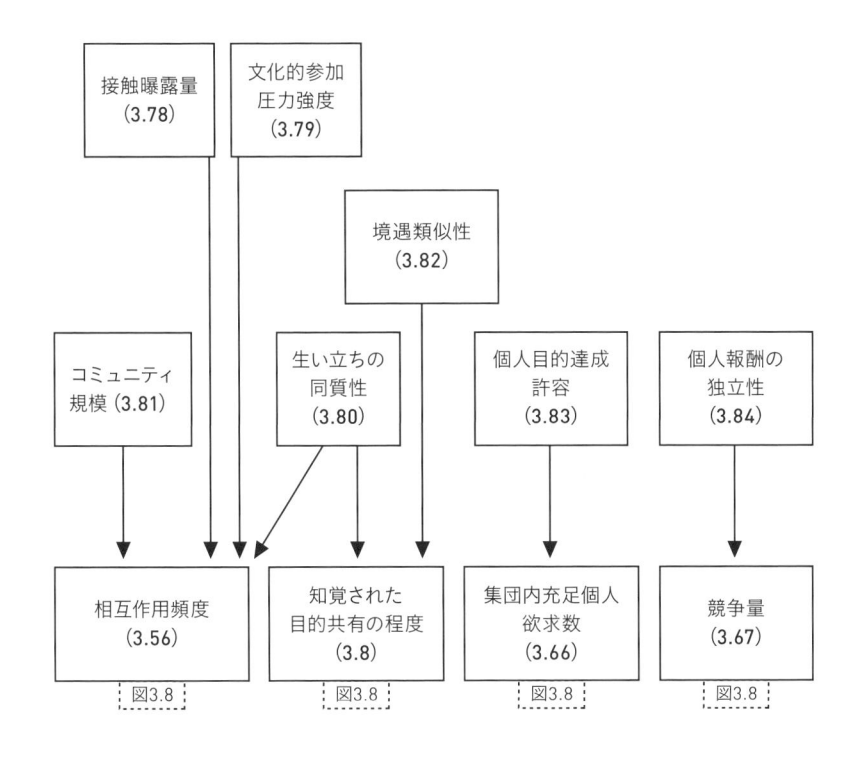

```
  ┌─────────┐   ┌─────────┐
  │ 接触曝露量 │   │ 文化的参加 │
  │ (3.78)  │   │ 圧力強度  │
  └─────────┘   │ (3.79)  │
                └─────────┘
                     ┌─────────┐
                     │ 境遇類似性 │
                     │ (3.82)  │
                     └─────────┘

 ┌─────────┐ ┌─────────┐ ┌─────────┐ ┌─────────┐
 │コミュニティ│ │生い立ちの│ │個人目的達成│ │個人報酬の │
 │規模(3.81)│ │同質性   │ │許容      │ │独立性    │
 │         │ │(3.80)  │ │(3.83)   │ │(3.84)   │
 └─────────┘ └─────────┘ └─────────┘ └─────────┘
       ↓         ↓          ↓           ↓
 ┌─────────┐ ┌─────────┐ ┌─────────┐ ┌─────────┐
 │相互作用頻度│ │知覚された│ │集団内充足個│ │ 競争量  │
 │ (3.56)  │ │目的共有の│ │人欲求数   │ │ (3.67) │
 │         │ │程度(3.8)│ │(3.66)   │ │        │
 └─────────┘ └─────────┘ └─────────┘ └─────────┘
   図3.8      図3.8       図3.8        図3.8
```

[*114] 原典（初版p.71; 第2版p.90）の図3・10では、変数(3.78)には本文にはなかった「量」(amount of) が、変数(3.79) には本文になかった「強度」(strength of) がそれぞれ頭についているので、その通り表記した。

社会単位を漠然と指す。

生い立ちの同質性 (3.80) が大であるほど、知覚された目的共有の程度 (3.8) は大になる【3.80→3.8《図3・10》】。さらに知覚された目的共有は、**現在の境遇の類似性**の関数である。医師が団結しがちなのは、特有な訓練の共有だけでなく、医師としての活動で互いに似た境遇に置かれるからでもある。この類似性が態度の類似性を導くと考えられる。**現在の境遇類似性** (3.82) が大であるほど、目的共有とみる程度 (3.8) は大になる【3.82→3.8《図3・10》】。

以上の集団一体化影響要因の概略完成のため、①集団内充足個人欲求数 (3.66) と、②集団メンバー・個人間競争量 (3.67) それぞれに影響する変数に言及する。①集団の**個人目的達成許容** (3.83) が大であるほど、より多くの個人欲求が集団内で充足 (3.66) されるだろう【3.83→3.66《図3・10》】。少なくとも私たちの文化では、服従は利益ではなく、集団の一員であるための「費用」と考えがちである。個人の欲求・服従・独立間の関係は複雑でよく分からないので、非常に弱い仮説——ほぼすべての個人は、自分の欲求に許容的な集団の方が、そうでない集団より魅力的とほぼいつも感じる——しか示せない。

個人報酬の独立性 (3.84) が大であるほど、集団メンバー間の競争量 (3.67) は小となる【3.84→3.67《図3・10》】。逆に、事実上、誰かが得るには他の誰かが失わなければならないゼロ和ゲーム状況にあるとき、競争が増して一体化は減る。

以上の相互作用頻度 (3.56)、知覚された目的共有の程度 (3.8)、集団内充足個人欲求数 (3.66)、個人・集団間競争量 (3.67) に影響する要因は、図3・10で図示する。図3・8、図3・9、図3・10を合わせれば、集団一体化を通して個人目的に作用する変数全般の構想となる。次は、こうした要因が特定の種類の集団で、いかに機能するかを議論する。

---

*115 このことを「既に示した」とあるが (we have already indicated that~)、変数 (3.80)「生い立ちの同質性」の初出は前の段落であり、それに該当するような記述は見当たらないので、「既に示した」は削除した。

*116 ここでの表現は "present similarities in position" であるが、変数 (3.82) は "similarity of present position" である。

組織外集団（たとえば専門職協会、コミュニティ集団、家族集団、労働組合）一体化

専門職協会の場合、個人職務の専門職業化度が大であるほど、協会との一体化は大となると予測する。その予測実現に関わる主要変数が「専門職業化」の定義に潜んでいる。専門職業化は、特有の公式訓練と生い立ちの同質性を意味し、職務遂行の公式規定と境遇の類似性を意味する。専門職業化した職務であるからには、職務遂行の手法、協会の他のメンバーが定める。専門職業化した職務を遂行する際、協会・基準の参照は必要不可欠なので、協会のやり方が広範な職務状況に浸透する。いくつかの属性は協会の他のメンバーと似る必要があるが、必要以上に他の属性まで似せて協会に一体化する傾向がある (R. C. Davis, 1954①; Moore & Rench, 1955①)。

コミュニティ集団については、そこでの曝露度が一体化に決定的に重要だと思われる。コミュニティ滞在期間のような要因は曝露に反映し、滞在期間が長いほど、コミュニティ集団への個人の一体化は大となる (Hoppock, 1935②)。軍隊のような現地コミュニティ短期滞在傾向の組織は、現地コミュニティ集団一体化欠如が顕著な特徴の一つとなる。他方、米国外務職員局のような組織では、外国コミュニティ勤務が比較的長くなることがよくあり、外国コミュニティへの一体化はたいがい逆機能なので、定期的な「再アメリカ化」のために長い休暇をとらせる。滞在が長いほど、組織外コミュニティ接触の幅も頻度も大となり、相互作用の結果、一体化が起こる。

以上の現象を結合した結果の知識は不十分で、分析に問題が生じる。個人のコミュニティへの統合は、PRに好都合で自発的離職を減らすので、組織が頻繁に勧めてきたが、同時に、組織以外への一体化を引き起こし、逆機能となるかもしれない。アノミー仮説を受け入れるならば、コミュニティが小さいほど、コミュニティ集団への一体

---

*117 原典初版p.70では「たとえば」(e.g., がついていたが、原典第2版p.90では抜け落ちているこの ( ) 内の説明は、ここでイタリックしているように、明らかに組織外集団 (extraorganizational groups) を例示したものであるが、なぜかイタリックになっていないために、見出しに見えない。

*118 専門職協会 (professional association) とは、新規参入者のチェック、水準の維持ほか、業界を代表して他との交渉にあたる同業者の団体のこと [新英和大辞典第6版 (研究社)]。

*119 原典（初版p.70, 第2版p.90）ではprofessional group になっているが、明らかにprofessional association のことを指していると思われる。他にも group や profession が同様の使われ方をしているで、混乱を避けるために、この段落では、いずれも「協会」に統一して訳している。

*120 原典第2版p.89 (初版p.69) の医師の例と同じ論理である。

*121 外務職員局 (foreign service) とは、1924年に設けられた米国国務省の専門職の部門で、主として海外で外交・領事関係に携わっている [新英和大辞典第6版 (研究社)]。

*122 PR (public relations) とは、企業体または官庁などが、その活動や商品などを広く知らせ、多くの人の理解を高めるために行う宣伝広告活動。広く一般的にもいう [広辞苑第6版 (岩波書店)]。

化は大となると予測する。[*123]

家族は、三つ目の重要な組織外集団である。家族には、そのメンバーにふさわしい仕事についての考えがあり、それが個人の仕事選択に影響する。同様に、職務遂行についても、家族の考えは個人選好の重要な決定因である。しかし、個人の移住性が大であるほど、家族集団への一体化は弱くなる。住む場所が離れれば、親兄弟を含めた大家族との接触は絶たれ、頻繁な相互作用は核家族に限定されがちになる（Masuoka, 1940 ①）。

同様に、文化的差異をもとにした予測もできる。元来の文化が大家族主義であれば、個人の家族集団への一体化は大となる。たとえば、中国系の組織メンバーと比較して、一般に家族への一体化がより強い（そしてより広範）と予測される（Burgess & Locke, 1953 ①, pp. 35-36）。

労働組合は、組織外集団としての位置づけがあいまいである。単位組合が実質的に組織の下位集団の場合もあれば、数個の企業組織と労働組合運動が、組織外の一体化の焦点になる場合もある。どちらでも、国際的労働組合組織と労働組合への一体化が強くなる。これはもちろん基礎的なホマンズ仮説の別版である。個人が労働組合に参加し活動する理由は何であれ、そのことで強く組合生活に引きずり込まれる。たいていの組合員は、多少非自発的に、あるいはちょっとした特殊事情で参加者になるが、参加すると結局非常に深く傾倒するということを示す証拠がある（Sayles & Strauss, 1953 ①; Rose, 1952b ①）。

経営側との交渉で労働組合の成功が大であるほど、個人の組合への一体化は強くなる。もちろん組合の成功全般が、その知覚された名声に関係する。しかし、メンバー個人にとっての組合の「成功」はさまざまである。たとえば個人が組合で得る便益は、一部、個人または所属集

---

* [*123] この文章では、原典第2版 p.89（初版 pp.68-69）冒頭の命題「コミュニティ規模（3.81）が大であるほど、集団・個人間の相互作用頻度（3.56）は小となる［3.81⇒3.56《図3・10》］」がアノミー仮説から予測されるとしている。

* [*124] 原典（初版 p.72; 第2版 p.91）では "attitude" で、学術用語としては態度と訳すことも多いが、この段落では分かりにくいので、「考え」と訳している。

* [*125] 原典（初版 p.72; 第2版 p.92）では "native American" となっている。近年、アメリカ「北米」先住民いわゆるアメリカ・インディアン（American Indian）を native American と呼ぶ方が望ましいとされる。その動きが始まったのは1960年代以降だといわれており、初版1958年版ではその意味で用いられているとは考えられない。

* [*126] 原典（初版 p.72; 第2版 p.92）では "local union" だが、いわゆる組合の地方組織よりも小さいケースも含んでいるので、組合の全国組織に対して、単位組織と訳している。

* [*127] その段落の2文目から4文目まで、文の冒頭が "In some case" "In other case" "In either case" と並ぶが、原版 p.72 では3ヵ所ともコンマ "," が付いているが、初版 p.92 では3ヵ所とも "In ∼ case," のように3ヵ所ともコンマ "," はなかった。

* [*128] George Caspar Homans（1910-89）は米国の社会学者で、心理学的な規則性によって社会構造が形成されるという視点から、社会過程の命題を理論的に整理し、社会的行動を相手に向けた努力や犠牲（コスト）と

団の製造工程内の戦略的位置に依存するが、組合内の権力的位置にも依存する。参加が一体化を刺激すると示してきたが、組合参加を刺激するのは何だろう？　まず、①一体化、②参加成功感から参加への強いフィードバック・ループがある。①については、労働者個人の組合一体化が強いほど、参加は大となる。②については、組合の成功感が大であるほど、参加は大となる。加えて、参加が社会ならびに他の所属社会集団の規範と矛盾しないとき、よりr参加するだろう。男性は女性よりも、家族が組合に好意的な人はそうでない人よりも、組合活動に参加する傾向があるだろう (Rose, 1952b②; Sayles & Strauss, 1953②; Purcell, 1953①)。

最後に、組合活動は職場集団内利害コミュニティを伴うので、参加圧力は集団同質性に一部依存する。共通の民族的背景をもつ集団、近くに住む集団、職務・給料・地位が似た集団は、そうでない集団よりも参加するだろう (Rose, 1952b③; Sayles & Strauss, 1953③; Purcell, 1953②)。

組織一体化

メンバーが一体化しがちな集団の種類の二つ目は、組織それ自体である。この組織一体化の強さについて、主な予測をいくつか考察する。

一年目を除き、所与の組織での勤続が長いほど、個人の組織一体化は強くなる（組織に参加したばかりの人は、勤続がそう長くない人よりも、組織一体化が大かもしれない）[*131]。一体化に対する勤続期間効果の研究は、たいてい自己選択効果が含まれてしまう（第4章参照）ので、勤続期間で層別した参加者の標本では、一年目を除き、より長く組織メンバーだった人は、そうでない人より組織一体化が強くなる。しかし、この自己選択効果を除いても、勤続期間自体が一体化を増進すると断言できる。そのメカニズムは既述のもので、個人が組織に長く留まるほど、組織内相互作用[*132][*133][*134][*135]

[p.93]

* 129 このような考察は本書の主張の範囲外である。ただし、図3・7を見れば一目瞭然だが、「組合活動参加量が大であれば労働組合への一体化が強くなる」といいたいのであろう。「組合内相互作用量」(3.53)と「集団内相互作用量」(3.56)との間に関係はない部分の記述は本書の主張の範囲外である。

* 130 Homans (1950) の数学的翻訳であるSimon (1952a) の脚注81に書いたように、Homans (1950) pp.79-80 に登場しているホマンズ仮説の第2版が何なのか示されていないが、ここでは、基礎的なホマンズ辞典（有斐閣）の「心理学的交換が一般に期待される利益を最大化する」報酬からコストを引いた利益）の連鎖と捉え、相手からの満足感（報酬）の連鎖と捉え、と推測される。親近性 (friendliness) の水準と集団内活動量は連動し相互に釣り合う」「②集団親近性の今の水準に釣り合わないほど相互作用水準が高ければ、親近性水準が増大する」「③今の活動量に釣り合わないほど集団に外的に課された活動量が今の活動量より大であれば、集団の活動量は増加する傾向がある」(Simon, 1952a, p.203) と挙げられている。一体化と親近性、親近性と集団内相互作用量、集団内相互作用量と集団一体化、親近性と集団活動量は連動しているというのがホマンズ仮説らしい。そこから「組合活動参加量が大であれば労働組合への一体化が強くなる」といえるのであろう。

* Theodore V. Purcell は、ハーバード大学で社会産業心理学の学位を得ている神父「聖職のかたわら、みずからシカゴの労働者街に住みつき、数百人の労働者と親し

(3.56)が増え、組織内充足欲求(3.66)が増え、それゆえ組織一体化(3.53)は大となる。

組織内の縦の異動つまり昇進が大であるほど、個人の組織一体化は強くなる(Stone, 1952a ③)。

縦の異動の期待は、部下・上司間に、類似感ばかりでなく厳格な相互作用の階級制度の期待も生み出す。他方、階級を越えた縦の異動がほとんどもしくはまったくない相互作用の階級を越えた縦の異動の事例がある。多分、異動と一体化の関係の手掛りは、文化で決まる職業的成功基準にある。能力が昇進で報われる期待のある文化では、組織でより高い職業的身分につけないことはその予想)は、上司による拒絶と知覚される。その状況での文化では、異動が一体化を抑止しないかもしれない。成功の基準が異なる文化では、異動と一体化はまったく無関係かもしれないし、それゆえ、回避される傾向がある。

監督習慣が組織一体化に影響する証拠がある。特に、監督者が組織メンバー個人の個人目的充足を容易にすると、メンバーの組織一体化が強くなるらしい(Comrey, Pfiffner, & Beem, 1952 ③)。列挙すると、①監督が大まかであるほど、②政策決定に参加させるほど、③監督者が生産指向より従業員指向なほど、部下の組織一体化傾向は強くなる。

最後に、具体的証拠は希薄だが、個人にとって組織を魅力的にする要因に組織一体化を関連させる仮説も挙げておこう。個人は、①内部相互作用が限られる組織よりもそれが多い組織に、②拒絶されていると知覚する組織より受容されていると知覚する組織に、③個人目的の充足を妨害する組織より許容する組織に、より一体化しやすいと既に主張してきた。さらに新たに、個人は、④名声が低いと知覚する組織よりも、名声が高いと知覚する組織に、より一体化しやすいと主張する(Willerman & Swanson, 1953 ①)。とりわけ一体化は、個人が身分を得る手段である。

[p.94]

*131 この( )で囲まれた文章は、原典(初版p.74、第2版p.93)では、二つ後の文章の末尾に挿入されていたが、つながり上、挿入箇所を移した。
*132 原典第2版p.93ではコンマ","がついているが、初版p.73ではなかった。
*133 原典第2版p.93ではコンマ","がついているが、初版p.73ではなかった。
*134 原典第2版p.93ではコンマ","がついているが、初版p.74ではなかった。
*135 図3・8で図示された基礎仮説の5命題の3と4のこと(原典初版p.66、第2版p.85)。

膝を交えてインタビューした。労働者たちが、仕事を、会社を、組合をどう考えているか、そのアンビヴァレンス、その欲求は、その不満は、どんなものか。かれらの心の底の声を聞き、それを解剖し、整理し、系続づけ、そして結論を導き出した」のが「私はこう思う－アメリカ労働組合員の意見」である(「訳者あとがき」)。——(Purcell, 1953) p.269)。

以下でみるように、名声は組織全体よりむしろ下位集団に付いているかもしれないし、それによって組織全体への一体化よりむしろ下位集団一体化を促進するかもしれない。しかし、多くの状況で、組織が見分けのつく製品を生産しているほど、メンバーの組織一体化は強くなる。組織に身分の高い職業・個人が多いほど、参加者個人の組織一体化は強くなる。組織が大きいほど、参加者個人の組織一体化は強くなる（ただし、相互作用の広さのように、組織が大きいと逆向きに働く他の要因も既に指摘しているので注意）。組織成長が速いほど、参加者個人の組織一体化は強くなる（Payne, 1954 ①）。

以上の要因に加えて、個人的経験が、名声の個人的評価に影響する。組織の名声要因すべてが、個人が決めた基準と比較して判断される。自分の所属組織が、他の家族メンバーの所属組織より名声が高ければ、組織一体化はより強くなる。自分と同じ教育・経験の人が普通に所属する組織よりも、自分の所属組織の名声が高ければ、その人たちよりも強く組織一体化するだろう。他組織での経験に乏しい人は、経験の広い人よりも強く組織一体化するだろう。

下位集団一体化

下位集団一体化でも、同種の命題を多くつくることができる。たとえば、今概説したばかりの命題を少し修正すれば、組織内下位集団の名声と労働者個人の下位集団一体化性向の関係に使える。加えて、下位単位の名声判断基準——生産性——は組織が提供する。この基準もまた一体化要因となり、組織内下位集団が生産的であるほど、参加者個人の下位集団一体化は強くなる（Katz, Maccoby, Gurin, & Floor, 1951 ④）。下位集団一体化もまた相互作用と欲求充足に依存するので、相互作用と個人目的充足を容易にする集団が、そうでない集団より大きい凝集性

---

* 136 直訳すると「相互作用の広さ(breadth of interaction)」なのだが、変数 (3.56)「相互作用頻度」のことか。「逆向きに働く(operate in an opposite direction)」の意味は、一見、集団一体化 (3.53) への逆向き矢印（図3・8）を連想させる。ただし、これだと組織の大きさとは関係がないので、おそらく、脚注123でも指摘した、原典第2版p.89冒頭の命題「コミュニティ規模 (3.81)‐個人間の相互作用頻度 (3.56) が大であるほど、集団・個人間の相互作用頻度 (3.56) は小となる【3.81→3.56】《図3・10》」ということ。いずれにせよ、脚注107でも指摘したが、変数 (3.56) は記述に一貫性がない。

* 137 原典初版p.75ではコンマ‴がついていたが、第2版p.95ではなくなった。

を示すだろう。職場集団が小さいほど、メンバーの下位集団一体化は強い（Marriot, 1949①; Katz, 1949①; Kerr, Koppelmeier, & Sullivan, 1951①; Worthy, 1950b①; Hewitt & Parfit, 1953②）。この規模の効果は、明らかに（たいていの個人が）大集団より小集団で容易に満たされる個人間関係閉鎖性欲求から生じている。

下位集団一体化は、下位集団規範の受容・服従を意味する。逆にいえば、そのような受容・服従が状況的要因で困難なところ——特に外部要因が職場集団メンバー間の競争を刺激するところ——では一体化は妨害される。個人能力に応じた報酬制度では全員が報われる余地がなく、全員が報われうる他の報酬制度のところと比較して、下位集団一体化は弱いだろう。ゲーム論の用語でいえば、ゼロ和非協力ゲームのプレイヤーは、集団対環境の非ゼロ和協力ゲームのプレイヤーよりも、集団一体化しそうにないだろう（Stone, 1952a④; Babchuk & Goode, 1951①）。

課業集団一体化

ここでの四つの主な一体化形態の最後、課業一体化は、同じ課業を遂行する個人から成る課業集団に対する一体化として考えるのがより適切である。もちろん課業集団は、課業の性質次第で下位集団のことも組織外集団のことも扱うべき十分重要な現象と思われる。

まず、組織外専門職集団一体化の原因はすべて課業一体化にも等しく当てはまるので、ここではその命題を繰り返さない。

それに加えて、職務特性、組織勤続期間、組織内異動が、課業一体化に影響する。特定の課業が、最終的仕事というよりむしろ訓練として知覚されるほど、課業一体化は弱くなる。たとえば、組織で低層の課業は、高層への踏み台と知覚すると一体化しないが、昇進期待がないと

[p.96]

*138 原典では参考文献リストも含めて出版年が1947年になっているが、1949年の間違い。

*139 原典初版p.77では"conformity"で正しかったが、原典第2版では"comformity"とスペルが間違っている。

*140 「個人能力に応じた報酬制度」でも、個人能力の絶対評価に基づく場合は、全員が報われる可能性がある。全員が報われないのは相対評価の場合だけである。おそらく、個人能力の評価は相対評価だという暗黙の前提があるのだが、その対象が個人能力だけでなく、生産性でも生産量でも何であっても、相対評価であれば、全員が報われる余地はない。つまり、問題なのは相対評価の方であって、評価の対象とは関係ない。

*141 ゲーム論の用語で記述しているらしいが、参考文献2点は社会学の事例研究で、ゲーム論の論文ではない。また「協力ゲーム」「非協力ゲーム」はそれぞれ"no-partner game"、"partnership game"の訳だが、現在では「協力ゲーム」は"cooperative game"、「非協力ゲーム」は"non-cooperative game"の意味で使っているかどうかは不明。同じ意味で使っているかどうかは不明。対環境ゲームは統計的決定理論では普通に扱われる状況だが、ここでどのように扱われているかはよく分からない。ただし、囚人のジレンマのような非ゼロ和2人ゲームや、ゼロ和3人ゲームの第3のプレイヤーがゲームの構造上に現れていないゲームであると考えることもでき、von Neumann and Morgenstern (1944, ch.11) では、それを「架空のプレイヤー (fictitious player)」と呼んでいた。この第

98

課業一体化が起こる。その結果、長期間仕事が同じ人は、短期間のみの人よりも職務に一体化しやすいだろう。もし、(a)「より高い」キャリアへの訓練との課業知覚が消えた後も訓練との課業知覚が持続するならば、最高職位より下の職務の内発的職務満足につながり、(b)キャリアとしての職務への一体化が職務満足につながり、(c)昇進期待が職務満足と昇進期待が消えた間中、①初期は高く(a)、②昇進期待は消えるもののまだ課業一体化できていない中期は、勤務期り(c)、③後期は高くなる(b)。(Morse, 1953 ①)。

職務特性は、本来、既に論じた別のメカニズムで課業一体化に影響する。個人は、職務を手段として個人欲求を充足しようとする。職務特性上そのような充足が許されるとき、強い課業一体化が予測される。したがって一般的に予測するには、組織メンバーの出自文化内で、ある程度欲求が共通であると仮定する必要が明らかにある。いくつかの課業特性は、私たちの文化のような成功指向文化と明確に関係する。たとえば、高度な技能を要する課業ほど、参加者個人の課業一体化は強くなる (R.C. Davis, 1954 ②)。個人が自律的に意思決定できる課業ほど、課業一体化は強くなる。単一プログラムより多くの異なるプログラムを使う必要のある課業ほど、課業一体化は強くなる (Morse, 1953 ②)。
[*142]
[*143]
【p.97】

集団圧力の方向

前述の組織内下位集団一体化・組織外集団一体化や結果の知覚制御の議論では、集団が制御する量を扱ったが、制御の方向には触れなかった。

組織内下位集団・組織外集団は、経営側が定めた生産率の達成を頻繁に妨害できる。実際、この種の事例文献はいっぱいある。しかし同時に、組織以外の集団が、組織目的と両立しない方向に必然的に作用しなければならないという理論的理由もこれまで出ていない。グロス

---

* 142 原典（初版p.77、第2版p.96）では "intrinsic job satisfaction" と表現されている。後にデシが内発的動機づけ (intrinsic motivation) を提唱した際には、内発的に動機づけられた活動とは、当該の活動以外には明白な報酬がまったくないような活動に従事することである。その活動が外的報酬に導いてくれるのではなく、その活動それ自体が目的となって、その活動に従事しているような活動を内発的に動機づけられているというのである (Deci, 1975, p.23 邦訳p.25)。ただし、本書でも "intrinsic" を同じ意味で用いていたのかどうかは分からない。

Deci, E. L. (1975). *Intrinsic Motivation.* New York: Plenum Press.（安藤延男・石田梅男訳『内発的動機づけ』誠信書房、1980）。デシはカーネギー・メロン大学で博士号を取得しており、ブルームの指導を受けていた。

* 143 ここで挙げられた3例のどこが成功指向なのかは分からない。あえていえば、参

(Gross, 1953①) が指摘したように、さまざまな状況下で、小集団による制御は制度的制御を妨害するよりむしろ補いうるのである。これは組織外集団の例が一番分かりやすい。たとえば、専門職協会による職業的基準の励行は、専門職技能者を雇用している組織にとって重要でよく役立っている。妻を通じた従業員制御は、中国共産党と米国企業の共通戦術だという[*144](Dahl & Lindblom, 1953①, pp.518-519)。組織内下位集団の例も同じくらい印象的で、複合組織では、下位集団の必要能力を壊すことなく、その逆機能的結果を中和・排除することが、制御システム構築の課題の一つである。たとえば、下層リーダーに経営側の要求を守らせることが時として難しいのは、守らせるのに最も効率的な方法のいくつかが、その監督者のリーダーシップを深く傷つけるからである (March, 1955b①)。

この章では生産性の具体的予測に関係する要因を挙げた。組織的対立のより一般的議論は第5章でするので、この節の被説明変数は、**集団圧力が組織要求を支持する程度** (3.86) である。

一方で組織が、他方で競合集団が押し付ける**規範間の類似量** (3.86) が変動する理由を明らかにしたい。①規範が似ているほど、集団圧力が組織要求を支持する程度 (3.85) も大となる [3.86→3.85]。①組織は他の集団より支持的で、所与の集団との規範の類似性は、ある程度「所与」である。②両タイプの状況くつかの集団は内容に影響するが、組織にとって「所与」と考えなくてもいい。同時に、②集団規範の形成方法は内容に影響するが、組織にとって「所与」と考えなくてもいい。

第一の命題。二つの制度の**社会的立場の類似性** (3.87) が大きいほど、押し付ける規範はより似てくる (3.86) [3.87→3.86]。第二の命題。組織の**文化的中心性** (3.88) が大きいほど、同じ文化内の他集団の規範との類似性 (3.86) は大となる (3.86)。第三の命題。集団内での代替案の想起・評価を組織が制御する程度 (3.44) が大きいほど、組織と集団の規範間の類似性 (3.86) は

[p.98]

*144 原典 (初版p.78; 第2版p.97) では "Control of the employee through the wife has been **cited as** a common tactic of Chinese Communist Party and American industrial firms." で、あとがき (postscript) からの引用となっているが、ダール=リンドブロム (1953) の第18章 (Lindbeck, J. M. H. (1951). *Far Eastern Survey*, 20 (14), pp.137-141) から抜き書きして引用している (原論文のp.86とp.140から)。そのため本字部のように "cited as" となったのである。ただし、ダール=リンドブロムでは、中国共産主義者のリーダー (Communist: a Chinese communist leader; Communist 共産党員) と米国企業経営者 (an American business executive) の言葉として紹介されており、しかも、妻が登場するのは後者の米国企業経営者の言葉だけで、前者では幸せな家庭生活が大切だと言っているだけなので、かなり不正確かつ強引な引用であるが、ここではそのまま訳した。

*145 原典 (初版p.79; 第2版p.98) では "business community" で、次の行にも "business group" という表現があるが、同じ

100

大となる [3.44→3.86]。

以上の(a)社会的立場、(b)文化的中心性、(c)意思決定に対する組織制御の三つについて、具体的に予測してそのメカニズムの働きを例示できる。

この予測は、より高度な教育（多分、大学院教育まで）を受けた人ほど、企業組織の要求を支持する圧力をかけそうだ。公式の高等教育を必要とする専門職集団ほど、企業組織の要求を支持する圧力をかけそうだ。所属集団が実業家コミュニティ規範と一致する規範を表明しそうだという予想に基づいている。教育を受けた人の規範と実業家の規範も実業家集団も現代米国社会で認知されたエリート集団を構成し、社会的類似集団の規範は相互に支持的だからである。ただしエリートといっても、公共政策決定に影響力がある「パワー・エリート」[*146]ではなく、「誰が誰をもてなすか」「誰が誰に話すか」という「社会的エリート」の意味である。この命題は米国社会では真だとしても、その他の国でも必ず真というわけでは決してなく、エリートが誰か、文化の社会的階層化がどうなっているかに依存する。実際18世紀の英国では、実業家は社会的エリートではなかったので、教育を受けた人の規範と実業家の規範はまったく相互支持的でなかった。

もし従業員がカトリック教徒でもユダヤ教徒でもプロテスタントならば、その組織外集団圧力は経営者側の求めと一致しやすくなる (Dalton, 1948①; Collins, Dalton, & Roy, 1946①; Mack, Murphy, & Yellin, 1956①)。この命題は、一部、前の命題と同じ一般的考察からきている。一般に、プロテスタントには、カトリック教徒やユダヤ教徒よりも、社会的エリートへの道が開かれている。したがって、所属集団は実業家の規範と一致する規範をもたらしそうだ。その上、ウェーバー (Weber, 1930①) とトーニー (Tawney, 1937①)[*147]が示したように、プロテスタンティズムは、資本主義的制度を強く支持する[*148]。

宗教的集団と専門職協会は組織メンバー個人の行動に影響するが、個人行動からは影響を受

【p.99】

*146 「パワー・エリート (power elite)」は、経済・軍事・政治の各機構の上層部にいて、連合して社会の支配的地位を占める者。権力エリート [広辞苑第六版 (岩波書店)]。米国の社会学者ミルズが同名の著書で批判して有名になったが、なぜかここでは引用されず、参考文献リストにも挙げられていない。Mills, C.W. (1956). *The power elite*. New York: Oxford University Press. (鵜飼信成・綿貫譲治訳『パワー・エリート (上・下)』東京大学出版会 (初版p.79; 第2版p.244; 第2版成, 1958)

*147 原典では本文 (初版p.79; 第2版p.99) でも、参考文献リスト (初版p.244; 第2版p.271) でも、出版年は1926年とされているが、本来の出版年は1926年である。1937年版は "Preface to 1937 edition" (p. xi) がついてはいるが、改訂版という

*148 正確にいえば、ウェーバーの主張とは異なる。ウェーバーによれば、まず中世では、世俗を離れ、修道院にこもって神に仕える世俗外的禁欲の倫理が生まれた。そこに宗教改革が起きて、それ以降は世俗を離れて修道院にこもって信仰するのではなく、世俗の中で普通に生活しながらキリスト教を信仰するという「ピューリタニズムの世俗内的禁欲倫理」が広まっていった。この信仰のスタイルが、当時興隆してい

けないとしてきた。従業員個人や企業の行動と外部集団との関係は事実上すべて「一方通行」で、外部集団は参加者に影響するが、逆方向の影響連鎖はないか観察不能なほどわずかである。もし組織が、外部集団の態度やその中の特定個人の参加資格に影響力を行使できるのないならば、組織にできることは、支持的規範の集団からメンバーを選ぶことを選抜基準にするのみである。

しかし組織内下位集団や組織外集団が、組織やそのメンバーと一緒に、内部相互作用の強い小集団を作ることがある。その場合には、両方向の――つまり組織から集団への方向も――影響を考察しなければならない。組織メンバー間の関係を組織的に操作した方が、技術的制約で多少ランダムに配置するよりも、非公式メンバー間圧力を経営側の要求に一致させやすくなる(Wyatt, 1934③)。非公式職場集団の構成は（その集団規範も）、一部、職場の物理的位置で決まる。その結果、個人に対する下位集団圧力の方向は、一部、職場の物理の集団的位置で決まる。集団参加資格として重要である。その集団的近接性は、集団の物理的位置で決まる。

メンバー相互の集団圧力で到達する均衡は、互いに強化し合う圧力の累積効果で決まるだろう。一方の極では、任意の個人に対する純圧力は、他の人の規範の単純平均へと動く。他方の極では、多数派規範が逸脱的少数派や個人の規範に一方的に圧力を加えて、集団は多数派の初期規範に同意する全員合意へと動くだろう。実際の状況はこの両極の間にあり、しかも、たとえば集団内年功のような他の重みづけ要因でさらに複雑化しているようにみえる。

メンバーの妻・家族が、組織の上下関係を支持する圧力がかかりやすい。家族を巻き込んだ影響力主なところよりも、家族から経営側を支持する圧力がかかりやすい。家族を巻き込んだ影響力行使の倫理的望ましさが問題になるのは、広範な個人活動に影響する家族関係の重要性の否定というよりむしろ肯定である。上司の妻との交際を望む妻をもった男性は、生産率抑制の事

【p.100】

* 149 原典（初版 p.80・第2版 p.99）では改行していたが、内容的に同じ段落にすべきなので、改行していない。

つつあった中産的生産者層の人々に受け入れられていったという。つまり、世俗から切り離された修道院の生活が特別に聖意にかなうのではなく、むしろ世俗そのもののただ中における聖潔な職業生活こそが聖意にかなう大切な営みであり、われわれの世俗の職業そのものが神からの召命、天職 (Beruf) ということになる。こういう天職義務あるいは世俗内的禁欲が「資本主義の精神」を形成する不可欠な核となったウェーバーはいうのである。このような行動様式を身に付けた労働者が大量に存在し、初めて資本主義的な産業経営の一般的成立が可能になったというわけである。

禁欲的プロテスタント（ピューリタン）たちが営利を敵視していたヨーロッパで、資本主義の精神は生まれたのである。しかし、いったん資本主義の社会的機構ができてしまうと、信仰のような内面的な力はもはや必要なくなり、やがて鋼鉄のような殻 (Gehäuse) が逆に世俗内禁欲あるいは天職義務を外側から強制するようになる。そして、今やその「資本主義の精神」自体さえも次第に忘れ去られていき、精神を失った天職義務の行動様式だけが亡霊のように残存するというのである。ヴェーバー＝マックス (1991)『プロテスタンティズムの倫理と資本主義の精神』(大塚久雄訳) ワイド版岩波文庫 (原著 1920年)「殻」高橋伸夫 (2013)『殻』ミネルヴァ書房。

重大性に気づくだろう。社交の失敗による仕事の成否は、しばしば、小説批評のテーマや「成功のハウツーもの」の本になる。これとは裏返しの現象——仕事の失敗による社交の成否——も同じくらいリアルである。

ご近所、クラブ、そのようなものが他の圧力源になる。中には専門職協会や宗教のように説明変数として扱えるものもあるし、非公式職場集団や家族のように、関係の力学システムの一部として扱えるものもある。一般に、こうした集団の影響について利用可能な証拠は逸話的になりがちで、命題の正しさ、重要さをまだ評価するに至っていない。

圧力の方向に影響する既出の一要因である決定参加は、少なくともいくつかの研究が調べてきた。経営側が追求する価値と他の参加者が追求する価値が両立するならば、メンバーが政策決定に参加するほど、組織内非公式職場集団からの圧力は経営側の求めを支持するものになりやすい (Katz, Maccoby, & Morse, 1950 ③; Katz, Maccoby, Gurin, & Floor, 1951 ⑤)。組織の観点からすると、意思決定参加は、組織規範を強要する下位集団の力を借りる方法である。参加のもつ組織的逆機能をいったん排除すれば、この方法の重要性は明白である。

個人の生産動機づけに影響する個人目的は、(組織を含む)集団一体化の強さと集団圧力の方向の両方を反映し、初期経験に由来する基礎的価値も反映する。パーソナリティ要因的なものより、一体化を長々と力説してきたのは、次の二つの理由による。第一に、一体化は組織内の他の多くの要因に影響されるが、パーソナリティと呼ばれる、より基礎的な態度はあまり影響されないからである。第二は、生産動機づけに影響する基礎的な価値が特定の組織状況と関連するようになる前に「解釈」が必要だが、その解釈は大部分、既に論じてきた現象に依存するからである。

3・5 結論

この章では、古典的人間「機械」モデルを超えて組織行動研究が発展してきた方向の一つを示そうと試みた。個人行動「機械」モデルは、参加者が同時に果たす広範な役割を無視しがちであり、役割調整の問題を事実上扱わない。特に、素朴な「機械」モデルに基づく監督行為が、組織が回避を望む行動に終わることは明らかである。[*150]

もちろん、この結論は、官僚制について書いたマートン、セルズニック、グールドナーの中心仮説の一つだった。官僚制の文献が専心してきたのは、動機づけや学習行動が「機械」モデルの想定よりはるかに複雑な生物の管理問題である。

さらに、生産動機づけに反映される個人態度・組織要求間の一致に特に注意を払いながら、組織内の個人の動機づけへの三つの異なる影響様式を見てきた。本書の分析によれば、生産動機づけへの影響は、次の三つに及ぼす影響の関数である。(a)個人の行為の代替案の想起、(b)個人が予想する想起代替案の結果、(c)個人が結果に付与する価値。それぞれは、一部は組織の制御下にあるが、一部は組織によっても決まる。組織の制御量は、一部は組織の行動(たとえば監督習慣)に依存し、一部は組織が制御できない要因(たとえば一般的経済状態)に依存する。

次の第4章では、別の主要な動機的決定——参加の決定——の考察に移るが、参加の決定がこれまで議論してきた生産の決定とどのように似ていて、どのように異なっているかを示してみよう。第4章では、組織参加のテーマで現在利用可能な知識を概観したい。

【p.102】

[*150] 原典初版 p.82 では "naïve" だったが、第2版 p.101 では "naive" になっている。

104

第4章
動機的制約：参加の決定

Motivational Constraints: The Decision to Participate

前章では、個人の生産動機づけを探究し、一般的な意思決定の枠組みで従業員行動を記述した。労働者による組織参加の決定は、この生産の決定とは動機が異なる。この章では、参加の決定を探究する。[*1]

4・1 組織均衡論

参加の決定は、バーナード (Barnard, 1938①) とサイモン (Simon, 1947①) が「組織均衡」と呼んだ組織の存続条件の理論の中心にある。この均衡は、組織がその参加者の継続的参加を動機づけるのに十分な支払をうまく用意していることを表している。この章では、まず組織均衡の一般理論を考え、組織の主要参加者とその参加の決定に影響する要因を特定する。いくつかの理由で、参加者の中でも従業員に主要な注意を向けるが、従業員以外の参加者にも同じ一般命題を適用する仕方は示そう。

バーナード＝サイモンの組織均衡論は、本質的に動機づけ理論である。組織がそのメンバーの参加継続を誘因できて、そのことで組織存続を確保できる条件について述べている。この理論の中心的公準は、サイモン＝スミスバーグ＝トンプソン (Simon, Smithburg, & Thompson, 1950①, pp. 381-382) によって、次のように述べられている [A-4-1]。

1. 組織は、組織の**参加者**と呼ばれる複数の人々の相互に関係した社会的行動のシステムである。
2. 各参加者、各参加者集団は、組織に**貢献**をしたお返しに、組織から**誘因**を受けとる。
3. 各参加者は、提示された誘因が、（自分の価値・可能な代替案に照らして測定して）求めら

[*1] この章で議論されるのは、基本的に退出の決定である。実際には、退出の決定と参加の決定は表裏一体ではない。退出の決定と表裏一体なのは「参加継続の決定」である。常識的に考えて、「参加し始めるか／しないかの決定」と「参加し続けるか／辞めるかの決定」は、事象もその理由も異なる。しかし、この章で登場する"decision to participate"には、明らかに両方の意味のものが混在している。この章は、基本的に後者の「参加継続の決定」に関する章なのだが、たとえば原典第2版pp.107-108のベンチャー企業設立時の話のように、明らかに前者の「参加開始の決定」の話も含まれているので、注意がいる。

れている貢献以上である限り、組織への参加を続ける。

4. さまざまな参加者集団が提供する貢献は、組織が参加者に提供する誘因をつくり出す源泉である。

5. ゆえに、組織に「支払能力がある」、すなわち組織が存続するのは、十分な貢献を受け、それをもとに十分な誘因を提供し、それでさらなる貢献を引き出せるときのみである。

この理論も、多くの一般論のように、トートロジーすれすれである。この理論の検証には、特に第三公準が決定的で、次の2変数について独立に測定する必要がある‥(a) 参加者の行動(組織に加わる、留まる、去る)(b) 各参加者の「効用」に照らして測定された各参加者の誘因と貢献のバランス。

組織に加わったり、去ったりする参加者の観察は比較的容易である。他方、変数(b)の値が(a)の観察に依存しない証拠を見つけることは、ずっと難しい。しかし、この観察問題を扱う前に、誘因・貢献概念についてもう少し述べる必要がある。

誘因[*2]

誘因とは、組織から(あるいは組織を通じた)参加者への「支払」である(たとえば、労働者への賃金、顧客へのサービス、投資家への投資収入)。この支払は参加者効用とは独立の単位で測定できる(たとえば、賃金・投資収入はドルで、顧客へのサービスは所要時間で測定できる)。その結果、参加者個人の誘因ベクトル[*3]——各要素は組織提供の誘因——を特定できる。誘因ベクトルの各要素は、参加者効用とは独立・独自に測定できる。

[*2] 原典初版pp.84-85にはなかったが、原典第2版pp.104-105では、以下の、誘因、誘因効用、貢献、貢献効用の前後は1行あけている。

[*3] 原典(初版p.85; 第2版p.104)では "set"、つまり集合としているが、その後の説明で、次元(dimension)が異なる要素という説明が続き、さらに次の段落では、効用関数で次元が落ちるという説明をしている。この段落と次の段落では、「誘因のset」は「誘因ベクトル」と訳している。実は、第1章「誘因ベクトル」についても同様。初版p.9、第2版p.28(原典初版p.9、第2版p.28)でも、初期状態と環境はそれぞれベクトルだと思われるが set と呼んでおり、本書ではベクトルという用語を使いたくないらしい。

誘因効用

誘因ベクトルの各要素には、それに対応する効用関数がある。少しの間、効用関数の形を気にせず、階段関数も排除しないで話を進めるが、効用関数は、所与の個人について、多次元の誘因ベクトルを一次元のスカラーの効用に変える。

貢献

組織参加者個人から組織に一定の「支払」をすると仮定する（たとえば、労働者からは仕事、顧客からは料金、投資家からは資本）。この支払は貢献と呼ばれ、参加者効用とは独立した単位で測定できる。その結果、任意の参加者について貢献ベクトルを特定できる。

貢献効用

貢献を貢献者個人の効用に変える効用関数の定義の仕方は一つではない。たとえば、貢献するために個人が代わりにあきらめた代替案の価値を貢献の効用とするのは、理にかなった定義の一つである。以下でみるように、この貢献効用の定義であれば、参加者に利用可能な行動代替案の範囲を分析の中に持ち込める。

以上のように誘因・貢献を定義すると、観察問題への二つの一般的アプローチが可能になる。

① 一つは、参加者行動の直接観察[*4]（関連質問への回答も含む）から効用バランスの直接推定を試みることができる。

② もう一つは、効用関数について単純な経験的仮定をすることで、効用を使わずに、誘因・貢献の量的変化から効用バランスを予測できる。

【p.105】

---

*4 原典（初版p.85；第2版p.105）では「観察」(observing)だけだが、後で②と対比させる際、原典（初版p.86；第2版p.106）では、直接観察 (direct observation) であることが強調されているので、ここでも「直接観察」と訳した。

108

①直接観察[*5]

誘因－貢献効用バランスを直接推定するのに最も筋の通った尺度は、個人満足（職務満足、サービス満足、投資満足等々）を変形したものである。[*6] 誘因－貢献が大きいほど個人満足も大きいと仮定することは合理的に思える。[そこで、誘因－貢献は満足尺度で測定できると仮定する。]しかしながら、この満足尺度の臨界的「ゼロ点」は、誘因－貢献効用バランスの「ゼロ点」と必ずしも一致しない。満足尺度のゼロ点は、「満足」の程度を話していた人が、むしろ「不満足」の程度を話し始める臨界点である。それゆえ、第3章で示したように要求水準と密接に関係して、ゼロ点からは、生物（人間）側の探索行動がかなり増えると予想する。

他方、誘因－貢献効用バランス尺度のゼロ点は、個人が組織を去っても去らなくてもよい無差別な点であると定義される。この二つのゼロ点が一致しないという十分な証拠があり、確かに「満足」な参加者が組織を去ることはほとんどないが、「不満足」な参加者でも組織を去るのは一部で、通常は全員ではないのである (Reynolds, 1951①)。

この違いをいかに説明するのか？ 次のように、今の活動に代わる代替案の登場の様子で説明するのが本来の説明の仕方である。[*8] 不満足は、探索行動のきっかけである。不満足でいると、探索行動の失敗が長期にわたると、要求水準は徐々に下方修正される。しかし、要求水準の変化は緩慢だと仮定しているので、短期的には不満足が十分に起こりうる。他方、誘因－貢献効用バランスは、代替案の知覚変化にすぐに反応する。生物（人間）は代替案探索計画を拡充する。この探索行動が長期にわたると、要求水準は徐々に下方修正される。他方、誘因－貢献効用バランスは、代替案の知覚変化にすぐに反応する。見つかる代替案の数の減少・質の悪化が知覚されると、代わりにあきらめる活動の効用は速やかに減少するのである。

したがって、知覚された利用可能な代替案の推定とともに使うという条件付きであれば、個人が表明する満足を誘因－貢献効用バランスの測定尺度として使うことは可能である。大雑把

[*5] 理解を助けるために、原典にはない見出しをつけておく。

[*6] 原典第2版 p.105（初版 p.85）で初出の「誘因－貢献効用バランス」の「－」は、ハイフンではなくマイナスである。ただし、直前に説明されているように、誘因も貢献もベクトルなので、一般的には引き算ができない。つまりスカラーの誘因効用と貢献効用との間でしか引き算ができず、「誘因－貢献」の説明はありえても、あくまで「誘因－貢献効用」とは表記しているが、「誘因－貢献効用バランス」は変数化 (4.1) 形式で "inducements-contributions balances" とも表記されている。同様に、「誘因と貢献の差 (the difference between inducements and contributions)」は「誘因」と「貢献」と訳している。

[*7] 原典（初版 p.85; 第2版 p.105）関係代名詞を外すと、"at the point" になっているが、ゼロ点だけでピンポイントで探索行動が多いわけではないので、このように訳している。

[*8] 原典（初版 p.86; 第2版 p.105）では、（）に入れて「これが、控えた機会に照らして貢献効用を定義する理由の一つである」という補足がついているが、これ以降の説明では、控えた活動の効用を使って説明している。これでは説明が堂々巡りないしはトートロジーになってしまうので削

にいえば、満足尺度には移動願望のみだが、誘因―貢献効用バランス尺度には移動願望プラス移動の知覚された容易さも入ってくるというわけである。移動性の研究者の多く（特に労働者の移動性の研究者）は、参加継続の決定のこの2面のどちらかを無視しがちだった（Rice, Hill, & Trist, 1950①; Behrend, 1953①）。

② 効用関数に仮定を置く (1) 誘因・貢献仮説[*10]

しかし、直接観察が、誘因―貢献効用バランスの唯一可能な推定方法ではない。効用関数に一定の仮定を置けば、効用以外で測定された誘因・貢献の変化を観察しても、効用バランスを推測できる。次の3主要仮定が有用かつ多分正当である。第一に、効用関数は緩慢にしか変化しないとする仮定。第二に、各誘因・貢献の効用関数は単調であるとする仮定。第三に、さまざまな種類の人々が、ほとんど同じ効用関数をもっているとする仮定。つまり、所与の下位文化内では価値観に極端な違いがなく、また、ある個人の効用を増加させる誘因の増加は、他の個人についても効用を増加させると仮定する。[*13]

個人の効用関数については、他にもかなった仮定があり、いくつかは、以下で個人の参加を他の要因に関係づける際に示される。しかし、この3仮定だけでも、さまざまな推定手続が導かれる。第一仮定の下では、誘因・貢献の変化の短期的効果が、フィードバック効果で乱れずに済む。第二仮定によって（特に第3仮定と関連して）、誘因・貢献の変化が分かれば、多くの誘因―貢献バランスの序数的予測が可能になる。第3仮定によって、効用の個人間比較問題を回避し、一部、誘因―貢献バランスの基数的推定が可能になる。

いま列挙した仮定は、いくらか先験的妥当性をもつが、参加者の行動に関して今利用可能な

[p.107]

除した。

*9 原典（初版p.86; 第2版p.106）で "move" あるいは "movement" という表現は、ここでは組織内の異動ではなく、組織間の移動を意味しているので「移動」と訳している。

*10 原典のこの部分になって初めて、誘因―貢献仮説（inducements-contributions hypothesis）と誘因―貢献バランスのゼロ点推定の二つに整理されるが（初版p.88; 第2版p.108）、理解を助けるために、ここでは②の(1)(2)として、原典にはない見出しをつけておいた。

*11 原典（初版p.86; 第2版p.106）では "can infer ~ directly" となっているが、誤解を招くので、「直接に (directly)」は訳さなかった。

*12 原典（初版p.87; 第2版p.106）では "fairly broad classes of people" だが、原典初版の同じページ（初版p.87; 第2版p.107）という表現も用いられており、実際、原典（初版p.89; 第2版p.109）では "five major classes of participants" として、参加者の種類を "broad groups of people" と言い換えられている（原典初版p.110; 第2版p.130）。流通業者、消費者の5種類を挙げているので、ここでも参加者の種類をイメージしていると思われる。なお、ここで取り上げられている3仮定は4・9節の結論でも触れられるが、その際には "broad classes" として、従業員、投資家、供給業者、

*13 原典（初版p.87; 第2版p.106）では「期待する（expect）」という表現が用いられているが、この段落は本来、仮定なので「仮定する」と訳している。

証拠の多くと矛盾しないことの方がより重要である。たとえば、次に見るように、実業家が、提示された組織の計画の実行可能性を頻繁にうまく予測する場面で。

② 効用関数に仮定を置く (2) 誘因ー貢献効用バランスのゼロ点推定

いま、あるベンチャー企業の実行可能性を探る実業家が、どんな分析をするか考えてみよう。[*14]

第一段階は、提示された事業の実行に必要な活動・設備を示す実施計画――すべての「投入」量・「産出」量の見積りを含む――の策定である。経済学でいえば「生産関数」の推定。組織論でいえば、生産関数は貢献を誘因に変換する際の可能な変換率を示す(Simon, 1952-53 ①)。

第二段階は、必要投入量獲得に要する金銭的誘因と産出から引き出しうる金銭的貢献を見積もる、すなわち生産要素価格と製品価格を見積もることである。金銭的誘因を見積もる際、参加者の種類ごとに誘因ー貢献バランスを予測する。仮想例を挙げる。[*15]

給与・賃金 同業他社の類似職種の「現行賃金水準」について情報を得る。他の誘因に関しては、他の事情は同じという暗黙の仮定を置くか、もしくは金銭的誘因を上方修正・下方修正して他の要因(たとえば特に嫌な仕事とか、提示された労働条件が特に良いとか悪いとか等)を補償する。他組織から労働者を転職させるには、説得のために賃金格差や他の誘因が必要であると仮定する。

資本 「資金市場」についての情報、すなわち利用可能な代替的投資機会の種類、さまざまなリスク要素のウェイト、利率水準を得る。そして、投資を誘うには、条件(利率、保証等)が、代替的投資機会の誘因と少なくとも同等でなければならないと仮定する。

*14 この部分の議論は、参加継続の決定ではなく、参加開始の決定に関するものである。その意味では、議論がすり替わっている。

*15 原典初版pp.87-88にはなかったが、原典第2版p.107では、以下の、給与と賃金、資本の前後は1行あけ、さらにぶら下げ書式に変わっている。

同じ手続が、他の参加者への誘因についてもとられる。どの場合も、他組織の代替的誘因の情報を求め、それで純誘因－貢献バランスの「ゼロ水準」——個人が組織を去っても去らなくても無差別の点（原典第2版p.105）——が決まる。非金銭的要因は、（たとえば、代替案間で比較不能ならば、）補償の金銭的誘因で見積り調整を行う。もちろん調整は、（たとえば、製品品質のような）非金銭的要因の中で行う方がいい。

金銭的誘因を含む誘因計画が、すべての参加者集団に対して誘因－貢献効用バランスで正ならば、計画は実行可能になる。その後、計画が実施されると、実績と見積りの比較が、仮定と見積りの経験的検証になる。もし仮定を追認できない結果になれば、二組の仮定——誘因－貢献仮説、誘因－貢献効用バランスのゼロ点——のうちどちらを変更するか、実業家には選択の余地がある。つまり基礎となる誘因－貢献仮説が間違っている証拠として結果を解釈することもできるし、一つ以上の誘因－貢献バランスについてゼロ点を間違って見積もったと結論してもいい。しかしながら、こうした予測が頻繁に行われ、かなり成功することは事実である。[*16]

この理論検証は、新規企業の存続予測に限らない。組織の一生の間、(a)任意の参加者集団に提供される誘因の明示的変更、(b)参加者に求める貢献の明示的変更、(c)誘因または貢献に影響する組織的活動の変更、があるときはいつでも、こうした変更への参加に対する効果を予測することが可能である。この効果は、従業員の離職率、売上高等で適切に測定できるかもしれない。

[p.108]

4・2　参加者

以上のように、定式化した組織均衡論では、均衡の根底に構造、つまり組織が潜んでいる。具体的にいうと、参加者を含む社会システム——全体社会環境内の他システムとの関係で、高度

---

*16 これは参加の決定であり、これが参加継続の決定と同一でない限り、この推論は正しくない。誘因－貢献効用バランス尺度のゼロ点は、個人が組織を去っても去らなくてもよい点(p.105)であり、参加継続の決定しか説明していないからである。したがって、起業時ではなく、計画実施後（起業後）の存続予測に限るのであれば、正しい。

相互関係と実質的差別化の両面をもつ——が存在しなければならない。

ここまで、参加を正確に定義してこなかった。事実、特定の企業組織の個人を所与の組織の参加者と確認するには、いくぶん恣意的にならざるをえない。そうした企業組織の主要参加者以外にも、多くの個人がその組織から誘因を受け、その存続に貢献し、しかも特殊事情下では組織均衡に支配的役割を果たすと想定できる。しかし、たいていの企業組織の主要参加者は、一般に、従業員、投資家、供給業者、流通業者、消費者の主要5種類に限定して記述される【A.4.2】。

その組織参加者リストでも一番目立つのは経営者層を含む従業員である。組織参加者について語るとき、通常は労働者のつもりで語っているし、企業組織のメンバーシップは、通常は雇用と同等に扱われる。従業員は賃金その他の恩恵を受け、組織に労働（生産）その他の貢献をする。これから明らかになるが、組織参加の分野で最も多く研究されてきたのが雇用なのである。

組織参加者としての投資家の役割は、企業の経済理論では明快であるが、それ以外の組織行動分析にはめったに入ってこない。よく似たものは、行政分野で特に外部権力集団を扱う研究で見られる (Simon, Smithburg, & Thompson, 1950 ②; Truman, 1951 ①; Freeman, 1955 ①)。この政治的権力集団による行政単位への経営参加と比べたら、企業活動への投資家の参加は活発でないことがしばしばだが、にもかかわらず米国実業界では、投資家の行動は無視できるほど無意味ではない。

生産・流通過程の組織単位が、組織「内」にあるか、組織「外」にあるかの弁別は、一般に、企業の境界の法的定義に従う。しかし、製造（あるいはそれに類似したもの）を中心に、供給業者・流通業者両方を組織に含めた、より機能的な基準を用いた方が実り多い。たとえば自動車産業では、自動車ディーラーを自動車製造組織の構成要素と見なすのが有益である。

[p.109]

最後に、組織における消費者の役割である。投資家の役割同様、経済理論家以外からは一般に無視されてきたが、消費者は明らかに均衡システムの一部なので、消費理論の主要部分を組織論の枠組みに含める必要がある。

4・3　従業員参加：参加判定基準

とはいえ、このように組織概念を文字通りにとり過ぎると、人間行動の知識はほとんどなんならば経済学者と社会心理学者がかなり詳しく研究してきたので、引用する命題の証拠くらいは見つけられるだろう。それと比べると一般に、投資行動、供給業者の行動、仲買人の行動の分野は、あまり発達していないし、[*17] 命題もあまり文書化されていない。消費者行動についてはいくぶん事情が異なり、かなり研究対象とされてきたが（Clark, 1958）、本書では、後の4・7節での一般的観察に留めよう。

【p.110】

① 権限関係

従業員と組織の関係は、従業員は組織に加わる際に権限関係を受容するという一点において、他の参加者のそれとは、まったく異なる。すなわち従業員は、（雇用契約が明示的・暗黙的に定める）限度内で、組織による命令・指示を自分の行動前提として受容することに同意するのである。これと関連して、受容は、従業員に対して伝達を「合法化」・権限付与する手続として一般に理解されている。従業員の権限受容により、組織は従業員に影響を与える強力な手段を得る。それは説得より強力で、刺激に反応したプログラム想起過程と似たものである。従業員の行為が主観的に合理的であると仮定すれば、従業員他の組織メンバーの誘因・貢献

[*17] 原典初版p.90ではセミコロン";"だったが、第2版p.110ではコンマ","に変わっている。
[*18] 原典初版p.90では付いてなかったコンマ","が第2版p.110では付けられている。
[*19] 原典初版p.90では"、i.e.,"だったが、第2版p.110では"、that is,"に変わっている。

114

の知識によって、権限関係の範囲を予測できる（Simon, 1952-53②）。従業員が自発的に雇用契約を結ぶのは、組織から実行を指示される活動（雇用契約で同意する受容圏内）が何であっても「大した」問題ではない場合、または不快な活動になりそうなら何らかの補償がある場合のみである。組織に最適な従業員活動（他の参加者の誘因効用を最大化する活動）が事前に正確に予測できないときは、権限関係確立が組織に有利である。

雇用契約側面は雇用契約条件として、こうした命題を検証可能な形に書き換えることができる。まずは従業員の各行動側面は雇用契約条件として、(a)雇用契約に明記したり（例：賃金率――通常は）、(b)従業員の裁量に任せるのが有利なのは、雇用側にあまり利害はないが、従業員の利害が比較的大きい行動側面。そして(c)従業員を組織の権限に従わせるのが有利なのは、雇用側の利害が比較的大きく、従業員にはあまり重要ではない、しかも雇用側が実行前に正確に予測できない行動側面である。「雇用契約」を定め守らせることは、組織の全参加者が関心をもっていることは既に第3章で触れた。本章と第5章ではこうした観察を続け、その後、第6章で、プログラム化された組織的活動における権限関係の重要性に戻ろう。

②参加判定基準

従業員参加と外部変数の関係についての仮説構築のために、まずは「参加」判定基準を決め[20]

[p.111]

*20 原典初版p.91では"criterion"だったが、第2版p.111では"criteron"と"i"が抜けて誤植。

なくてはならない。参加の測定には次の3方法が使えるが、結果はかなり違ってくる。一つ目は労働者個人の生産量基準。この基準だと第3章は参加現象の特殊ケースということになる。二つ目は欠勤基準。欠勤基準の下方の端に、従業員名簿から物理的に消える永久欠勤がある。仕事の生産性の差異は欠勤基準では把握されないが、従業員は離職率ばかりでなく欠勤率によっても区別される。三つ目は離職基準。組織の従業員名簿に載っているか否か——1か0か——の現象として見分ける。

一見、これらは、組織からの解離の程度を単に反映したもので、それゆえ、共通の連続体上の異なる点にしか見えないかもしれない。しかし利用可能な経験的証拠は、生産、欠勤、自発的離職の間に一貫した関係がないことを示している (Acton Society Trust, 1953 ①; Morse, 1953 ①; Brayfield and Crockett, 1955 ①)。相関は高いことも低いこともあり、そうなる先行条件の特定は難しい。以下のようにいくつか理由は示唆されているが、実証は難しい。

第一に、どんな条件下なら、低欠勤率（ないしは生産性）が高自発的離職率と関係するかについて。もし欠勤に対して（当該集団内で一般に予想された処遇と比較して）ひどい処罰を科せば、辞職しない人の欠勤率は低下傾向があるだろうが、辞職率も高くなるはずだ。同様に、組織退出が制約されている（例：政府の命令で）[*21] ところでは（特に労働力が希少ならば）、自発的離職率は低いが、欠勤率は比較的高いはずだ (Mayo, Lombard, Fox, & Scott, 1944 ①)。[*22]

第二に、どんな条件下なら、欠勤と離職の間に正の関係があるのかについて。次の仮定をする。(1) 勤め先の要求（すなわち貢献）を回避する動機づけは、主に誘因－貢献バランスの不満足から生じる。(2) たいていの人にとって、一時的欠勤で安楽を求める動機づけとは一貫した関係がある。(3) 個人の不満足要因は、労働者個人に特有でなく、辞職の動機[*23]づけとは一貫した関係がある。この3仮定の下で、欠勤・退出に対する処罰が「一般並み」のときは、欠勤に普遍的である。

【p.112】

*21 原典初版 p.92 では "governmental fiat" だったが、第2版 p.112 では "government fiat" に変わっている。
*22 原典本文（初版 p.93, 第2版 p.112）でも、参考文献リスト（初版 p.236, 第2版 p.261）でも、4人の共著者のうち、最初の2人しか表示されていない。
*23 原典初版 p.92 ではなかったコンマ "," が、第2版 p.112 では付けられている。

116

率と自発的離職率の間には、正の関係があるだろう。まだ常習的欠勤・病気・離職の複雑な関係にはほとんど触れていないが、どの参加基準を選ぶかで、参加についての命題が著しく左右されることは分かる。ここでは、離職基準を用いることを提案する。それはこの基準に最も意味があるという直感があるからであり、また前章において生産基準（少なくとも概念的には欠勤基準に密接に関連している）は既に扱ったからでもある。しかしながら、同時に、欠勤基準だと、どのように命題が違ってくるかも指摘しよう。

4・4 従業員参加：一般モデル

離職問題の一般的説明は既に4・1節で示した。**誘因効用＝貢献効用バランス** (4.1) の増加は、**参加者個人の退出性向** (4.2) を減少させ、またこのバランスの減少は逆の効果をもつ 【4.1←4.2】という一般公準を置く。[p.113]

既に指摘したが、誘因－貢献バランス (4.1) は、二つの主要構成要素――**知覚された組織退出願望** (4.3) と**知覚された組織移動容易性** (4.4) （すなわち代わりにあきらめた代替案の効用）[*25] ――の関数である【1.3, 4.4→4.1】。この二つは完全な独立要因ではないが、以下の命題の大部分は、どちらか一方を変形したものについてである。満足誘因（または退出動機づけ要因）は、欠勤、自発的離職両方に有効な普遍的要因である。欠勤と離職の違いは、初期衝動を含む要因の違いではなく、主に退出形態の結果の違いから生じる。他方、組織退出の知覚された容易さは、退職の場合と欠勤・病欠の場合とでは、しばしばまったく異なる。

[*24] 第1章（原典p.27）で、質的データの変数を、各カテゴリーに該当するものを数えることで量的データとしても使うことができる命題の例として挙げられている命題。ただし、一部異なる。

[*25] 原典（初版p.93, 第2版p.113）では、この [*] は【4.1；4.3, 4.4】の後についているが、前が正しい。土屋訳p.141では修正されている。なお原典（初版p.93, 第2版p.113）では、変数 (4.3) は「組織退出」 (leaving the organization)、変数 (4.4) は「組織移動」 (movement from the organization) だが、変数 (4.3) を扱う次の4・5節のタイトルでは "perceived desirability of movement" (初版p.99, 第2版p.119) の図4・1では、変数 (4.3) を "perceived desirability of movement" (4.3) としているが、変数 (4.3) については、原典の表記にかかわらず「退出」に統一して訳している。

4・5　知覚された組織退出願望[4.3]に影響する要因[*26]

ここで列挙する要因には、知覚された移動願望に影響するものもあれば、知覚された移動の容易さに影響するものもある。しかし、知りうる限り、たいていの研究は、媒介変数を明示しないので、少なくとも一部の理論構造が直接検証されない。それでも、二つの別個のメカニズムの存在を支持する十分な情報がある。媒介変数の利点の一つは、欠勤データを離職問題とできるだけ関連あるものとして使えるようになることである。もっとも、(前に示したように)欠勤と離職がすべての点でよく相関してはいないと信じる理論的理由も経験的証拠もあるのだが。もちろん、この仮定を疑いたい読者は、ここで引用する命題も、欠勤研究から集めたデータにかなり依存するので、疑いたいことだろう。

組織退出の従業員動機づけに関する文献は、動機づけに影響する主要因は従業員職務満足だと示唆する。個人の**職務満足**[4.5]が大であるほど、知覚された移動願望[4.3]は小になる[4.5→4.3][*27]《図4・1》。個人の雇用の不満は職務の比較的別個のどの側面にも反映するだろうから、かなり広範囲の職務特性が関連する。これらの次元の同定がミシガン研究の主目的の一つだった(Katz, Maccoby, & Morse, 1950[①]; Katz, Maccoby, Gurin, & Floor, 1951[①]; Mann & Baumgartel, 1952[①]; Morse, 1953[②])。本書の目的は、次元の因子分析的同定ではなく、仕事の満足を生む心理学的メカニズムを明確にすることである。

個人が仕事を辞める動機づけについて最も筋の通った仮説は、第5章で論じる葛藤現象と密接に関連している。主要命題は三つある。第一は、**職務特性と個人自己性格規定の適合性**[*28][4.6]《図4・1》。現実と個人がもつ自我理想が大であるほど、満足[4.5]水準は高くなる[4.6→4.5]《図4・1》。

[p.114]

[*26] 「知覚された組織退出願望」[4.3]は「知覚された移動願望」[perceived desirability of movement from the organization]とは変数[4.3]を指しているので、そのままにした。正しくは「知覚された組織退出願望」[perceived desirability of leaving the organization]、すなわち「移動」ではなく「退出」の願望である。

[*27] ここでは変数[4.3]は「知覚された移動願望」[perceived desirability of movement]になっているが、正しくは「知覚された組織退出願望」[perceived desirability of leaving the organization]、すなわち「移動」ではなく「退出」の願望である。

[*28] 「自己性格規定」[self-characterization]は、原典第2版pp.115-116(初版pp.95-97)の5ヵ所の変数[4.6]の登場箇所[4.9→4.6][4.10→4.6][4.11→4.6][4.12→4.6][4.13→4.6]では、「自己イメージ」[self-image]と言い換えられている。原典(初版p.99、第2版p.119)の図4・1では、ハイフンの抜けた「コンフリクト」[conflict][4.9→4.6][4.10→4.6][4.11→4.6][4.12→4.6][4.13→4.6]あるいは「差異」[disparity][4.11→4.6][4.12→4.6][4.13→4.6]は「適合性」[conformity]に言い換えられている。図4・1は「適合性」[conformity]。具体的には "conflict between job characteristics and individual self-image" [4.9→4.6], "conflict between the job and the individual's self-image" [4.10→4.6][4.11→4.6][4.12→4.6], "disparity between the job and the individual's self-image" [4.11→4.6][4.12→4.6][4.13→4.6], "conformity of job to self-image" [4.9→4.6]。ちなみに五つの命題[4.9→4.6][4.10→4.6][4.11→4.6][4.12→4.6][4.13→4.6]は図4・1には表示されない。

第4章　動機的制約：参加の決定

乖離から不満足は生まれる。この乖離が大であるほど、現状逃避願望を口にする。

第二は、**職務関係予測可能性**(4.7)が大であるほど、満足(4.5)水準は高くなる[4.7→4.5《図4・1》]。指定生産量達成にかかる原価を予測できるのは、工場管理者の職務関係予測可能性の例である。第5章で示すが、意思決定の際の葛藤の一つは予測可能性の不完全なために生ずる予測可能性、特に職務関係活動の予測可能性の増大は、普通はかなり極端でも、たいていの人に満足増大をもたらす。たとえば、自動車運転手の満足は、仕事で運転するときは他の運転や道路状況の予測可能性で単調増加するが、趣味でレースをするときは必ずしもそうならない。同様に、職場では予測可能性はたいてい価値があるが、多分常にそうではない(Reynolds, 1951); Coch & French, 1948①。

第三は、**仕事と他の役割の要件両立性**(4.8)が大であるほど、満足(4.5)水準は高くなる[4.8→4.5《図4・1》]。カール(Curle, 1949a)①が指摘したように、仕事満足に個人差がある主要理由の一つは、社会で複数集団が常に相互に両立可能な要求を労働者個人にするわけではないからである。組織参加者は、要求の違いからくる葛藤を低水準に抑えるために、加入集団を選ぶと予測される。

この3命題はそれぞれ、意思決定の際の葛藤の事前条件を特定化しており、集団の一つからの退出でこの種の葛藤が解決する限り、この推論が成り立つ。しかし、具体的には本書の媒介要因を明確にすることなく、主要因と離職(または欠勤)の関係に狙いをつけていた。以下の命題は前述のメカニズムを支持すると推論する。

最初に、従業員の自己性格規定と職務のさまざまな適合に関する実証データを考察しよう。

3種類の個人自己評価、すなわち自分の独立性、価値、専門能力・興味の評価が重要に思われる。**監督習慣と従業員独立の一致性**(4.9)が大であるほど、職務特性と個人自己イメージの

[p.115]

*29 原典(初版p.94; 第2版p.114)の"predicability of instrumental relationships on the job"をそのまま直訳しても意味が分からないので、その後の使用文脈から「職務関係予測可能性」と意訳している。実際、原典(初版p.99; 第2版p.119)の図4・1では"predicability of job relationships"という省略形が示されているので、正しい意訳だと判断できる。

*30 変数(4.8)は、ここでは"work"を使っているが、原典第2版p.117(初版p.97)では「職務と他の役割の両立性」(compatibility of the job and other roles)と"job"が使われている。さらにp.118では変数(4.8)は2度登場して、2度とも「組織内の役割と他の役割との両立性」(compatibility of organizational and other roles)となり、"organizational role"で言い換えられる。

*31 原典初版p.95では"1949"だけで、Curleの同年の2本の論文のうちのどちらなのか分からなかったが、第2版p.114では"1949a"になっている。

葛藤（4.6）は小となる【4.9→4.6】。だからレイノルズとシスター（Reynolds & Shister, 1949①）は、最も頻繁に挙げられる職務不満足理由が、職場での独立と制御の対立だと見出したのである。個人が意思決定の独立を望む限り、監督習慣が独裁主義的であるほど、不満足喚起も退出圧力も大となる（Morse & Reimer, 1955①；Morse, 1953③）。物理的出口が塞がれていると、拒絶反応や時にはノイローゼで退出するという証拠もある（Stouffer et al., 1949①）。

既に（第3章）、米国文化の独立規範がこうした命題を正当化すると論じた。総計的データを扱うときは、この種の一般に広まった規範を仮定してもよいが、個人別予測をしたいときには、独立規範の強さの個人個人の違いを識別する努力が必要になる。

組織が（身分や金銭で）提供する報酬量（4.10）が大であるほど（他の事情が等しければ）ほぼ普遍的に受容されるが、そのメカニズムは特定する必要がある。経済学の限界分析が示唆するほどには自明な命題ではない。最近の労働市場研究では、市場の伝統的記述、特に、従業員間で賃金・給与情報を広く共有するという程度については、かなり疑われている（Reynolds, 1951③）。実際、従業員は自分の金銭的・身分的価値について考えがあり、その考えは当該サービスの労働市場価値とまったく無関係ではないが、市場価値で決まるものではない。その明らかな一例は、教職員の国民所得シェアへの不満で、経済学モデルでは部分的にしか説明がつかない。

個人の職務割当参加（4.11）が大であるほど、職務と個人自己イメージ間の葛藤（4.6）は小になる【4.11→4.6】。組織加入で個人はその瞬間は割当作業は何でもよい（それが雇用契約というものなので）、またそのような課業すべてが当初は誘因－貢献バランスがよいと知覚されている。にもかかわらず、従業員はいくつかの代替案について無差別ではなく、他よりも選好するという当たり前の発見が軍隊・産業両方の研究であった（Bolanovich, 1948①；Stouffer et al., 1949②）。

---

*32 原典初版p.96では"without a high school education"と冠詞が抜けていたが、第2版p.116では"without a high school education"と不定冠詞がつけられている。ちなみに、正確には、レイノルズは「高卒」ではなく「高卒以上」と言っており、彼らが「今の仕事を辞めたい」というのは「肉体労働からの逃避欲求」を反映している場合もあるだろうと述べている（Reynolds, 1951, pp.80-81）。

*33 この関係は、明らかに命題【4.12→4.6】。職務・個人自己イメージ間葛藤（4.6）が大であれば、辞めたい（4.2）また【4.3】というもう1命題が必要になる。

*34 原典初版p.96では"the Second World War II"だったが、第2版p.116では"World War II"に変わっている。

*35 原典（初版p.96；第2版p.116）では「陸軍（army）」になっているが、モースはStouffer et al. (1949, pp.250-257)を引用して「昇進の多い空軍において、それと比較して昇進機会の少ない憲兵（military police）の間では、昇進問題に大きな不満があった」（Morse, 1953, p.75）と述べているので、ここでは「軍隊」と訳している。ただしこの記述には教育の話が入ってこないので、次の段落よりも「身分変化率」の方に入れるべきではないかと思われる。

*36 この関係が組織の層で成り立たないのであれば、命題【4.12→4.6】の証拠にはならない。実際、層では低いほど、教育水準（4.12）が低いほど、職務・個人自己イメージ間葛藤（4.6）は大となりそうである。それでも（増減関係が逆になっても）文章で記述した命題とには違いないが、

その結果、個人選好で割り当てた従業員は、そうでない従業員より誘因－貢献バランスがよいだろう。

自己概念は変わる。要求水準がそうであるように、自己概念は特に環境条件に反応する。身分、賃金、職務活動の要求水準は、経験、比較可能な他者との比較の関数として変化する。では、この要求水準の変化についての知識から、知覚された移動願望の変化について何がいえるのか？

所与の職業水準では、**教育水準**(4.12)が高いほど、職務と個人自己イメージ間の葛藤(4.6)は大となる【4.12→4.6】。レイノルズ（Reynolds, 1951）④[*32]はこの仮説の証拠を報告しており、肉体労働者の集団では、高卒は高校教育を受けていない者より仕事を辞めたがりがちだという。[*33]同様の発見は、第二次世界大戦中の軍隊でもあった（Stouffer et al., 1949③; Morse, 1953④）。[*34][*35][*36]ただしこの関係が、組織の上層でも成り立つかははっきりしない。

所与の出世階段で、**過去の身分・収入変化率**(4.13)[*37]が大であれば、職務と個人自己イメージ間の乖離(4.6)は大となる【4.13→4.6】。「変化率」[*38]のような明確な用語を使うと誇張になるかもしれないが、参加者個人は、過去の実績評価をもとに自分の価値を評価する。たとえば、昇進・昇給が定期的ならば、将来も同様に上がるだろうと外挿法を用いる。[*39]出世階段の途中で、増分の率や絶対額がかなり減少すると、不満、自発的退出あるいはその両方が起こると予測する（Stockford & Kunze, 1950①; Morse, 1953⑤）。実業ではなく政治システムの話だが、ブリントン（Brinton, 1952①）[*40]は、このメカニズムが革命圧力の主要源泉だと主張する。

個人自己性格規定と職務の両立性は、他の社会的役割要請と職務の両立性に密接に関係する。自己性格規定の多くは、他集団からの圧力に基づくもので、社会的要請が内面化され、もはや加入集団から服従を強いられなくても、要請は持続するからである。ただし、多くの役割要請

【p.116】

[*37] 原典（初版p.97、第2版p.116）では、変数(4.6)は一貫して"the job (characteristics) and (the) self-image"だったが、なぜかここだけは、"conflict"の代わりに"disparity"が用いられている。

[*38] ここまで原典第2版p.115（初版pp.95-96）では、変数(4.6)は一貫して"the rate of change"だけだったが、明らかに変化率一般を意味しているわけではないので、原典索引通りに「過去の身分・収入変化率 (rate of change of status and/or income in the past)」全体を変数(4.13)として表示している。

[*39] 外挿法または補外法(extrapolation)とは、ある変域内のいくつかの変数値に対して関数値が知られているとき、その変域外での関数値を推定する方法。補間法を変域外に延長して適用するもの。マクロ経済学のモデル分析では、データ観測期間外の予測のモデル分析では、データ観測期間外の予測のモデルフィット（適合性）を調べるために、内生変数の計算値と観測値のフィット（適合性）を調べることを意味する。

【p.117】

[*40]『広辞苑第6版』（岩波書店）／有斐閣経済辞典第4版（有斐閣）。引用されているのは1952年の改訂版で、初版の出版年は1938年。

は、内面化ではなく環境、特に他の人・集団による直接の報酬・処罰を通じてなされるものである。一例を挙げると、休日働く必要のある人には、家族や仲間がその犠牲にならねばならないことを思い知らせる。

その結果、職務が求める活動で、他の社会集団の通常の期待を満足させることが困難または不可能になるほど、知覚された移動願望は大となると予測する (Bullock, 1952①)。この一般論から具体的予測をするには、逸脱を測定する際の「標準」を推定する必要がある。すぐに分かるのは仕事の予定である。これが文化的パターンの所産である。これらすべて、特に昼間勤務は、明らかに特定文化の所産である。これが文化的パターンの正しい性格規定である限り、具体的予測ができる。すなわち、知覚された移動願望は、昼間勤務より夜間勤務の労働者の方で大となるだろう。

仕事と他の役割の時間パターン適合性 (4.14) が大であるほど、職務と他の役割の両立性 (4.8) は大となる【4.14→4.8】。問題は、職務が一日8時間、週5日で日曜祭日休み、通常の昼間勤務という期待から大きく逸脱するときに起こる。これらすべて、特に昼間勤務より長い時間家を不在にする労働者の方が大となるだろう。知覚された移動願望は、頻繁な転居を伴う職務の労働者の方が大となるだろう (Brissenden & Frankel, 1922①)。知覚された移動願望は、通常の一日の労働時間より長い時間家を不在にする労働者の方が大となるだろう。もし企業の現実順応の長期傾向を仮定できるならば、賃金格差の持続は命題の間接的証明になる。

以上の命題や多くの類似命題は、賃金格差を決める経験則として役立つ。命題は一般に「明らか」で、直接証明する試みもほとんどなかった。もし企業の現実順応の長期傾向を仮定できるならば、賃金格差の持続は命題の間接的証明になる。

今列挙したような命題は、文化的規範と、それが家族やコミュニティのような制度を通じてかける圧力に基づいている。規範を所与とし、規範と仕事の両立性が評価される。しかし役割は多く（たとえば友としての役割）、職務と他の活動の両立性は職務特性同様、他集団特性にも依存する。掛け持ち所属する集団の要請により、個人に潜在的問題が生じる。実際、そのせいで、

【p.118】

* 41 「このメカニズム (this mechanism)」が何を指しているか判然としないが、ブリントンは近代国家において成功した英国、米国、フランス、ロシアの四つの革命を取り上げ、これらの革命に共通していることは、反対した人民が税金を徴収しようとしたために起きた反税闘争がきっかけになっているので「収入変化率」のことを指しているのかもしれない (Brinton, 1952, ch.3)。
* 42 土屋訳p.147では、ここで段落が二つに分けられているが、原典（初版p.97, 第2版p.116）では分けられていない。一つの段落になっている。しかし、内容的には二つに分けるべきなので、土屋訳に従って二つに分けた。
* 43 土屋訳p.147では「比較可能性 (comparability)」となっているが、原典（初版p.97, 第2版p.116）では「両立性 (compatibility)」となっている。
* 44 原典初版p.97 congruence of work-time patterns with those of other roles と work と time の間はブランクだったが、第2版p.117では work-time とハイフン "-" が入っている。

職務が、掛け持ちの単一目的集団群を刺激するところよりも、労働者は仕事が楽しくないだろう。こうして一組のアノミー的仮説が導かれる。

職場集団規模 (4.16) が小さいほど、組織と他の役割の両立性 (4.8) は大となる [4.15→4.8]。ただし、多分、極端な規模では仮説は成り立たない。たいていの人は1人職場集団に満足しない。1人（または2人）集団と10人集団の違いは調べられていないが、関係は逆になるだろう。同様に、100人集団と200人集団の違いも調べられていないが、臨界的「最適」集団規模が存在しそうだ。この但し書付きで、特に欠勤データを離職データと互換的に使うと、仮説を支持するかなりの経験的証拠がある（Acton Society Trust, 1953 ②; Blackett, 1928 ①; Reynolds & Shister, 1949 ②）。

組織規模 (4.16) が大きいほど、個人が対立する集団に掛け持ち所属する確率が高くなると主張してきた。このことから組織退出願望が生ずる。この命題は、一般に、利用可能な欠勤データからは支持されるが、離職データからはまったく一貫して支持されない。この違いはどのように説明されるのか？ それは多分、離職データの恣意性に原因がある。組織規模 (4.16) が大きいほど、**知覚された組織内異動可能性** (4.17) は大となるので [4.16→4.17《図4・1》]、知覚された組織退出願望 (4.3) は小となる [4.17→4.3《図4・1》] (Brissenden & Frankel, 1922 ②; Rice, 1951 ①)。通例、離職は公式に定めた組織（たとえば企業）を退出することと定義される。たとえば、製造職を去り販売職につくことは、会社も変わらなければ離職にならない。小さな企業では離職となるかなりの部分が、大きな企業では「部門間異動」と分類される。

最後に、もう一つの仮説が、欠勤と離職の重大な差異に光を当てるかもしれない。組織が大きいほど、

---

*45 これについては、劇団に所属する俳優が、それだけでは食えずに、飲食店アルバイトと時間をやりくりしながら俳優業だけで食っていける状況は、アルバイトせずに俳優業だけで食っていける状況と比べたら「楽しくないだろう」……程度の例は挙げられるが、そうではない例もいくらでも挙げられ、常に成立している例とも考えられない。

*46 この段落の記述は論理的な飛躍と矛盾がある。前半で議論される単一目的/多目的両立性と満足・楽しさが相関しているかの大規模（多人数）と対応する小規模（少人数）の扱いは根拠がない。そもそも最適規模が存在するならば、命題 [4.15→4.8] は線形の関係ではなく、逆U字型の関係になる。

*47 個人が対立する集団に掛け持ち所属する確率についての主張、議論はなかった。

*48 原典初版p.99では "typically," とコンマが付いていたが、第2版p.118では抜けている。

参加者個人の知覚された移動願望に関する命題の構造は、図4・1で図示される。

図4.1 | 知覚された退出願望に影響する主要要因 [*49]

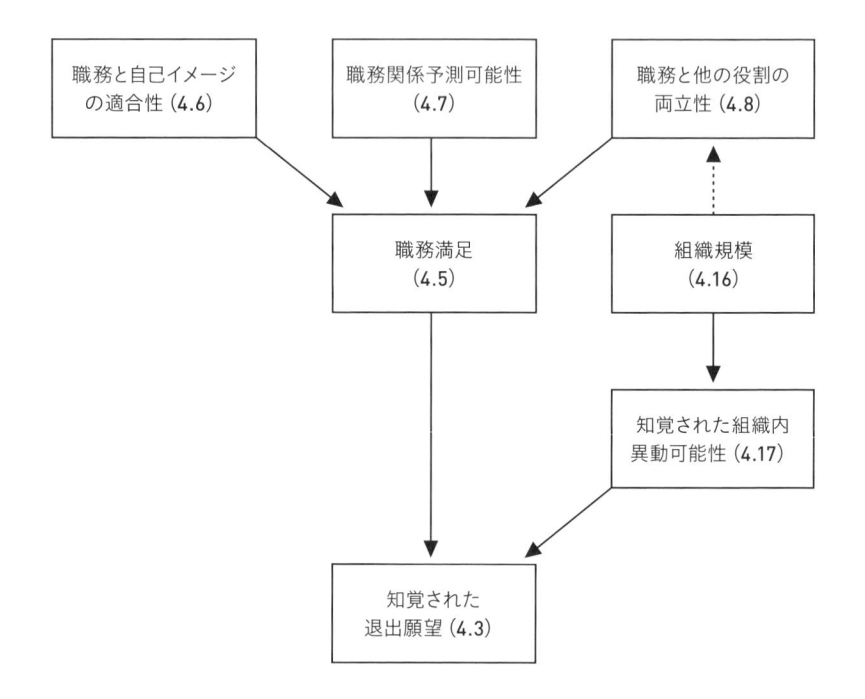

```
┌─────────────┐     ┌─────────────┐     ┌─────────────┐
│職務と自己イメージ│     │職務関係予測可能性│     │職務と他の役割の│
│ の適合性 (4.6)│     │   (4.7)     │     │ 両立性 (4.8) │
└──────┬──────┘     └──────┬──────┘     └──────┬──────┘
       │                   │                   │        ▲
       │                   ▼                   │        ┊
       └──────────►┌─────────────┐◄────────────┘        ┊
                   │   職務満足   │      ┌─────────────┐ ┊
                   │   (4.5)    │      │  組織規模   ├┄┘
                   └──────┬──────┘      │  (4.16)    │
                          │             └──────┬──────┘
                          │                    │
                          │                    ▼
                          │             ┌─────────────┐
                          │             │知覚された組織内│
                          │             │異動可能性 (4.17)│
                          │             └──────┬──────┘
                          ▼                    │
                   ┌─────────────┐◄─────────────┘
                   │ 知覚された  │
                   │退出願望 (4.3)│
                   └─────────────┘
```

*49 原典 (初版p.99; 第2版p.119) の図4・1では、変数 (4.6) に向かう命題 【4.9→4.6】【4.10→4.6】【4.11→4.6】【4.12→4.6】【4.13→4.6】、変数 (4.8) に向かう命題【4.14→4.8】【4.15→4.8】【4.16→4.8】は図4・1には図示されていない。しかし、最後の【4.16→4.8】は、両変数 (4.8) (4.16) が図4・1の中に図示されているのに、矢印を省略することはきわめて不自然なので、ここでは破線で図示した。

124

4・6 知覚された組織移動容易性(4.4)に影響する要因[*50]

ほぼすべての条件下で、労働者離職率の単一予測指標として最も精確なものは経済状態である。全国離職率のような総体統計であっても、総計の解雇・一時帰休率と強い負の関係を示す。本節の目的はこの命題に可能な改良をすることである。

個人の知覚された移動容易性(4.4)は、①その人に見える組織で、②自分が適任の(しかも進んで受ける)就職口が利用可能かで決まる。つまり、知覚された組織外代替案数(4.18)が多いほど、知覚された移動容易性(4.4)は大となる【4.18→4.4《図4・2》】。そこで、①組織可視性と②就職口利用可能性の関連要因を探りたいが、まずは順番としていくつか注意をしておく。

組織の人数と潜在的従業員数が分かっていると仮定する。各潜在的従業員には、それだけに限らないものの主に労働者としての専門能力に関連する多くの属性がある。各組織は、従業員としての望ましさで（特定職務要件とはほぼ独立に）労働者を格付けできる。他方、組織拡大期には解雇は（事実上）なく、収縮期には雇用がないというように解雇・雇用は一時点ではどちらか一方である。実際、拡大期・収縮期の行政府でさえ、組織の全体規模縮小を企てながら新規任命をすることはきわめて困難である（たとえば1953年の共和党政権）。

この条件下で、所与の組織からの移動容易性の個人知覚は、(a)個人が格付けを調べられる組織の数、(b)自分の格付けの水準、(c)現在の雇用・解雇分岐点に対応する格付け、に依存するだ

[*50] 「知覚された組織移動容易性」(perceived ease of movement from the organization)とは変数(4.4)を指しているので、そのように表した。この節では"perceived ease of movement"が頻出するが、これは変数(4.4)の省略形と考えるべきなので、「知覚された移動容易性」と訳す。

ろう。(a)は①組織可視性、(b)(c)は②就職口利用可能性を決める要因である。**経済活動水準** (4.19)

が低いほど、組織外代替案数 (4.18) は少ない【4.19→4.18《図4・2》】。失業の数字を経済状態の判断基準に使うと、この命題はほとんどトートロジーになる。事実上すべての標準的経済活動指標が相互に比較的高い相関を示すので、自発的離職率が景気下降期に低下しても驚くに値しない。景気変動は各産業内での格付けの「分岐」点を動かし、従業員にとって利用可能な代替案を変えると考えられる。具体的産業予測では、景気循環効果が景気下降期の結果が離職の差になるかもしれないが、一産業の分岐点の変化はその産業だけでなく関連産業でも利用可能代替案を変えるので、一領域の景気後退効果はその領域を超えて広がる。

この命題の証拠はしっかりしている。レイノルズ (Raynolds, 1951)[5] は、1948〜1949年の景気後退時の39社調査の平均自発的離職率が月3・5%から月1・6%に低下し、一般に市場での労働需要が自発的離職の支配的要因であると報告している。同様の結果は、ベーレンド (Behrend, 1953)[2]、ブラケット (Blackett, 1928)[2]、ブリッセンデンとフランケル (Brissenden & Frankel, 1922)[3]、パーマー (Palmer, 1954)[1]、ウォイティンスキー (Woytinsky, 1943)[1] によっても報告されている。

しかしこれでは行動の分散全部は説明しきれない。個人属性が個人の雇用可能格付けを定め、それゆえ、経済状態変化の効果に違いが出る。だから、個人格付けの影響要因を明らかにしたいのである。

組織外代替案の知覚された利用可能性 (4.18) は、**参加者の性別** (4.20) の関数である【4.20→4.18《図4・2》】。男性労働者は女性労働者より移動を容易と知覚するだろう。一般に、男性の方が女性より離職率が高いと研究報告されているが、注意深く調べるには婚期にある女性とそうでない女性を区別すべきだろう。メイヤーズとマクローリン (Myers & MacLaurin, 1943)[1]、ブリッ

[p.121]

*51 この後、この段落と次の段落では"business cycle"(景気循環)的なものについて記述しているので、この段落と次の段落では登場する"business"を「経済」「景気」と訳している。

*52 景気下降期に自発的離職率が低下することに意外性はあるだろうか。意外性で挙げるのなら、景気下降期に失業率が低下する(景気回復期には失業率が上昇する)という現象の方だろう。これは失業率の計算方法に由来する現象として知られている。日本でも米国でも、質問票調査により失業率を計算しているのだが、働く意欲があり職探しをしていると定義している。そうすると、失業者と定義している。そうすると、景気が悪くなると職を探しても見つからないので、職探しをあきらめて完全失業者に該当しなくなり、失業者数が一時的に低下する。逆に、景気がよくなり始めると、職探しする人が増えて、完全失業者数が一時的に増えて、失業率が上がると説明されている。

*53 原典 (初版p.101; 第2版p.120)では「職務の格付け (ranking of jobs)」となっているが、前段落では、専門能力に限らない多くの属性から、特定職務要件とはほぼ独立の、従業員としての望ましさの格付けとされており、「職務の格付け」とは別のものであったして、ここでは単に「格付け」と訳した。

*54 原典初版p.101、第2版p.120では"separation"だったが、第2版p.121では"separations"と複数形になっている。

*55 原典初版p.101ではパーセントは"%"だったが、第2版p.121では"percent"に変わっている。

センデンとフランケル（Brissenden & Frankel, 1922）④（パーマー（Palmer, in Bakke et al., 1954）①が、この命題を支持する報告をしている（パーマーの場合は差異が僅少）。しかしヨーダー（Yoder, in Bakke et al., 1954）②では有意な差がなかった。ハウザー（Hauser, in Bakke et al., 1954）③のデータは女性の離職率と結婚の密接な関係を示している。女性労働者にとって家族組織は代替的就職口の一つである。

組織外代替案の知覚された利用可能性（4.18）は、**参加者の年齢**（4.21）の関数である【4.22→4.18《図4・2》】。労働者が高齢であるほど、知覚された移動容易性は小となる。知覚された移動容易性に年齢が影響する第二の道が以下に示される。今挙げたばかりのメカニズムは明らかに重要である。属性の格付けでは、年齢はマイナス要因である。その結果、若い人の方が、技能その他の属性が変わらないときですら離職率は高くなるだろう（Myers & MacLaurin, 1943 ②；Reynolds, 1951 ⑥；Bakke et al., 1954 ④）。

組織外代替案の知覚された利用可能性（4.18）は、**参加者の社会的身分**（4.22）の関数である【4.23→4.18】（Palmer & Ratner, 1949 ①；Jaffe & Stewart, 1951 ①）。集団の低身分メンバーは高身分メンバーより移動が難しいと知覚するだろう。たとえば、黒人は白人より、ユダヤ教徒はキリスト教徒より、外国生れは米国生れ市民より、それぞれ自発的離職率が低くなると予測する。

今挙げた命題はみな、現代米国文化内の組織では多少とも静的なものである。しかし、いくぶんはより動的な特性が個人の雇用可能性に影響する。組織外代替案の知覚された利用可能性の範囲を拡大して、**節約技術**（4.23）の関数である【4.23→4.18】（Palmer & Ratner, 1949 ①；Jaffe & Stewart, 1951 ①）。たとえば最近の技術変化は、女性労働者とホワイトカラー従業員に可能な就職口を拡大して、その相対的格付けを上げる傾向があった。オートメーションには多分これとよく似た格付け入れ替え効果があるだろう。

* 56 これは報告書で、prepared by Gladys L. Palmer; with the assistance of Carol P. Brainerd for the Committee on Labor Market Research とされているので、Palmer & Brainerd (1954) と共著で表示されることもある。
* 57 統計学の回帰分析などでは、モデルの説明力を見るときに、被説明変数の全分散（正確には全変動）のうち、モデルで説明できる割合を決定係数と呼んでいる。その考え方に則った表現である。
* 58 ここでは "outside alternatives" で、何の外部（outside）かは明示していないが、変数（4.18）は「知覚された組織外代替案数（number of perceived extraorganizational alternatives）」なので「組織外」とし、これ以降、変数（4.18）を表している。
* 59 原典初版p.101では Palmer (Bakke et al., 1954) とされていた。これは Bakke, E. W., Hauser, P. M., Palmer, G. L., Myers, C. A., Yoder, D., & Kerr, C. (1954). *Labor mobility and economic opportunity: Essays* に収録されている Palmer の論文のことで、原典同ページには、同じ本に収録されている Yoder と Hauser の論文も同様の形式で引用されている。ところが、原典第2版 p.121になると、Palmer の論文だけが、Palmer (1954) and Bakke et al. (1954) と分離して表記されており、これは勘違いしたと思われる。困ったことに、たまたま Palmer (1954) も文献リストに存在するために、このような間違いになったのだろう。ちなみに、原典参考文献リスト（初版
* 60
* 61
* 62
* 63

従業員の**勤続期間**（4.24）が長いほど、**専門化**（4.25）が大となるほど、知覚された組織外代替案数（4.18）は少なくなる【4.25→4.18】。「二つの命題をつなげると【4.24→4.25→4.18】となる《図4・2》。前の命題は属性格付けの変化を扱ったが、この命題は所与の個人の属性変化に依存する。個人が長期間一組織にとどまると、技能はますます組織特殊的となる。その結果、その組織にとって必要不可欠となるが、他組織にとっては必ずしも必要ではなくなる。こうして特化していくと、特殊能力の需要・供給に大きな損失しか別の就職口を見つけられない従業員と、禁止的に大きな損失でしか交替要員を見つけられない組織という理論的に非常に面白い極限事例に近づく。経営者レベルでは、この双方独占の例は多分ありふれたことで、給与は交渉や経験則で決まり、それは企業経営者の報酬と自発的離職の負の関係を実証している (Roberts, 1956①; Simon, 1957①)。多くの研究が、技能水準と自発的離職の負の関係を実証している (Brissenden & Frankel, 1922⑤; Reynolds, 1951⑦; Morse, 1953)⑥。

これまで目録化した命題はすべて、就職口の実際の利用可能性の変化（もしくは差異）——雇用・解雇分岐点の差異または雇用可能性の個人差——を通して作用する。しかし、これらは関連要因というだけではない。代替案の知覚は、一部は実際利用可能な代替案に依存し、一部は想起メカニズムに依存する。その結果、特定の潜在的参加者に可視的な代替的組織の範囲は、人によって、組織によって、状況によって変わる (Reynolds, 1951⑧)。

参加者の**可視組織数**（4.26）が大であるほど、知覚された組織外代替案数（4.18）は大となる【4.26→4.18】《図4・2》。これは、ここでの労働市場概念から出てきた基本的命題の一つである。参加者にとって、組織の可視性に影響する要因とは何か？ ある組織特性で他組織よりも可視的になる調べる組織数が大であるほど、雇用・解雇分岐点以上の代替職を探す確率は高くなる。参加者

[p.123]

* 60 原典（初版 p.101; 第2版 p.121）では「職務属性の格付け (ranking job attributes)」となっており、既に述べたように、専門能力に限らない多くの属性から、特定職務要件とはほぼ独立の、従業員としての望ましさの等級とされており、「職務属性」としての属性」と単に「属性」は入っていない。実際、この文章でも年齢が「属性」として挙げられている。
* 61 原典第2版 p.121では、「低身分」(low-status)、「高身分」(high-status) になっているが、初版 p.102では、どちらもハイフン表示されていたが、明らかに技術全般ではなく節約技術を指しているので、原典第2版通り、「節約技術 (technology of the economy)」全体を変数 (4.32) として表示している。
* 62 原典（初版 p.102; 第2版 p.122）では「技術 (technology)」だけが変数としてイタリック表示されていたが、明らかに技術全般ではなく節約技術を指しているので、原典通り、「節約技術 (technology of the economy)」全体を変数 (4.32) として表示している。
* 63 原典初版 p.102では "effect" だったが、第2版 p.122で "affect" に変わっている。
* 64 Roberts (1956) のデータ分析は、各社の最高報酬を受け取る経営者の報酬額は、会社の規模（売上高）で説明できるというもの、このことを Simon (1957) は労働市場で決まるのでの会社もほぼ同じ）から一下層の新入社員の初任給（だいたいどの会社もほぼ同じ）から一つ層を上がるごとに報酬も上がるというステップを繰り返すと、最高報酬は階層数つまり組織規模で決まり、このモデルで

p.214、第2版 p.237）では、書名に "Labor, mobility, and economic opportunity" とのコンマ "," が入っているが、正しくはコンマが入らない版である。

128

り、ある個人特性で他の人よりも組織が可視的になる。後者については、多くの具体的命題を導く単純なメカニズムを特定できる。すなわち**組織の名声**(4.27)が大きいほど、**組織の可視性**[*65](4.28)は大となる【4.27→4.28】。第3章で挙げた組織の典型的命題をここで適用して、一連の詳細な予測を行う。組織は大きいほど可視的になるだろう。組織は見分けのつく製品を生産しているほど可視的になるだろう (Reynolds & Shister, 1949 ③)。組織に高身分の職業・個人の数が多いほど可視的になるだろう。組織は成長率が高いほど可視的になるだろう。

高可視性組織に評価される人は、より低可視性組織に必要な技能の人よりも、一般に、知覚された移動容易性は高いだろう。

したがって、**従業員の個人的接触の異質性**(4.29)が大であるほど、可視組織数(4.26)は大となる【4.29→4.26】(Reynolds, 1951 ⑩)。これから多くの二次的予測が可能だが、データはないようだ。たとえば、都心部居住者より郊外居住者の方が知覚された移動容易性は大きくなるだろう(都心部よりベッドタウン・コミュニティの方が、所属組織の異質性がやや高いと仮定すれば)。通勤している距離が遠くなるほど急速に減少する。

潜在的メンバーによる企業組織の典型的な調べ方は、地理的に制限されることが分かった(Reynolds, 1951 ⑨)。仕事機会の典型的な調べ方が口コミであるため、対象は個人がいつも接触する範囲内の組織になる。地理的な移動期待・選好が比較的高い人のような特殊例を別にすれば、組織の知識は距離が遠くなるほど急速に減少する。

次第に知覚された移動容易性も増加するだろう。個人の参加ネットワークが多いほど、知覚された移動容易性は大きくなり、たとえば職業別組合のメンバーは、組合を頻繁に利用して利用可能な就職口を開いている(Reynolds, 1951 ⑪)。

しかし組織の人員補充は、単に個人による代替案調べの問題ではない。同時に組織も、人を探索している。人が職を探すだけでなく、職も人を探すのだ。その結果、組織の探索方式を決

[*65] 第3章では、組織の名声ではなく、集団の名声が取り上げられた。しかもここで挙げられる4命題のうち2命題については、原典第2版p.87で、集団の成長率と集団の可視性、集団の規模と集団の可視性、が指摘されていたが、他の2命題に対応するものは、原典第2版p.94では存在しない。見分けのつく製品は可視性ではなく組織一体化であった。また原典第2版p.87では、被説明変数は可視性ではなく組織の可視性と集団の社会的地位の関係は指摘がなく、図3・9ではどちらも集団の社会的地位の説明変数だった。

[*66] 原典第2版では「高身分(high-status)」になっているが、初版p.123ではハイフン「-」は入っていなかった。

[*67] 原典第2版p.123では、"high-mobility"になっているが、初版p.103ではハイフン「-」は入っていなかった。

[*68] 原典初版p.103ではなかったが、第2版p.123では、"From this,"とコンマ","が付けられた。

[*69] 原典初版p.104では、"because of ~"とコンマ","が付いていたが、第2版p.123ではなくなった。

める要因が、個人の探索の成否に影響するだろう。

組織から見た**個人の可視性**（4.30）が大きいほど、個人から見た可視組織数（4.26）は大になる【4.30→4.26《図4・2》】。利用可能なデータでは、労働市場において個人の可視性に影響する要因を定めることができない。しかしながら、個人から見た組織の可視性と組織から見た個人の可視性の間の強い双方向の関係[*70]を仮定する理由はある。したがって、個人から見た可視組織数（4.26）が大であるほど、関連組織から見た個人の可視性（4.30）は大となる【4.26→4.30《図4・2》】。労働市場では少なくとも一部、見たら見られる双方向の調べ方に必然的になるが、メカニズムがフィードバックというわけではない。なぜなら、個人の可視性、組織の可視性のどちらかが変化すれば、他方が直ちに順応して均衡するだけのことで、どちらかが独立要因で変化するまでは、そのまま不動だからである。

組織の可視性に影響するかもしれない説明変数の少なくともいくつかは既に特定した。今度は、個人の可視性に影響する個人特性を示そう。個人は、接触する組織の範囲[*71]（4.29）が広いほど可視的（4.30）である【4.29→4.30】。個人は、社会的身分（4.22）が高いほど可視的（4.30）である【4.22→4.30《図4・2》】。**個人は、独自性**（4.31）が大きいほど可視的である【4.31→4.30】。経験的証拠がないので、[*72]これらの命題については、われわれ自身の経験や直感に合っているとしかいえない。

最後に、明示的動機づけ要因、すなわち個人の探索性向を考察する必要がある。個人は、任意の時点で、利用可能な証拠に基づいて代替案を選ぶだけでなく、追加的に証拠（または代替案）を探索すべきかどうかも決めなくてはならない。[*73]**個人の探索性向**（4.32）が大きいほど、可視組織数（4.26）が大となる【4.32→4.26《図4・2》】。文献では、探索性向の相違により二つの主要メカニズムを区別できる。両方とも別のところでもっと一般的に議論されるが、ここでは具体的に重要事例を示しておく。探索は、一方では不満足から生じ、他方では状況に対する個人の順化[*74]

*70 原典（初版p.104; 第2版p.124）では「強いフィードバック関係（a strong feedback relationship）」となっているが、同じ段落の後半で、双方向だが、メカニズムはフィードバックではないと説得的に書かれているので、ここでは「強い双方向の関係」と訳している。

*71 これが変数（4.29）として扱われているらしいが、原典第2版p.123（初版p.103）では個人的接触の異質性（heterogeneity of personal contacts）が変数（4.29）で、本質的に別の概念である。

*72 原典初版p.124ではなかったが、第2版p.124では"In ~ evidence,"とコンマ","が付けられた。

*73 これは、統計的決定理論の逐次分析（sequential analysis）の考え方そのものである。

*74 順化、正確には馴化（じゅんか）habituationとは、強化を伴わない状態で、刺激を繰り返し受けたときに、刺激に対する反応の生起頻度が減少するような現象を指す［心理学辞典（有斐閣）］。

で規制される。

職務満足 (4.5) が大きいほど、就職口の探索性向 (4.32) は小となる。一般に、満足の臨界水準——それを上回ると探索が完全に制限され、下回ると探索が拡大する——があるだろう 【4.5→4.32】(Reynolds, 1951 ⑫)。前に（原典第2版 p.105）、満足・不満足尺度には、個人が新規代替案を調べ始める臨界水準があると主張した。知覚された退出願望と知覚された移動容易性はこの問題の命題の集まりとみることもできる。事実、知覚された退出願望を論じた前節全体がこの問題の2要因だが、かなり相互依存性があることも探索関連命題は示している。不満足は移動をより願望させ、（探索を刺激すること）で）移動をより実行可能と思わせる。

習慣もまた探索を制限するように作用する。そのことで、就職口は変数と言うより、個人ごとに定められた定数として扱われるようになる。

特定職務・組織に対する順化 (4.33) (Hill & Trist, 1955 ①)。ある代替案が習慣的に選ばれるのは、受容可能なしるしなので、この命題はある意味で前の命題に含まれている。しかしながら、今の満足は過去の満足と分離するのが望ましい——特に、要求水準の順応が許されるときは。たとえば、もし少々不満足な状況で探索が制限されるならば、探索制限を打破する（または認める）前に、状況への要求水準の順応が起こりうる。順化は、考慮される代替案の範囲を厳しく狭める働きをし、特定の代替案（この場合は組織）を評価・選択の範囲から取り除く傾向がある。そのことで、就職口は変数と言うより、個人ごとに定められた定数として扱われるようになる。

順化 (4.33) は参加者の勤続の長さ (4.24)・年齢 (4.21) 両方の関数である 【4.21, 4.24→4.33】と仮説を立てても、勤続期間・年齢と離職の関連を示す結果は、多くの異なる説明が可能で、順化は作用するメカニズムの一つにすぎない。

不幸にも、順化に関する具体的命題は、他の要因にいくぶん汚染されている。たとえば、順化 (4.33) は参加者の勤続の長さ (4.24)・年齢 (4.21) 両方の関数である 【4.21, 4.24→4.33】と仮説を立てても、勤続期間・年齢と離職の関連を示す結果は、多くの異なる説明が可能で、順化は作用するメカニズムの一つにすぎない。

図4.2 │ 知覚された移動容易性に影響する主要要因 *75

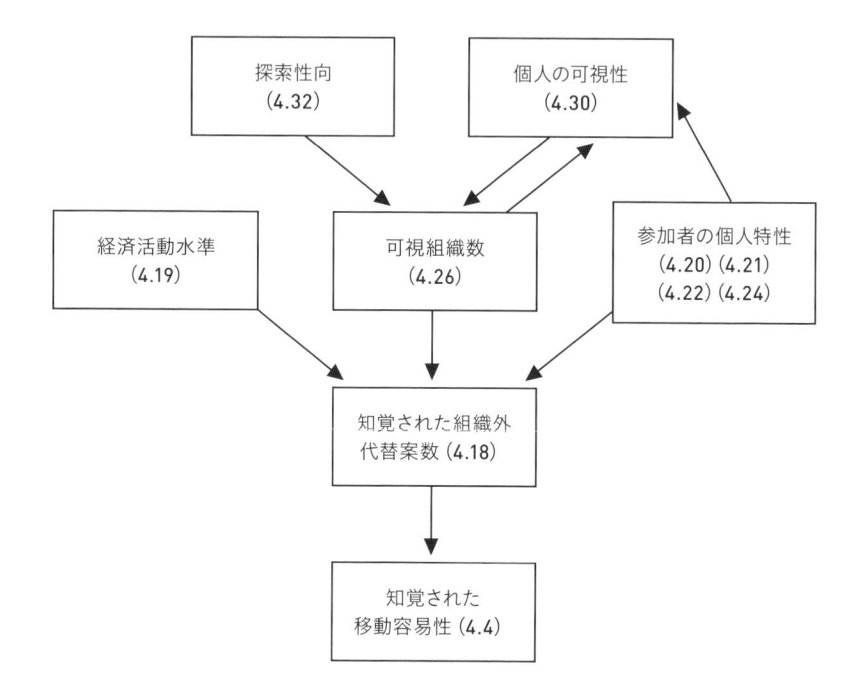

```
探索性向              個人の可視性
(4.32)               (4.30)
    \               ↗  ↘
     ↘             ↙    
      可視組織数  ←→  参加者の個人特性
経済活動水準  (4.26)      (4.20)(4.21)
(4.19)                   (4.22)(4.24)
    \        ↓         /
     ↘       ↓        ↙
      知覚された組織外
      代替案数 (4.18)
           ↓
      知覚された
      移動容易性 (4.4)
```

*75 原典（初版p.106；第2版p.126）の図4.2では、変数(4.20)(4.21)(4.22)(4.24)が一つの箱「参加者の個人特性」にまとめられているために、厳密性が失われている。この箱から変数(4.30)の箱に矢印が引かれているが、該当するのは変数【4.22→4.30】だけであり、残りの3変数は変数(4.30)と関係がない。また、変数(4.18)の箱に矢印が引かれているが、確かに【4.20→4.18】【4.21→4.18】【4.22→4.18】の3命題は存在するが、変数(4.24)については変数(4.18)と直接の関係はない。原典第2版p.122（初版p.102）の2命題【4.24→4.25】【4.25→4.18】をつないで【4.24→4.25→4.18】とすることは可能であるが、この図には図示されていない。この他にも8命題あるが、この図には図示されていない。

この節の主要命題（すなわち知覚された移動容易性に関する命題）は図4・2に要約される。前に図4・1に示した命題とともに、従業員の組織参加に影響する主要要因を構成する。

4・7 他の参加者への拡張

従業員の参加の決定に影響する要因をかなり詳しく論じてきた。他の参加者——買い手、供給業者、代理店、投資家——の参加の決定については、それほどには詳細に扱えない。しかし、彼らが組織システムに重要であることを考慮して、従業員の参加の決定についての命題を従業員以外の参加者にいかに拡張できるか手短に示そう。

従業員以外の参加者について、次の主要2変数を特定した。

1. 知覚された退出願望
2. 知覚された移動容易性

【p.126】

従業員以外の参加者にも、これと似た主メカニズムが働く。消費者のブランド切り替え決定は、変化性向に照らして分析されうるが、現在と過去のブランド経験、変更容易性（すなわち市場構造）経験によって決まる。特約店が特約相手を変える決定は、そうしたいという知覚された願望と代替案の利用可能性の両方に依存する。

従業員以外の参加者にも、似た枠組みが使えるように見えるのは、その共通の特徴からして驚くことではない。しかし、すべての参加者に対し、既述の各命題の直接的類推ができるという意味ではない。たとえば、投資行動と従業員行動は、代替案の相対的比較可能性で異なる。

【p.127】

---

[*]76 原典（初版p.106; 第2版p.125）では"employee job decision"になっているが、やはり「従業員以外の参加の決定」としないと不正確であろう。

[*]77 原典（初版p.107; 第2版p.126）では「他の領域」(other areas)になっているが、「従業員以外の参加者」を指していることは明らかなので、そう訳した。この節で登場する「従業員以外の参加者」はみな同様である。

[*]78 原典初版p.107では、(a)(b)として文章の中に埋め込まれていたが、第2版p.126で改行、箇条書きになった。

投資決定は比較容易な次元でかつ確実性下でなされるわけではないとはいえ、投資家（少なくとも大口投資家）の主観的不確実性は従業員より小さい傾向があると仮説を立ててもよい。その状況では、従業員より投資家の方が、要求水準がより速やかに外部環境に順応すると予測する。

消費者行動と従業員行動との重要な違いは、「無為」が一つの代替案になる程度にある。従業員が、在庫の尽きた消費者の立場におかれることはめったにない。従業員の「何もしない」は今の職務を続けることだが、典型的消費者が「何もしない」なら飢死する。消費者の「無為」の状況を確保するためには、（たとえば、雑誌を予約定期購読販売するというように）販売業者は何か特別なことをする必要があり、これは二つの状況の違いを部分的に反映している。

こうした違いで前置きし、これから本章の一般枠組みと主要変数を従業員以外の参加者にいかに拡張しうるか手短に論じる。主要仮説だけを考えれば、基礎的変数は四つである。[79][80]

① 代替案可視性
② 代替案探索性向
③ 既存代替案の満足水準
④ 組織退出に代わる受容可能な代替案の利用可能性

① 代替案可視性

雇用市場は、すべての代替案がすべての買い手・売り手に常に知られているという意味での「完全市場」ではないと主張してきた。同様に、広告の存在は、代替案の可視性が消費者行動の要因である顕著な例である。広告や販路特性のような可視性に関わる要因は、通常の小売市

---

[79] 原典（初版 p.107; 第2版 p.127）では「製造業者」(manufacturers) になっているが、例示が雑誌販売で整合性がないので、「販売業者」にした。
[80] 原典初版 p.107では文章の中に列挙されていたが、第2版 p.127では改行、箇条書きになった。

場で取引する企業にとって主要関心事になる（Howard, 1957①）。

②探索性向
[*81]

従業員の参加の決定を決める基礎的要因は、従業員の探索活動率である。同様に、従業員以外の参加者の場合も、探索性向はかなり重要に思える。たとえば「専属」供給業者の特徴の一つは、能動的探索で新規代替案を探す気がないことだと予測する。消費者のブランド忠誠心やAT&T株式の小口投資家の行動は、低探索活動を反映する同様の現象である。
[*82]

③満足

従業員の移動性を議論した際、知覚された退出願望と知覚された移動容易性の両方に満足が影響する（後者には探索活動の刺激・抑制を通じて）ことを示した。投資行動と組織の資金調達行動でも、同様の観察をするだろう。たとえば、企業は好況の年には、実現困難になるかもしれない将来の配当に期待をもたれることを避けるため、普通配当ではなく特別配当で余分な利益を配当する傾向がある（Walter, 1957①）。地域特約店をもつ組織もまた、「一時的」ブームの後は、特約店への支払の大幅低下が特約店の反抗、離脱の脅しにつながると知っている。
[*83]

④退出に代わる代替案
[*84]

本書の従業員参加モデルの特徴の最後は、組織を去らずに変えるという代替案の重要性である。このような代替案は頻繁に存在する——組織や参加者によっては時にはさらに多くなる。最近の市場調査では、ブランド変更にとって市場の流通構造の重要性が強調される（Kuehn,

[p.128]

* 81 原典（初版p.108, 第2版p.127）では "employee job decisions" になっているが、やはり「従業員の参加の決定」としないと不正確であろう。
* 82 原典初版p.108では "A. T. & T." だったが、第2版p.128では "AT&T" とピリオドがすべて除かれている。アメリカ電信電話会社（American Telephone and Telegraph）のこと。当時は、独占禁止法に抵触するほどの米国最大の巨大電気通信会社だった。原典初版p.108では "effects" だったが、第2版p.128では "affects" に変わっている。
* 83 原典（初版p.108, 第2版p.128）では "alternatives to movement" だが、原典（初版p.107, 第2版p.127）で4変数の一つとして列挙された際は "alternatives to leaving the organization" であった。この章ではこの変数の「移動」（movement）は「退出」（leaving）しか意味していなかったので、ここでも「退出」か「組織を去らずに変える」かの対比を、後にハーシュマンが唱えた退出（exit）か発言（voice）かの対比に連想させる。Hirschman, A.O. (1970) *Exit, voice, and loyalty: Responses to decline in firms, organizations, and states*. Cambridge, Mass.: Harvard University Press. (三浦隆之訳『組織社会の論理構造：退出・告発・ロイヤルティ』ミネルヴァ書房, 1975；矢野修一訳『離脱・発言・忠誠：企業・組織・国家における衰退への反応』ミネルヴァ書房, 2005)

1958①）。従業員以外の参加者（たとえば投資家、供給業者、販売店）では、主要参加者はしばしば権力を使って自らが受容可能な政策を組織に強いる。たとえば、大株主が、自分が受容できない組織政策に対して、最初にする反応は、その組織からの離脱ではなく、政策を変えさせようと試みることだろう。

4・8 機会主義と組織の存続[*85]

組織内または組織周辺の条件が変化し、誘因－貢献バランスの減少や組織存続の危機を招くようなとき、組織メンバーは、バランス回復のために、活動の変化・新活動を創始する（創始過程自体は第7章でより詳しく考察する）。通常、この調整の責任を引き受けるのは「経営者」「行政官」と呼ばれる参加者集団であるが、時折、他の集団がこの機能を果たすこともある。たとえば財務的に破綻しかけている企業に対しては、銀行や投資家が積極的に経営に乗り出すし、失業しそうな従業員集団もそうするかもしれない（たとえば、国際婦人服労働組合（ILGWU）は苦境の小さな衣服工場の経営責任を進んで引き受けた）。

この適応的・「機会主義的」過程において、活動的な個人・集団の一体化は重要である。なぜなら、試みる変化の種類と順番がそれで大部分決まるからである。一般に、組織存続に一意的な条件集合はなく、好適な誘因－貢献バランスをもたらす代替的条件集合がさまざまある。そのうちどれか一つに向けて組織を動かすのが組織存続の機会主義的変化適応である (Simon, 1952-53③)。

そうした自由度の中で、組織の誘因－貢献バランスにおける機会主義的変化が起こるとき、その変化を創始する個人が一体化する対象[*87]は、手つかずに残される傾向がある。たとえば、彼らは、①組織目的や②組織内社会集団に一体化しているかもしれないし、③個人的誘因で主に

[p.129]

* 85　辞書にはない訳語だが、経済学や経営学では、"opportunism"を機会主義と訳す。辞書的には、日和見主義（ひよりみしゅぎ）と訳されることが多い。日和見主義とは、形勢をうかがって、自分の都合のいい方にづこうとして二股をかけるといった意味で用いられることが多い 政治運動や労働運動で用いられることが多い［広辞苑第六版（岩波書店）。ここでは引用されていないが、この章の冒頭で言及されている Barnard (1938) の第14章が「機会主義の理論 (The theory of opportunism)」である。同書の第17章「管理責任の性質」が組織の道徳的要因を扱うのに対して、その反対物 (antithesis) として機会主義的 (opportunistic) 要因を取り扱っている (p.20)。バーナードの意味する管理職能において重要視される道徳的要因とは、組織の未来に関連する見通し (foresight) (p.201)、理路整然とした目的・手段連鎖を規定するもの (pp.210-211)。機会主義的に、次から次へと戦略的要因を探索して意思決定することから戦略的要因が生まれると考えられている (高橋伸夫 (2007)『コア・テキスト経営学入門』新世社, p.270)。

* 87　Williamson (1975) 以降、機会主義的行動といったときには、それはしばしば、機に乗じて自分に有利に運ぶように行動することを意味しており、あまり良い意味には使われないことが多い。Williamson (1975) は「機会主義」"opportunism"を次のように定義している。「経済主体は自己の利益を考慮することによって動かされるという伝統的な仮定を、戦略的行動の余地も含めるよ

136

動機づけられているかもしれない。①組織目的に一体化している限りは、他の誘因・貢献は修正する一方で、組織目的は維持に努めるだろう。しかし、②集団や③個人目的に一体化している限り、主要関心事は組織存続となり、楽に存続できるなら、その条件は問わないだろう (Simon, Smithburg, & Thompson, 1950 ③, p. 389)。

具体的な人の種類とその一体化についての知識（第3章参照）を使えば、この命題を詳述できる。たとえば③、ボランティア組織（例：福祉組織）の有給常勤役員は、同じ組織のボランティアよりも、存続確保のために、組織目的を進んで変更するだろう (Messinger, 1955 ①)。

組織活動に影響を与えられる集団にとって、機会主義は、低満足時に想起される組織退出の代替案である。退出前に機会主義が想起される確率は、次の3変数で大きくなると予測できる。(a) 組織活動決定に影響力があるという参加者の知覚、(b) 他組織からの代用誘因が容易に利用可能ではないという知覚、(c) 個人的な重要特定誘因を破壊せずに誘因－貢献バランスを回復する可能性。ただし、変数(b)と変数(c)はしばしば反対の動き方をする。*88 すなわち、組織の現行活動パターンの諸側面に最も一体化していて、それゆえ、そのパターンの変化に抵抗する人（変数(c)小）は、一般に、他組織でそれに代わる満足機会を最ももてない人（変数(b)大）でもある。*89

4・9 結論

入るか退くか、組織における参加の決定は、組織メンバーが行う決定の第二の大分類で、組織的課業遂行に使う人間の動機づけ問題に焦点を当てた。第3章で考察された決定同様に、組織にとって参加の決定は、古典的理論の示唆するところよりさらに複雑かつ重要である。この章では、もとはバーナードが定式化した誘因－貢献公準と、その証拠として労働者の離職率を

[p.130]

に拡張したものである。戦略的行動とは、自己の利益を悪賢いやり方で追求すること に関わっており、種々の代替的な契約上の関係の中から選択を行う問題に対して、深 い意味をもつものである」(p.26 邦訳p.44)。

Williamson, O. E. (1975). *Markets and hierarchies: Analysis and antitrust implications*, New York: Free Press. 浅沼萬里・岩崎晃訳『市場と企業組織』日本評論社、1980年。2009年のノーベル経済学賞受賞者のウィリアムソンは、1963年にカーネギー工科大学で博士号を取得しており、同年出版のCyert and March (1963) でも第9章「合理的経営行動のモデル」「A model of rational management behavior」を執筆している。Cyert, R. M. & March, J. G. (eds.) (1963). *A Behavioral Theory of the Firm*. Englewood Cliffs, New Jersey: Prentice-Hall, 初版の訳：松田武彦監訳・井上恒夫訳『企業の行動理論』ダイヤモンド社、1967。

*86 原典初版p.109では"I. L. G. W. U."だったが、第2版p.129では"ILGWU"とピリオドがすべて除かれている。ILGWUとは、International Ladies' Garment Workers Union のこと〔新英和大辞典第6版（研究社）〕。

*87 原典（第2版p.129）では、「一体化の対象である誘因・貢献」となっているが、この後例示される組織目的や組織内社会集団は、明らかに太字部を訳から外している。ここでは太字部だけ、訳を原典から外している。

*88 この段落だけ、機会主義の意味が微妙に変化するので、読んでいて混乱する。ここでは、後のHirschman (1970) のexit or voice と同じ構図で「退出か機会か」

検討してきた。従業員参加一般モデルの従業員以外の参加者への拡張も示唆した。

誘因－貢献公準の検証には、組織が提供する誘因と個人がなす貢献を（個人効用で）測定する手続が必要になる。この測定問題の難しさは、次の重要3仮定が満たされる程度に依存する。

(a) 個人効用は緩慢にしか変化しない、(b) 効用関数は単調である、(c) さまざまな種類の人々がほとんど同じ効用関数をもっている。この3仮定は、たとえ実証されなくても理にかなっていると示唆した。誘因－貢献バランスは次の二つの主要構成部分からなる。知覚された組織退出願望と知覚された組織移動容易性（すなわち組織にとどまるために犠牲にした代替案の効用）。知覚された退出願望は、今の職務に対する個人満足と知覚された組織内異動可能性の関数である。ただこれらの変数に影響する要因を議論してきた。知覚された組織移動容易性は、知覚された組織外代替案数の関数であり、このような知覚に影響する要因を論じてきた。

組織不満足が退出を導くかどうかは、参加者が「雇用契約」を所与として知覚しているか、あるいは変更もありうると知覚しているかに依存する。契約が変更不能とみなされれば、選択は「受容」か「拒否」しかない。契約が変更可能ならば、参加は内部の対立と交渉を決して排除しない。こうして移動ではなく内部交渉を選ぶと、数種の組織に参加する一因になる。この現象——一般に組織の葛藤・対立——が組織論にとって重要なために、第5章では、組織内で葛藤・対立が起こる条件、葛藤・対立の結果、葛藤・対立に対する組織の反応に目を向ける。第3章、第4章で考察された半意識的な動機づけ要因から、より意識的で意図的な権力現象にますます進んでいく。

【p.131】

* 89 原典（初版p.110; 第2版pp.129-130）では「反対方向に作用する(operate in opposing directions)」となっており、以下の文章の内容に合わせて「すなわち反対の動き方をする」と訳した。

* 90 原典第2版p.106（初版pp.86-87）の初出時の解説と注を参照のこと。

* 91 原典（初版p.111; 第2版p.130）では変数名が（ ）内に入っていて、表記上不整合なので、入れ替えて訳した。ただし、変数名は "perceived ease of leaving the organization" となっていて、この変数(4.4)はもう原典第2版p.113（初版p.93）以来、一貫して "perceived ease of movement from the organization" で通している。4・6節で既に議論したように、転職の就職口のことを考えており、「退出」ではなく「移動」としなければ間違いである。この段落の2カ所は、変数(4.4)の初出通り「移動」と訳した。変数(4.3)された組織移動容易性」と訳した。変数(4.3)では逆に、初出で「leaving」で、内容も退出という意味していないのに、その後の表記が、"movement" も用いられて混乱しているにも波及したらしい。

* 92 原典（初版p.111; 第2版p.130）では、「組織退出を伴わない代替案の知覚 (perception of alternatives that do not involve leaving the organization)」となっているが、意味する内容がやたらに広くて漠然としている。しかし、図4・1を見れば一目瞭然で

第4章 動機的制約：参加の決定

が、これは変数（4.17）のことであり、初出の原典第2版p.118（初版p.99）では、「知覚された組織内異動可能性」(perceived possibility of intraorganizational transfer) となっている。この方が異動に意味が絞られていて分かりやすいので、それに従った。
*93 原典第2版p.130では "the only options are to 'accept' or 'reject' " になっているが、初版p.111では to が抜けていた。
*94 おそらく、会社に所属する従業員が、交渉のために労働組合に入ることを指していると思われる。

第5章
組織における葛藤・対立
Conflict in Organizations

英語の conflict は、個人的葛藤から集団間対立、さらには国家間紛争までを意味する多用途の用語である。[*1] 最も一般的には、標準的な意思決定メカニズムが停止し、個人・集団が行為の代替案の選択に難儀することを指す用語である。この一般的定義がここでも採用される。このように、個人・集団が決定問題を経験するときは、葛藤・対立が発生しているのである。前述の意思決定モデルに照らして定義される葛藤・対立の種類を簡単に紹介しておこう。

葛藤・対立現象は、主に3種類に分類できる。

1. 個人的葛藤：個人的意思決定の葛藤（5・1節）[*3]
2. 組織内葛藤・対立：一組織内での個人的葛藤または一組織内での集団間対立（5・2節、5・3節）[*4]
3. 組織間対立：組織間対立または集団間の対立（5・5節）

この3種類は、一般には異なる――部分的には重なっても――基礎メカニズムから生じる。主に関心があるのは2．組織内葛藤・対立だが、他の種類も主要な命題には触れてみたい。組織内葛藤・対立の1類型は個人的決定問題から生じるので、1．個人的葛藤をまったく無視することはできない。また、組織内では集団間対立が頻発するので、3．組織間対立をまったく無視することもできない。

この章の目的は、葛藤・対立に関する次の問いに答えることである。[*5]

1. どんな条件下で葛藤・対立は発生するのか？　組織内葛藤・対立や個人的葛藤が発生する時と場所を予測できるようになりたい。

[*1] ここで指摘されているように、英語の conflict は、幅広く色々な現象に用いられる多義的な用語なので、単にカタカナ表記して「コンフリクト」としただけでは議論が錯綜する。その弊害は原典にも見られていて、たとえば、二者間（三者間以上の章の中に埋め込まれていたが、原典第2版 p.132では、(1)(2)(3)として文

[*2] 原典初版 p.112では、(1)(2)(3)として文章の中に埋め込まれていたが、原典第2版 p.132では、1・2・3．と改行、箇条書きに変わっている。

[*3] 心理学では、conflict「葛藤」とは、複数の相互排他的な要求、欲求が同じ強度をもって同時に存在し、どの要求に応じた行動をとるかの選択ができずにいる状態を指す。Lewin (1935) の分類によれば、接近した対象が二つ同時に存在しているときには接近・接近の葛藤と呼ばれ、逆に避けたい対象が二つ同時に存在しているときには回避・回避の葛藤と呼ばれる。一つの対象に対して接近したい要求と回避したい要求とが併存しているときには接近・回避の葛藤と呼ばれる。Miller in Hunt (1944) は、ネズミを用いた実験によってこの事態をより詳細に分析し、目標に接近しようとする傾向と目標から遠ざかろうとする傾向の一致する点において葛藤が生ずることを実証している［心理学辞典（有斐閣）］。しかし、個人的のコンフリクトを「葛藤」、組織間コンフリクトを「対立」と訳している。コンフリクト全般を指す場合には「葛藤・対立」と表記する。

[*4] 個人的のコンフリクトを「葛藤」、組織間コンフリクトを「対立」と訳している。そのことを踏まえ、本書では「対立」と同じイメージで個人内の心理的な葛藤を理解しようとするから、脚注3で触れるような5・1節の誤った整理に陥るのである。

[p.132]

142

2. 個人・組織は葛藤・対立にどんな反応をするのか？　一般には、葛藤・対立解消を試みて反応すると期待されるが、その形態を特定したい。
3. 対立の結果はどうなるのか？　特に交渉状況で、誰が何を得るのか興味がある。

主要関心は最初の二つであり、問3は主に組織間対立に関してのものなので、5・5節で交渉のゲーム理論について触れる。

5・1　個人的葛藤

個人的葛藤の発生の仕方を記述するために、意思決定が複雑にならない条件を示すことから始める。(a)想起された行為代替案の中で、一つが他のすべてのものよりも明らかに良く、かつ(b)その選好された想起代替案が受容可能なほど十分良好ならば、単純な決定状況が存在する。この条件下では、決定は速く、その事後評価もないだろう。他方、もし他よりも明らかに良い代替案がないか、あってもその最良の代替案が「十分良好」でなければ、意思決定は遅く、事後再評価と合理化が行われるだろう。

葛藤は主に3通りの発生の仕方があり、それを**受容不能性**、**比較不能性**、**不確実性**と区別する[*6]。

受容不能性の場合、個人は少なくとも各行為代替案の結果の確率分布を知っている上に、苦もなく選好代替案が分かる。しかし、その選好代替案は結果の確率分布を知っているが、選好代替案は結果の確率分布を知っているが、選好代替案は結果の確率分布を知っているが、選好満足基準を満たさない。

比較不能性の場合には、個人は行動選択と環境の組合せの結果の確率分布を知らない。

不確実性の場合、個人は、行動選択と環境の組合せの結果の確率分布をいかに分類できるか？　過度に精緻な分類を避けるため、知覚された選択[*7]

【p.133】

---

*4 原典（初版 p.112; 第2版 p.132）では"organizational conflict"だが、説明中に「一組織内葛藤」（within an organization）とあるので、「組織内葛藤・対立」と訳す。説明文は、対応する5・2節、5・3節の内容からや補足的にしている。それに対して、章のタイトルにもなっている"conflict in organizations"は、ここに挙げた3種類の全体を指すと考えるべきなので、「組織における葛藤・対立」と訳した。

*5 原典初版 p.113では、(1)(2)として文章中に埋め込まれていたが、原典第2版 p.132では、1.、2.、3. と改行、箇条書きに変わっている。

*6 この直前の段落では、事後的 "ex post facto" が2回使われる。原典初版 p.113ではイタリックではなかったが、第2版 p.133ではイタリック表示になっている。

*7 原典（初版 p.113, 第2版 p.133）を直訳すると「行動選択と環境の組合せに対応する確率分布」になるが、決定理論では、選択する行動と環境の状態の組合せで結果が決まるものの、環境の状態に不確実性があるために、結果も不確実性を伴うと考えるのが普通なので、訳もそちらに近づけた。

ここに挙げた Lewin (1935) や Miller in Hunt (1944) と同じく引用しているはずの5・1節の表5・2に関する記述は、その理解が間違っている。

結果は5種類に限った。それは、選択が、正値の結果を生む確率 u と負値の結果を生む確率 w で記述される。[*8]

1. **良い代替案**は、u 値が大きく w 値が小さい代替案である。良い代替案は、個人の u、w の受容水準——主観的で人によって違う——を上回り、「実行可能」である。

2. **無難な代替案**は、u も w もともに小さい代替案である。個人にとって正値、負値どちらの状態でも生じることはほとんどない。

3. **混合した代替案**は、正値の結果も負値の結果も高い確率で生まれる。この場合、u も w もともに大きい。

4. **悪い代替案**は、望ましい結果になりそうもなく、望ましくない結果になりそうな代替案である（すなわち、u は小さく、w は大きい）。

5. 代替案が**不確実**であるのは、個人がその代替案に付いている確率を分かっていないときである。結果それ自体が未知でも、結果の主観効用が未知でも、この条件下では u と w は未知である。

[p.131]

個人的葛藤の分類表をつくるために、二つの代替案A、Bの選択状況を想定し、AとBそれぞれが、いま示した5種類のどれかだと仮定しよう。そうすると、表5・1のように、5×5＝25通りの異なる選択状況があるが、「網掛けした対角線上の五つのケース（表5・1の1、6、10、13、15）を除いた20通りのうち、対角線上の」10個のケースは、対角線より下の他の10個の（ ）付きのケースとAB逆の同じ組合せになる。したがって、15通りの異なる組合せがあることになり、それらは表5・2のように3

[*9] 原典（初版 p.114、第2版 p.134）では "five **values**" となっているが、"five **kinds**" （原典初版 p.113、第2版 p.133）の間違いだろう。

[*10] 原典には存在しないが、理解を助けるために挿入する。

[*8] 原典初版 p.114、第2版 p.134 では、ここの箇条書きは、(1)(2)〜(5)だったが、原典第2版 pp.133-134 では1.2.〜5.に変わっている。また、u と w は、土屋訳では μ と ω に変えられていた。

*10 表5.1
知覚された選択結果の組合せ

A	B 良い	無難	混合	悪い	不確実
良い	1	2	3	4	5
無難	(2)	6	7	8	9
混合	(3)	(7)	10	11	12
悪い	(4)	(8)	(11)	13	14
不確実	(5)	(9)	(12)	(14)	15

[*11] こうした表では、マス目のことを通常「セル」と呼ぶが、ここでは原典本文中の呼称に合わせて「ケース」と呼んでいる。

[*12] 原典（初版 p.114、第2版 p.134）では「表」として扱われておらず、表の番号も

表5.2 | 選択状況と葛藤の種類 [*12]

表5.1		代替案 A(B)	代替案 B(A)	葛藤の種類
1		良い	良い	比較不能
2	(2)	良い	無難	葛藤なし
3	(3)	良い	混合	葛藤なし
4	(4)	良い	悪い	葛藤なし
5	(5)	良い	不確実	葛藤なし
6		無難	無難	受容不可かつ比較不能
7	(7)	無難	混合	受容不可かつ比較不能
8	(8)	無難	悪い	受容不可
9	(9)	無難	不確実	不確実
10		混合	混合	受容不可かつ比較不能
11	(11)	混合	悪い	受容不可
12	(12)	混合	不確実	不確実
13		悪い	悪い	受容不可かつ比較不能
14	(14)	悪い	不確実	不確実
15		不確実	不確実	不確実

種類の葛藤を生む。

代替案Aだけが受容可能なケース2〜5は単純な決定状況で、葛藤は予見されない。他のケースでは比較不能、受容不能、不確実とさまざまである。

この分類表とダラード＝ミラーの葛藤状況類型（Miller in Hunt, 1944 ①[*15]; Miller, 1951 ①[*14]; Dollard & Miller, 1950 ①[*16]）の関係は明らかだ。ケース1は「接近・接近」状況に相当する。ケース6〜12はさまざまな[*17]葛藤を表している。ケース13は「回避・回避」[*18]状況である。ケース14〜15は、ダラード＝ミ[*19]ラー理論では重要ではない次元（不確実）を持ち込んでいる。本書で概説する葛藤理論が古典的葛藤理論と最も違うのは、葛藤で探索行動が発生すると強調するところである。古典的な固定代替案選択モデルに反応する状況に合う状況も明らかにあるが、生物が葛藤状況に反応する際、ジレンマを切り抜ける道を探すのが最もよくある反応だと主張する。もちろん、これはダラード＝ミラー、レヴィン（Lewin, 1935）の

[p.135]

[*13] 原典（初版p.115; 第2版p.134）では、「葛藤がないと予見される」という表現と、「意思決定の困難性は無視できる」という表現が並んでいるが、後者は必ずしも単純な決定状況を意味しないので、前者だけ活かした。

[*14] 原典初版p.115の（,）のセル（下表で示した1列目で、（）付きの数字は原典にはなかったので念のために記載している。原典は枠を使って（つまり横線も縦線も使って）作成するのが普通だが、日本語文献では表はABの組合せは逆になる。

[*15] 「葛藤がないと予見される」という表現と、「意思決定の困難性は無視できる」という表現が並んでいるが、後者は必ずしも単純な決定状況を意味しないので、前者だけ活かした。タイトルもなかった。そのせいか、初版にはあった横線が第2版ではすべて消えているが、ここでは表らしく4本の横線を入れていない。ちなみに、一番上と一番下の横線は、初版、日本語文献では、縦線として存在した「横線」は入れるが、「表5・1」の（5）のセルではABの組合せは逆になる。

[*16] 原典（初版p.115; 第2版p.134）では、"Hunt (1944)"となっていたが、これは参考文献リストを見ると、第2版のことなので、ハントが編集したハンドブックの第1巻の、常識的には、その中のミラーの論文Miller, N. E. (1944). Experimental studies of conflict. In J. McV. Hunt (Ed.), *Personality and the behavior disorders: A handbook based on experimental and clinical research*. Vol.1 (pp.431-465). New York: Ronald Press. を指していると考えられる。原典の記述に従う。

主要命題のいくつかとも一致する。

葛藤への反応[20]

本書では、個人的葛藤への反応についての命題を広く扱うことはしないが、組織内葛藤・対立への拡張に関連するいくつかの主要命題については確認しておこう。

知覚された葛藤 (5.1) は、代替案の主観的受容不可能性 (5.3)、代替案の主観的比較不可能性 (5.3)、代替案の主観的不確実性 (5.2)、代替案の主観的受容不可能性 (5.4) の関数である [5.2, 5.3, 5.4→5.1]《図5・1》。葛藤がシステム内不均衡の表れというこの仮定は、現象を扱う際いつも暗黙に仮定されている。

葛藤への反応は、その源泉次第である。葛藤減少動機づけ (5.5) が、現象を扱う際いつも暗黙に仮定されている。

葛藤への反応は、その源泉次第である。葛藤減少動機づけ (5.5) と、葛藤減少動機づけ (5.5) が生じると仮定する [5.1→5.5]《図5・1》。葛藤がシステム内不均衡の表れというこの仮定は、現象を扱う際いつも暗黙に仮定されている。

葛藤への反応は、その源泉次第である。個人はまず想起代替案の結果の明確化探索 (5.6) を増やすだろう [5.5, 5.2→5.7]。つまり、新代替案探索の前に、少数の代替案を徹底的に評価する傾向がある。この順番は、いくらか解釈の余地がある。まずは、世界が恵み深く、多くの良い代替案を与えてくれると知覚するから、少数の代替案を検討するだけで満足なものを発見できるという解釈の合理主義的雰囲気を弱めることになる、代替案想起過程を、明らかに悪い代替案は無意識に除く選別過程を含むものとみなすことになるが、ついには、このような準経済理論的説明から準学習理論的説明に至り、個人が過去の類似状況での経験から学習して、受容確率が相対的に高い反応を生成すると仮定してもよい。こうなると、代替案探索前に不確実性を解消する個人傾向は、「異常」より「平常」状況で強いだろう。これは、学習反応の生成に関する一般的学習傾向が、状況が完全に新規で、潜在意識的選別がほぼ無効なときでさえ、意思決定者個人

【p.136】

----

* 16 Miller (1951) では内容の説明はないが、そのように直した。

「葛藤行動理論」または「接近・回避葛藤行動理論」(theory of approach-avoidance conflict behavior) (theory of conflict behavior) と呼んでいる。ただし、原典 (初版p.115、第2版p.134) のこの箇所には Miller and Dollard (1941) が挙げられていたが、原典 (初版p.115、第2版p.134) では「ミラー＝ダラード」の葛藤状況類型と呼んでいるが、ここでは「ダラード＝ミラー」と呼ぶことにする。Dollard and Miller (1950) は原典参考文献リストに欠落しているが、Dollard, J., & Miller, N. E. (1950). *Personality and psychotherapy: An analysis in terms of learning, thinking, and culture.* New York: McGraw-Hill (河合伊六・稲田準子訳『人格と心理療法：学習・思考・文化の視点』誠信書房、1972) である。

* 17 原典 (初版p.115、第2版pp.134-135) では、前の段落では「ケース」(case) と呼んでいたのに対し、この段落では「カテゴリー」(category) と呼び方が変わり、混

が、状況自体ではなくその問題解決で一般化していれば、普通のやり方で状況に反応するかもしれない。

葛藤を減らす動機づけ (5.5) が存在し、**無難な代替案の利用可能性** (5.7) するだろう [5.5, 5.4→5.7]。葛藤の源泉が受容不能 (5.4) ならば、個人は新しい代替案を探索 (5.7) するだろう [5.5, 5.4→5.7]。葛藤を減らす動機づけ (5.5) の強さ (したがって探索率) は、**無難な代替案の利用可能性** (5.8) と**時間圧力** (5.9) に依存する [5.8, 5.9→5.5]。既に述べたように、利用可能な代替案が受容不能と分かると探索活動が起こる。「受容可能」代替案の発見に繰り返し失敗すると、一般に、「受容可能」の再定義につながる (Hunt, 1944② pp.333-378)。それゆえ、これは本質的に、要求水準を変える命題である。ただし、要求水準の修正前に探索があるとだけ主張しているので、弱い命題である。前の段落の命題のように、世界は本質的にだけ恵み深いという潜在的期待に依存する。

仮説の第二の部分 [5.8, 5.9→5.5] は、時間圧力 (5.9) と、脱出用の無難な代替案の利用可能性 (5.8) 次第で、探索速度が変化することを示唆している。一般に、時間圧力が高いほど探索は活発になるし、利用可能な無難な代替案がないときにも探索は活発になるだろう (Lewin, 1945①; Lazarus, Deese, & Osler, 1952①)。これは創造性をストレスと時間圧力が極限まで高まると、探索は効果的に結びつけるいつもの命題と示唆する証拠もあり、そのときは、探索はきわめて活発でなくなる (少なくともそういう個人がいるのかもしれない (Birch, 1945①)。しかし受容不能 (5.4) ではない) ならば、**決定時間** (5.10) は短いだろう [5.3, 5.4→5.10]。このような条件下では、選択は注意と代替案提示順序で決まるだろう。個人が代替案間の限界差異を評価していても、数個の満足な代替案の中から選択するときには、その選択は無差別曲線よりも注意のきっかけと提示順序で決まると考えられる。たとえば市場

第5章 組織における葛藤・対立

---

*18 これはダラード＝ミラーの説明とは異なっており、修正のしようもないので、原典のまま翻訳しておく。そもそも「接近・回避」葛藤の理解として1箇所間違っており、修正のしようもないので、原典のまま翻訳しておく。ダラード＝ミラーは、人が**一つの同じ目標**に対して強い接近傾向と回避傾向をもつ状況であって、二つの目標の間の選択の状況を指しているのではない（そもそも一方の目標に接近すれば、もう一方の目標に回避ならば、前者に近づくだけで「葛藤にならない」。本書でいえばp.134冒頭の「混合した代替案」のケースである。それに対して、個人が二つの望ましくない代替案の一つを選ばされる状況が「回避・回避」葛藤、二つの望ましい目標の間にいる状況が「接近・接近」とされている）。ダラード＝ミラーによれば、「接近・回避」葛藤の場合は、個人は二つの代替案の間で葛藤したまま回避傾向も個体が目標に近づくにつれて強まるが、回避勾配の方が接近勾配よりも急だと仮定しているので、接近傾向と回避傾向が等しくなる点で個体は止まるはずだが、これは不安定な点で、どちらかの目標にわずかでも近づくと、そちらに移動してしまうとされている (Dollard & Miller, 1950, ch.22)。この葛藤の3類型は、もともとレビンによるもので、あった (Lewin, 1935, pp.88-91 邦訳pp.94-96)。

*19 不確実性はケース5、9、12でも出

図5.1｜個人的葛藤とそれに対する個人の反応に影響する要因 *27
（訳者注：本文中の命題と対応関係のない矢印は破線で示した）

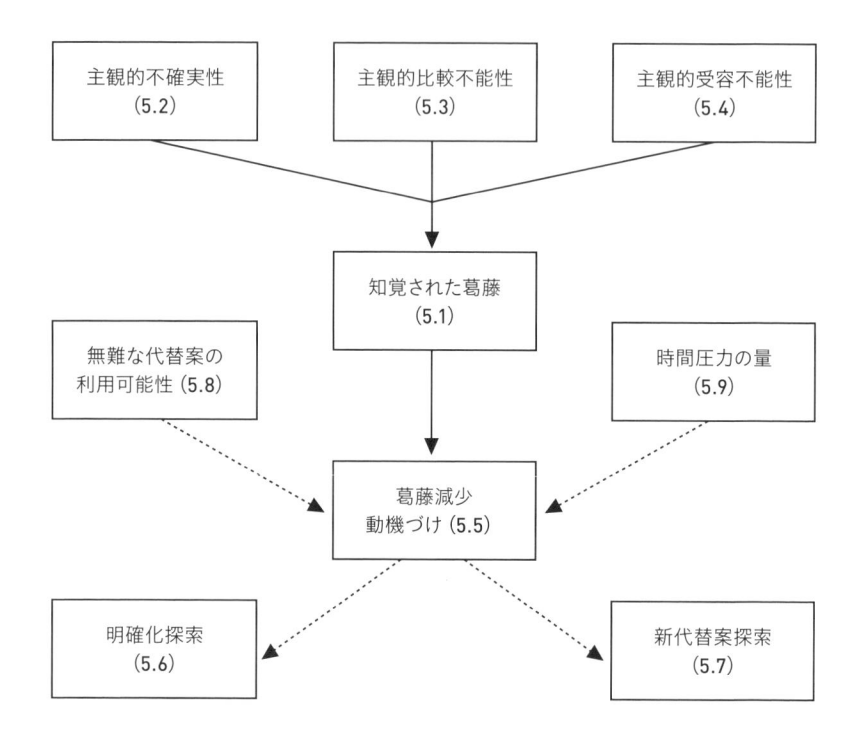

```
┌──────────────┐  ┌──────────────┐  ┌──────────────┐
│ 主観的不確実性 │  │主観的比較不能性│  │主観的受容不能性│
│    (5.2)     │  │    (5.3)     │  │    (5.4)     │
└──────┬───────┘  └──────┬───────┘  └──────┬───────┘
       └─────────────────┼─────────────────┘
                         ▼
              ┌──────────────────┐
              │   知覚された葛藤   │
              │       (5.1)      │
              └─────────┬────────┘
                        │
┌──────────────┐        │        ┌──────────────┐
│無難な代替案の │        │        │ 時間圧力の量  │
│利用可能性(5.8)│        │        │    (5.9)     │
└──────┬───────┘        ▼        └──────┬───────┘
       └ ─ ─ ─ ▶┌──────────────┐◀ ─ ─ ─ ┘
               │  葛藤減少     │
               │ 動機づけ(5.5) │
               └──┬────────┬──┘
                  │        │
       ┌ ─ ─ ─ ─ ┘        └ ─ ─ ─ ─ ┐
       ▼                             ▼
┌──────────────┐              ┌──────────────┐
│  明確化探索   │              │  新代替案探索  │
│    (5.6)     │              │    (5.7)     │
└──────────────┘              └──────────────┘
```

* 20 原典初版p.115では項として分けられていなかったが、原典第2版p.135では項として独立させられている。
* 21 原典初版p.115にも原典第2版p.135にも、この句は存在しないが、この句がなければ、命題【5.5, 5.2→5.1】も成立しない。
* 22 原典初版p.115では【5.5, 5.5, 5.2, τ】と意味不明なτが入っていたが、第2版p.135では削除されている。
* 23 原典初版p.115にも原典第2版p.135にも、この句は存在しないが、この句がなければ、命題【5.5, 5.4→5.7】は成立しない。
* 24 「時間圧力」（time pressure）は、第6章でも変数（6.18）として（原典第2版p.175）、第7章でも変数（7.15）として登場する（同p.206）。
* 25 Birch（1945）はチンパンジーを使った実験の報告。Lazarus, Deese, and Osler（1952）は心理的ストレスの効果についてのレビューである。
* 26 原典（初版p.116；第2版p.136）の該当箇所をより忠実に訳すと、「個人は代替案間の限界差異を評価したりしないせずとも」となるが、否定形の否定で分かりにくいので、このように訳している。
* 27 原典（初版p.117；第2版p.137）のFigure 5.1は、本文の記述と異なる。かろうじて上半分、原典第2版p.135（初版p.115）の命題【5.2, 5.3, 5.4→5.1】だけが対応がつく。このうち命題【5.2, 5.3, 5.4→5.1】の表記法は、原典では三つの箱から別々に変数（5.1）の箱に矢印が引かれていたが、これまでの章

調査の文献には、そう解釈できる証拠がたくさんある。個人の葛藤への反応に関する主要仮説は、図5・1に要約される。

5・2 組織内葛藤・対立：組織内の個人的葛藤

【p.137】

本書では何回か、特に生産性と離職率の議論で、組織内で発生する個人的葛藤の問題を具体的に検討した。[*28] 目的の官僚制的変換の命題にも葛藤が暗示されていた。この章では、これらの現象が組織内葛藤・対立にどのように影響し、葛藤・対立がどのように発生し、組織がそれにどのように反応するのかをみていく。それがテーマである。

組織内では、各メンバーは、組織が利用できる（または見かけ上利用できる）[*29] 代替案を評価できる。メンバー個人の状態と組織内決定ルールで状況を特徴づけられる。組織内意思決定の難しさは、少なくとも一部、規定した決定手続の関数である。その集団が、独裁制、多数決制、全員一致制のどれで運営されるかで違いが出る。しかしここでは、少なくとも暗黙には、集団が全員一致制で動くと仮定する。これは、一般に全員が同意できる決定に達するということが重要だとその集団が思っているという意味で、た

【p.138】

図 5.1a
個人的葛藤とそれに対する個人の反応に影響する要因
（訳者注：本文に忠実に図示した場合）

[主観的不確実性 (5.2)] [主観的比較不能性 (5.3)] [主観的受容不能性 (5.4)]
↓
[知覚された葛藤 (5.1)]
↓
[無難な代替案の利用可能性 (5.8)] [時間圧力の量 (5.9)] [決定時間 (5.10)]
↓
[葛藤減少動機づけ (5.5)]
↓
[明確化探索 (5.6)] [新代替案探索 (5.7)]

---

*28 第4章4・4節「知覚された組織退願望に影響する要因」（原典初版pp.93-99；第2版pp.113-119）を指していると思われる。

表記法では、三本が集まって一化する矢印を引くべきなので、そのように直した。しかし、本文中の命題とかなり異なる下半分は、矢印を破線に変えて、そのままにしてある。本文に忠実に図示するとそのままに図5・1aのようになる。

*29 この「目的の官僚制的変換（bureaucratic transformation of goals）」は、第3章3・2節「官僚制の理論」の中の「マートン・モデル」のところで登場する「目的の転移（displacement of goals）」（原典第2版p.57）のことを指していると思われる。

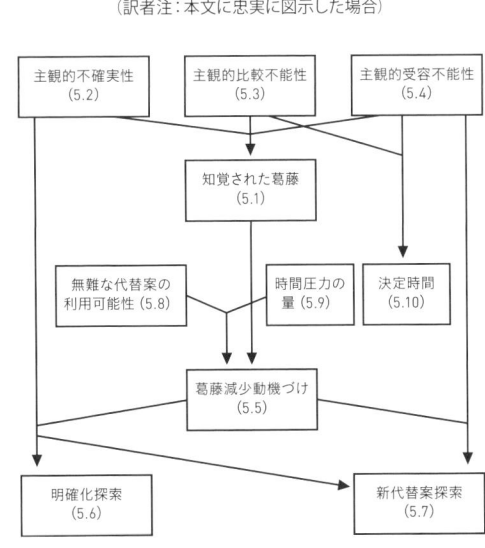

え行き詰まりの打開に別の決定ルールを公式に使っていてもいい。印象では、たいていの課業指向組織は意見の一致を求める傾向が強いものではない。この制約は特に厳しいものではない。この傾向の強さはさまざまだが、全員一致モデルで多分そんなに間違いはないだろう。

ここで定義したような葛藤・対立は、組織内でどのように発生するのだろうか？　組織内葛藤・対立を大きく2種類に区別する。第一は、最初に主にメンバー個人内で発生する決定問題である。この場合、自分自身の目的と知覚に照らして受容可能な代替案を、メンバーの誰も（または、ごくわずかの者しか）知らない、というのが組織の問題である。第二は、個人の決定問題ではなく、組織内で個人選択肢に違いがあることから発生する組織内対立である。この場合は、参加者個人に葛藤はなく、組織が全体として対立状況にある。

ありうる種類はこれらだけではない。個人間対立・個人内葛藤のさまざまな組合せも起こりうるし、起こるだろう。しかし、組織内葛藤・対立が一般にどちらの種類かを区別し、その種類によって決定問題に対する組織の反応に違いがあることを示したい。この節では、組織内で起こるときの個人的葛藤に関心がある。次節では集団間対立を考察する。

個人的葛藤を簡単に議論した際、不確実性、比較不能性、受容不能性の3種類を示した。組織内葛藤・対立が個人内型であるためには、決定問題は、関連する全（またはほぼ全）組織メンバーが3種類の個人的葛藤のどれか一つである必要がある。逆に、個人間対立や集団間対立*30が起こるには、(a)各参加者には受容可能な代替案があり、かつ(b)異なる参加者が異なる代替案を選好するという条件を満たす必要がある。このように、よく議論される個人間対立ばかりでなく、個人内葛藤についても、その発生率、組織の反応、態度を考察する必要がある。

前の諸仮説から直ちに、個人内型の組織的決定が、広範囲の不確実性や受容可能代替案の不足という条件で行われるとき、個人内型の組織内葛藤が最も起きやすいと予測できる。もちろん、個人は

[p.139]

---

*30　原典（初版 p.119, 第2版 p.138）では、非個人内型として「個人間（interindividual）対立」だけが挙げられているが、次の5・3節の冒頭で、集団間対立の必要条件として(a)に言及するので、ここでもあらかじめ「集団間対立」も挙げておく。

150

定状況を①「不確実」、②「悪い」と特徴づけることがある。①は、他の状況より個人の主観的確実性が低い傾向を意味し、②は、環境が良い代替案をほとんどもしくはまったく提供しないと個人が概して知覚していることを意味している。

① 不確実性(5.2)に影響する要因[*32]

仮説を二つ立てることができる。決定状況についての過去経験量(5.11)が大であるほど、個人の主観的不確実性(5.2)が生ずる確率はより小さくなる[5.11→5.2《図5・2》]。決定状況複雑性(5.12)が小であるほど、個人の主観的不確実性(5.2)が生ずる確率はより小となる[5.12→5.2《図5・2》][*33]。

この2命題から、新製品の価格決定や、基本技術の変化に伴う新生産ライン用生産設備の選択の方が、安定環境下での標準製品の価格決定や、技術に実質的変化のないライン用生産設備の選択よりも、主観的不確実性が高まり、その結果、個人内型の組織内葛藤がより頻繁になるだろうと推論できる。この2命題の証拠は実際には存在しないが、個人の決定時間が複雑性と事前経験の関数だというデータがあり（Cartwright, 1941a①; 1941b①; Festinger, 1943a①; 1943b①[*34]; Cartwright & Festinger, 1943①[*35]）、その合理的拡張はできる。

同時に、組織特性も組織内の不確実性量に影響する。たとえば、頻繁な部門間人事異動という組織政策は、経験を低水準にとどめる傾向がある。不適切または再利用不能な「記憶」を生む組織政策は、不確実性の効果を強める傾向がある。

② 受容不能性(5.4)に影響する要因[*36]

利用可能な代替案の「受容不能性」の意味を多少一般的に考えるには、個人行動——特に第

[*31] 原典初版p.119では "effects" だったが、第2版では "affects" に変わっている。

[*32] 原典初版p.119でも原典第2版p.139では項として独立させられている。

[*33] 原典初版p.119でも原典第2版p.139でも「個人内の組織的葛藤」（intraindividual organizational conflict）とされているが、これは変数(5.1)「知覚された葛藤」のことであり、ここではあるべき変数(5.2)「代替案の主観的不確実性」と整合性がない。本来、ここにある図(5.1)の説明変数の一つであり（初版p.115、第2版p.135）、明らかな間違いは、ここでは訂正してある。次の命題[5.12→5.2]についても同様。そもそもこの項は、タイトル「不確実性(5.2)に影響する要因」が示すように、変数(5.2)に影響する要因を考察する項であり、間違いは明らかである。

[*34] 変数(5.10)。

[*35] Festinger(1943b, p.422)によれば、このうち、Cartwright and Festinger(1943)、Festinger(1943a)、Festinger(1943b)は決定の理論の計量化・検証の3連作だという。

[*36] 原典初版p.119では項として分けられていなかったが、原典第2版p.139では項として独立させられている。

4章で言及した組織的代替案に対する個人的不満足の行動——については、心理学でいう内観的[*37]、経済学でいう外挿的推論に主に頼らざるをえない。一般が、組織内の個人的葛藤を生む。要求水準と可能な業績との間の乖離一かっているが、その順応の遅れが大幅なとき、葛藤が起こる。**要求水準・業績間乖離** (5.13)が大であるほど、主観的受容不能性 (5.13)が大であるほど、主観的受容不能性[*38]

この乖離 (5.13) は、**環境の気前良さ**[*39] (5.14) の確率は高くなる《図5・2》。こうした企業組織環境の突然下降の一番分かりやすい例は不況である。そのとき個人の要求水準は、満たしうる水準よりずっと高いままで、多くの個人が受容不能性の個人的葛藤に陥る (Argyris, 1952①)。その結果、この種の組織内葛藤は、経済不況の間は増大し、比較的景気の良い年には減少すると予測する。

実際に経済動向が下降しなくても、似た結果は起こりうる。もし業績の向上率が突然抑えられたら、要求水準が追い抜いてしまうという環境は、受容不能型葛藤を生みやすい。このことから、「常[*40]に良くなる」がその率も低減するという環境は、受容不能型葛藤を生みやすい。このことから、「常に良くなる」がその率も低減するという環境は、受容不能型葛藤を生みやすい。このことから、「常に良くなる」組織だけでなく景気減速もまた、個人内型の組織内葛藤の頻度を増やすかもしれない (Stockford & Kunze, 1950①)。

特に葛藤に陥りやすい組織の種類も特定できる。たとえば、成長産業で相対的に成功していない組織は、他組織よりも個人内型の組織内葛藤に陥りやすい。

この節の主要命題は、図5・2に要約される。

【p.140】

[*37] 内観 (introspection) とは、自分自身の意識経験の過程を心理学の直接のデータとみなし、それを観察すること。内省ともいう『心理学辞典』(有斐閣)。

[*38] 原典初版p.120でも原典第2版p.140でも "aspirations" となっており、同義の変数として不自然なことと (5.13)、同段落の変数 (5.13)、命題【5.13→5.4】および図5・2でも「要求水準」(aspiration level) とされ、意味としても「要求水準」の意味で用いられているので、ここでは「要求水準」に統一した。

[*39] 原典初版p.120、第2版p.140では「組織内の個人的葛藤」(individual conflict within the organization) とされているが、これは変数 (5.1)「知覚された葛藤」のことであり、ここにある変数 (5.4) との整合性がない。本来、ここにある変数 (5.4) と整合性5・2でも図示されている。代替案の主観的受容不能性は、変数 (5.1) の説明変数の一つであり (初版 p.135)、明らかな間違いなので、第2版 p.135 は訂正してある。そもそもこの項は、タイトル「受容不能性に影響する要因」が示すように、変数 (5.4) に影響する要因を考察する項であり、間違いは明らかである。

[*40] 原典初版p.121では "Thus," となっていたが、第2版p.140ではコンマ "," が消されている。

図5.2｜組織内の個人的葛藤に影響する要因 *41
（訳者注：破線部分は5.2節で言及されず、5.1節で言及していた部分）

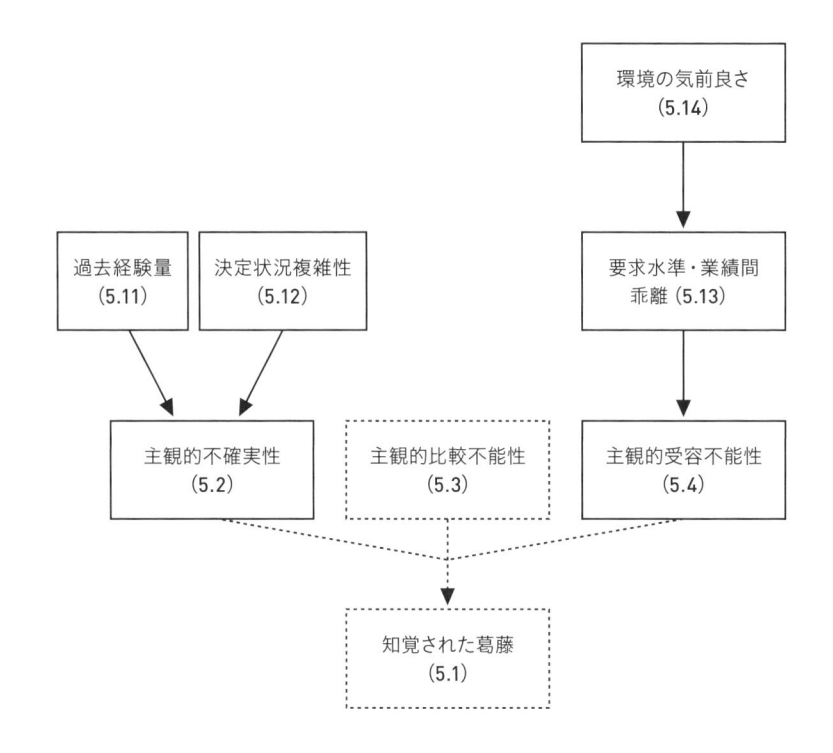

```
                                        環境の気前良さ
                                          (5.14)
                                            │
                                            ▼
                                        要求水準・業績間
                                        乖離 (5.13)
  過去経験量     決定状況複雑性                  │
   (5.11)        (5.12)                       │
      │            │                          │
      └────┬───────┘                          ▼
           ▼                                  
      主観的不確実性    主観的比較不能性    主観的受容不能性
       (5.2)            (5.3)              (5.4)
          ╲               │                  ╱
           ╲              │                 ╱
            ╲             ▼                ╱
             ╲─────► 知覚された葛藤 ◄──────╱
                       (5.1)
```

*41 原典Figure 5.2（初版p.120; 第2版p.141）では、変数（5.12）は「決定複雑性 (complexity of decision)」になっていたが、本文（初版p.119; 第2版p.139）では「決定状況複雑性 (complexity of the decision situation)」で、これでは意味が変わってしまうので、本文に合わせた。また変数（5.13）も「要求水準と業績 (aspiration level and achievement)」になっていたが、本文（初版p.120; 第2版p.140）では「要求水準・業績間乖離 (disparity between aspiration levels and achievement)」で、これでは意味が変わってしまうので、本文に合わせた。また原典Figure 5.2では下半分にこの5・2節の(5.1)(5.2)(5.4)が描かれるが、もともとこの5・2節ではこの3変数に関する記述はなく、5・1節の命題【5.2, 5.3, 5.4→5.1】しかないので（原典初版p.115; 第2版p.135）、Figure 5.2で欠けている変数（5.3）も加えて、図5・1の上半分を再現したが、この5・2節で言及していない部分については破線で表示した。

5・3　組織内葛藤・対立：組織内集団間対立

広範に個人的葛藤がある限り、前節の組織内集団間対立——すなわち、個人コミットメントの相違——の必要条件の一つ(a)が満たされず、その結果、組織内集団間対立は最小化する。他方、不確実性と受容不能性がないと、個人的葛藤は起こりにくくなるが、そのことが、集団間対立の十分条件ではない。個人的葛藤がないと仮定した上で、組織内で参加者間の不一致を生み、組織間対立を生むメカニズムを特定する必要がある。

集団内対立の必要条件は、一般に個人的葛藤がないことと、それに加えて次のような3変数の条件として要約できる。組織内の参加者間で、①能動的な**共同意思決定の必要感** (5.15) が存在すること、②**目的差異** (5.16) か、③現実についての**知覚差異** (5.17) のどちらか、ないしはその両方が存在することが、**集団間対立** (5.18) の必要条件である [5.15, 5.16, 5.17→5.18 《図5・3》]。これは、集団間対立に影響する主な要因は三つあり、そのうち任意の一要因の変化は潜在的対立の量に正の影響を及ぼすが、厳密に加法的ではないと主張していることになる。

①共同意思決定の必要感(5.15)に影響する要因

組織内の相互依存性は、第6章でより詳細に考察する《図5・3》。（それがもしあれば）共同意思決定が必要ない組織は、参加者間の広範な不一致を許容できる。もう一方の極、多くの個人決定が共同の組織的決定になる組織では、潜在的な対立領域が大きい (Schachter, 1951 ①)。組織内共同意思決定の必要感を生む要因は多いが、二つが特に決定的と思われる。組織内共同意思決定の必要は、組織的意思決定の二つの主要問題——資源配分と計画——から生じる。

---

* 42　原典（初版p.121; 第2版p.141）では、直訳すると「個人レベルであいまいさのない選択を仮定した上で」。第2版p.141では "affects" に変わっている。
* 43　原典p.121では "effects" だったが、第2版p.141では "affects" に変わっている。
* 44　加法的 (additive) とは、関数が $f(x+y) = f(x) + f(y)$ という性質をもっていること。
* 45　原典初版p.121では項として分けられていなかったが、原典第2版p.142では項として独立させられている。
* 46　原典初版p.122では "Need" だったが、第2版p.142では "The need" と定冠詞が付いている。

有限資源相互依存性(5.19)が大きいほど、その資源に関する共同意思決定の必要感(5.15)はより大きくなる【5.19→5.15《図5・3》】。**活動タイミング相互依存性**(5.20)が大きいほど、計画を共同意思決定する必要感(5.15)はより大きくなる【5.20→5.15《図5・3》】。この2命題を通底するメカニズムは容易に分かる。希少資源問題や計画問題に相互依存性があるとき、参加者にかかる環境を制御せよという内部圧力が、自身に影響する資源配分・活動タイミングの制御を欲求させる(Sherif & Sherif, 1956①)。これが、他の参加者の決定への参加圧力と共同意思決定圧力を上昇させる。

共同意思決定向きの領域を選べば、それ自体が、組織内対立につながる。たとえば、一方的な共同意思決定圧力に対しては、対立を伴った抵抗が予想される。大規模な課業指向組織で重要な対立領域の一つは、権限・権力関係領域である。第3章と第4章で、米国文化の平等主義規範と組織の権限階層の乖離から生まれる個人間問題に言及したが、この問題の深刻さは(今の仮説に従えば)、階層の層間相互依存量の関数になるはずである。この場合、特に目立つ組織内対立は、部門での主観的な相互依存性判断がさまざまで、上司と部下が同じ外部状況を見ても、同じ調整量が必要とは必ずしも判断しないことである。これについては後で触れよう。

今の一般命題から次のような細かい予測が導かれるが、残念ながら、それに対する信頼できるデータはほとんどない。共通サービス単位を共用する単位間では、共用しない単位間よりも対立が多く、サービス単位の提供資源を巡る対立になるだろう。流れ図的に互いに隣接する単位間では、他の単位間よりも対立が多く、資源・製品等の流れを巡る対立になるだろう(Whyte, 1948①)。組織内下位単位間の対立は、予算と資金配分に関しては特に激しいが、組織内意思決定の他の面では(一般に)それほどではないだろう(Argyris, 1952②)。

これらは共同意思決定に決定的で、組織内対立の焦点だが、そのメカニズムの働きを抑える

[p.143]

*47 原典(初版p.123、第2版p.143)及び原典 参考文献リスト(初版p.247、第2版p.274)では、出版年が1947年になっているが1948年の間違い。また、タイトルも *Human problems of the restaurant industry* になっているが、*Human relations in the restaurant industry* の間違い。

ことはできる。共同意思決定圧力が計画問題から生じるならば、単位の活動が決定的に時間依存にならないように緩衝在庫を設けることで、少なくとも一部は軽減できる。それゆえ、緩衝在庫を使用すれば、そうしないよりも対立が少なくなると予測する。同様に、多少常設的にサービス対象単位別に下位単位を組織したサービス単位では、調整圧力が低減する。この場合、共同決定問題は、サービス単位内の人員配置という、より低頻度の決定に変わる。したがって、秘書だまりを共同利用する個人間では、半常設的に秘書を割り当てるところよりも、そうしないところの方が対立は多いだろう。

最終的に、予算配分を巡る対立における共同意思決定圧力の強さは、組織全体として資金がどの程度限られているかに依存するだろう。分けるパイに限りがなければ、特に問題はない。組織の利用可能資源が、前の期と同じかそれ以上の配分を許すならば、組織の下位単位は、調整圧力・議論圧力を特に感じない。このとき、資金供給が逼迫しているところと比較して、予算の対立は多分相当に少ない（Kornhauser, Dubin, & Ross, 1954①）。以上から共同意思決定の必要感を環境の状態に関連させる命題が導かれる。環境の気前良さ (5.14) が大であるほど、有限資源相互依存性 (5.19)[*48] はより小となり【5.14→5.19《図5・3》】、共同意思決定の必要感もより小となる。

これから示すように、一般的な水準の部門内「相互関連性」——資源供給や計画の重複で入ってくる——もまた、対立減少効果[*49]（主に個人間相互作用に関連する効果）がある。

前に言及したように、共同意思決定圧力は、調整の必要性についての個人判断を通して作用する。ここまでの命題では、そのような判断が人によって違うことを無視してきたが、ある条件下では無視できないかもしれない。[*50] たとえば一つの部の中の違う二つの課の課長たちの方がより小さく見えると仮説を立てる。[*51] 一般に、**組織層** (5.2) が高いほど、共

【p.144】

---

[*] 48　原典（初版p.123, 第2版p.143）では「共同意思決定の必要感」(felt need for joint decision-making) とされているが、これは命題 [5.14→5.19] (5.15)、〔図5・3〕でも図示されている (5.15) にならず、間違いである。本来、ここにあるべき変数 (5.19) は「有限資源相互依存性」なので、ここでは変数 (5.19) を追加する形で訂正してある。

[*] 49　原典初版p.123では "effects" になっているが、第2版では "affects" になっている。

[*] 50　原典（初版p.124, 第2版p.144）では「知覚における個人的要因 (personal factors in perception) を無視できない」となっているが、ここで扱っているのは、いわゆる個人による違いではなく、職位による違いなので、簡単化のために、あえて訳出しなかった。

[*] 51　ここでは、簡単化のために、"department" を「部」、"section" を「課」と訳している。

156

同意思決定の必要感(5.15)は大となる《5.21→5.15》《図5・3》。そう期待するのは、部の理論的存在根拠が主に内部調整の必要性だからである。部長は、調整問題があるときは警戒態勢で見ており、ないときも調整問題を想像するように動機づけられている。上方一体化と要求水準がこのメカニズムをいくぶん隠しているが、どの階層の組織経営者も、配下の諸単位は高度に相互依存的だが、自分の単位は大部分自己完結的だときっと見るだろう。

共同意思決定圧力は、集団間対立の必要条件の一つとなる。加えて、もし低不確実性で、受容可能代替案が頻出し、そのため個人的葛藤が支配的でないならば、集団間の不一致、対立の可能性が生まれる。

②目的分化(5.16)に影響する要因[*52][*53]

既に示したように、共同意思決定圧力があれば、個人目的に差異(5.17)があるとき、個人的葛藤が生じる。企業の経済理論が組織内集団間対立にほとんど注意を払ってこなかった理由の一つは、組織内の目的・知覚の差異の捨象にある(Black, 1948①)。最も一般的には、組織目的を所与と仮定し（たとえば企業ならば利潤最大化）、異なる目的解釈の可能性や参加者個人の行動に他の目的が影響する可能性を無視してきた。同様に、知識の個人間差異も考慮しない（第6章で言及する）。

雇用契約に集中することで、個人の動機づけが異なっても、組織参加者は、個人目的を満足させる手段である報酬（最も一般的には金銭報酬）[*54]によって、組織目的に従うように誘因される。たとえば学習実験で特定行動を飢え・渇き動因に帰するように、この種の「学習」は、刺激状況・参加者個人の多くの変数に依存する。広範な特殊

[*52] これ以降、この項の最初の段落の1カ所と図5・3を除いて、変数(5.16)のラベルとして、「目的差異」(difference in goals)ではなく、「目的分化」(differentiation of goals)が使われるようになる。

[*53] 原典初版p.124では項として分けられていなかったが、原典第2版p.144では項として独立させられている。

[*54] 行動が生起するために必要な内的状態が動因(drive)、外的条件が誘因(incentive)である［心理学辞典（有斐閣）］。

目的に対し、金銭は非常に有効な一般手段だが、金銭では足りないものもある。だから金銭報酬の有効性は人によって異なる。

参加者個人間・下位単位間の目的分化を促進する（もしくは妨げる）組織特性は、大きく3分類される。[*55]

1. 組織内の個人目的の共通性に影響するもの
2. 報酬構造、したがって強化方式の明瞭性・一貫性に影響するもの
3. 個人報酬の両立性に影響するもの

組織内の参加者個人間の目的共通性に関連する要因は、第3章で議論した。目的共有は、主に組織の採用手続と相互作用パターンの関数になる傾向がある。まず、「採用」要件を変えることで、目的の同質性を変えることができる。たとえば、特定大学出身の技術者を雇う組織は、そうしない組織と比べ、より同質的な参加者集団を雇っている。もっぱら会計士から成る組織は、会計士、技術者、心理学者、芸術家の混成組織と比べて、個人目的の同質性がはるかに大きい。

いったん採用してしまうと、参加者の個人目的の同質性は、組織内で準拠集団一体化が確立している程度に応じて変化する。これはさらに、組織内相互作用パターンの程度と特性に依存し（第3章参照）、加えて時間の関数にもなる傾向がある。下位単位目的の分化は組織成熟の証なのである。

組織の報酬構造は、個人目的の多様性問題克服のために明確に設計される。雇用契約は、従業員が、金銭その他の報酬と引き換えに、組織目的達成に努めると暗に定める。しかし、報酬[*56]

【p.146】

[*55] 原典初版p.125では、(1)(2)(3)として文章中に埋め込まれていたが、原典第2版p.145ではこのように改行、箇条書きに改められている。ちなみに、初版では、(1)の文の最後はコンマ〝,〟だったが、第2版で は1の文の最後はセミコロン〝;〟に変わっている。他の2や3ではセミコロン〝;〟は使われていない。

[*56] 原典初版p.125では、～organization. (See Chapter 3).だったが、第2版p.145では～organizations(see chapter 3)と変わっている。

158

制度の目的分化防止効果は、組織の他の特性に依存する。

第一に、あいまいな基準に連動した報酬では、個人目的調整に無力だろう。**組織目的の主観的操作性** (5.22) が小であるほど、組織内の個人目的分化 (5.16) はより大になる【5.22→5.16《図5・3》】。既に第3章で、目的の主観的操作性に影響する多くの要因に言及している。その要因には、① 組織の種類（その活動がルーチン的にプログラム化されている程度）、② 組織規模、③ 組織層が含まれる。たとえば、① 生産組織よりも研究組織で目的分化から生ずる対立が大となり、② 街のサムの安売店よりもゼネラル・モーターズで、③ 低組織層よりも高組織層で対立が多いと予測する。

同時に、目的対立は、報酬制度——完全に操作的でも、メンバー個人や下位集団に希少資源獲得競争をさせる——によって刺激されうる。限りない資源 (5.19) は、目的分化 (5.16) を増大させもする【5.19→5.16《図5・3》】。気前のいい環境で活動する組織は、組織「エネルギー」を完全消費せずに、明示した目的を満たすことができる。その結果、組織内活動のかなりの部分は個人目的・下位集団目的の達成に向けられる。こうして生まれた「組織内余剰」にはいくつかの結果が伴う。

これは、組織というものは、共同意思決定要求を低減させる傾向があると既に述べた。限りない資源で活動する組織は、組織「エネルギー」を完全消費せずに、明示した目的を満たすことができる。その結果、組織内活動のかなりの部分は個人目的・下位集団目的の達成に向けられる。こうして生まれた「組織内余剰」にはいくつかの結果が伴う。

これは、組織というものは、好調期には節約できないにもかかわらず、危機には生き残る道を見つけられることを意味する (Cyert & March, 1956①)。

さらに組織内余剰は、組織内集団間対立にとって直接的に重要である。資源制限が比較的ないときには、組織は下位集団の要求を相対評価する必要がないので、要求や要求の合理化で争わない傾向があり、組織内で実質的な目的分化が起こる (Simon, 1953b①)。資源が制限され、この余剰がなくなると、組織内のメンバー個人間関係・下位集団間関係は、厳しい競争ゲームにもっと近づく。このことから、資源が減ると（たとえば、企業組織なら事業不振時、政府組織

なら議会の倹約措置後)、集団間対立が増える傾向があると予測する。

最後に、組織内報酬制度はめったに内的一貫性がない。その理由の一つは、たいていの制度が交渉や漸進工学で「設計」され、一貫性にいつも価値を認めているわけではないからである。もう一つの理由は、報酬制度を定めるものは一つではないからである。前にも触れたように、経営側は、行動に報いたり罰したりする唯一の存在ではない。正統的な会計士の経費評価加減は、専門職教育で一部を学び、専門職集団から一部を強要され、そして（通常は）経営側が一部を補強する。組織研究は、こうした部分的に利害対立のある組織の行動を主に研究する。

③個人知覚分化(5.17)に影響する要因[*57][*58]

組織内対立がすべて目的対立というわけではない。主な対立原因は、第6章・第7章でみるように、組織的意思決定の底にある認知過程である。ともかくどんな規模の組織でも、組織内で場所が違えば情報の量・種類も違うだろう。組織内共同意思決定圧力があれば、この不完全な情報共有が組織内不一致につながる (Cartwright & Zander, 1953①)。

目的分化に関する命題の大部分は第3章にあり《図5・3》、個人知覚分化に関する命題の大部分は第6章と第7章で言及される《図5・3》。したがって、ここでは今の議論に関連する主要因のみを考える。

第一に、個人知覚分化(5.17)もより大となり【5.16→5.17《図5・3》】逆もまたいえる【5.17→5.16《図5・3》】。組織内では、部門化とこの価値観・期待一致圧力は、多くの人間行動観察者が記録してきた。個人知覚分化(5.17)が大であるほど、個人目的分化(5.17)もより大となり【5.16→5.17《図5・3》】逆もまたいえる【5.17→5.16《図5・3》】。組織内では、部門化とこの価値観・期待一致圧力がこの圧力を強める (Dearborn & Simon, 1958①)。

さらに、組織特性が参加者間の情報共通性に影響する主要3方式は、(1)組織メンバーが共有

[p.147]

* 57 これ以降、図5・3を除いて、変数(5.17)のラベルとして「知覚差異」(difference in perceptions)ではなく、「個人知覚分化」(differentiation of individual perceptions)が使われる。
* 58 原典初版p.127では項として分けられていなかったが、原典第2版p.147では項として独立させられている。

する共通の情報源、(2)広範な伝達に備えた組織内の公式の情報処理技術、(3)広範な情報共有のための非公式の情報経路である。

独立情報源数 (5.23) が多いほど、組織内知覚分化 (5.17) はより大になる【5.23→5.17《図5・3》】。

たとえば、外部情報源が多いよりも、外部の一個人・一集団による情報独占公認の方が、組織内の個人知覚間対立(たとえば政治戦術)*[59]の程度が、同質的な一外部集団に(まとめて)情報を求める程度に依存することも意味している。もし潜在市場の外部情報を探す組織内要員がすべて経済学・心理学双方の専門家によるときよりも、世界のより同質的な描写を入手しがちになる。他分野(たとえば医療)では、組織内対立の程度が、同質的な一外部集団に(まとめて)情報を求める程度に依存することも意味している。もし潜在市場の外部情報を探す組織内要員がすべて経済学の専門家ならば、経済学・心理学双方の専門家によるときよりも、世界のより同質的な描写を入手しがちになる。

情報処理チャネリング (5.24) が大であるほど、組織内個人知覚分化 (5.17) はより大になる【5.24→5.17《図5・3》】。情報のチャネリングとは、任意の所与の情報を受信する組織メンバー数を限るという意味である。チャネリングの量は公式の組織手続に影響されうる。たとえば、原価見積り用生データが、それを集めた単位以外に知られる程度は、そのようなデータを伝達する標準作業手続と、見積りを再吟味する人にかかる時間圧力に依存する。同様に、組織の非公式伝達構造も、情報共有に影響する。複数部門が(空間的に、仕事的に、従業員の種類的に等)相対的に離れているよりも、相互作用が起こるならば、個人知覚分化はより小になると予測する。すなわち、もし2単位間に(理由は何であれ)相互作用や個人知覚共有増大を刺激する傾向がある。主に自律的部門から成る組織は、低分権化組織よりも、個人知覚間対立がより大きくなるだろう*[61](Simon, Guetzkow, Kozmetsky, & Tyndall, 1954①)。

以上で部門相互連結が組織内集団間対立に影響する3経路①②③を特定した。連結が密であ

【p.148】

*[59] 原典(初版 p.127; 第2版 p.148)の"perceptual conflict"は一見、個人内型の「知覚葛藤」を連想させるが、ここでの文脈からは、個人的葛藤ではなく、個人によって知覚が異なるために生じる個人間での対立を意味している。正確を期すために、ここでは「個人知覚間対立」と訳す。

*[60] 原典の文献リスト(初版 p.243; 第2版 p.269)からは Guetzkow, H. の名前が初版 p.129と p.162で使われ方」(Simon, 1979, p.501)を研究したものとして引用されている。Simon, H. A. (1979). Rational decision making in business organizations. *The American Economic Review*, 69 (4), 493-513.(Simon, Guetzkow, and Tyndall, 1954)と Guetzkow の名前が入っていたが、初版 p.129に対応する第2版 p.148では、文献リストに合わせて Guetzkow の名前が削除されてしまった。初版 p.162に対応する第2版 p.183ではそのまま放置。ちなみに、この業績は、サイモンが1978年にノーベル経済学賞を受賞した際の記念講演「大企業の意思決定における会計データの

*[61] 原典(初版 p.129, 第2版 p.148)では "intergroup organizational conflict" となっている。

161

ほど、①共同意思決定の必要感はより大になり、②目的分化と③知覚分化はより小になる。これらの要因のうち、①は対立を抑制し、②③は対立を刺激するので、細かい予測は、各要因単独の主効果と要因間の交互効果に依存する。したがって、予測するには、総体の関係だけでなく、関数形と重要なパラメーターの値も明らかにする必要がある。

ここでの主要命題の概略は、図5・3に示される。

5・4　葛藤・対立に対する組織の反応

ここまで、葛藤・対立を被説明変数とし、それが発生しそうな条件を挙げてきた。次は、組織内葛藤・対立が説明変数となっている命題を考察する。個人の場合のように、組織の内部葛藤・対立は安定した状態ではないこと、そして個人的葛藤・集団間対立両方の解消に意識的に努力が向けられることを仮定する。

組織は次の主要4過程で葛藤・対立に反応する。[*64]

1. 問題解決
2. 説得
3. 交渉
4. 「政略」[*65]

1. 問題解決では、目的の共有が仮定され、その共有基準を満たす解を求めることが決定問題であると仮定される。したがって、問題解決過程では情報収集こそが重要で、探索行動の増

【p.149】
【p.150】

* 62　原典(初版p.129, 第2版p.148)では「これらの要因のうち二つは対立を阻止し、3番目は対立を刺激する」とあり、そのまま対応させると「①②は対立を阻止する」ということになるが、③では②の位置づけが、この5・3節の議論に合っていないので、訳は直している。

* 63　主効果と交互効果（2要因間・3要因間）で分析する考え方は、三元配置の分散分析そのものである。しかし、その次の文章の関数形とパラメーターの話は、別の話になってしまっている。

* 64　原典初版p.129では、(1)(2)(3)(4)として文章中に埋め込まれていたが、原典第2版pp.149-150ではこのように改行、箇条書きに改められている。ちなみに初版では(1)(2)の最後はコンマ","だったが、第2版ではセミコロン";"に変わっている。

* 65　原典(初版p.129, 第2版p.150)では、4番目だけが引用符付きで"politics"となっている。

162

図5.3 | 組織内集団間対立に影響する要因 *66

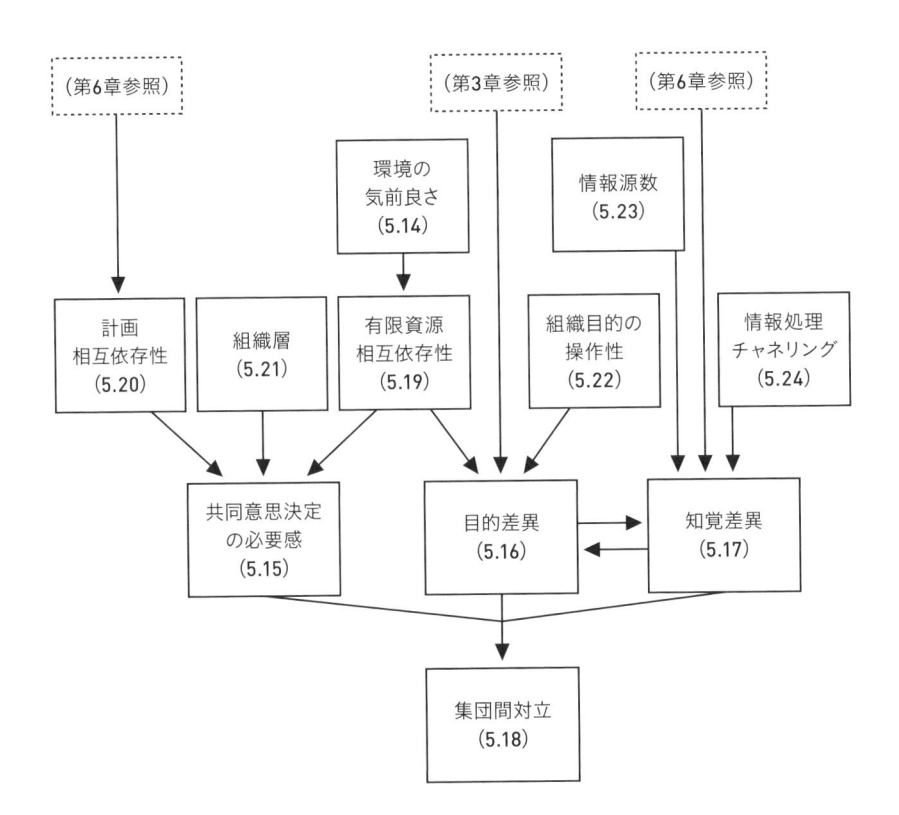

(第6章参照)　(第3章参照)　(第6章参照)

環境の気前良さ (5.14)　情報源数 (5.23)

計画相互依存性 (5.20)　組織層 (5.21)　有限資源相互依存性 (5.19)　組織目的の操作性 (5.22)　情報処理チャネリング (5.24)

共同意思決定の必要感 (5.15)　目的差異 (5.16) ⇄ 知覚差異 (5.17)

集団間対立 (5.18)

* 66 原典Figure 5.3（初版p.128; 第2版p.149）の描き方では、原典第2版p.141（初版p.121）の【5.15、5.16、5.17→5.18】【5.15→5.18】【5.16→5.18】【5.17→5.18】に分解してしまっていたが、本来の描き方に直している。また変数 (5.16) と変数 (5.17) の間の双方向の関係は1本の両矢印→になっていたが、図3・8（原典初版p.66; 第2版p.86）で使っていた表現方法⇄に直している。左上の（第6章参照）の箱からの矢印は、原典第2版p.142の最初の文章（pp.121-122）に従っているようだが、そこでは相互依存性としか書かれていないので、であれば変数 (5.19) にも矢印を引くべきであろう。中上の（第3章参照）の箱ではなく変数 (5.16)「目的差異」への矢印は、原典第2版p.147（初版p.127）「知覚差異」の記述に従えば、第6章、第7章から変数 (5.17)「知覚差異」に矢印が引かれるべきなのだが、なぜか右上の箱が欠落している。また原典第2版p.146（初版p.126）の記述に従えば、変数 (5.22)「組織目的の操作性」にも矢印が引かれるべきであるが、引かれていない。変数 (5.20) は原典の本文（初版p.122; 第2版p.142）中では「活動タイミング相互依存性」だったはずだが、なぜかこの図では「計画相互依存性」に変わってしまっている。

加、そして新代替案の想起を強調する。

2． 説得の場合は、組織内で個人目的が異なっていても、目的を固定的とする必要はないと仮定される。説得する際には、暗黙のうちに、**あるレベルでは**目的が共有され、その共通目的に照らして下位目的の不一致を仲裁できると信じている。問題解決は目的の固定化、情報収集にあまり頼らず、下位目的が他目的と矛盾しないか試すことをより強調する。しかし、問題解決同様、想起現象——この場合は、無視した目的を関連基準として想起すること——はかなり重要である。

3． 交渉では、目的不一致は固定的で、説得なしの合意が求められる。もっとも、今の交渉理論では、固執や強さ等から見た闘争ではなく、むしろ交渉「解」が共有された価値観「公平性」「自明性」にどの程度訴えるか（本書でいうなら説得）が主要課題の一つになっている (Schelling, 1957①)。いずれにせよ、利害対立、脅し、地位の改ざん、（一般的な）駆け引き一式が認められれば、交渉過程と確認できる。

4． 「政略」が意味する過程は、交渉と同じ基礎状況——利害の集団間対立がある——にあるが、参加者は交渉の場を固定的とは思っていない。（組織の下位単位でも、民族国家でも）弱者の対強者戦略は、二者関係にしないで、関係者を拡大し、潜在的味方を巻き込むことである。団体交渉という組織内対立が拡大して、政府機関まで巻き込むようになる傾向はよく知られている。頻度は少ないが株主抗争もその劇的事例である。組織本体内での政略もまた、集団間対立の重要な解消法である (Selznick, 1949①; Lipser, 1950①)。

最初の2過程（問題解決と説得）は、公的だけでなく私的にも決定合意を取り付ける試みである。このような過程は**分析的**と呼ばれる。そうではない後の二つ（交渉と政略）を改めて交渉と呼ぼう。組織が葛藤・対立解消に、いつ分析的過程を使う傾向があり、いつ交渉に訴える

[p.151]

---

*67 原典初版 p.129 では "individual" だったが、第2版 p.150 では "individuals" になっている。初版では形容詞だったものが、第2版では名詞になったのだろうか。そんなことはないだろう。多分、第2版は誤植だと思われる。

164

かを明確にしたい。

葛藤・対立解消のための分析的過程の使用

(5.25) の程度は、当該**組織内葛藤・対立の種類** (5.26) の関数である【5.26→5.25】。組織内葛藤・対立が、集団間対立というよりむしろ個人的葛藤であるならば、分析的過程の使用はより大となる。すなわち、組織内の参加者個人が決定に至らないために組織もそうなるとき、組織内行動は個人的葛藤への反応の命題に対応するはずで、組織メンバーは、利用可能代替案とその結果の追加情報探索を始める。逆に、組織内葛藤・対立が集団間差異を意味するほど、交渉の使用はより大となる。

しかし、集団間対立は交渉を通じて、個人的葛藤は分析を通じて解消する傾向は、不変ではない。この主要2過程は組織に対して異なる効果がある。[*68] 特に交渉は、下手をすると意思決定過程として破壊的結果を招く。交渉は、ほぼ必然的に組織内の身分・権力体制に負担をかける。もし公式の強者が勝てば、組織内の身分・権力の知覚差異をより強化する（われわれの文化では一般に逆機能的）。もし勝てなければ、立場が弱くなる。その上、交渉は組織内での異質な目的を認めて正当化するので、経営側に利用可能だったはずの制御手法を殺してしまう。

この交渉の顛末のせいで、経営側は、まるで事実上すべての葛藤・対立が、集団間対立ではなく個人的葛藤であるかのように知覚（そして反応）すると予測する。より細かく、次のように予測する。①組織内のほぼすべての抗争は、分析の問題と定義されるだろう。②葛藤・対立に対する初期反応は、問題解決と説得になるだろう。③この反応は、それが不適切に思えても持続する。④共通目的が存在する所より存在しない所の方が、共通目的をより明示的に強調する。⑤交渉は（それが生じたとき）しばしば分析的枠組み内に隠される。

これらの各予測は検証可能なように見えるが、残念ながら、それを検証した明らかな証拠があるかは分からない。

[*68] 原典初版 p.131 でも第2版 p.151 でも "effects on" である。このパターンは、第2版の他の箇所では affects on と変えられているが、ここは例外である。

5・5 組織間対立

前出の理由から、組織間対立を長々とは論じない。組織内集団間対立現象の多くは、この「組織間対立」という節見出しで考察する現象と、ほとんど見分けがつかない。組織にとって、内的関係と外的関係の区別は、しばしばあいまいである。しかし一般には、組織内では分析的手法の使用圧力が大きいだろう。もちろん、この圧力は組織外でも社会的機関や準拠集団を通じて作用するが、かなり減圧している。

この理由で、組織間対立の文献は、特に交渉過程による対立解消、すなわち誰が何を得るか、を扱ってきた。組織間対立問題にさまざまな研究法がある中で (Zeuthen, 1930①; Hicks, 1932①; Harsanyi, 1956①)[*69]、特に経済学では、近年ゲーム理論家が交渉理論に特段の関心をもってきた。寡占産業の企業間 (Shubik, 1956①)、民主主義国の政党間 (Luce & Rogow, 1956①)、国家間 (Deutsch, 1954①) の対立にゲーム理論の適用が試みられた。最初にフォン・ノイマン (von Neumann, 1928①; 1937①)、その後フォン・ノイマン＝モルゲンシュテルン (von Neumann & Morgenstern, 1944①) が発表して以来発展してきたゲーム理論については、文献全体の論評はしないが、取り組んできた対立問題の種類と最有望な発展方向を手短に示そう。一般展望はルース＝ライファ (Luce & Raiffa, 1957①)[*70] が優れているので参照のこと。

ゲーム理論で最も完成度の高い領域である2人ゼロ和ゲームは、組織間対立の主要問題と最も関連の薄い領域でもあり、概して交渉理論に益がなかった。他方、組織間対立とより関連する2人～n人協力ゲームの理論は、それほどには発展していない。数学的に扱いにくいことが分かっており、このゲームの解を得るには心理学的・社会学的仮定が重要だとゲーム理論家

[p.152]

[*69] このHarsanyiの論文の副題は "a critical discussion of Zeuthen's, Hicks's, and Nash's theories" である。

[*70] 原典（初版p.130，第2版p.152）では "problems in the theory of conflict" となっているが、コンフリクト理論 (conflict theory) というと、労使対立に基づいてインフレーションや生産性の停滞といった経済の動態を説明する理論（米国のラディカル派経済学）を指すことになるので「有斐閣経済辞典第4版」ここでは単に「対立問題」と訳している。

は指摘してきたが、そのような仮定を心理学研究も社会学研究も与えてこなかった。それでも、フォン・ノイマン＝モルゲンシュテルンすなわち1944年以降の n 人非ゼロ和ゲームの発展には重要なものが多い。

その発展の中で、特に組織間対立にとって重要なものは、交渉過程の次の問いに向けたものである。(1)どの提携がプレイヤー間で形成されやすく、形成されれば安定的になりやすいか？ (2)交渉の結果はどうなるのか？ 各問いを手短に検討しよう。

(1) 提携構造

ゲームの参加者が2人以上いるとき、提携の可能性・安定性の問題が生じる。誰が誰と提携するのか？ どのくらいの期間か？ フォン・ノイマン＝モルゲンシュテルンの議論では、提携の形成が n 人ゲームの理論の中心である。すべての可能な提携が考慮され、各プレイヤーはゲームの完全知識をもち（他プレイヤーの戦略は除く）、各プレイヤーについて期待効用最大化に必要なよく定義された選好順序をもち、支払は無限に分割可能で自由に譲渡可能な商品によってなされると仮定される。この仮定があれば、提携の形成について、ある「合理的な」質的命題を導出できる。しかしこの仮定は、先験的にも、二、三の経験的証拠に基づいても批判されてきた (Kalish, Milnor, Nash, & Nering, 1952①)。試みられた修正を全部検討するのでは本題から外れる。ルース (Luce, 1954①, 1955a①, 1955b①)[*71] は、提携の形成が、通常はほんの小さな部分的変化（たとえば一時点で移るのは1人）だとした。もしそのように制約して、一つ以上の安定的提携の存在を許すと、最終提携はゲーム特性だけでなく初期提携にも依存すると一般的にいえる。ゲーム理論は伝統的に代替的提携の評価に集中[*72]

[p.153]

[*71] 原典の参考文献リスト（初版p.234, 第2版p.259）のLuce (1955a) のタイトルでは "k-stability" の間違い。ΨはΨの大文字。また原典の参考文献リスト（初版p.234, 第2版p.259）のLuce (1955b) のタイトルでも "k-stability" の間違い。(i) 新しい提携を形成しても、全体として現在の利得より良くなる見込みがなく、かつ(ii) 現在の提携からプレイヤーが離れて一人になっても利得が良くなる見込みがないとき、ψ 安定と呼ばれる。さらに、動きうるプレイヤーの数が k に制限された条件下で ψ 安定であるとき、特にこれを k 安定性と呼ぶ。Luce and Raiffa (1957) の第10章 "ψ-stability" (pp.220-236) では、k 安定性についても触れられている。鈴木光男 (1973)『ゲームの理論（第2版）』勁草書房, ch.11.

[*72] 原典初版p.133では "focussed" だったが、第2版p.153では "focused" になっている。文法的にはどちらでもかまわない。

してきたが、実際の行動はどの提携が検討されたかに少なくとも同程度依存するかもしれない。ルースの均衡理論も、探索行動の理論（代替的提携の探索に特化）と見ることができる。もしそれに探索強度を制御するメカニズムを加えれば、本書の数ヵ所で論じてきた種類の行動モデル例に近づく。

(2) 交渉結果

初期のゲーム理論は、交渉結果の正確な予測という点では、伝統的経済学理論と比べて満足のいくものではなかった。したことは、ゲームの「解」として、結果の実現可能集合を特定したことだった。たとえば、高度に専門化した経営者が所属組織と給料交渉をする際、結果である支払給与は、経営者がどこか他所で利用可能な最善の代替案の価値（両者の協働なしに経営者が自身に保証できるもの）と組織が交替要員を雇用・訓練する費用（両者の協働なしに組織が自身に保証できるもの）の間のどこかになるだろう。この範囲がかなり広いかもしれないので、この理論は大いに役立つとはいえない。

交渉結果の予測範囲をより限定しようとする試みは多いが、それは、前述の種類の対立があるとき、何が「公平」な結果なのか？という問いに答える試みである。こう考えると、公平な仲裁者の見地を反映するので、時には仲裁問題として記述される。さらに当事者たちが（長期にわたって）従わなければならない文化に公平性の一般基準があると仮定するならば、交渉は、公平性を守らせる社会規範を使った暗黙の仲裁だと主張できる。交渉状況で一意的結果に到達する比較的知られた手続、すなわちナッシュ (Nash, 1950 ①; 1953 ①) [*73]、シャープレイ (Shapley in Kuhn & Tucker, 1953 ①)、ライファ (Raiffa in Kuhn & Tucker, 1953 ②) [*74] の手続はすべて何らかの公平の「合理的」定義を満たしている。多分最も知られているナッシュの手続は、個人効用の積

【p.154】

[*73] ここに挙げられているナッシュの2本の論文は、ナッシュが1994年にノーベル経済学賞を受賞する際に受賞理由で挙げられた論文である。Nash (1950) の例については、須田伸一・小宮英敏 (2008)『数学で考える経済学：いかにして問題を処理するか』丸善の「第2章 ナッシュ交渉解」(pp.14-27) に、分かりやすい解説がある。

[*74] Shapley, L. S. (1953). A value for n-person games. (pp.307-317) とShapley, L. S. (1953). Quota solutions of n-person games. (pp.343-359) の2本あり、どちらを指しているのか不明。

[*75] ただし、Raiffa, H. (1953). Arbitration schemes for generalized two-person games. (pp.361-387).

168

を最大化するものを公平な結果と定義している。この結果は、参加者のリスク態度にかなり依存する。一般に、参加者が喜んでリスクを引き受けるほど、より好ましい条件で取引できる。ナッシュ解については、一般の場合にも、複占状況のような特殊な場合にも(Mayberry, Nash, & Shubik, 1953①)、付加的意味が導かれている。

近年、交渉過程のいくぶん異なる概念が、ゲーム理論を補ってきた。ゲーム理論以外で、最近最も興味を引くのは、多分シェリング(Schelling, 1957②)である。彼は、交渉結果は、それを当事者たちに勧めるある種の「自明性」に依存すると主張する。交渉状況はめったに一意的と知覚されないと想像するならば、ある文化に属する個人は、そのような状況に対する「正規の」反応を構築すると予想できる。この反応が今度は新しい状況でも想起される。「自明性」と「公正性」の関係ははっきりしないが、概して、シェリングの解は、ゲーム理論家が提示した解と比べ、参加者のリスク態度——したがって脅しを使用する能力——にあまり依存しない。シェリング理論の概念をゲーム理論と調和させる一つの方法は、検討される代替案集合の限定にシェリング理論を使うことである。この新しく定義された集合から一つの解を選ぶのにゲーム理論の(たとえばナッシュの)方法が適用できる。

この注釈で交渉の議論をやめるが、まれに例外はあるものの、交渉理論は実証されないままにやってきた。人間の動機づけや行動の仮定は、いつも内観、特殊例、数学的扱いやすさで立てられてきた。概して、エネルギーと能力の点で、過去10年の数学的努力に匹敵するほどの真剣な実証研究もしあったなら、この理論の将来の発展をより確信しただろう。そのような努力がないので、可能な交渉結果をより詳細に追求するのも気が進まないし、「現実世界」では交渉状況は非常に複雑かつ標準化していないので、近似的であれ交渉の一般理論は開発できないというよくある主張に詳細に論評することも気が進まない。あきらめなさいと忠告するには

【p.155】

* 76 正確には、ナッシュの、交渉領域の中で、各プレイヤーの基準点(=交渉が不成立の利得)からの利得の増分の積(これを「ナッシュ積」と呼ぶ)を最大にする点(これを「ナッシュ解」と呼ぶ)を妥結点とするルールを提案した。鈴木光男(1994)『新ゲーム理論』勁草書房、p.157。ただし、和ではなく積をとったのは、その方が交渉が一意になりやすいというテクニカルな理由によるものだろう。

* 77 これは、非協力ゲームにおけるいわゆるナッシュ均衡点のことではなく、前の脚注にある交渉ゲームのナッシュ解を指している。実際、Mayberry, Nash, and Shubik (1953)が引用しているのはNash (1953)で、これは2人協力ゲームで交渉問題を扱っている。

* 78 たとえば、2人に配分する際、他に合理的根拠がなければ、折半する、つまり二分の一というような配分比が、他の配分比と比べて顕著に浮かび上がってくる。これをfocal pointという。Schelling, T.C. (1960). The strategy of conflict. Cambridge, Mass.: Harvard University Press.(河野勝監訳『紛争の戦略：ゲーム理論のエッセンス』勁草書房、2008)。シェリングは、ゲーム理論の分析を通じて対立と協調の理解を深めたとして、2005年にノーベル経済学賞を受賞する。

* 79 原典第2版では"With rare exceptions,"とコンマ(,)がついているが、初版p.134ではついていなかった。

この章では、組織内で葛藤・対立がどのように生じるか、葛藤・対立の結果どんな種類の行動になるかを示してきた。二つのまったく別種の組織内葛藤・対立を論じてきた。[*80]

5・6　結論

1. 本質的に個人内葛藤で、組織メンバー自身での選択が難しい。
2. 個人間対立で、組織メンバーは互いに矛盾する選択をする。

個人的葛藤が、代替案の比較不能性から、あるいは代替案の結果の不確実性から、どのように生じうるかをみてきた。組織環境と組織特性の両方が組織内個人的葛藤の量にどのように働くかを示してきた。同様に、組織内集団間対立、それが生じる条件、それに対する組織の反応を論じてきた。共同意思決定の必要感、目的差異・知覚差異のどちらかもしくはその両方の存在が、集団間対立の必要条件であり、これらの条件が生じる条件が組織についての知識から（一部）予測可能であると主張してきた。

組織内葛藤・対立は交渉や権力闘争のような現象につながるので、この章は、組織行動の動機づけ要因を論じた前の諸章とは異なっている。より明示的な動機づけが頻繁で、（組織は渋々とはいえ）利害対立の問題に正面からぶつかる。こうして、動機づけ要因を回避していた科学

まだ早いが、理論と証拠をもっと突き合わせる必要があると判断する。おそらく、検討される代替案（提携、解）集合を決める要因と、その中から解を決める要因とはまったく異なるだろう。

[p.156]

[*80] 原典初版p.135では、(1)(2)として文章中に埋め込まれていたが、原典第2版p.155ではこのように改行、箇条書きに改められている。

170

的管理法から、はるばる個人間対立中心のゲーム理論まで来たのである。そんな議論の中、数箇所で、動機づけ要因と認知的要因の間の相互作用が相当あると示そうと試みた。「組織人」の記述を完成させるには、意思決定者として合理的であろうとする人の属性に直接焦点を当てなければならない。それが次のテーマである。

第6章
合理性の認知限界
Cognitive Limits on Rationality

前3章では、人間を動機づけと目的が組織内の人間行動にどのように影響するかを考察した。前3章は、人間を「機械」とみなす「古典的」組織論をかなり修正する内容だった。この章と次の章では、組織メンバーの別の特性集合、すなわち合理的人間としての特性に焦点を当てる。第7章の終わりに、こうした研究とその組織論的意味で締めくくり、本書の次の主要2課題が完了する。

1. 従業員を機械として扱う古典的記述の不自然さを一つずつ取り除く。
2. これを、組織メンバーが欲求、動機、動因をもち、知識や学習・問題解決能力に限界があることを認める新しい概念と置き換える。

まず6・1節では、組織内意思決定過程に課された人間の合理性の特性に注目する。次に6・2節では、組織の意思決定がどのように「プログラム」や戦略に組織化されるかを見る。6・3節では、意思決定過程を予備的に再分析し、一体化がどの程度、動機的というより知的過程なのかを見る。6・4節では意思決定過程の分業の意味を考察し、6・5節では分業から生じる伝達の必要と過程を論じる。最終の6・6節では、意思決定過程の分析から導出できる組織構造の一般命題を述べる。

6・1　合理性の概念

「経営人」[*1]の合理性を、古典的「経済人」の合理性と比較したらどうなるか？　経済学や統計的決定理論の合理的人間は、高度に特定化さ

[*1] 原典（初版 p.137, 第2版 p.157）の "administrative man" は「経営人」というよすり「管理人（かんりじん）」的なニュアンスだが、もともと日本語では「管理人（かんりにん）」が広く使われているので、サイモンの『経営行動 第2版』(Simon, 1957)の翻訳（1965年）から「経営人」が訳語として使われるようになった（《翻訳者の一人である高柳暁談》。

れ、明確に定義された環境の中で、次のように「最適な」選択を行う。

1. 意思決定状況の中で、代替案集合——その中から自分の行為を選ぶ——全体をあらかじめ自分の前に広げている。この代替案集合は単に「所与」であって、それがいかに得られたかを理論は語らない。

2. 各代替案には結果、すなわち特定の代替案を選ぶと起こる事象の集合が付いている。ここで既存理論は次の3種類に分かれる。[*2]

   (a) **確実性**：各代替案の結果の完全に正確な知識を意思決定者がもっていると仮定する理論。
   (b) **リスク**：各代替案の結果の確率分布について正確な知識を仮定する理論。
   (c) **不確実性**：各代替案の結果の集合の部分集合——可能な全結果の集合——は仮定するが、意思決定者は特定の代替案の結果の生起確率を知らないと仮定する理論。

3. 最初に、意思決定者は「効用関数」または「選好順序」——すべての結果ベクトルを最も好ましいから最も好ましくないまで順位づける——をもっている。[*3] **確実性**の場合、選択は疑う余地がない。**リスク**の場合、通常は期待効用を伴う代替案を選択する。意思決定者は好ましい結果ベクトルを伴う代替案を選好する。[*4]

4. ここで期待効用は、可能な全結果の効用を生起確率で加重平均したものと定義される。**不確実性**の場合には、合理性の定義は疑わしい。一般に通用している提案の一つは「ミニマックス・リスク」原理である。[*5] すなわち、各代替案に伴う最悪の結果ベクトルを考え、その「最悪の結果ベクトル」が一番ましな代替案を選択する。他の提案（たとえば「ミ

[*2] 原典初版p.136では、(a)(b)(c)は文章の中に埋め込まれていたが、原典第2版p.138では改行、箇条書きに変わっている。

[*3] 原典（初版p.137；第2版p.138）では、"all sets of consequences" となっているが、この set は集合の意味ではなく、ベクトルの意味だと思われる。以下、この3と次の4では、"a set of consequences" はすべて「結果ベクトル」として訳している。実は、第1章（原典初版p.9；第2版p.28）では初期状態ベクトルと環境ベクトルと呼ばれるものを初期状態の set と環境の set と呼んでおり、第4章（原典初版p.85；第2版p.104）でも誘因ベクトルと思われるものを誘因のsetと呼んでいた。要するに、スカラーではないという趣旨のようで、本書ではベクトルという用語を使いたくないらしい。

[*4] 原典初版pp.137-138では、これ以降の文章が4の中に含まれているが、原典第2版p.158では、箇条書きの外に出されている。しかし、内容は4の説明だけなので、ここでは原典初版の書き方に従う。

[*5] 原典（初版p.138；第2版p.158）では "rule" が用いられているが、ここでは "rule" は意思決定原理の意味なので、ここでは「原理」と訳している。ミニマックス・リスク原理は、もともとフォン・ノイマンがゼロ和2人ゲームの均衡点を考える際に用いたもので、後にワルド（Abraham Wald）が統計的決定理論を構築する際に取り上げたために (Wald, 1950)、ワルドのマクシミン原理 (Wald's maximin principle) とも呼ばれるようになった。またミニマックス後悔原理は、統計的決定理論の分野で、サベジ (Savage, 1951) がミニマックスの応用とし

ニ　マックス後悔）原理）もあるが、ここでは論じない。

古典的理論の問題点[*6]

この経済学や統計的決定理論の合理的人間のモデルには問題がある。第一に、常識的な合理性概念とよく合うのは、確実性の場合だけである。特に不確実性の場合、統計的決定理論の代表的論者の間ですら、その「正しい」定義について——それどころか「正しい」という用語に意味があるのかどうかも——ほとんど合意はない（Marschak, 1950 ①）。

既存の合理的人間のモデルの第二の難点は、選択メカニズムに次のきわめて重い3仮定を求めることである。(1)すべての代替案は「所与」である。(2)各代替案のすべての結果を知っている（確実性、リスク、不確実性で意味は違うが）[*7]。(3)可能なすべての結果集合に対して完全な効用順序（もしくは基数的効用関数）をもっている。

いかに選ぶべきかという規範モデルで、この要件に異議を唱えることはほとんどできない。合理的人間は、情報が欠ければ、「知っているとき」とは違う選択をするかもしれず、せいぜい「主観」合理的ではあっても、「客観」合理的ではない。客観合理性の概念は、「真の」代替案、「真の」結果、「真の」効用が存在する何か客観的な真実の存在を仮定している。もしそうならば、リスク下や不確実性下の選択を客観的と認める理由がないし、もしそうでないならば、合理的人間で、結果の知識限界だけを考慮し、代替案・効用の知識限界を無視する理由がはっきりしない。

現象学[*9]的な言い方をすれば、われわれは準拠枠から見た相対的な合理性しか語れないし、この準拠枠は合理的人間の知識限界によって定まるだろう。主体の選択を観察する者を概念導入して、観察者の準拠枠から見た相対的な主体合理性を語ることはもちろんできる。主体がネズ

[p.159]

[*6] 原典初版p.138では項として分けられていなかったが、原典第2版p.159では項として独立させられている。

[*7] 基数的（cardinal）効用関数とは、効用を数値で表す関数である。経済学では、もっと条件の緩い、選好順序だけで表現する効用も認めているが、期待効用理論で一般的なフォン・ノイマン＝モルゲンシュテルン型の効用関数は基数的効用関数である。

[*8] 原典（初版p.138、第2版p.159）では、(3)だけに「合理的人間は」と主語があるが、(1)(2)にはなかったので、ここでは省略している。

[*9] 現象学は、古くは本体と区別された現象の学という意味に用いられた語。今日用いられているのはヘーゲルとフッサールの用法［広辞苑第六版（岩波書店）］。心理学と関係が深いのはフッサールの現象学である。ここでいう現象とは意識に現れるものを指すので、日常的な、暗黙のうちに何らかの解釈が加えられた意識的経験ではなく、そのような習慣的な思い込みを分離し棚上げにした判断停止後になお残る純粋意識を分析し記述する「心理学辞典（有斐閣）」。

176

ミで、観察者が人間（特に、実験状況を設計した人間）ならば、その人間の状況知覚を客観的、ネズミのそれを主観的と考えてもかまわない（ネズミの効用関数は、多分人間よりネズミの方がよく知っているという細かい問題点は度外視する）。しかし、もし主体も観察者も人間ならば——特に、状況が、観察者が実験目的で作ったのではない自然なものならば——客観状況の特定化は困難になる。この状況では、ある特定の準拠枠から見た相対的合理性のみを語るのが一番無難だろう。

第2章で述べた古典的組織論は、古典的経済理論同様、合理性の主観的・相対的特質を明らかにせず、そうすることで、自身の重大な前提を吟味しなかった。身を置く組織的・社会的環境が、意思決定者の予期する結果・しない結果、考慮する代替案・無視する代替案を決める。組織論は、組織的・社会的環境を説明変数として扱ってはいけないのであり、それ自体を理論的に定め、予測する必要がある。

ルーチン化した問題解決反応[*10]

ここで提起する合理的選択の理論は、次の二つの基本的特質を組み込んでいる。(1)選択は常に、現実状況の限定的で近似的な単純化された「モデル」について行われる【A-6.1】。このモデルは選択者自身の「状況定義」と呼ばれる。(2)状況定義の諸要素は「所与」ではなく——すなわち、その過程には選択者自身の活動とその環境内の他者の活動が含まれる【A-6.2】(Simon, 1947①, 1955①; March, 1955a①; Cyert and March, 1955①, 1956①; Newell, Shaw, & Simon, 1958①)。

（個人的または組織的）活動は、通常、ある種の環境刺激、たとえば顧客の注文や火災警鐘までたどることができる。刺激への反応はさまざまで、一方の極では、刺激は反応（時には非常

[p.160]

[*10] 原典初版p.139では項として分けられていなかったが、原典第2版p.160では項として独立させられている。

に精巧)を想起する。これは、以前、同種の刺激があったとき、適切な反応として開発、学習されたものである。これが連続体の「ルーチン化」極で、刺激はほぼ瞬時にプログラムを想起する。

もう一方の極では、刺激は多かれ少なかれ問題解決活動、すなわち反応を成就する実行活動を見つける活動を想起する。そのような活動は、プログラムを学習済みならば省略できる特徴がある。問題解決活動は、一般に探索を伴う程度でプログラムを想起する。探索の目的は行為の代替案・結果の発見である。問題解決者のレパートリーに既に利用可能なものがなければ、代替案の「発見」は、プログラム全体の発明・作成を伴うだろう (Katona, 1951①)。

刺激が、過去に繰り返し経験してきた種類のものだったら、反応は普通、高度にルーチン化される【A-6.3】。最低限の問題解決他の計算活動だけで、刺激は、反応プログラムを含む良く構造化された状況定義を想起し、レパートリーの中から適切な反応を選ぶプログラムを想起する。それと比べて刺激が新奇ならば、最初は状況定義の構築、それから一つ以上適切なプログラムを開発するための問題解決活動を想起する【A-6.4】。

創造的思考や問題解決を研究してきた心理学者も (たとえば Wertheimer, Duncker, de Groot, Maier)、観察力鋭い素人も (たとえば Poincaré, Hadamard)、探索過程の役割が大きいことについては一致している。探索は一部ランダムだが、有効な問題解決の探索はやみくもではない。探索過程自体がしばしば合理的な設計対象である。たとえば、新しいプログラムを開発する実体的な計画とは別に、問題解決過程自体を開発する手続的な計画もある。特定の刺激は実行にとどまらず、多くの問題解決活動を想起するかもしれないが、問題解決活動自体も程度によらずルーチン化してもいい。たとえば、チェック・リストを使って探索を系統的に行ってもいい。

【p.161】

178

満足基準 対 最適基準[*11]

選択に適した範囲の代替案・結果を発見するのに、どんな種類の探索他の問題解決活動が必要になるのかは、選択基準に依存する。特に、最適な代替案を見つけることと、満足な代替案を見つけることでは、問題が根本的に異なる。代替案が**最適**であるとは[*12]

代替案が**満足**であるとは[*13]

1. すべての代替案を比較可能な基準の集合が存在し、
2. その基準で、当該代替案が他のすべての代替案よりも選好されるとき。

1. 満足できる中で最低の代替案を表現する基準の集合が存在し、
2. 当該代替案がその基準すべてを満たすか上回るとき。

たいていの人間の意思決定は、個人的であれ組織的であれ、**満足な代替案の発見と選択に関係しており、例外的な場合にのみ、最適な代替案の発見と選択に関係する**【A-6.5】[*14]。最適化には満足化よりも数段複雑な過程が必要となる。一例を挙げれば、干し草の山の中から、**最も鋭い**[*15]針を探すのは、縫うのに十分な鋭さの針を探すのとはわけが違う。

満足基準で選択する際、満足基準それ自体が状況定義の一部である。基準は、状況定義の他の要素同様に、所与とみなす必要はなく、基準の設定・修正の過程を理論に入れてもいい。たとえば、満足基準を上げると、その際、基準設定の過程自体に合理性基準を適用してもいいが、①基準を上げた分だけ代替案が改善するが、②より高い基準を満たす代替案探索には余計に費

【p.162】

---

*11 原典初版 p.140 では項として分けられていなかったが、原典第2版 p.161 では項として独立させられている。
*12 原典初版 p.140 では、(1)(2)として文章の中に埋め込まれていたが、原典第2版 p.161 では改行、箇条書きに変わっている。
*13 原典初版 p.140 では、(1)(2)として文章の中に埋め込まれていたが、原典第2版 p.161 では改行、箇条書きに変わっている。
*14 原典初版 pp.140-141 でも、原典第2版 p.162 でも、この命題【A-6.5】は文章がイタリック表示されているのでそれにしたがった。しかし、このタイプの命題で、他の命題はイタリック表示されていない。
*15 原典初版 p.141 では、*sharpest* はイタリック表示になっていたが、原典第2版 p.162 では立体になった。ここでは初版に従う。

第6章 合理性の認知限界

179

用がかかる。このモデルの「最適化」ルールは、①限界改善と②限界費用がちょうど釣り合う水準に基準を設定することである。[つまり、満足基準モデルでも、「最適な満足基準」を求めることができる。][*16]もちろん実際問題として、①「限界改善」と②「限界費用」はめったに共通単位で正確に測定できない。それでも、代替案の発見が容易に得られる基準が自動的に得られる。人間の基準は、多くの状況では発見が難しいときは下げることもある。これが本書提案のモデルに代わる実り多いものとなるのか、非常に多くの状況では選ぶ代替案は、探索費用を考えた最適なものとそれほど違わない。こうした特性をもつ傾向があるので、探索費用を導入して最適化モデルに固執する理論家たちもいる。どちらのモデルも、最終判断をできるほど十分には予測に使われていない。

プログラム[*17]

ある種の状況下では探索・選択過程が非常に短縮されることは既にみた。極限では、環境刺激が即座に組織から高度に複雑かつ組織化された反応集合を想起する。このような反応集合は、**実行プログラム**あるいは単に**プログラム**と呼ばれる。[*18]たとえば、消防署で警鐘が鳴るとそうしたプログラムが起動する。[*19]ソーシャル・ワーカーの受付に生活保護申請者が来ても、自動車組立ラインで目の前に車台が来てもそうなる。[*20]見かけ上、探索・問題解決・選択の合間もなく、精巧な活動のプログラムが起動する状況はまれではない。すべての人の行動の大部分と比較的ルーチンの仕事につく人の行動のほぼ全部はこれで説明できる。たいていの行動、特にたいていの組織内行動は、プログラムが統御している。

ただし、用語「プログラム」に完全硬直性の意味を含ませるつもりはない。プログラムの内

[p.163]

*16 実際、統計的決定理論ではポピュラーな最適停止問題でも同様の設定が行われる。たとえば、Ferguson, T.S. (1967). *Mathematical statistics: A decision theoretic Approach.* New York: Academic Press. DeGroot, M. H. (1970). *Optimal statistical decisions.* New York: McGraw-Hill.

*17 原典初版p.141では項として分けられていなかったが、原典第2版p.162では項として独立させられている。

*18 原典初版p.141では、"performance program"も"program"もイタリック表示であったが、なぜか原典第2版p.162では項立体になっている。しかし、本来的にはイタリック表示すべき用語であると考えるので、ここではイタリック表示扱いとした。ただし原典第7章になると"action program"などという紛らわしい英語にすり替わり、かえって混乱を招くことになるので、第6章、第7章では、原典がperformance programでも単に「プログラム」と訳している。

*19 社会福祉活動に従事する専門職の総称。米国では1955年に全米ソーシャル・ワーカー協会として一本化され、州による免許資格として制度化された[心理学辞典(有斐閣)/広辞苑第6版(岩波書店)]。

*20 自動車の車台(chassis)はシャシーともいい、フレーム、エンジン、変速機、ブレーキ、車輪、ラジエーターなどが含まれるが、乗客を囲うボディとその備品は付いていない。

容は、多数の起動刺激特性に順応してもよい。単純な火災警鐘の例でさえ、警鐘の打数が示す火災場所で反応は変わる。プログラムは起動刺激と無関係なデータにも左右され、**実行戦略**と呼ぶ方が適切である。たとえば、在庫記録で商品手持量が発注点まで減っていたら、購買担当の決定ルール――行動を統御している――が起動し、過去12ヵ月の売上量を公式に代入して発注量を求めさせる。この場合、探索は省かれているが、選択は、非常にルーチン化されてはいるものの残っている。

刺激に対する固定的反応の開発により選択が単純化されると、その程度に応じて活動集合はルーチン化されているとみなされる。探索が省かれ、明確に定義された体系的計算ルーチンの形で選択が残っているときも、活動はルーチン化されているという。逆に問題解決的なプログラム開発活動が先行する必要があるならば、その程度に応じて活動は非ルーチン化とみなされる。

6・2 組織内プログラム

特定の組織がどんなプログラムを使用しているかを測定する方法がいくつかある。

1. 組織メンバーの行動の観察。比較的ルーチンの仕事では、同じ状況が繰り返し再発し、一定のプログラムで処理されるので、行動からプログラムを推測することは容易である。普通、この方法で、組織の新メンバーを手続に誘導する。

2. 組織メンバーの面接。たいていのプログラムは、それを実行する従業員、またはその上司、部下、同僚の心の中に記憶される。目的を絞らずに、人がすることを知る最も単純

[*]21 原典初版 p.142 では、"*performance strategy*" とイタリック表示であったが、原典第2版 p.163 では、立体になっている。ここでは初版に従う。

かつ最も正確な方法は、その人に尋ねることである。

3. 標準作業手続の記述文書の調査。記録された作業手続と実際に実行されるプログラムは、いくぶんは完全・正確だろう。ただし、記録された作業手続と実際に実行されるプログラムの関係は複雑である[*22]。というのは、プログラムを記録する目的は次のようだからである。

[p.164]

(a) 新プログラム創始の実行者への伝達説明のため
(b) 既存プログラムを新しい組織メンバーに教えるため
(c) 既存プログラムの正統化、「公式化」のため（修正はあってもなくても）[*23]

この三つ以外にも可能性はあるが、いずれにしても、プログラムの情報源として文書を使う際は、文書を用意した目的が解釈に関わってくる。

組織観察の訓練を受けた人は、上記他の手法で、ルーチン行動の統御プログラムの大部分を抽出できる。常識的なあまり、その事実の重要性が見過ごされてきたが、組織のプログラムの知識で、組織メンバーの行動をかなり詳細に予測できるのである。そして、組織内個人活動は、**プログラム化** (6.1) が大であるほど、**予測可能性** (6.2) は大となる【6.1→6.2】。

確かに、プログラムの知識による行動予測は、科学的予測でよく連想する「驚き」の要素がない。舞台上でハムレットが発する台詞を予測するようなものだ。常識的に明らかとはいえ、これは重要である。

一般にプログラムは、所与の状況における過去の経験と未来の経験期待から生まれると予想される。したがって、個々の活動の**反復性** (6.3) が大であるほど、プログラム化 (6.1) はより大となる【6.3→6.1】。これから、プログラム化が最も進むのは、事務仕事と工場仕事で、特に仕

[*22] 原典初版p.143では、章の中に埋め込まれていたが、原典第2版p.164では改行、箇条書きに変わっている。

[*23] 原典初版p.143では、この後1行空けているが、原典第2版p.164では空けられていない。

182

課業が主に過程別に組織化されているときであると予測される。課業が比較的単純でルーチンのときは、ゲッコウとサイモンの5人ベイブラス・ネットワーク[*24]の実験での発見（Guetzkow & Simon, 1955）[①]が、プログラムによる行動予測の例証となる。第2章でも登場したメソッド・タイム設定法[*25]で集団の課業を分析すると、集団の平均試行時間を誤差10％以内で予測できたのである。

プログラムが、比較的ルーチンな課業の個人・集団行動をある程度細かく決めるならば、次の質問に答えられる程度に応じて行動を予測できる。(1)何が組織メンバーを動機づけて、自分の行動の決定因としてプログラムを受け入れさせているのか？　動機づけ以外に、どんな過程がプログラム実行に関係しているのか？　この質問は既に前の諸章で検討した。(2)何がプログラムの内容を決めるのか？　プログラムはいかに発明・開発されるのか？　この過程の決定因は何か？　課業要件でどの程度一意に予測できるのか？　(3)組織の目的・下位目的構造にとって、開発・実行されたプログラムの結果は何か？　(4)ルーチン化もプログラム化もない領域では、行動を何で予測するのか？　この質問は、次章で取り上げる。

次は、このうち質問(2)と(3)に目を向ける。

(2) プログラム内容[*26]

手仕事であれ、事務仕事であれ、多くの人間活動がプログラム化できることは、ますます広範囲の課業に普及を続けるオートメーションが証明している。人間を自動工程に置き換えるには、課業をごく詳細に記述し、その各ステップに対応する機能を用意する必要がある。課業をプログラムの要素ステップ[*27]に分解する最も見事な例は、何千ものステップからなるプログラムを実行するコンピュータである。今やコンピュータの能力は、最近まで比較的複雑と思われて

【p.165】

---

*24 原典には図が存在しないが、図がないと理解できないので、掲載した。（出典）Guetzkow & Simon (1955), Figure 2 (p.237)。同様の図は、この後、色々な文献で登場することになり、たとえばWilliamson (1975) の Figure 4 (p.46) では、6人ベイブラス・ネットワークの全チャンネル型と車輪型が図示されている。

*24
5人ベイブラス・ネットワーク

全チャンネル型　　車輪型　　サークル型

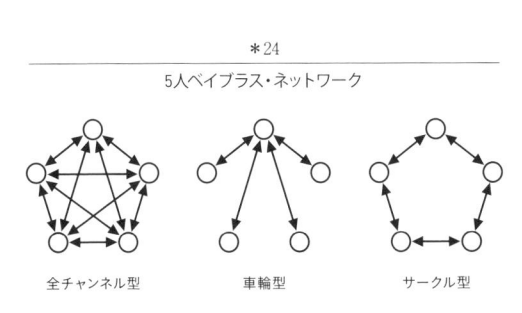

*25 原典（初版p.143、第2版p.164）では"methods-analysis technique"となっているが、Guetzkow and Simon (1955) 初版p.16) でも登場し本書第2章（p.35、初版p.16）でも登場したメソッド・タイム設定法（methods-time

きた多くの課業——かなり高等な問題解決活動を含む——まで扱えるようになっている。たとえば、小型電気モーターや変圧器の自動設計プログラム、ある種の数学的定理の証明発見プログラム、言語翻訳プログラムなどがコンピュータ用に存在する。

ルーチンの仕事でさえも、人間ペースの組立作業におけるアウトプット、方法、ペースの詳細な仕様書である。実はプログラムすべてがこうだというわけではなく、詳細な時間明細を含まないものもある。事実、プログラムは通常、活動のタイミングよりも製品の明細の方をより細かく指定する【A.6.6】。またプログラムは、使用法の詳細よりも内容の方を（たとえば、典型的な機械ペースの作業のように）詳細に指定する。プログラム内容の変化を次の3次元で説明する命題が必要となる。

プログラム内容 (6.4) は一様ではない。その端的な既出例は、人間ペースの組立作業におけるアウトプット、方法、ペースの詳細な仕様書である。

1. ペース・ルールがプログラムに組み込まれている程度
2. 仕事活動がプログラム中に詳述されている程度
3. 製品の設計明細がプログラム中に詳述されている程度

プログラムは組織のシステムでも重要で、その内容は、プログラムが果たす、あるいは少なくとも果たそうとする機能と関係する。その主要機能として次の二つを確認できる。①組織内制御システムの一部としての機能。組織は、標準作業手続を指定し、それに組織的報酬・罰を付けることで、従業員を制御しようとする。②組織内調整システムの重要部分としての機能【A.6.7】(Blau, 1955①)。

プログラムは部門間予測の必要を満たすのに役立つ①の制御機能を果たす限り、観察可能かつ測定可能な変数とつながる必要があ

[p.166]

* measurement)を使っている(pp.237-239)ので、そのように具体的に示した。Guetzkow and Simon (1955) の実験では、カーネギー工科大学の工学の1年生男子学生280人を対象にしている。車輪型（15集団）の平均試行時間0.16分に対して、メソッド・タイム設定法による予測値は0.45分、サークル型（3集団）の平均0.472分に対して、予測値は0.489分だったが、予測値は状況に応じて0.445分か0.437分だった。

*26 原典初版p.144では項として分けられていなかったが、原典第2版p.165では項として独立させられている。

*27 原典（初版p.144；第2版p.165）では"modern computing machines"となっているが、コンピュータの歴史を踏まえ、単に「コンピュータ」と訳している。詳しくは、高橋伸夫（2013）『殻』ミネルヴァ書房。

*28 原典初版p.144では(a)(b)(c)だったが、原典第2版p.166では1、2、3に変わっている。

184

る。つまり、プログラム内容 (6.4) は、**職務活動観察の容易さ** (6.5)、**職務アウトプット観察の容易さ** (6.6)、**活動をアウトプットに関連づける容易さ** (6.7) の関数であるはずだ [6.5, 6.6, 6.7→6.4]。たとえば次の(a)(b)(c)に応じて、プログラムは製品明細より活動明細を含むと予測する。(a)活動パターンを容易に観察、監督できる程度、(b)アウトプットの量・質が容易に観察、監督できない程度、(c)活動パターンとアウトプットの関係が高度に技術的で、科学的・技術的知識に関わることであり、作業者よりも組織内専門家の方が良く知っている程度 (Ridley & Simon, 1938①)。

逆に、次の(a)(b)(c)に応じて、プログラムはアウトプットの質・量の明細を含む。(a)活動パターンの観察、監督が難しい程度、(b)アウトプットの量・質が容易に観察、監督できる程度、(c)活動パターンとアウトプットの関係が常識的で、作業者が訓練を受けた特定職業の技能に関わるような個別状況の事情次第で非常に変わりやすい程度。

プログラムが②の調整手段として役立つには、組織が感じる調整欲求とつながる必要がある。

その結果、プログラム内容 (6.4) は、**活動調整欲求** (6.8) と**アウトプット調整欲求** (6.9) の関数である【6.8, 6.9→6.4】という仮説が立てられる。組織メンバーが自分の活動を特定メンバーの活動に、より完全に同期または調和させる必要があるほど、プログラムは活動パターンや活動ペースをより完全に指定するだろう。しかし、特定メンバーの活動特性に依存するならば、その程度に応じてプログラムはアウトプット特性を指定するだろう。

以上のプログラム内容の命題は、組織目的に合わせてプログラムが合理的に修正されると仮定して導出された。この仮定でプログラムが決まるからには、生産関数の形同様に、プログラム内容は技術的問題となる。前出のベイブラス・ネットワークの実験では、課業遂行の最効率

[*29] 原典初版p.145では、(a)(b)(c)の文の最後はセミコロン;で区切られていたが、原典第2版p.166では、(a)の文の最後だけがコンマ,になっている。

プログラムは、人間の生理学的定数である単純行為の所要時間に基づく方法研究の実習で求めた。実際にも、ある期間で組織が効率的プログラムに達すると仮定すれば、長期的には、技術的分析により効率的プログラムを求めることで行動を予測できる。

しかし、この予測方法に内在する最大化仮定は、行動合理性の仮定に替えよう。この場合、プログラムの予測はより難しくなる。なぜなら、組織が満足な（多分多数の）潜在的プログラムのどれを採用するか、プログラム新造・改良の手続に依存するからである。この手続は次章の主要テーマになる。

(3) プログラム構造[30]

再発性事象を処理するプログラムの構造をさらに例証するために、企業が在庫管理によく使う定石手続を記述しよう。まずはよくあるツービン法[31]、次にそれより手の込んだ在庫管理システムを分析しよう。

在庫管理のツービン法では、各在庫品目の(1)発注量（一回の発注の購入量）、(2)緩衝在庫量（発注時の必要手持量）を使い、そのプログラムは非常に単純である。

1. 「原材料を在庫から出すときは、残量が緩衝在庫量以上あるか気を付け、もしなければ、
2. 指定発注量で購入注文書を書け。」

1を「プログラム想起」ステップ、2を「プログラム実施」[32]ステップと呼ぼう。1は条件分岐とも呼ばれ、プログラム特有のものである——プログラムには自身が想起されるべき状況の

[p.168]

* 30 原典初版p.146では項として分けられていなかったが、原典第2版p.167では項として独立させられている。

* 31 「ビン」とは「瓶」ではなく、英語の"bin"、つまり蓋付きの大箱や（石炭、穀物、パンなどの貯蔵用）置き場のこと。本書の説明は、一般化して書いているので分かりにくいが、もともとのツービン法 (two-bin system) は、簡単で理解しやすい在庫管理手法である。ツービン法では、文字通りその箱をA、B二つ用意し、最初は両方の箱を品物でいっぱいにしておく。まず箱Aから出庫していき、Aの在庫がゼロになったら箱Bの補充発注をして、今度は箱Bから出庫を始める。次にBの在庫がゼロになったら箱Aの補充発注をするわけだが、それまでに箱Aの補充が済んでいて出庫できないことなく、続けて箱Bから出庫でき、箱の大きさをある程度以上にしておけば、以上を交互に繰り返すことで、在庫切れすることなく在庫管理ができることになる。

* 32 正確にいえば、プログラム特有というよりも、1946年に米国で完成された世界最初の汎用デジタル電子計算機ENIACは、コンピュータ内蔵式ではなかったが、この条件分岐機能をもっていた。星野力 (1995)『誰がどうやってコンピュータを創ったのか?』共立出版。ENIACについては、高橋伸夫 (2013)『殻』ミネルヴァ書房が詳しい。

明細が含まれる〔A.6.8〕。今の例では、ある事象が起こる（在庫から原材料を出す）とき必ずすべき観察（緩衝在庫量以上残っているかどうか）の決定は観察結果に基づく。

プログラム想起ステップは、（この例のように）他の活動に付随する観察しか含まないことも、環境の一部を体系的に調べること（たとえば品質検査者の活動）を含むこともある。さらに、ある組織メンバーのプログラム実施ステップは、別のメンバーのプログラム想起ステップになるかもしれない。上の例では、在庫係からの購入注文文書の受領が、購買部門のプログラム想起ステップである。

この非常に単純な例では、プログラム実施ステップは自由裁量も問題解決も要しない。より複雑になると、プログラムは戦略となり、行為はさまざまな状況特性に依存する。たとえば、より手の込んだ在庫管理方式では、購入量は販売予測で決め、プログラムは次のようになる。

「1. 原材料を在庫から出すときは、残量が緩衝在庫量以上あるか気を付け、もしなければ、
2. 販売部門の販売予想から、今後 k ヵ月間の期待販売量を決めよ。
3. その量を『発注量公式』に代入し、求めた発注量で購入注文文書を書け。」

このプログラムは変化する事実（売上予想）には依存するが、少なくとも普通の「自由裁量」の意味では、実行者に自由裁量の余地はない。しかし、もし組織が在庫係に公式販売予想を与えず、発注量も指定しなければ、その限りにおいて、在庫係の活動は自由裁量的といえる。在庫係を観察・面接すれば、在庫係は非常に確定的で不変のプログラムに従っているが、それは記憶されているだけで、公式文書に記録されていないことが分かるだろう。

自由裁量の性質[*33]

組織参加者に許される**自由裁量** (6.10) の量と種類は、彼のプログラムの内容 (6.4) の関数で、特にプログラムが活動（手段）と製品・結果（目的）を指定する程度の関数である【6.4→6.10】。プログラムが手段より目的の指定に向かうほど、プログラム実行者に手段選択の自由裁量がより認められる。前のプログラムと次のプログラムを比較しよう。

「1. 在庫係の任務は、各品目の発注すべき時と量を決め、購買部門に注文を出すことである。在庫費用、欠品費用、大量発注による費用節約に注意して行うこと。」

この最後の文章で、そこに挙げた費用合計の最小化を係に課していると解釈すれば、このプログラムは目的を指定している。しかし手段は指定しないままである。ここから始めて「合理的」プログラムを構築するには、次の手段のステップが必要になる。[*34]

1. 明確に総費用関数を定義する。
2. その関数の係数を推定する。
3. (a)費用関数の係数と(b)販売予想の関数として発注ルールの公式、「戦略」を導出する（すなわちステップ1を最小にする政策を見つける）。
4. ステップ2で推定した係数と販売予想をその公式に代入する。

伝統的な合理的行動理論の枠組みでは、自由裁量の余地を見出すことは難しい。しかし、この理論では現象丸ごとを自由裁量で扱える。

【p.169】

---

*33 原典初版p.147では項として分けられていなかったが、原典第2版p.168では項として独立させられている。

*34 原典初版p.148では、(1)、(2)、(3)(a)(b)(4)として文章の中に埋め込まれていたが、原典第2版p.169では改行して2段式の箇条書きに変わっている。ただし、原典第2版では(b)だけにかかっているとも読めてしまう。ここでは、(a)(b)を改行して箇条書きにすると訳しにくいので、(a)(b)については初版のように文章に埋め込んで訳している。

188

第一に、プログラムが探索活動を伴うとき、実際の代替的行為は発見したもの次第なので、探索後の代替的行為選択は自由裁量的とみなしてもよい。

第二に、プログラムが戦略になっているときは、特定状況への戦略適用には、データの予想他の推定が必要なので、代替的行為選択への戦略適用は自由裁量的とみなしてもよい。

第三に、プログラムはそれを使う個人の記憶の中に存在していることもある――組織外教育（たとえば専門職業教育、徒弟修業）の結果として、あるいは公式教育よりもむしろ経験からの学習の産物として。この状況では、自由裁量的に行動しているとしばしばみなされる。

以上のどの場合でも、実際には、決定過程が高度にルーチン化していてもよくて、「自由裁量的」というのはプログラムの形態や獲得源泉のことである。これは、「自由裁量的」の第四の意味――プログラムは一般目的のみを指定し、その手段となる活動そのものは指定しないままにしておく――とは区別する必要がある。実際、事前指定不可能なほど手段・目的関係の知識は不完全で不正確かもしれない。そのときは、問題解決や学習の過程を通した手段・目的関係の開発・修正を「自由裁量」というのである。このプログラム変更と第二の意味の戦略適用時のデータ変更との間に完全明快に線引きすることは難しいが、前述のように重要な程度の差はある。以上はプログラムの形態、内容、完全さに関する既出命題に包摂されるので、「自由裁量」の二、三の意味を記憶にとどめておけば、自由裁量の量に関する別の命題は必要ない。

[p.170]

プログラム間関係[*35]

単純でも複雑でも、プログラムはある刺激で想起されると起動する。組織のプログラム化活動の全体パターンは、プログラム実施――各々が適切な想起ステップで起動する――の複雑なモザイクである【A-6.9】。

[*35] 原典初版p.149では項として分けられていなかったが、原典第2版p.170では項として独立させられている。

プログラム想起刺激が組織外から来るだけなら、モザイクのピース同士が関係するのは、同時に同じ資源を必要として配分問題が生じたときだけである。にもかかわらず、この配分問題で最適化を厳格に受け取ると、問題解決過程はいつもひどく複雑になる。なぜなら、刺激に反応した全活動の限界収益を等しくする必要があり、プログラムを同時決定する必要があるからである。

刺激に対して、必ずしも最適ではないが満足な反応でよいとき、選択はずっと単純になる。なぜなら、他の刺激を心配しなくてもよい水準に設定していいからである。こんなとき組織は普通、組織内余剰をもつことでプログラム間の相互依存性を低下させる。

資源共有の他に、プログラム間には別のより複合的な関係があるかもしれない。プログラムAは**高次**プログラムで、他のプログラムの改訂、すなわち新造、既存再構築、既存プログラム前提の単純修正を目的とした問題解決活動かもしれない。この場合、①Aに関係する低次プログラムの**内容**はAに依存する。あるいは、②Aの実施ステップの一つがプログラムBの起動刺激となるかもしれない。

在庫の例は、①②両方の可能性を例示する。①に関しては、プログラムAは予想プログラムか費用関数の係数の定期改訂プログラムだろう。②に関しては、在庫係から購買部門にいく注文が、購買部門の購買プログラムの一つを起動する。

プログラムと組織構造[*36]

組織では、組織メンバー間の階層関係とプログラム要素間の階層関係は一般に類似度がかなり高い。すなわち、組織の高位メンバーのプログラムの主要アウトプットは、低位の個人のプログラムの修正・起動である[A-6.10]。

【p.171】

[*36] 原典初版p.150では項として分けられていなかったが、原典第2版p.171では項として独立させられている。

どんな組織も、もっているプログラム・レパートリー全体で、ある範囲の状況を目的指向的に処理することができる。新しい状況が起きたときも、まったく新しいプログラムを一から構築しようとはめったに考えない。たいていは、既存の低次プログラムを組み換えて適応する【A.6.1】。標準化は、比較的少数の要素プログラムの組合せ・組換えで、処理可能状況の範囲をできるだけ広げることが重要目的である。

高位メンバーの行為を、一からの新プログラム構築よりプログラム組換えに限定することは、認知的見地からきわめて重要である。「現実の」状況はほぼ常に複雑過ぎて詳細に扱えないという命題に基づいて、本書では合理的行動を扱う。監督者・経営者階層の上に行くほど、個人権限同士が相互に関係する範囲は、ますます大きく、ますます複雑になる問題は、より総体・統計的な形で扱われてのみ、個人の有限の力でも釣り合いが取れる。このますます複雑そのための方法の一つが、考慮する代替案をプログラム・レパートリーの組換えに限定することなのである（Simon, 1953b①）。

再び在庫の例でこのことを例証すれば、最高経営層は品目別の在庫分布を制御せずに総在庫額だけを決めるものなのだ。具体的な在庫管理プログラムは組織の低層にある。

[p.172]

6・3　知覚と一体化

管理組織の内であれ外であれ、人間の行動は合理的だとしても、それは状況の「所与」の特性集合から見て相対的に合理的であるにすぎない。知識の完全性は色々だが、合理性には、①未来事象の知識・仮定・確率分布、②利用可能な行為の代替案の知識、③代替案の結果の知識、④結果や代替案に選好順位をつけるルールや原理、が含まれる。

この四つの所与のものが、合理的行為者の行動を予測するには、この四つの所与のものの明細が必要である。これは、単に「本当の」状況、より正確には外部観察者に見えている状況の明細ではない。

行為者が状況の定義に至る道筋のステップは、感情・認知過程に織りなす特殊なものである。何を欲し好むかが、何を見るかに影響し、何を見るかが何を欲し好むかに影響する。

前の3章では主に動機的・感情的要因を問題解決過程で扱ってきた。個人目的と組織目的の関係、目的が準拠集団から獲得される仕方、集団目的に従う動機的基礎、を考察してきた。それに対して認知は、目的達成に関連して、望ましい目的への到達手段を決める際に状況定義に入り込む。認知は目的形成過程にも入り込む。なぜなら、選択基準に使う目的は、「最終的」「究極的」価値のことはめったにない代わりに、知覚された手段・目的関係を反映するので、この関係の確信が変わると修正されるからである。目的は動機づけと認知をつなぐ主要な架け橋なので、状況定義の認知的要素の考察は下位目的形成の話から始めよう。

下位目的形成の認知的側面[*37]

個人が一度に注意できることは数限られている。行為者の状況定義が客観的状況とは大きく異なる根本理由は、後者が複雑すぎて、すべてを詳細には扱えないからである。合理的行動は、複雑な現実を問題解決過程で扱えるほど十分に単純な現実のモデルに置き換えることを必要とする。

全体としては複雑な問題の別々の側面を異なる個人・集団が扱う組織では、問題単純化の基本手法は、問題を多数のほぼ独立な部分に因数分解し、各組織単位はそのうち一つの部分を扱い、他の部分を状況定義から省くことである[A-6.12]。この手法は個人や小集団行動でも顕著

[p.173]

*37 原典初版p.151では項として分けられていなかったが、原典第2版p.173では項として独立させられている。
*38 原典初版p.151ではハイフンが入っていたが、原典第2版p.173ではハイフンは削除され、"be handled", と"be handled"になっている。

192

にみられる。大きく複雑な課業は小さな課業の連鎖に分解され、それを足し合わせ結合すると大きな課業が成就する。大きな課業の因数分解は、個人より組織の方がより精巧にできるが、その根本理由は同じで、任意の一時点の状況定義は、一人の知力に収まるほどに十分に単純でなければならないからである。

問題を因数分解する主な方法は手段・目的分析である。これで特定した手段は、個々の組織単位に割り当てる下位目的になる【A-6.13】。この種の管轄権割当は、しばしば「目的別組織」「目的別部門化」と呼ばれる。

特にこの下位目的形成過程の動機づけ側面はかなり単純である。個人・集団に正統的（公式、非公式）割当課業の受容を動機づけるものであれば、何でも下位目的の動機づけとなる。なぜなら課業割当後の状況定義は、暗黙であれ明示的であれ下位目的を含むからである。

下位目的に照らして課業を組織単位に割り当てたとき、組織単位の決定では、他の下位目的や組織全体目的の他側面を無視する傾向がある。意思決定のこの偏りは、一部は**注意の焦点** (6.11) の移動に帰することで単純化する。下位単位で用いる状況定義は、ある基準を省き、それ以外に特に注意することで単純化する。特に、注意の焦点 (6.11) は**下位目的分化** (6.12) と**下位目的持続性** (6.13) の関数だろう【6.12, 6.13→6.11《図6・1》】。

組織単位メンバーが下位目的にのみ照らして行為を評価する傾向——下位目的が組織全体目的と矛盾するときでさえ——は、①意思決定者個人内、②組織単位内、③組織単位環境にある、少なくとも三つの認知メカニズムで強化される。

① 個人内では、選択的知覚と合理化を通した強化がある。すなわち、下位目的の持続性は注意の焦点 (6.11) で促進され【6.11→6.13《図6・1》】、同時に注意の焦点が生じるのを助ける【6.13→6.11《図6・1》】。個人が自身の準拠枠に合ったものを見ようとする性向は、個人心理学で

[p.174]

* 39 原典初版p.152では "tasks" と複数形だったが、原典第2版p.173では "task" と単数形に変わっている。
* 40 原典（初版p.152、原典第2版p.174）では "the persistence of subgoals is furthered by the focus of attention [6.13: 6.11]" となっているが、"the persistence of subgoals is furthered by the focus of attention [6.11: 6.13]" [6.11: 6.13]" としないと、因果関係の方向が合わないし、図6・1のように、双方向にならない。

は立証されている。準拠枠と一致しない知覚は、意識に至る前に濾過して取り除かれるか、矛盾を取り除くように再解釈されたりする。知覚が準拠枠の正当化に役立つのとちょうど同じくらい準拠枠は知覚の正当化に役立つ。

② 組織単位内では、**内集団伝達内容**(6.14)による強化があり、伝達が**情報の焦点**(6.15)に影響し【6.14→6.15《図6・1》】、それで下位目的持続性(6.13)が増大する【6.15→6.13《図6・1》】。われわれの膨大な事実知識は、直接知覚によるものではなく、間接的に何人かの社会的伝達経路を通じて他人の知覚が伝達、報告されたものである。この1人以上の伝達者による濾過済みの知覚は、彼らがたいていわれわれ自身の知覚を濾過したものと一致し、これを強化する。組織では主に2種類の内集団——特定組織単位メンバーの内集団、同じ専門職メンバーの内集団——が濾過に重要で【A-6.14】、**組織的一体化、専門的一体化**に分類してもいい。もちろん他にもあるが、経験的にはこの二つが最重要に思える。

③ 最後に、環境刺激への選択的曝露による強化がある【6.16→6.15《図6・1》】。この情報(6.15)分化は下位目的分化(6.16)の原因となる【6.15→6.12《図6・1》】[*41]。このように、知覚者準拠枠による濾過前ですら環境知覚は偏っていて、顧客環境で生きる販売員と銀行家環境で生きる資金担当者は、世界のまったく別の部分を見ている(Dearborn & Simon, 1958①)。

強化の源泉の③と①②の間には重大な差異がある。①選択的知覚と合理化を通した強化と②内集団伝達を通した強化を使えば、いったん個人・集団で確立した特定の状況定義が、どのように安定的かつ強く自己持続するかを説明できる。しかし、このメカニズムでは、特定の環境の中でどんな特定の状況定義が確立されるかは説明できない。つまり行動の持続は説明しても、行動の起源は説明しない。組織の特定部位でどんな特定下位目的が見出されそうかを予測する

【p.175】

*41 この二つの命題【6.16→6.15】には変数(6.16)「情報の焦点」(6.15)が登場するが、原典(初版p.153、第2版p.174)では「情報」しか出てこない。しかし「情報の焦点」と直すと違和感があるので、そのまま「情報」にしておく。

194

には、(a) 組織目的分析による下位目的の割り当てシステムと、(b) その割り当て際に各組織単位が触れる刺激の種類を出発点にしなければならない。③には、各組織単位の特定下位目的に関連した行為の結果が選択的に組織単位にフィードバックされることも含まれる必要がある。

この下位目的の形成・知覚メカニズムを通して、提示代替案の結果に対する選択的注意と、他への選択的不注意が生じる。この効果の大きさは、組織参加者個人の「能力」の大きさに一部依存する。**注意の範囲** (6.17) が小さいほど、注意の焦点 (6.11) は狭くなり、上述の濾過メカニズムはより決定的になる【6.17→6.11 《図6·1》】。注意の範囲 (6.17) を決める特に重要な変数は、もちろん **時間圧力** (6.18) である【6.18→6.17 《図6·1》】。一般に、時間が最も不足するところで選択的知覚が最も鋭くなるだろう。以上の変数間の関係は図6·1で示される。

状況定義の他の認知的側面
[*42][*43]

前節のすべての命題は、必要な変更を加えれば、状況定義の目的・価値以外の要素にも当てはまる。状況定義は、客観的状況を単純化・選別した偏ったモデルであり、この濾過は、決定過程に入る「所与のもの」、すなわち①将来事象に関する知識・仮定、②行為に利用可能な代替案集合の知識、③代替案の結果の知識、④目的・価値、のすべてに影響する (Levin, 1956 ; Gore, 1956①)。

① 将来・現在事象に関する知識・仮定である「条件付き事実」「不確実性吸収」だけを考えてみよう。3年後にABC社の売上がどうなるかは事実の問題である。しかし、この事実問題は組織の条件の問題になるかもしれない。たとえば、3年後の売上高に関連するすべての組織内行為は「公式」売上予測に基づくといったように。不確実な将来・現在の事実を扱う組織的

[*42] 「時間圧力」(time pressure) は第5章でも変数 (5.9) として登場しているし (原典第2版 p.136)、第7章でも変数 (7.15) として登場する (同 p.206)。

[*43] 原典初版 p.154 では項として分けられていなかったが、原典第2版 p.175 では項として独立させられている。

図6.1 | 下位目的への選択的注意に影響する要因 *44

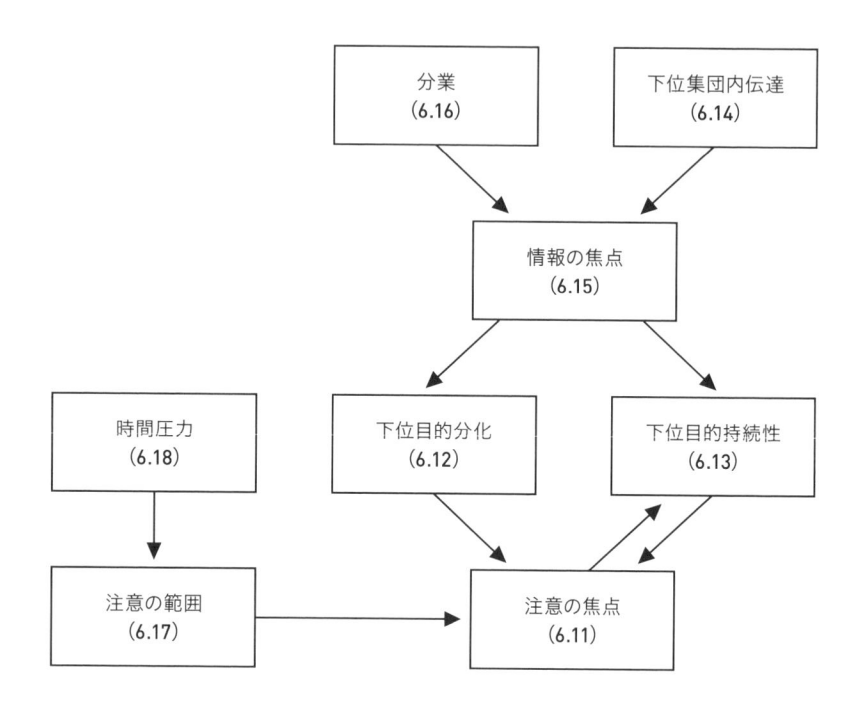

```
        分業              下位集団内伝達
       (6.16)               (6.14)
          \                  /
           \                /
            ↓              ↓
              情報の焦点
               (6.15)
              /       \
             ↓         ↓
  時間圧力  下位目的分化   下位目的持続性
  (6.18)    (6.12)         (6.13)
    ↓          \          ↗ ↑
              ↘ ↓        /  |
  注意の範囲  →  注意の焦点
   (6.17)        (6.11)
```

*44 変数（6.13）の箱から変数（6.11）の箱への矢印は、命題【6.12, 6.13→6.11】と命題【6.13→6.11】の二つの命題の矢印が重なっている。変数（6.14）「下位集団内伝達（communication within subgroups）」は、本文中では「内集団伝達内容（content of in-group communication）」だった。変数（6.16）「分業（division of labor）」は本文中では組織内分業（division of labor in the organization）」だった。

196

手法は、この章の後の節で議論する。

関連した現象に、組織内伝達用の生情報要約がある。気象台員は、温度、湿度、気圧を観測するが、結果だけを天気予報の形で伝達する。組織内伝達でも、証拠はそれから導出された結論に置き換えられ、この結論が「事実」となって、組織の他での行為の基礎になる【A-6.15】。要約の特殊形の一つが分類されたとき、それはその種の全属性をもつものとみなしうる。重点主義は、公式分類する仕掛けの重要な例である。

② 同様に、個人・組織は、色々な状況に合った行為のプログラムのレパートリーを開発する。しばしばこれは分類体系と結合していて、状況が特定の種に分類されると、適切なプログラムをレパートリーから選んで適用できる。このようなプログラムのレパートリーとその使用に必要な習慣・技能の習得が、専門・職業訓練の大半をなすと思われる。

③ 結果の知識は下位目的の選択的注意と密に関連するので、ここで付け足すものはない。

④ 状況定義が含む目的は、代替的行為と目的達成を結びつける（妥当なまたは錯覚の）手段があるときだけ、つまり特定の代替的行為を選ぶとその目的を実現するかどうか、どの程度実現するか、なんとか定められるときだけ、選択に影響する。特定の目的・基準と可能な代替的行為との関係をテストする手段が知覚されているとき、その基準は**操作的**と呼ばれ、さもなければ非操作的と呼ばれる。この区別は、組織の報酬制度の効果を論じた際に既に行ったことによっては、行為の事前に手段・目的関係を評価できる場合と、事後にしか評価できない場合にさらに分ける必要もあるだろう。前者の操作的目的は**事前操作的**と呼ばれ、後者は**事後操作的**と呼ばれる。

「一般的厚生の促進」という目的は、しばしば政府の政策決定の状況定義の一部になっている。この目的は、政策代替案を比較する（事前ないし事後の）尺度がなく、ただ下位目的を介して

[p.177]

---

*45 原典第2版p.176では"In organizational communication,"と原典初版p.135にはなかったコンマ","がついている。

特定行為に関連づけできるだけなので、非操作的目的である。この下位目的——より広い「一般的厚生」目的との結びつきは仮定であって検証不能——が、実際の選択状況では操作的目的になる（厳密にいえば、目的の操作的／非操作的は二分法ではなく、「操作性」は程度問題なのだが、連続体の両極を引き合いに出すのがしばしば便利なのである）。

決定基準として、一般目的をより下位目的に置き換えるのは、下位目的は操作的で一般目的は非操作的と知覚するからである【A.6.16】。たとえば、企業は特定の行為が市場シェアにどう影響するか、ある程度理解しているが、長期利益にどう影響するかの理解はより不確実になる。

それなら、市場シェア維持という下位目的が、操作的目的として行為の有効基準となるかもしれない。

組織内行動は意図的に合理的だという一般化と結びつき、操作的／非操作的目的の区別は、それに対応した二つの質的に異なる意思決定過程の考察につながる。多くの人が意思決定過程に参加し、①操作的目的を②共有するとき、代替的行為に関する意見の相違は、主に分析的過程——代替的行為の期待結果を共有目的実現の点から分析——で解消される。前提条件①②のどちらかが欠けているときは（目的を共有していないとき、もしくは共有目的が操作的でなく、操作的下位目的も共有していないとき）、主に交渉過程で決定に至るだろう。もちろんこれは第5章で行った区別と、以前示唆した次の命題を導く。合理的で分析的な過程は、それが実行可能な程度により、交渉過程よりも優先される。実行可能の条件は、①操作的目的の②共有である。まだ十分検証されていないとはいえ、この命題は大いに検証可能である。意思決定過程参加者の目的の構造は、彼らの相互作用の観察、面接、世論調査手法で明らかにできる。手段・目的関係やその可能な検証方法についての参加者の理解も同様に確認できる。交渉量を検出するような方法で、実際の相互作用をデータ化することは難しくない。

[p.178]

198

操作的／非操作的目的の区別は、一元的／連邦的組織単位の区別の基礎となってきた (Simon, Smithburg, & Thompson, 1950①, pp.268-272)。この区別は次章で議論する。

操作的／非操作的目的の区別は、財政の歳出理論ほどには発達しなかったのかを説明してくれる。財政の歳出理論への経済学的接近では、ある種の「効用」関数・「厚生」関数を仮定し、各方面で限界歳出への限界貢献が等しくなるのが、合理的な歳出パターンである。この種の命題には財政学の歳出と厚生の限界貢献の文献でよく遭遇するが、そこから発展することはまれである。なぜなら、厚生最大化という目的を操作化する基準がないので（政府サービスという下位目的の間で操作的共通分母がないので）、一般命題が行動の記述にも処方箋にもつながらないからである (Simon, 1943①)。

組織論の文献では、下位目的の一体化は、一般に動機づけに帰される。ゆえに組織単位間対立の分析では、葛藤・対立の感情的側面が強調されてきた。しかしこの節では、下位目的一体化の生成・強化に、認知過程がきわめて重要とみてきた。決定・行為を行うために、下位目的がより広い目的の代わりに全体過程の一部となることで、複雑な現実をその単純モデルに置き換えることもある (Blau, 1955②)。

下位目的一体化が、動機的に生じるか、認知的に生じるか——下位目的への愛着の内面化か、他の目的への認知的連関からくる間接的なものなのか——でどんな違いがあるだろうか？短期的には、ほとんど、あるいはまったく違いはないかもしれない。実際、短期的行動からこの二つのメカニズムを区別する証拠を見出すことは難しい。しかし一体化の変化過程では、大きな違いを生むだろう。他の目的への**認知的連関への一体化依存** (6.19) が大であるほど、**目的的重点変更における注意指向刺激の有効性** (6.20) がより大になる [6.19→6.20]。同じ理由で、認知的連関に一体化が依存するならば、行為代替案と目的の間の手段・目的関係の新評価手法の

[p.179]

[*46] 原典（初版p.157；第2版p.179）では、この変数 (6.19) "the dependence of the identification on cognitive links," の最初の "the" はイタリックになっている。

発明は、交渉過程を合理的分析過程に変換するだろう。これらの仮説は、経験的に検証可能である。

6・4 分業

課業が高度にプログラム化されている限り、分業は個人間・組織単位間の効率的な活動割当問題で、これは第2章で既に議論した割当問題の一種である。しかし、古典的理論で看過されがちな区別を二つする必要がある。第一は、従業員個人間の専門化問題と組織単位間の専門化問題の区別である。両者が同じ解答をもち、同じ一般原則を適用すると仮定する理由はない。第二は、比較的プログラム化された課業と比較的プログラム化されていない課業とでは、その遂行に最も効果的な分業が同じであるとは限らない。ここでは主にプログラム化課業について議論し、非プログラム化課業は、次章のテーマに残す。

個人専門化の経済性は、主にプログラムの反復使用機会から生じる【4.6.1】。人の特定プログラム実行能力を発達させるには、訓練投資が必要になる。コンピュータの場合、この投資のかなりの部分は、実際にプログラミング費用から成る。このすべての場合で、他の事情が等しければ、プログラム実行の単位当り投資コストを最小化するような仕事割当で経済性が得られる。

機械組込プログラムや人間が習得したプログラムは、通常、さまざまな課業遂行に使える技能や処理能力のような一般化された手段の形をとる。たとえばタイプ技能は、任意の手稿をタイプ原稿に変換する技能で、複数の広範なプログラムとして現れる。同様に、ボール盤は穴あけ能力の束で、そのプログラムは、製品製造で穴あけが必要になるたびに呼び

【p.180】

*47 原典（初版p.159, 第2版p.180）では"computing machine", すなわち「計算機」になっているが、初版、第2版ともに索引では"computer"で分類されているので、ここでも「コンピュータ」と訳している。

200

出せる。

このいくぶん明白なことが、高度プログラム化活動専門化の基礎にある。多数の課業を遂行し、各課業が一製品製造に対応する組織を考えてみよう。製造過程を下位プログラムに分解し、仕事を整理して下位プログラム化できる共通する下位プログラムがあれば、その実行に専門手段（機械と訓練された従業員）があると経済的だと気づく。しかし、この専門手段は各製品の製造者が必要とするので、そうすると（かなり相互依存的になり、調整が必要になる。下位プログラムによる専門化(6.21)（過程別専門化）が大であるほど相互依存性(6.22)はより大になる【6.21→6.22】。

相互依存性は、そのパターンが安定的かつ固定的ならば、それ自体問題にならない。その場合、各下位プログラムは、相互作用する他の下位プログラムすべてを考慮して設計可能だからである。問題になるのは、事前に完全には予測不能な事態にプログラム実行が依存するときだけである。この場合、行為の基礎になる予測を一致させ、各下位プログラム単位に他の関連活動情報を提供する調整活動が必要になる。ゆえに、状況が反復的(6.3)で予測可能にであればあるほど、**相互依存許容度**(6.23)は大となる命題【6.3→6.23】に達する。逆に、変わりやすく不測の要素が大であるほど、過程別に専門化した活動の調整負担は大となる (Macmahon, Miller, & Ogden, 1941①)。[48]

かくして、過程別専門化は、安定的環境で最も進み、急速に変化する環境下では個々のプログラムの独立性確保の犠牲となる【A.6.18】と予測する。第二の予測として、高度に過程別専門化できるよう、組織は環境の安定性・予測可能性の増大手段を工夫するだろう【A.6.19】。

そうした重要な工夫が三つある。どれもがより一般的な標準化事例とみなせ、この世に潜在的・実際的に無数に存在するものを適度な数のよく定義されたものに縮約する。**状況標準化**(6.24)が大であるほど、下位単位の相互依存許容度(6.23)はより大となる【6.24→6.23】。

[p.181]

---

[48] 原典参考文献リスト（初版p.235; 第2版p.260)、原典本文（初版p.159; 第2版p.181)ではMacMahonになっていたが、MacMahonの間違い。

第一に、主要製造業では、天然原料から完成品を作るが、そのほぼすべての過程の最初のステップは精製である。製鉄所では、鉄鉱石、コークス、融剤を混ぜ合わせ、比較的均質で標準的な素材である銑鉄に還元する。天然繊維産業では、繊維をすいて紡いで、サイズ・強度・弾力性の均一な糸に加工する。これはどれも、非常にむらのある天然原料をはるかに均質な半製品に変えることで、後工程の複雑性と原材料の不確実性を減らしている【A-6.20】。均質化に成功した後、後工程で再び高度に多様な製品をつくることはできる。たとえば、最初の例では合金、二番目の例では染色織物を作ることができる。しかし、この後工程のプログラム化は、性質既知の単純・均質な材料から加工を始めなければ、しばしば困難で高くつくことになる。

専門化で生じる相互依存性を処理する第二の重要な工夫は、互換性部品の使用である【A-6.21】。二つの部品の適合性がサイズの上限・下限設定で保証されると、その部品を製造する単位間の相互依存性は減少し、調整負荷が一部解消する。

第三は、緩衝在庫をもつことで、連続する工程間のタイミング調整の必要を減らすことである【A-6.22】。ある製品の製造で工程Bの前が工程Aならば、工程Aの中間製品在庫で、工程Bに対する工程Aの速度変化の影響をかなり除去できる。

こんなに工夫をしても、概して調整の必要は消えない。高度な過程別専門化の下で、一番よくある下位プログラム間調整の工夫は、予定表作りである。予定表は単にどの仕事をいつするか決めた事前計画で、詳しさや正確さも色々である。組織で使う**調整類型**（6.23）は、状況標準化（6.24）の関数である【6.24→6.25】。予定表に不測の事態が生じると、その調整には、計画・予測前の予定表からの逸脱を知らせ、それに順応して活動を変えるよう指示する伝達が必要になる。状況が確定前の予定表に基づく調整を①**計画による調整**、新情報伝達を伴う調整を②**フィードバックによる調整**と呼ぶことにしよう。状況がより安定的で予測可能ならば①計画による調整、状況

[p.182]

202

がより不安定で予測不能ならば②フィードバックによる調整に、より依存することになる。調整がプログラム化され、状況が十分に制限された範囲内にある限り、調整メカニズムと公式組織階層の間に特に密接な関係はないだろう。すなわち、調整に必要な予定表情報・フィードバック情報は、通常、階層経路では伝達されない。すなわち、階層はプログラム制定・正統化には重要かもしれないが、高度プログラム化活動の実行に伴う伝達は一般に「命令系統」をたどらない傾向がある【A-6.24】。

【A-6.23】(Bakke, 1950 ①)。

加えて、特定の組織から見ると、専門化と下位プログラム構造は、技術的であると同時に社会学的である。従業員が持ち込む徒弟修業や学校で受けた訓練に、組織はかなり依存している。それゆえ、組織より広い社会環境の職業・専門職業構造で、個人の職務専門化の境界が決まる

6・5 伝達

前述の分析をもとに、伝達が必要な場合を次のように分類できる。

1. プログラム化されていない活動のための伝達。これは包括的カテゴリーなので、後でさらに分析する必要がある。
2. プログラムを創始・制定する伝達。プログラムの日々の調節や「調整」を含む。
3. 戦略適用のための伝達。
4. プログラムを想起する伝達（すなわち、プログラム実施に必要な）データを与える伝達。
5. 活動結果についての情報の伝達。

[p.183]

伝達内容は、カテゴリー1、2が手続的、3、4、5が実体的と区別され、これは本書ではおなじみの区別である。

カテゴリー3、4、5の間の区別は、製造企業の現業部門が使用する会計データの研究から得られた経験的な証拠によっている。会計情報は、さまざまな経営者レベルで、次の3種の異なる問いに答えるために使われていることが分かった。(a) 問題解決：どのような問題を調べるか？ これはカテゴリー3に対応する。(b) 注意の方向づけ：どの代替的行為が良いか？ これはカテゴリー4に対応する。(c) 採点表：うまくやっているか？ これはカテゴリー5に対応する。一部の会計情報は、あまりプログラム化されていない活動に関しても使われていた (Simon, Goetzkow, Kozmetsky, & Tyndall, 1954) ①。この点は以下で考察しよう。

伝達と調整 [*50]

組織が、複雑で高度に相互依存的な活動パターンを維持する能力は、調整用伝達の処理能力で一部制約される。組織内**伝達効率** (6.26) が大であるほど、相互依存許容度 (6.23) も大となる [6.26→6.23]。これには量的かつ質的な問題がある。

既に触れたように、ある条件下では、フィードバックによる調整に代えて計画による調整を代用することで、日々必要な伝達量を減らすことができる。反復的活動の遂行では、この代用のおかげで、組織はその構成要素間の非常に複雑な相互関係を許容できる。プログラムがあれば、それに構成要素調整を組み込んでいるので、それ相応に伝達を続ける必要性は減る。特定の各状況が生起したときは、主として標準作業手続を適用する。

相互依存性への組織の許容度を増すには、比較的少数の記号で大量情報伝達を可能にし、伝達効率を増す別の方法もある。分かりやすい例は、非常に詳細に共通計画を記した青写真であ

[p.184]

----

*49 原典文献リスト (初版p.243、第2版p.269) からはGuetzkow, H.の名前が抜けている。原典本文では初版p.129と p.162で(Simon, **Guetzkow**, Kozmetsky, and Tyndall, 1954) とGuetzkowの名前が入っていたが、初版p.129に対応する第2版p.148では、文献リストに合わせてGuetzkowの名前が削除されてしまった。初版p.162に対応する第2版p.183ではそのまま放置。

*50 原典初版p.183では項として分けられていなかったが、原典第2版p.183では項として独立させられた。

*51 原典初版p.162ではday to dayだったが、第2版p.183ではday-to-dayとハイフンが入った。

る。青写真は、注意深く定義され高度に発達した「言語」すなわち記号・語の取決めを使う。この標準化された言語のおかげで、大量の情報が伝えられる。この言語標準化と同じことは、会計制度や数値データを用いる他の報告制度にもみられる。

会計の定義と青写真の取決めは、さらにより一般的な現象——その記号が組織メンバーに明確に共通の意味をもつ——である技術用語の例である。これらの技術用語は、状況と事象の分類範疇として傑出している。

フィードバックによる調整が許される状況で、明瞭な技術用語の果たす役割は、ベイブラス・ネットワークで「ノイズのあるおはじき」を使ったクリスティ＝ルース＝メイシー実験 (Macy, Christie, & Luce, 1953①) で示される。実験の参加者は、色付きおはじきを与えられ、それが何色かを答えさせられる。統制群は「赤」一色、「黄」一色といったおはじきを与えられる。実験群は、共通語の色名が単純に該当しない色の混じったおはじきを与えられる。両群の成績を比較すると、実験群では、(a)適切な技術的語彙の欠如に妨げられ、(b)適切な語彙を発明して集団全体で受け入れられたときだけ、統制群と同等の成績になる。

分類表は、伝達のプログラム想起局面で特に重要である。ある種の組織反応を呼び出す事象が発生したとき、「これはどんな種類の事象か？」のような形の問いがなされる。組織は利用可能な実プログラムのレパートリーをもち、事象がいったん分類されれば、苦もなく適切なプログラムを実施できる。この過程をより具体的に2例で説明できる。

自動車の計器盤上のオイル・ゲージは、プログラム想起で分類を使う例である。たいていの運転者にとって油量は「適量」か「低い」かで、「適量」は何もしないが、「低い」と補修プログラム (たとえば自動車を修理工場にもっていく) が起動する。ある自動車メーカーは、伝統的な計器に代えて赤ランプをつけ、あるべき範囲に油量がないと点灯するようにした。これもま

---

*52 実験において、被験者集団を等質とと考えられる2群に分け、一方の群に対しての み処理を施し、もう一方の群には処理を施さないで、両者の反応を比較するとき、前者を実験群 (experimental group)、後者を統制群 (control group) と呼ぶ「心理学辞典 (有斐閣)」。

*53 原典 (初版p.163、第2版p.184) では、"oil pressure"となっているが、通常、自動車のオイル・ゲージはエンジンに付いていて、オイルの付着状態でエンジン・オイルの量を見るもの。この後の文章にも登場するが、自動車によっては、エンジン・オイルが減ると、計器盤 (ダッシュボード) のオイルランプがついて警告する。いずれにせよ、油圧ではなく油量を見るものなので、ここでは「油量」と訳している。

た、最適基準の代わりに満足基準を用いると、いかに伝達が簡単になるかの例である。同様に、検査活動はよく二分法的決定を伴う。この場合、通常はプログラムを想起するかしないか（行為か無為か）の選択ではなく、次のプログラム（廃棄または再加工）プログラムが想起される。

ここで、組織設計が規範的問題か適応的問題かもまたバランスの問題である。もし組織がもつ現実モデルが麻痺するほど複雑ではいけないならば、組織の反応も徹底的に単純化しなくてはならない。そのような単純化の一つは、(a)標準的反応のレパートリー、(b)プログラム想起の状況分類、(c)各状況分類に対し適切な反応を決めるルールの集合をもつことである。ここで経済性と効率のバランスは、すべての標準化におけるそれとまったく同じである。以上の組織に関する記述は、まさに個人の弁別学習に相当することに注意してほしい。個人の場合でも組織のように、認知コードで使うカテゴリーと操作的決定ルールの間には密接な関係がある（Whorf, 1956）。[*54]

われわれの文化では、具体的対象の描写・伝達のために言語がよく発達している。青写真はこの目的のための重要な技術的手段として既に触れた。たとえ無形でも、分類・名付け可能なものの伝達には、言語は非常に有効である。たとえば、プログラムの標準的レパートリーがあ

[*54] ウォーフは、ネイティブ・アメリカンのホービ族の言語との対比を通じて、西欧の言語を相対化して見せた。たとえば、ホービ族では、話題となる出来事が現在起きていることでも、過去に起こったことでも、事実として確認されている限りは、同じ語形で済ませ、英語のような現在形と過去形という時制の使い分けをしない。ここでなぜウォーフが引用されているのかは、よく分からない。

206

れば、それを引用するのは容易である。

他方、無形かつ標準化されていない対象の伝達はきわめて難しい。それで、組織課業のあまり構造化されていない側面、特にまだよく定義されていない問題の説明で、伝達システムに最も負荷がかかる。次章では、この伝達難度の違いが、非プログラム化活動の組織に重大な意味があることをみる。

利用可能な伝達手段が伝達ニーズに比べて未発達ならば、調整システムもそうなるだろう。伝達効率 (6.26) が大であるほど、組織単位の自己充足性 (6.22) は小となり、また伝達による調整への依存性が大となる非効率でも、調整圧力がフィードバック調整を強いる事実があるので、この関係は時にあいまいになるだろう。また、効率的伝達コード発達 (6.26) の見込みは、相互依存性／自己充足性 (6.22) で増加／減少することにも注意がいる【6.22→6.26】[*56]。

不確実性の吸収[*57]

伝達における分類表の使用は、さらなる結果を伴い、その一部は知覚と一体化についての前の議論に返る。組織における技術的語彙と分類表は、組織の問題を分析・議論する際に使う概念一式を提供する。この概念に照らして容易に描写・議論できるものならなんでも、すぐに組織内で伝達できるが、概念体系に合わないものは、伝達に困難を伴う。だから、組織メンバーは、組織の語彙に反映された特定の概念に照らして世界を知覚しがちである。組織メンバーにとって、単なる取決めではなく世界の属性となる (Blau, 1955③)。

組織の概念体系の具象化は、**不確実性吸収** (6.27) において特に注目される。不確実性の吸収

【p.186】

[*55] 原典（初版p.164, 第2版p.186）では、この命題は [6.12; 6.26] となっているが、変数 (6.12)「下位目的の分化」に相当するものが見当たらない。しかし「組織単位の自足性」(6.22) の逆なので、(6.12) は (6.22) に修正した。

[*56] 原典（初版p.164, 第2版p.186）では、この命題は [6.26; 6.21] となっているが、変数 (6.21)「下位プログラムによる専門化」に相当するものが見当たらない。しかし「相互依存性」(6.22) とその逆の「自足性」(6.22) は登場するので、(6.21) は (6.22) に修正した。

[*57] 原典初版p.164では項として分けられていなかったが、原典第2版p.186では項として独立させられている。

は、一群の証拠・推論から推論を引き出し、その推論を証拠それ自体の代わりに伝達するときに生ずる。質問票データを印刷された統計表に変換する連続的編集ステップは、不確実性吸収の単純な例になる。

不確実性吸収過程を通じ、伝達の受け手は、その正しさの判断能力をひどく制限される。明白な妥当性、内的一貫性、他の伝達との一貫性、さまざまなテストがあるが、大体において、受け手はそれまでの編集過程に信頼を置かねばならないし、また伝達を受け入れられるなら、そのまま受け入れなければならない。解釈可能な場合でも、解釈は証拠の直接的吟味ではなく、情報源への信頼とその偏りに関する知識に主に基づかねばならない。

専門化のせいで、たいていの情報はごく特定の箇所から組織に入る。たとえば、生産工程の直接知覚は、主に生産現場で特定の作業をする従業員に限られる。顧客態度の直接知覚は、主に販売員に限られる。人事考課の直接証拠は、主に直属上司、同僚、部下に限られる。どの場合でも、自分の直接知覚を要約・評価し、組織の残りのメンバーに伝える人は、組織的行為の前提の重要情報源になる。伝達「事実」を信じなくてもいいが、めったにしか確認しない。ゆえに、まさしく伝達システムの性質と限界により、組織が関わる「現実」の一部に直接接触する人が、大きな自由裁量と影響力を行使する。

不確実性吸収の量 (6.27) と**場所** (6.28) **の両方が組織の影響構造** (6.29) **に作用する** (6.27, 6.28→6.29)。

この理由から、意識的・無意識的に、不確実性吸収は権力の獲得・行使手法として頻繁に用いられる。事実主張の直接的否認をよしとしない文化では、事実主張、特に他人の直接知覚と矛盾しない事実主張をすれば、それは意思決定前提として受容されがちである。

不確実性吸収に影響する多少「明白な」変数はいくつか挙げられる。知覚データが複雑なほど、組織言語が不適切なほど、不確実性吸収は情報源のより近くで行われ、かつ各伝達段階で

【p.187】

の要約量が大となる。吸収場所は、次の変数の関数となる傾向がある。(a)要約情報に対する生情報の受信者側欲求（適切なプログラムを選ぶのに使うデータの種類に依存）、(b)送信者側偏りに対する補正欲求、(c)生データ解釈・要約技能の分布、(d)解釈のための複数情報源からのデータの比較欲求。

不確実性吸収方法は、組織単位間調整に重大な結果を招く。たとえば企業組織では、期待売上高は組織の多部署の決定——購買決定、生産決定、投資決定、他多数——に関連する。しかし、もし各組織単位が勝手に売上高予測をしていないなら、予測幅は大きくなり、結果的に部門決定間に、たとえば生産部門で加工予定のない原材料を購買部門が買うといった矛盾が生じる。この場合、**公式予測**をし、それを組織中で行為の基礎として使うことが大切になる。

組織の全部署が同じ前提を基礎に行為することが大切から、かつ人によって生の証拠から異なる結論が出てくるならば、公式の不確実性吸収点を作り、そこでの予測を「正統的」予測として組織内で公式とする。組織内調整欲求(6.8)(6.9)[*58]が大であるほど、**正統化された「事実」の使用**(6.30)はより大となる [6.8, 6.9→6.30]。

伝達ネットワーク[*59]

各プログラムには、その想起・実施に必要な刺激・データ伝達の情報の流れが結びついている。一般にこの伝達は、公式計画でも非公式プログラムの漸進的開発でも、確たる経路を通る。情報と刺激は源から決定点まで動き、指示は決定点から行為点まで動き、結果情報は行為点から決定・統制点まで動く。

合理的な組織設計には、伝達負荷を最小化する経路配置が必要である。しかし情報の始点と行為点が先に決まっている限り、可動要素は決定点だけである。決定正統化の公式権限のある

[p.188]

[*58] 原典（初版p.166; 第2版p.188）では、「調整欲求」(need for coordination) とあるが、これは変数(6.8)「活動調整欲求」と変数(6.9)「アウトプット調整欲求」の両方を含むということらしい。

[*59] 原典初版p.166では項として分けられていなかったが、原典第2版p.188では項として独立させられている。

職位が何であれ、かなりの程度まで不確実性吸収点で自由裁量が有効に行使される。

大組織では、伝達機能の専門化が分業そのものに反映する。専門化した伝達係には次のものがある。(a)実際の物理的伝達に専門化した係、たとえば電話・テレタイプ係[*60]、メッセンジャー集団のようなもの、(b)記録や報告準備に専門化した係、たとえば簿記他の記録係[*61]、(c)生情報獲得に専門化した係、通常は諜報係、時には調査係といわれる係、(d)技術的決定前提の提供に専門化した係、たとえば調査係、技術的専門家、(e)政策・組織目的の解釈に専門化した係、通常、階層の主軸からあまり分離していない機能、(f)情報の保持に専門化した係、たとえば資料・記録保管係【A-6.25】。

伝達経路は、一部はプログラミング過程で慎重かつ意識的に計画され、一部は使われて発達する。この発達について仮説を二つ立てよう。第一に、経路の伝達効率（6.26）が高いほど、**伝達経路使用**（6.31）はより大となる【6.26→6.31】。2人または2組織単位が共通の効率的言語をもてば、伝達は楽になる。たとえば伝達システムでは、同じ専門のメンバー間の接続が利用される傾向がある。同様に、民族的背景、教育、年齢、経験といった他の言語互換性決定因も、組織内でどの経路を使うかに影響する。

第二に、経路使用（6.31）は自己強化傾向がある【6.31→6.31】。経路が一目的で頻繁に使用されるとき、それとは無関係な他目的の使用も進む。特定目的経路や非公式経路がないか、伝達者が知らないとき、特に、公式階層経路は多目的経路になりがちである。経路使用の自己強化的性格は、個人間対面接触ならば特に強い。この場合（ホーマンズ仮説）、性格的にだいぶ社交的という非公式伝達が、課業指向の公式伝達と一緒に発達し、どちらか一方の伝達の経路使用でも、他方の使用を強化する傾向がある。

このように、伝達ネットワークは、一部は計画され、一部は特定種類の伝達の必要に応じて

[p.189]

*60 この段落では "unit" を「係」と訳している。

*61 テレタイプ（電信タイプライター）。タイプライターで打った文字が電信で送られ、遠隔地で受信してタイプライターで印字する電信機。

210

発達し、一部は伝達のもつ社交的働きで発達する。そのどの発達段階でも、漸進的変化は既成パターンに大いに影響される。それゆえ、ネットワーク構造は組織の課業構造にかなり影響されるが、それで完全に決まるわけではない。

伝達経路パターンがいったん確立すると、意思決定過程、特に非プログラム化活動に重要な影響を与える。その影響の性質を手短に示して、次章の分析の一部を予告する。

伝達の既存パターン (6.31) により、特定の組織メンバーが探索過程で遭遇する刺激の種類の相対頻度 (6.11) が決まる [6.31→6.11]。たとえば、販売専門技術者と頻繁に伝達するが基礎研究者とはめったに伝達しない研究開発単位と、反対の伝達パターンの研究開発単位は、異なる新製品アイデア環境にいることになる。

伝達パターンによって、行為者の注意が、行為の特定の結果にどれほど頻繁かつ強く向けられるかが決まる。たとえば、設計技術者と取付・修理技術者の専門分化度が、設計技術者が自分の設計の有効性にどれだけ気づくかにかなり影響する。

時間圧力効果に関する前の命題——注意の範囲 (6.17) を決める特に重要な変数は時間圧力 (6.18) である [6.18→6.17]——から、締切があって時間圧力下で行われる特に非プログラム化活動の方が、比較的緩慢で慎重な決定過程の活動よりも、伝達パターンの影響が大きいと予測する。なぜなら、もし十分な時間があって、組織のどこかに利用可能な情報があれば、特定の決定への関連性に気づきやすくなるからである。しかし、決定が比較的急いでなされるならば、その場で利用可能な情報のみに頼りがちになる。組織が、急速に変化する環境に適応するときより も、「定常状態」にある方が、より大きな専門化（この場合は情報保有に関する専門化）を許容するもう一つの理由がここにある。

[p.190]

*62 原典第2版 p.175にある。

6・6 組織構造と合理性の限界

この章の中心的テーマは、組織の構造・機能の基本的特徴が、人間の問題解決過程と合理的選択の特性から導かれるということであった。個人・組織が直面する問題の複雑性すべてではなく主要点のみをとらえた単純化モデルが必要となる。

この単純化には次のようにいくつか特徴的な点がある。[*63]

1. 満足化が最適化に取って代わる——基準変数の満足水準を達成するという必要条件。
2. 行為の代替案と行為の結果は、探索過程を通じて逐次的に発見される。
3. プログラムのレパートリーは組織と個人が開発し、これが再発状況では選択の代替案として役立つ。[*64]
4. 各プログラムは、限られた範囲の状況と限られた範囲の結果に対処する。
5. 各プログラムは、他とは半独立に実施されうる——プログラム同士は緩くつながっているだけである【A-6.26】。

【p.191】

行為は目的指向的かつ適応的である。しかし、その近似的で断片的な性格のために、任意の時点で、システムの適応的な要素は少しだけで、残りは少なくとも短期では「一定」である。そのため、たとえば個人や組織は、特定状況に合うように、プログラムを改良するか、あるいは既存レパートリーから適切なプログラムを選択する。両方が同時に起こることはめったにな

---

* 63 原典初版p.169では、(1)〜(5)として文章の中に埋め込まれていたが、原典第2版p.191では改行、箇条書きに変わっている。
* 64 この箇条書き部分、3、4、5の「プログラム」は、原典(初版p.169、第2版p.191)では"action program"が用いられている。

合理的行動が一時に少数の要素しか扱わないという考えは、最初にジョン・R・コモンズ (Commons, 1950①[*65])が経済行動に関連して展開し、注意と適応の焦点となる「限られた要因」について語った。コモンズの理論は、チェスター・I・バーナード (Barnard, 1938①[*66])がさらに発展させ、「戦略的要因」という用語を好んだ。

この「一時に一事」「他の事情が同じならば」という適応行動への接近法は、まさに「組織構造」と呼べる何かの存在に根源的である。組織構造は、組織内行動パターンの比較的安定的で緩慢にしか変化しない局面のみから成っている。もし組織内行動が「意図的に合理的」ならば、(a)環境の比較的安定的要素への適応を表す行動局面か、もしくは、(b)適応過程を司る学習プログラムの行動局面のどちらかが、比較的安定的だと期待される。

組織はアルキメデス問題のようなものに直面しており、どんなときも、組織が適応的に行動するには、その際に使える安定的規制・手続が必要になる。このように、組織の課業遂行プログラムは組織構造の一部であるが、一番不安定な部分である。もう少し安定的なのは、いつどちらのプログラムを適用するか決める切替ルールである。さらに安定的なのは、プログラムの開発、作成、制定、改訂に用いる手続である[*67]。

別の言い方もできる。組織がプログラムのレパートリーをもつならば、各発生状況に適した プログラムをそのレパートリーの中から選ぶ手続がある限り、短期的に適応的である。適切な プログラムを選ぶための過程が、短期的適応を支える「支点」である。いまもし、組織がその レパートリーにプログラムを加えたり、レパートリー中のプログラムを修正したりする過程を もつならば、この過程が長期的適応達成のさらなる基本的支点となる。短期的適応は問題解決、 長期的適応は学習と普通呼ぶものに対応している。

[p.192]

* 65 原典初版では本文p.169では出版年p.220にもCommons (1951)の記載がなく、参考文献リストいなかったが、原典第2版p.191では出版年 (1951)が追加され、参考文献リストp.243にCommons (1951)が追加され、初版の参考文献リストの書誌情報とは異なり、出版社も記載されている。ただし、出版年は正しくは1950年なので、そのように修正した。

* 66 原典初版では本文p.169では出版年 (1938)の記載がなかったが、原典第2版p.191では出版年 (1938)が記載されている。

* 67 組織構造自体がプログラムの部分明細になっており (Simon, 1960, p.10; 1965, p.63; 1977, p.50 邦訳p.68)、納得性も高いのかここで書いているように、その逆も真なのかは疑問である。Simon, H. A. (1960; 1965; 1977). The new science of management decision. (1960年版) New York: Harper & Row. (1977年版) Englewood Cliffs, NJ: Prentice-Hall. (1977年版の訳：稲葉元吉・倉井武夫訳『意思決定の科学』産業能率大学出版局, 1979) 同書は改訂ごとに内容が大きく変わり、1965年版は書名まで変更になっていて、本書第2章脚注3でも取り上げた。The shape of automation: For men and management. New York: Harper & Row.

もちろん、このメカニズム階層が3層、あるいは別の数の層しかないという理由はない。実際、適応メカニズムが階層的になっている必要はない。メカニズムAの行為の領域がメカニズムBを含むかもしれないし、その逆もありうる。しかし一般に、順序には非対称性があり、あまり戦略的要因（「合理性の限界」*68）にならない過程の要素が、組織構造の安定的核を形成する。

今や、コモンズとバーナードの「限られた」「戦略的」要因の理論と組織構造の関連をみることができる。合理性の限界がある限り、すなわち状況に一定に違いない要素または実際に一定の要素、そして潜在的戦略的要因としての計算に入らない要素がある限り、組織はここで定義した意味での構造をもつ。もし合理性に限界がないならば、あるいは限界が急激かつ予測不能に変化するならば、安定的な組織構造はありえない。構造の一部の局面は他より容易に修正されるので、短期と長期の構造を区別する必要がある。

この章は、大部分、短期構造、すなわち適応行為を要する一連の状況に反応するプログラムに関係してきた。諸命題の源である「合理性の限界」は、比較的よく定義されたプログラムの想起・実施はできるが、あまり複雑なプログラムは扱えない生物としての人間の特性から主に成っている。

次の章では、長期的考察に注意を転じ、特にプログラムを生み出し、修正する組織内過程を考察する。

*68 原典（初版 pp.170-171; 第2版 p.192）で、これ以降三つの段落に各一度ずつ boundaries of rationality が登場するが、「合理性の限界」と訳している。

第7章
組織における計画と革新
Planning and Innovation in
Organizations

前章では、経済学や統計的決定理論で用いる合理性概念と、人間の認知能力・速度・容量の限界を考えた合理性理論の対比が有益だということが分かった。この対比により、組織内人間行動の大半をなすプログラム化のモザイクが理解できる。

前章のあちこちで、非プログラム化活動や新プログラム創造活動に言及を要したが、前章では、組織内変化ではなく「定常状態」[*2]に注意を向けていたために、組織内変化・プログラム開発の過程に対する合理性の認知限界の影響をより完全に分析する課題がまだ残っている。本章では、この残ったパズルのピースをはめ込んでみよう。

7・1 創始の概念

合理的選択理論は、一般に、既存プログラムの継続と変化を区別してこなかった。単に、選択者は二つ（かそれ以上）の行為の代替案を前に、良い方を選ぶよう求められる。もしあっても、どれが既存プログラムの継続なのかを明示する必要はない。

しかしこの定式化でも、継続と変化の区別を公式化し、選択に影響させられる方法が一つある。それは埋没費用の顕在化である。現行プログラムの継続費用の計算では、埋没費用は除外される。この埋没費用原理で、「継続企業」[*4]の大きな慣性を説明できる。その単純な例は、工場移転の決定である。もし新施設の建設または取得費用を相殺できる額で現施設を売却できないならば、移転はひどく比較劣位となり、移転しないより移転する方が望ましいと証明されることとはめったにない。

代替的プログラムの発見・開発費用も埋没費用とみなせる。なぜなら、新しいプログラムに替えれば費用負担の必要があるが、組織が現プログラムを使い続ければその必要はないからで

[p.193]

[p.194]

*1 原典（初版p.172、第2版p.193）では「統計学（statistics）」になっているが、正確には原典第2版p.158に明記されていたように「統計的決定理論」なので、そのように訳した。

*2 この章では"unprogrammed"と"non-programmed"が混在しているが、どちらも「非プログラム化」と訳している。本書第6章脚注67で取り上げたSimon（1960; 1965; 1977）では後者が採用される（ただしSimon（1977）では"m"は一つになる）いうように、"m"は一つになる。"programed"、"nonprogramed"

*3 埋没費用（sunk cost）は回収不能費用とも呼ばれ、事業に投入された資本のうち、事業を縮小または撤退するときに回収不能な額［有斐閣経済辞典第4版］。

*4 ゴーイング・コンサーン（going concern）とは、企業は永続的なもので、継続してその営業活動を行う（解散とか清算はあくまでも例外的）ものであることを意味する概念［有斐閣経済辞典第4版］。

ある。ゆえに、たとえ工場建物や特殊設備のような有形埋没費用がなくても、プログラムの変化には多くの埋没**革新費用** (7.1) がほぼ常時付随する。革新費用はその源泉が何であれ、**プログラム継続** (7.2) の原因となる傾向がある【7.1→7.2】。

有形埋没費用の金銭的評価は多くの場合可能で、時にはそうするが、革新費用の正確な見積りはめったにできないし、可能なときですらめったにしない。個人も組織も、変化よりも現プログラム継続を意味する代替案を選好する。しかしこの選好は、革新費用の明確な計算や考量から来るのではない。むしろ、個人も組織も、現行為がある意味「不満足」でなければ、その代替的行為の探索・検討をしないので、継続が第一に来るのである。**満足** (7.4) が増すにつれ**探索** (7.3) 量は減少し【7.4→7.3】、新しい代替案の探索 (7.3) が抑えられると、プログラム継続 (7.2) が促進される【7.3→7.2】。

この命題が参加の決定に重要なことは、既に第4章で示した。その主要帰結は、選択理論では、継続の代替案と変化の代替案を区別すべきで、たいていの既存理論がするような同列扱いはすべきではないということである。

ここでの選択理論は、行動の持続性を何か特別な「変化への抵抗」のせいにはせず、既存プログラムで満足できる環境下では代替案を活発に探索しないせいだとする。選択中の個人・組織に、一部または全部が現プログラムより優れた代替案がなんとか浮かんだときも、プログラムは不変のままだ、とはこの理論は予測しない。だが、探索理論なしの選択理論では不十分である。

一般に、意思決定の**影響過程類型** (7.5) は、**選択問題類型** (7.6) の関数であるとの仮説を立てる【7.6→7.5】。すなわち、代替案択一型の選択問題では、一代替案を他に比してより魅力的にする影響過程が機能する。他方、変化か継続か選ぶときは、大半の影響過程は創始にあ

る——特に、代替的行為がなければ、(a)未解決問題を解くか、(b)たとえ満足な受容プログラムでも改良するかして代替案を示唆する。それゆえ影響過程を観察すれば、主に複数代替案から一つを選ぶ選択状況と、これまでとは違う新規プログラム提案の選択状況とではかなりはっきり見分けられる。個人間影響の研究はたいてい前者の状況に焦点を当ててきたので、その結果は、代替案が事前にはっきりしない後者に対しては、かなり的外れかもしれない (March, 1955a)。

最後に適格性。すなわち、あらゆる行動変化が、ここでいう創始・革新として適格というわけではない。前章では、良く定義されたプログラムの枠組み内でも、いかに変化が起こるかを在庫・生産管理システムで例示したが、月々の工場操業度の変化が創始・革新を伴うとは考えられない。

創始・革新が存在するのは、変化が、新プログラム——組織のレパートリーになく、プログラム化された切替ルールの単純適用でも対応できない——の考案・評価を要するときである。*5 組織内行動が創始・革新なしに変化できる程度は、戦略の複雑性とプログラム内蔵の切替ルールによってのみ制約される。特定の組織について、プログラム化された切替ルールも含めてプログラムを記述できれば、プログラム化された通常の行動変化と新プログラム創始を意味する変化とを区別できる。

行為と無為 *6

継続と変化を区別する理論が必要であり、行為と無為の区別も必要である。たいていの選択理論においては、「何もしない」は「特定の何かをする」同様、単に選択・棄却される特殊な行

【p.196】

*5 この段落の切替ルールに関する記述は、第6章脚注32にも書いたように、コンピュータの草創期において、条件分岐を機械化（プログラム化）できるか、それとも手作業で行うかが本質的に大きな違いであったことに基づいている。今日のコンピュータのようなプログラム内蔵式であるかどうかにかかわらず、条件分岐をプログラム化できることが一般に考えられている。高橋伸夫（2013）『殻』ミネルヴァ書房。原典初版p.175では項として分けられていなかったが、原典第2版p.195では項として独立させられている。

*6 原典初版p.175では項として分けられていなかったが、原典第2版p.195では項として独立させられている。

218

しかし、本当にそれでいいのだろうか？　いま何が「満足な」状況かを決める基準をもって動代替案にすぎなくなる。
いるシステムを考えてみよう。生物なら、この基準には、空腹ではない、危険はないといった要件が含まれる。企業なら、特定の利益水準、市場シェア、流動性が「満足」要件だろう。このうちいくつかは、他の広範な活動と両立する活動によって偶然満たされるかもしれない。たとえば、動物は酸素を必要とするが、他の多数の活動によって偶然満たされるかもしれない。動物は「無為」と評される。つまり、正式には、代替的活動と同時に呼吸を「行為」「無為」と評されるのであるが、呼吸のような活動は、われわれが生きる普通の環境では「無為」の顕著な事例として認知されており、こうした境界線上の事例をどう分類するかに屁理屈をつける必要はない。

お分かりのように、行為と無為の区別は、明らかに組織の日常にとって意味がある。通常、一組織が「引き受け」可能な無為の量には限界がないかほとんどなく、無為は資源を奪わない。同時に、この区別は状況によってはより重要である。なぜなら、満足化した組織・個人と比べ、満足化組織・個人にとってはより重要である。なぜなら、満足化ならば、集合的にとられた当該基準を満たすプログラムで目的達成可能な組織・個人にとっては、無為では達成しないときにのみ行為を考えればよく、しかも特定基準の関連だけでいいからである。たとえば、安全に問題がないなら（すなわち、安全記録が現状満足基準なら）、安全行為は必要ない。

行為・無為の区別の重要性は環境特性にも依存する。大部分が「空虚な」世界を考えよう。そこでは、たいていの事象同士は無関係で、因果関係は例外的でまれである。大部分が空虚な世界の合理的行為理論は、各選択が「効用関数」の各成分に影響すると考えなくていい。それどころか、特定のプログラムは、それが満足すべき基準以外にはほとんど影響しない。それゆ

え、受容可能水準決定ルールの使用 (7.7) が大であるほど、**環境複雑性** (7.8) が小であるほど、**プログラム局所変更の使用** (7.9) はより大となる【7.7, 7.8→7.9】と示唆される。ほとんど想像もつかないくらいの本数の連立方程式を解く計画問題 (多分、悪夢) は、無関係なプログラムの並べ替え問題に置き換えることができる。

多分「無関係」は強すぎる言い方で、「緩い連関」がより適切である。なぜなら大部分が空虚な世界においてさえ、計画時に考慮すべき重要なプログラム間関係、すなわち組織資源の共用はあるからである。組織の基準全部を同時に満たせないほど (全体として) 環境が厳しいとき、無為とは違い、行為には機会費用が発生する。

【p.197】

計画モデルの要約[*8]

これまで記述してきた合理的選択の本質的特性を要約して、組織内選択過程のより詳細な分析の準備とする。

1. 前章のように、組織的プログラムに主に求められるものは、要件や基準を**満足させる**ことで、基準は次第に変化すると仮定する。
2. プログラムがなくて、一つ以上の基準が満たされていないとき、この事態を収拾するために、**行為**のプログラムが創始されると予測する【A-7.1】。
3. 組織のプログラムの変化は、それが新活動追加であろうと既存活動変更であろうと、伝統的意味での選択過程だけではなく、新プログラムを生成し、結果検討を行う**創始過程**も必要とする【A-7.2】。
4. 特定のプログラムはたいてい特定の基準に結びつき、大部分は複雑な因果関係のない世

[*7] 最適化ではなく満足化の意思決定を行うことを指している (p.209)

[*8] 原典初版p.176では項として分けられていなかったが、原典第2版p.197では項として独立させられている。

220

界である。プログラム同士が関係をもつのは、主に、行為の創始・実行に必要な共通の希少**組織資源**があるときである【A-7.3】。

7・2　革新の過程

組織内新プログラム創始に不可欠な革新的過程は、心理学者が呼ぶ「問題解決」「生産的思考」「創造的思考」「発明」その他の種々の知的過程に密接に関連する。ここでは、個人レベルの問題解決過程の知見の簡単な検討から始め、その後、組織レベルの考察を紹介する。【p.198】

記憶と問題解決 [*9]

人間の問題解決のほとんどすべてで、記憶の果たす役割は絶大である。過去に遭遇した問題類に対する可能な解決法のレパートリー、問題解決の構成要素のレパートリー両方が記憶されている。数学的創造やチェス競技のような難しい知的活動で、レパートリーとその大きさが重要なことは詳細に記録されている。日常の問題解決ほぼ全種で同様にレパートリーが不可欠要素であることは、ほとんど疑いない (de Groot, 1946①; Hadamard, 1945①)。[*10]

問題解決が、ほぼ完成形で記憶されている解決法を比較的体系的に探索するものであるとき、問題は「生産的」「再生産的」といわれる。多少「原」材料から新しい解決法を構築するときは、過程は「生産的」といわれる。用いられる**問題解決類型** (7.11) すなわち生産的要素を含む程度は、問題の特性 (7.6) と、問題解決者の**過去の経験** (7.11) の両方に依存する【7.6, 7.11→7.10】。

プログラム化活動は、一般に、大量のよりルーチン的・再生産的な種類の問題解決を必要とする。ただし、そうはいっても、プログラム細部が紋切り型で、一連の具体的指示として記憶

[*9] 原典初版p.177では項として分けられていなかったが、原典第2版p.198では項として独立させられている。

[*10] *Simon*はde Grootを認知心理学の創設者の一人と評価していた。ここで引用されているのはGrootのオランダ語で書かれた博士論文だが、どこかで評判を聞きつけたSimonは論文を取り寄せ、ドイツ語の知識を頼りに自分で読んだらしい。http://www.psychologicalscience.org/?p=47122

されているのは、まれな状況下のみである。それどころか、たいていの状況下では、プログラム遂行は相当量のプログラム細部の再構成を必要とする。しかし、広範かつ困難な非プログラム化活動は、一般に大量の「生産的」問題解決を必要とする。

基礎的問題解決過程[*11]

人間の問題解決過程に関する今の科学的知識は不完全である。しかし、問題解決過程の一般特性を既知のことから描き出すことは可能である。ここでの組織的意思決定分析に関係するのは、この一般特性だけである（Newell, Shaw, & Simon, 1958①）。

第一に、この過程の最終所産がどんなに複雑でも、到達する決定がどんなに巧妙で精巧でも、過程自体はごく単純な要素を非常に多数集めて作られる。コンピュータの時代、この事実——事実ならば——には驚かない。なぜなら、これがまさにコンピュータの働き方であり、複雑で精巧な数学的計算が、1＋1＝2程度に単純な初等処理の長大な連鎖で行われるからである。ただし、人間の頭脳が必ずしも計算機のようだと主張しているわけではなく、単に、複雑な過程も単純な要素を集めればできるという主張なのである（Plato, 1937①, pp. 80-85）。

第二に、問題解決の一大構成要素は探索過程で構成される。探索は、①身体的：ファイルに1枚の文書を見つけたり、戸別勧誘で顧客を獲得したり、②知覚的：特許官報を調べて会社の研究活動関連項目を見つけたり、③認知的：記憶内の関連情報の場所を連想で突き止めたり、かもしれない。

第三に、もう一つの大構成要素は選別過程で構成される。探索過程でかき集めたものが、当

[p.199]

[*11] 原典初版p.178では項として分けられていなかったが、原典第2版p.198では項として独立させられている。

222

該問題のありうる解あるいはその構成要素として適格かどうかを吟味する。その簡単な例は求職者の選別である。

第四に、問題解決ステップの配列と順序には、通常、相当な任意性がある。しかし、この組織化過程——本書で意味する「プログラム」——の2要素が組織に構造を与え、高度に組織化された所産を可能にする。

すなわち、プログラムは2種類に区別できる。一つは、たいていの問題解決で識別できる広義の**手続的**プログラムである。それが、たとえ問題解決ステップに通常は不変のものはなく、ステップには大量の探索を伴っていても。この問題解決の時間的パターンに関する記述の大部分は、ジョン・デューイの問題解決過程の分析とゲシュタルト心理学の生産的思考の理論化まで遡る。デューイの段階仮説を支持する経験的証拠は、ベイルズとストロットベック (Bales & Strodbeck, 1951) が、ある集団の問題解決過程の一部を支持する経験的証拠は、デグルート (de Groot, 1946②) 他が個人の問題解決状況で得ている。ゲシュタルト仮説の一部を支持する経験的証拠は、デグルート (de Groot, 1946②) 他が個人の問題解決状況において「発話思考」法で得ている。

もう一つは、**実体的**プログラムである。実体的プログラムとは、解くべき問題の構造を反映した問題解決過程の構造化を意味する。たとえば、幅広い経営政策問題は、マーケティング面、財務面、生産面等々に因数分解され、各面は解決過程の同じ期中に組織の異なる部分が別々に、逐次的あるいは同時に処理してもよい。

第五に、問題解決過程を統御する手続的・実体的プログラムは、一般に階層構造をもつ。手続的には、(たとえば「問題定式化」「代替案探索」「代替案評価」等といった) 大まかな段階順に問題が処理されるが、さらに微視的にも各段階が同様の段階構造をもつ。実体的にも、同様の

【p.200】

*12 ここでの手続 (procedural) プログラム／実体的 (substantive) プログラムの区別は、原典第2版 p.161の伝達内容／実体的計画、原典第2版 p.183の手続的/実体的の区別でも登場。

*13 John Dewey (1859-1952) は、米国の哲学者、教育学者で、知識の手段的価値を強調する概念道具説を唱え、プラグマティズムを確立するとともに、自然主義的人間主義、実験主義の立場から、進歩主義教育を推進した [心理学辞典、有斐閣]。

*14 集団による問題解決は、いくつかの段階を経て行われるという仮説。彼らは、問題解決過程を3等分して初期 (first)、中期 (middle)、終期 (final) の位相 (phase) とすると、「方向づけ」(orientation) は初期にピークがあることを示した。このことから〔論理的には飛躍しているが〕、初期は「方向づけ」の問題、中期は「評価」、終期は「制御」の問題へと相対的に重心が移っていくと結論している。

*15 問題解決過程では「方向づけ」に低下、「制御」(control; 示唆や指示) は中期にピークに上昇し、「終期」に「評価」(evaluation) は徐々に上昇し「終期」にピークがあることを示した。

*16 発話思考 (thinking aloud) は、現在では think-aloud protocol; TAPの方が一般的。直訳すれば「独り言の実験記録」の意味。英語のprotocolは、元来、外交や交渉のために作られた公式文書のもとになる交渉中の詳しいやり取りの記録のことで、それが二つの意味に分かれ、一つが外交儀礼集、もう一つが詳しい実験記録 (ここでは言語行動記録) という意味になったといわれる (海保博之・原田悦子 (編著) (1993)

階層構造があることは明らかで、まず問題が広義の分析をされ、次に各局面が下位問題となり、さらに詳細に分析される (Cyert, Simon, & Trow, 1956①)。

過程に関する一般的仮説[*17]

この章で残るは、組織内の問題解決過程とプログラム革新過程に関する命題である。関連範囲が広く、最初に述べるべき仮説がいくつかある。その中には前の諸章で既に挙げたものもあれば、新規のものもある。

目的達成活動のプログラム探索では、一般に次の順序で、変数群間を注意の焦点が移る傾向がある [A-7.4][*18]。

1. まずは、問題解決で個人・組織単位が大部分制御できる変数が、最初に考慮される。この変数制御に基づくプログラムの作成が入念に試みられる。

2. もし1の方法で満足なプログラムが見つからなければ、問題解決者の直接制御下にない他変数に注意が向けられる。たとえばプログラムを拡張して、他の独立組織単位遂行の活動や問題解決者の自由裁量の現範囲外の代替的行為の許諾を含むようにする。

3. それでも満足なプログラムができなければ、注意はプログラムが満たすべき基準に向けられ、満足なプログラムを見出せるように基準緩和の努力がなされる。

可能な代替的行為の探索では、代替案を逐次的に試す。すなわち、初回の探索で「すべての可能な代替案」を探し尽くそうとはしない。むしろ、少数でも可能な代替案が見つかると、すぐに評価する。試して一つでも代替案が問題の基準を満足したら、それが問題の解として受容

[p.201]

---

* 「プロトコル分析入門──発話データから何を読むか」新曜社）。具体的には、被験者が認知的課題を行いながら考えていることを口頭で言葉にしてもらい、その発話内容をデータとして審積したのがプロトコル、正確には発話プロトコル・データである。サイモンが後に書いた共著書 Ericsson, K. A., & Simon, H. A. (1984). *Protocol analysis: Verbal reports as data*. Cambridge, MA: London: MIT Press. は、プロトコル法あるいは発話プロトコル法 (verbal protocol method) の代表的文献として知られる。「第2版への序文」（原典第2版 p.6) も参照のこと。

*17 原典初版 p.179 では項として分けられていなかったが、原典第2版 p.200 では項として独立させられている。

*18 原典初版 pp.179-180 では、(1)(2)(3) として文章の中に埋め込まれていたが、原典第2版 pp.200-201 では改行、箇条書きに変わっている。

224

され、探索は終結する。もし前回の探索で見つけた代替案すべてが不満足ならば、一気に新規探索活動が始まる。もし探索を継続しても満足な代替案が得られなければ、上記の命題【A-7.4】が当てはまる。

問題解決で絶えず使われる高次手続プログラムの一つは、情報よりまず先に有望な情報源を見定める高次探索プログラムである。つまり、情報獲得法としては、苦労して情報を探索するよりも、その情報の持ち主に訊くことが大切なのである。しかしそれには、必要な情報の持ち主を見定める探索が必要になる。組織のどこにどんな情報が眠っているのか。参加者間のその理解と期待が、組織構造の重要な要素となり、使う伝達経路の主決定因となる。

個人・集団の問題解決 [19]

ここまで、個人による問題解決と集団内の問題解決をわざわざ区別してこなかった。組織内のたいていの問題解決・意思決定の進行に、多数の人が一期や二期は参加している。個人と集団の問題解決過程は、どの程度同じで、どの程度違うのだろうか？

ケリーとチボー (Kelley & Thibaut, in Lindzey, 1954)[20] は集団内問題解決の文献を調べ、「集団問題解決過程の分析の大部分は、個人の問題解決で存在が信じられている期や段階の類推に思える」と述べ、その例として、集団問題解決における ベイルズの仮説 (Bales' hypothesis) を引用している。さらに、多数の研究者が、個人状況よりも集団状況の方が問題解決研究には良い機会になるとし、暗に二つの過程にかなりの類似性を仮定している。これは、集団状況の過程には個人間伝達が必要になるので、個人状況なら頭脳内で見えないはずのステップの多くが見えるようになるためである。しかしもちろんこの見解は二つの過程が多少なりとも類似するときにのみ正しい。

[p.202]

---

[19] 原典初版p.180では項として分けられていなかったが、原典第2版p.201では項として独立させられている。

[20] 原典 (初版p.180; 第2版p.201) では、"Kelley and Thibaut (Lindzey, 1954)" となっているが、正確には、次の文献を指しているので、これ以降、正しい記法に修正している。Kelly, H. H. & Thibaut, J. W. (1954). Experimental studies of group problem solving and process. In G. Lindzey (Ed.). *Handbook of social psychology* (chap. 21: pp.735-785). Cambridge, MA: Addison-Wesley.

集団・個人間の問題解決遂行の違いを検出するため、多数の実験が行われてきた。ケリーとチボー (Kelley & Thibaut, in Lindzey, 1954)[*21] は、問題解決過程に対する集団の効果を次の主要2類型に分けている：(1) 共同判断の効果、(2) 直接の社会的影響による問題解決法の修正。

(1) の共同判断の効果について、個人より集団の方が問題解決能力に優れている説明として、彼らは次の要因を検討した。(a) 誤りの霧消……集団メンバー全員が同時に同じ誤りはしないので、多数による共同判断はメンバー個人の判断の平均よりも良い。(b) 熟慮による影響力割増……集団メンバーにとって、すべての解が対等な重みではない。最重要の解の提案が最も受容されやすい。したがって、集団が受容する判断もまた、集団メンバーの平均よりも良い。(c) 自信による影響力割増……最も正しそうなメンバーが、最も解に自信がありそうである。その自信で判断に重みを増し、このことがまた集団の判断を改善する。(d) 分業……集団全体で問題全体を扱う必要のない問題については、分割した部分ごとに「専門家」を割り当てる。これでほぼ確実に解決過程が速まり、解の質も向上するだろう。

(2) の「直接の社会的影響による修正」について、ケリーとチボー (Kelley & Thibaut, in Lindzey, 1954) ③ は、次のように検討している。(a) 個人と比べ、集団メンバーは全体として多数の可能な解や解への貢献が利用可能である。(b) 集団メンバー個人に対しては、(i) 各メンバー自身の判断への自信に対する効果、(ii) 承認欲求、を通して多数派意見への同調圧力がかかる。(c) 孤立した個人と比べ、集団環境が努力と課業完遂への動機づけを増減する。そこで、協調的集団は自争的集団では行動が大きく異なるだろう。(d) 考えを他に伝達する必要から、集団メンバーは自分の考えを鮮明にはっきりさせる。(e) 集団解で個別解の配合・重みづけをする際、直接的社会的な同調圧力と、表出自信度・相対的問題関心度による提案の自己重みづけが影響する。(f) 集団環境で心に変化が生じる。(g) 集団環境は創始を促したり抑えたりする。

[p.203]

[*21] 原典（初版p.181；第2版p.202）では「多数の独立した判断をプールすることの効果」となっているが、次の段落で説明されているのは、独立判断の平均よりも共同判断の方が良いということなので、ここでは「共同判断の効果」と訳している。

これらの変数の強度・重要性については、既にケリーとチボー (Kelley & Thibaut, in Lindzey, 1954④) が利用可能な証拠を検討しているので、ここでは行わない。しかし、集団問題解決で重要と考えられる特徴を強調しておきたい。ソーンダイク (Thorndike, 1938①) が指摘するように、提案された解の正しさを評価する能力は、正しい解を発明する能力と必ずしも同じではない。事実、発明能力は評価能力よりいくぶん希少と一般に仮定される。このことから、ソーンダイクはある問題類型では集団が個人よりも優位と推論する。このことは、影響理論が意思決定の評価面だけでなく想起現象も扱わねばならないという一般命題のもう一つの支持になる。

7・3 革新の原因

継続と変化を非対称に扱えば、組織の現活動プログラム継続の理由を説明しなくてもよくなるが、プログラムに革新・変化が起こる理由を説明する必要はまだある。革新の理由の説明とは、プログラムがそれまで満たしてきた基準をもはや満たさない理由の説明である。

満足基準の決定因[*23]

満足基準概念は心理学の「要求水準」概念と密接に関係している。個人の要求水準に当てはまることは組織的行動にも一般化できることを論じよう。中でも最も重要な命題は、業績の満足水準は、最近の実際の達成水準に非常に近い傾向がある（第3章の適応行動の一般モデルの議論を参照）。前に指摘したように、基準の現状適応を一般化するには、いくつか重要な点で修正が必要である。第一に、基準の調節は比較的ゆっくりした過程で、加速もしない (Gaus & Wolcott, 1940①,

[p.204]

[*22] 原典（初版 p.182, 第2版 p.203) では「状況を記述する」(describe the situation) と言い換えているが、前後の文章の表現に揃えて「理由を説明する」と訳した。

[*23] 原典初版 p.182 では項として分けられていなかったが、原典第2版 p.203 では項として独立させられている。

pp. 82-84)。第二に、ある期間、状況が「定常状態」のとき、要求水準は完全に一定ではなく、ゆっくり上がる傾向がある。ゆえに、環境変化がなくても、プログラムの革新・変化への弱い圧力が絶えず存在する。第三に、要求水準を達成可能なもの(または達成可能と思われるもの)に合わせる際の基点は、過去の達成が基本だが、他のものも用いられる。個人は、比較する他人が達成した水準や準拠集団が規準とする水準に、自らの基準を合わせる。同様に、組織は他の人・組織の存在を知っていれば、満足の基準の改訂に至る(Cyert & March, 1956①)。

以上の系として[*25]、営業統計報告のデータは、業績が現行標準を下回ると、革新的努力のきっかけとなると期待される。

重要な環境変化がないときでも、基準が徐々に上昇し、周期的に革新が必要になるが、その努力は適度でいい。

偶然、機会に遭遇したための革新もある。別の言い方をすれば、より満足な業績の機会に、偶然であれ故意であれ遭遇する率は、革新率の決定因の一つになる。

組織が達成した水準にその基準を合わせる。一般に、現プログラムよりも結果がかなり良い確たる代替的行為が未知でも、より良い結果を達成する他の人・組織の個人の生産行動・離職に対する効果については、前の諸章で論じている。それらから以上の条件の個人の生産行動・離職に対する効果については、前の諸章で論じている。それらから以上の系として、革新率[7.12]の変動も予測できる。環境変化で既存の組織プログラムが不満足[*24]になると、革新率は増大しそうだ[7.4→7.12]。会社では、市場シェア、総利益、投資収益率が低下すると、革新に努力すると予測する。最も革新を生みやすい条件がどれかは、組織が最も注意を払う条件を明らかにすることで予測できる。

[p.205]

[*24] 原典(初版p.183; 第2版p.204)では「既存の組織的手続き」(existing organizational procedure)となっているが、procedureは「既存の組織プログラム」のことなので、混乱しないように「既存の組織プログラム」と訳した。

[*25] 原典(初版p.183; 第2版p.204)では、"As a corollary to the first point"とされているが、「第一点」がどこを指しているのか不明。ここでcorollaryは、数学などで、主要な定理から自然に導出される派生的な命題のことを指す用語で、「系」と訳される。

228

最適ストレスの概念[*26]

これまで挙げた仮説は、第一に、必要を発明の母としている。ここから導けないもう一つの常識的仮説も存在する。すなわち、組織にかかる「ストレス」が高すぎも低すぎもしないとき、革新は最も速く活発になる。ここでストレスとは、要求水準と達成水準の乖離を意味する。この仮説に従えば、②要求水準のはるか上ならば欲求不満と絶望で紋切り型になる。①では革新への動機づけがなく、ニンジンがロバの鼻先少し前にあるとき、つまり要求水準が達成水準を少しだけ上回っているとき生じる。

最適ストレスはトインビーの社会的進歩の理論の中心概念である。教育理論で学習者が取り組む連続課題の難易度を決める際にも、よく同じ仮説を用いる。時々観察される神経症的行動に「正常な」動機づけ行動モデルを適用するには切替ルールが必要という第3章と同じ問題を扱っていると考えられる。

革新の制度化[*28]

革新に関するこれらの仮説はすべて革新の過程自体はプログラム化されないという仮定に基づいている。このとき、革新への刺激は外的である。

それに対して、この「自然の[*29]」革新への刺激——既存プログラムでは基準の満足水準に未達——を補うプログラム化された刺激もある。それは少なくとも組織的に二つある[4, 5]。第一に、満足の基準自体が業績の**変化率**(すなわち一次導関数)で表示され、たとえば企業経営者は売上高や利益の年間増加率で目標を立て、目指すかもしれない。そのとき既存プログラム

[*26] 原典初版 p.184 では項として独立されていなかったが、原典第2版 p.205 では項として独立させられている。

[*27] 原典初版 p.184 では "little" とイタリックだったが、第2版 p.205 では "little" と立体になっている。ここでは初版に従った。

[*28] 原典初版 p.184 では項として分けられていなかったが、原典第2版 p.205 では項として独立させられている。

[*29] 原典(初版 p.184; 第2版 p.205)で「自然の」("natural") という表現が用いられているが、前の段落との接合を考えても、おそらく、統計的決定理論における「自然」つまり外部環境に近いニュアンスで用いられていると考えられる。統計的決定理論では、自然(nature)と、それに対峙する統計家(statistician)との間のゼロ和2人ゲームとして統計学の諸問題が定式化される。

で無理ならば、環境悪化時とまったく同様に、革新活動が起こる。

第二に、組織（またはその一部）は、特に革新率で表示した満足基準、たとえば、研究開発部門のような研究活動を公式に組織化した所では、新プログラムの組織導入率を基準にしてもよい。

革新過程を何らかの方法で制度化している組織と、していない組織の革新のパターンは識別可能である。たとえば、後者と比べて前者の革新率は環境変化に敏感ではないはずだ。また、少なくとも比較的安定した環境条件下では、概して**革新の制度化**(7.13)が大であるほど、革新率(7.12)の平均は高くなるはずだ【7.13→7.12】。

革新のタイミング*30

実際には、革新の時期とタイミングの間に明確な線引きはできない。両方とも生起する革新的変化の種類と生起率に関係する。ただし、革新の「時期」に言及するときは、現行プログラムの変化の必要性や可能性に最初に組織の注意が向く状況に特に関心がある。それに対して、「タイミング」に言及するときは、その最初の注意に続くステップのペースに特に関心がある。

組織メンバー、ここでは特に、比較的責任ある層のメンバーが従事する活動の種類を決めるのは何か？　**組織メンバーの活動従事性向**(7.14)に影響する要因は二つ挙げられる。①ある活動にかかる明示的な**時間圧力**(7.15)*31。それが大であるほど、それへの従事性向(7.14)はより大となる【7.15→7.14】。たとえば締切という刺激で、一部の課業に注意が集まるようになる（Gaus & Wolcott, 1940②, pp. 68-69）。②活動の**目的明確性**(7.16)。それが大であるほど、それへの従事性向(7.14)はより大となる【7.16→7.14】。外的だけではなく内的な報酬・罰も、目的が明確な課業の方が、完遂時に与えやすい。

---

*30　原典初版p.185では項として分けられていなかったが、原典第2版p.206では項として独立させられている。

*31　「時間圧力」(time pressure)は第5章でも変数(5.9)として（原典第2版p.136）、第6章でも変数(6.18)として登場している（同p.175）。

*32　たとえば、金銭的報酬のようなものは外的報酬、仕事自体の達成感や満足感のようなものは内的報酬という。

【p.206】

230

以上の命題から、計画の「グレシャムの法則」[33]といえる予測——日常のルーチンが計画を駆逐する——が導かれる。分かりやすくいうと、高度プログラム化課業と高度非プログラム化課業に直面する個人は、強い全体的時間圧力がないときでさえ、前者を後者に優先させると予測される。

ならば、非プログラム化活動は一体どうやって起こるのか？　それには一般的条件①②のどちらかが必要になる（必ずしも排他的ではない）。それぞれ非プログラム化活動の目的明確性（②）、締切（①）に関係する。まず②について。非プログラム化活動を要する目的間で資源配分し、プログラム化活動で達成可能な目的による代理を拒絶することが条件となる。つまり組織内で、日常業務の流れから外れた独立予算の「計画」単位を創設すること（Lanzetta & Roby, 1956①）。

次に①について。締切は非プログラム化活動の条件となる。締切の最もありふれた、しかし通常そうとは考えられていない形の一つは、より一般的な問題の解決なしには解決できない、解決すべき「問題」の発生である。たとえば、一部設備を新規設計する過程は、古いものが故障してそれが即必要になると、非常に加速する。あるいは、従業員1人の休暇申請に可否を出す必要から、会社は休暇政策を作るかもしれない。

締切は他にも多くのやり方で設定される。締切は、普通は上司によって設定されるが、自発的に請け負うこともあり、その場合は他の人がその締切を当てにするので明確なコミットメント[34]が生じる。コミットメントの過程は一般に逐次的で、まず探索活動を引き受けるコミットメントが最初にあり、次に、この最初の探索過程の結果が、活動続行の速さと所要資源を主に決める。この探索の逐次過程は、時にはモデル化され、目に見えるようになるので、次節でプログラム作成過程をより詳細に記述する際にさらに論じる。

【p.207】

*33　「悪貨は良貨を駆逐する（Bad money drives out good）」つまり、同一の名目価値をもち実質価値を異にする貨幣が一国内に共に流通するときは、良貨は保蔵され、支払いには悪貨だけが使われるようになるという法則。Sir Thomas Gresham（1519-1579）は、英国の財政家で、ロンドン王立取引所設立の提唱者。アントワープ市場におけるポンド価のつり上げに成功し、王室の海外負債の大部分を清算し、1559年にエリザベス女王からナイトの称号を与えられた。1558年にエリザベス女王にイギリスの通貨の品質を元に戻すように提言し、ヘンリー8世以降の悪鋳のことから「悪貨は良貨を駆逐する」と言ったことから、300年後にマクラウド（H. D. Macleod）の著書『政治経済学の諸要素』（1858年）の中で「グレシャムの法則」と命名された〔広辞苑第6版（岩波書店）／有斐閣経済学辞典第4版／新英和（第7版）中辞典（研究社）〕。

*34　コミットメント（commitment）とは、個人が行動に言質（後日の証拠となる約束のことば）を与え、行動に束縛される。たとえば、人前で「やる」と言ったら、引っ込みがつかなくなるようなことを指す〔心理学辞典（有斐閣）〕。

7・4 プログラムの作成

この節では、革新的活動、特に決定・行為の新プログラムが発見、開発、実行される過程の性質をより詳細に検討する。

革新のための組織資源 *35

前節の「グレシャムの法則」が言っているのは、既存プログラムの実行に組織資源すべてをせっせと使えば、どう考えても新プログラム開発の際は、組織単位を新設し、①新プログラム作成と、作成したら、②その実施を課すことが頻繁に行われる【A-7-6】。これで①革新的なプログラム作成と開発活動に徐々に移行するとスパートも自然減衰する。

この新組織・新プログラムの開発過程2段階①②は、組織観察者がよく言及してきた。たとえば一般に、①プログラム作成の初期は従事者の興奮期だとしばしば観察されている。彼らは大いに残業し、大いに仕事に誇りと喜びを感じている。ところが、②実施段階に移って、プログラム化活動が革新に取って代わると、興奮は収まり、尻すぼみ感がしばしば表明される。

[p.208]

*35 原典初版p.186では項として分けられていなかったが、原典第2版p.208では項として独立させられている。

232

こうなることはかなり常識的なので、伝統や先例に過度に縛られたり拘束されたりせずに、革新を確実にする唯一の道は組織単位新設だとしばしばいわれる。同様に、①革新期とその後の②プログラム実施期では、最高経営者に求められるパーソナリティ特性が異なるともしばしば主張される。明らかに「着想豊かな人」と規律正しい官僚は違う。

このように、①プログラムの作成と②プログラムの実施を分けると、①の過程でなされた決定は②の過程ではめったに再検討されなくなるという重大な結果につながる。セルズニック(Selznick, 1957①) は、プログラム作成期のコミットメント過程——特に組織・環境間の力関係に影響し、影響されるところ——を強調した。これをより一般化して、初期にいったん確立した関係は比較的安定していて、コミットメント過程は不可逆的であると仮説を立てる【A-7-7】。進行中のプログラムに投入されていない組織内余剰としての資金・人員が組織内にあれば、新プログラムとプログラム作成へのコミットメントに関して、さまざまな機能の専門化が生じるだろう。特に「投資家」機能と「起業家」機能である【A-7-8】。投資家は、要求が競合するときも含めて資源配分を決定する人で、起業家はプログラムの提案元である。起業家/投資家の区別は、多分、意思決定の専門化一般の記述に幅広く意味がある。行為の起案で影響を及ぼす人と、なされた提案の実行で影響を及ぼす人を区別すると、たいていの権限分析、特に公式権限を強調するものは、主に後者の機能を考察してきた。

第三の「周旋屋」*37 機能もあるかもしれない【A-7-9】。革新的提案の処理経路が確立していないと、起業家は利用可能資源をもつ投資家を見つける問題に直面する。周旋屋は、投資家から起業家を見えるようにし、起業家の革新的着想に投資家の注意が向くように務める。この伝達「濾過」により、周旋屋も起業家・投資家の影響力を共用できる。この章の次の節で、組織のどの層で起業家、投資家、周旋屋機能が働くかを考察する。

*36 原典（初版p.187; 第2版p.209）では an "investing" function になっているが、他も起業家機能の説明では investor が使われる、他も揃えて「投資家」機能と訳している。

*37 原典（初版p.188; 第2版p.209）では innovatorになっているが、investorと対比して使っているのでentrepreneurとして訳している。

もし投資が古典的企業管理理論通りに決定されるなら、このような考察はほとんど意味がない。しかし最適化ではなく満足化で決定される(7.7)とき、新プログラムへの**伝達構造**(7.18)と**代替案提示順序**(7.19)に依存するだろう[7.7, 7.18, 7.19→7.17]。このように、他にいくつか述べた場合と同様この場合も、組織的決定は、事実上、起業家から投資家への提案の**資源配分**(7.17)に、少なくとも効用関数と同じくらい注意のきっかけに依存している。

プログラム着想の源泉 [*38]

プログラム着想の源泉を語る際、「組織」と呼べる単位を囲んで大雑把な境界を引く必要がある。なぜなら、組織内のたいていの革新が、発明よりも借用の結果だと仮説を立てたいからである[A-7.10]。借用は多少直接的模倣の形をとることもあれば、新しく人を組織に取り込んで果たすこともある。どちらでも、組織は借用することで革新関連費用、(b)検査費用、(c)評価の過誤リスクを節約する。

革新が借用で起こる限り、革新率(7.12)と**革新類型**(7.20)[*39]は、たとえば組織の伝達構造(7.18)のような曝露の関数である[7.18→7.12]。

革新率について次のように予測する。(たとえば産業の需要構造の変化のように)環境が変化し、新しく問題が広く多くの組織に生じたとき、問題が広く知られた後も、実際の革新が非常に遅い時期がある。しかしいったん問題の受容可能解が発明され、一つの組織が導入すれば、産業内で急速に広まる(Brown, 1957①; Coleman, Katz, & Menzel, 1957①)。組織を代表してこなかった下位文化の出身者の集団を新規投入すれば、革新は短期間に大幅に増加する。たとえば、研究陣が最大限販売部門革新類型は組織内関連単位の曝露の特定性に依存する。たとえば、研究陣が主に他社の研究仲間と接触している会社と、研究陣が主に他社の研究仲間と接触している会社とでは、製品革新に

[p.210]

[*38] 原典初版p.188では項として分けられていなかったが、原典第2版p.209では項として独立させられている。

[*39] 原典(初版p.188, 第2版p.210)では、"[7.12, 7.20; 7.18]"と被説明変数が2個になっているので、二つの関数に分離して記した。なお曝露(3.78)「接触曝露(exposure to contact)」として登場している(原典第2版p.88)。

234

違いがあると予測する。同様に、特定顧客と接触している単位は、その顧客目的を満たす革新の源泉になるだろう（Gaus & Wolcott, 1940 ③, pp. 52-53, 82-84）。そして、外部環境と直接接触しない単位内でのプログラム革新は、主に資源節約的だろう。

選択的濾過は、組織の境界だけでなく、プログラム提案の伝達・作成の全段階で起こる。このような各段階が、提案革新を濾過すべく新しく「境界」（透過性は選択的・非選択的さまざま）を定めると考えることもできる。各境界の選択性は、そこを代表する**専門知識**の種類の関数だろう。組織の不確実性吸収点は自由裁量的判断が最大の点なので、そこでの革新提案の選択的濾過が最大となる。

革新で特別な種類は、組織の外界モデルを変える革新である。不確実性吸収点においてのみ、外界モデルを外界と比較して矛盾に気づくので、そこが、外界モデル変更を発案する主要な場所となる。

組織は問題に気づいたが、そのことの伝達が解の提案を伴っていなければ、組織メンバーに「記憶されている」問題解決レパートリーが、解の提案の主要源泉となる。問題の気づきが組織を通して伝達されるにつれ、解がレパートリーから想起されて添付されていく。問題が広範なほど、より多くのより多様な人がそれを回覧し、解に影響を与える。（多様性一定で）問題に気づく人の数が増加するが、解の数は増加するが、[解の重複もあるので]その増加率は逓減する。

チェックリストとレパートリーは、問題に対する革新的解の発見にも、革新提案の実行可能性チェックにも用いられる。提案解が組織を通じて回覧されていくにつれ、その解の結果を専門の個人・組織単位がチェックすることになる。前段落の命題は、プログラム革新だけでなく、この着想実行可能性試験にも適用される。

以上の２段落から、プログラム提案であれ、実行可能性試験であれ、そうした熟慮のために、

新プログラムに関する組織内部の大量伝達が、組織の（集合的な）記憶の探索目的で行われることが分かる。（提案の早期修正や悪い提案の即棄却でより効率的になるが、もしすべて探索するならば）実行可能試験を逐次適用するその順序は、特に重要ではない。

プログラムの階層構造[*40]

第6章でみたように、たいていの組織プログラムは、相互に関係した決定から成る複雑な構造をしている。ここでも、人間の認知能力の限界、限定された合理性の原則に訴えて、新プログラムの発見・作成の意思決定過程は段階的に進み、複雑なまま問題「全体」に関わることは決してなく、常に問題の部分に関わると主張する。プログラム探索でのこの単純化は、問題を階層的に因数分解することで達成される。バーナードが次のようにこの過程を記述したように (Barnard, 1938①, p.206)。

……決定の過程は、時の進行が不可欠な連続的な近似過程、すなわち目的の不断の洗練、事実の注意深い識別である。ゆえに、普通の決定をする人は、条件を概して漠然としてしか把握できない。その近似は、数々の不明な詳細を覆う象徴である。

手段・目的分析[*41]

この文脈で非プログラム化意思決定を論じよう。特に新しいプログラムを発見、作成、制度化する過程を論じる。ゆえに、主に探索活動と提案評価過程に関係する[*42]。新プログラム作成の連続的近似手法で主要なものは手段・目的分析である。すなわち、

[p.212]

[*40] 原典初版p.190では項として分けられていなかったが、原典第2版p.211では項として独立させられている。

[*41] 原典初版p.190では項として分けられていなかったが、原典第2版p.212では項として独立させられている。

[*42] 原典初版p.191では、(1)(2)(3)として文章の中に埋め込まれていたが、原典第2版p.212では改行、箇条書きに変わっている。

236

1. 達成すべき一般的目的から始まり、
2. この目的を達成する非常に大まかな手段の集合を発見し、
3. 次に、この各手段を新しい下位目的とし、それを達成するより細かな手段の集合を発見する等々【A-7.11】(Haberstroh, 1957①)。

この目的と手段の階層は、どこまで手段を細かく特定するのか？　それは、既知既存のプログラム（汎用手段）が使える具体水準までである。それだから、この過程で、新規一般目的が、既存汎用手段レパートリーの適切な部分集合に結びつく。新目的が比較的新奇分野の場合、既知のプログラムに届くまでこの過程が延々と続くかもしれない。（たとえば特定被災地での赤十字災害救護活動のように）目的が熟知した類のものであれば、階層を数層作るだけで、利用可能なプログラム連鎖にはめ込むことができる（たとえば、色々な完成度のプレハブ部品でいっぱいの倉庫を想像してみよう。新しい建物の設計図は、そのどの部品を使うかまでを指定すればいい）。

因数分解可能性 *43

手段・目的分析によるプログラム作成は2条件を満たす必要がある。第一は、過程の各期で実行可能性を判断しなければならない。これは、後の期でプログラムをさらに詳細に決める時が来たら、実際にそのようなプログラムは発見可能だという判断である。もし後でこの判断が間違いだったと分かったら――そのようなプログラムを発見できなかったら――手段・目的階層の上方の層に戻り、過程のその部分を再検討する必要がある。

第二は、過程のどの期でも、各手段は他のすべての手段から相対的に独立でなければならな

[p.213]

*43 原典初版p.191では項として分けられていなかったが、原典第2版p.212では項として独立させられている。

い。この「独立」には二つ意味がある。(a)手段・目的連鎖は真の階層で、一つの手段は上層の目的一つのみに影響を及ぼす。(b)一つの手段の実行可能性は、プログラムで他にどんな手段が使われるかにあまり依存しない。2条件を満たさなければ、なおも手段・目的分析で問題を構成要素に因数分解するのだが、近似には追加処理が必要で、下位プログラム間相互作用を評価し、それを考慮に入れた改訂プログラムが開発される。

手段・目的分析が単純明快になる条件にないときですら、手段・目的分析はなおも決定過程構造化の主力として用いられる。全体一貫性が必要条件でも、それは過程のもっと後の期で適用されるもので、初期の手段・目的分析には非常に漠然としか影響しない。

広く実践的に意味があるのは、下位プログラム間の相互作用が、「資源制約」的な一つまたは少数の条件に要約できる特殊な場合である。この場合は、手段・目的分析と資源配分決定を同時並行させ、最終プログラムの実行可能性と一貫性を保証する。

最も簡単な手段・目的の関係は、通常、次のどちらかになる。(a)利得関数は加法的で、各手段の利得の単純合計になる。(b)利得は1か0で、手段は利得の十分条件を集合的に構成する。

因数分解と集団問題解決[*46]

分析に何を含めるかの手掛りは、小集団問題解決の研究で得られる。この種の研究は、人間集団対生物で利用可能な調整手法を対比し、一般に、個人間の伝達は神経系よりも原始的で限定的な調整機構であることを明らかにした [A-7.12]。その結果、問題の半独立下位問題への因数分解は、個人よりも集団の問題解決で決定的に重要となる。

[p.214]

---

*44 関数の場合は、$f(x+y) = f(x) + f(y)$ という性質をもつとき、加法的という。

*45 たとえば、$f(x, y, z) = f(x) \cdot f(y) \cdot f$ (z)のように、すべて満足1なら全体も満足1で、一つでも不満足0なら全体も不満足0というような"乗法的"な利得関数をイメージすればいいのだろうか。

*46 原典初版p.192では項として分けられていなかったが、原典第2版p.213では項として独立させられている。

238

因数分解の方式 [*47]

手段・目的分析は実行方法の理論がほとんどない。何が**因数分解類型** (7.21) を決めるのか？ どんな領域にも範疇のレパートリーはある。たとえば「もうかる会社には、マーケティング、生産、財務が必要だ」というように。手段・目的分析は、問題自体の固有構造をどの程度反映するのか？ あるいは、どの程度自由／社会的制約を受けるのか？ 既に第2章最終節でこの問題に注意は払ったが、ここでの分析から命題をいくつか追加できる。

利得が加法的な構成要素から成るとき、それが問題の因数分解の因数となる。問題が時系列構造をしているとき、この条件がしばしば近似的に満たされる。このとき、各期の利得は一般に同じ期・隣接期の行為に最も依存し、それより離れた行為には依存しない。一般化すると、固有の因果網とそれが依拠する局所的因果関係が、問題「固有」といえる因数分解の因数を提供しているといっていい。残りは社会的制約を受けるに違いない。

因数分解 (7.21) に対する重要な社会的影響の一つが、既存の**組織的分業** (7.22) である【7.22→7.21】。既存下位単位（たとえば、販売部門、生産部門、管理部門）それ自体が、問題解決の際の汎用手段になりうる。この場合、問題の因数分解は、組織単位間分業に織り込み済みの専門化と相似的になるだろう。さらに広く社会的には、既存の職業専門化が因数分解を部分的に規定するかもしれない。

前章で言及したプログラム群間の独立度を高める工夫、すなわち標準化と在庫保持に、ここでも触れよう。この工夫は、プログラムの作成過程というより内容に関係するのだが、内容が因数分解できるなら、作成過程も因数分解可能になる。

手段・目的の階層には、一般に暗黙の時間的優先順位がある。一般目的は、下層で目的の検討に入る前に、主要下位目的に分けねばならない。この分割方式が、問題解決を同時進行できる

[p.215]

[*47] 原典初版p.192では項として分けられていなかったが、原典第2版p.214では項として独立させられている。

程度に影響する。問題の因数分解 (7.21) がより細かいほど、同時活動が可能になり、ゆえに問題解決速度 (7.23) が速まる【7.21→7.23】。

これは、個人問題解決を集団問題解決から区別すべきもう一つの点である。個人問題解決においては、個人の注意の焦点は一つで、一時に問題の一側面しか扱えないという事実から、同時処理の利益は限られる。しかし組織では、注意の焦点の数には限りがなく、問題の各所に配分できる。本書の結論は、次の通りである。(1)同時処理の利点以外にも問題分割で因数分解は起きない)。(2)集団問題解決では、相互作用無視の損失があっても、同時処理の可能性を活かすので、高度な問題分割に利がある。この命題は、プログラム化活動に関する命題——状況がより急速に変化するほど個別単位が要する自己充足度は大となる——と相似している。

7・5 組織層と革新

前節では、革新機能の専門化に注意を向けた。この節は、革新過程にとっての**組織層**[*49]の重要性に特に関係する。革新はどの組織層で起き、それはなぜか？　組織階層を上下すると、革新過程への参加に質的な違いはあるのか？　組織層が異なれば、起こりやすい革新類型に違いはあるのか？

目的の構造と組織構造[*50]

以上の問いに答える第一歩として、組織内目的構造と組織単位階層構造の関係を検討する必要がある。組織の目的とその目的に向けた活動の手段・目的分析から次のようなことが明らか

[*48] 原典 (初版p.193; 第2版p.215) では "attention centers" になっているが、前の文章の "focus of attention" に揃えて「注意の焦点」と訳している。

[*49] 原典初版p.194では "levels" とイタリックだったが、原典第2版p.215では "levels" と立体になっている。ここでは原典初版に従っている。

[*50] 原典初版p.194では項として分けられていなかったが、原典第2版p.215では項として独立させられている。

240

になる。(1)手段と目的はある種の階層に配置できる。しかし階層の上層の目的は操作的ではない（第6章参照）。(2)手段・目的階層の下層では目的は操作的である——特定の活動の目的貢献度を識別できない。(3)操作的なものでは最も上の目的の1、2層下では個々のプログラムを識別できる——各プログラムは、ある下位目的の集合に貢献し、原則として少なくとも他のプログラムとあまり関係なく実行できる多少とも独立した活動集合【A-7.13】。

たとえば、「適切な行政サービスを提供する」は操作的目的ではない。しかし「火災損失率を低く抑える」は多少とも操作的目的であり、（その下位目的である）防火という（操作的）目的に向けた住宅検査プログラムは、多少とも独立した活動集合を構成する。

こうした目的構造の設計図に沿って、組織は公式権限関係の階層をもつ。この公式権限構造と前述の手段・目的階層の関係を説明したいと思う。明確にするために3層モデルを考える。システム全体を「組織」、その中に「部門」、部門の中に「課」があると定義する。一次の操作的目的に関係した全体の手段・目的群、二次の操作的目的に関係した手段・目的群、等々を考える。こうした群と組織単位を比較すると、目的構造と組織構造の適合関係で組織に種類があることに気づく。

各群が単一部門の管轄で、一つの群の操作的目的が一つの部門の目的である場合、部門は**一元的**組織と呼ばれ、組織全体は**連邦的**組織と呼ばれる。課は一元的部門の**構成**組織となる(Simon, Smithburg, & Thompson, 1950①, pp.268-272)。

各群が一つかそれ以上の部門の管轄に収まりきれず、部門と課が**構成組織**[*51]となる場合、組織全体は**合成的**組織と呼ばれ、部門と課が構成組織となる。

もちろん、言及した連邦的組織と合成的組織以外にも可能性はあるが、この二つが可能性の

[p.216]

*51 原典（初版p.195；第2版p.216）では"the two"となっていて、何を指しているかはっきりしないが、「一元的組織と連邦的組織」ではなく、「連邦的組織と合成的組織」の二つを指していると考えられるので、そのように明記した。なぜなら、二つ前の段落や次の段落での定義から分かるように、仮に一元的部門から構成される一元的組織があったとすると、この組織はもちろん一元的なのだが、定義から連邦的組織にも含まれ、一元的は連邦的の「両極」にはなりえないからである。

241

第7章　組織における計画と革新

両極にある「純粋」型である。

もう少し形式的に定義してみよう。組織は、活動範囲が単一操作的目的の手段・目的構造と合致する限り**一元的**である。組織は、複数の一元的下位組織から構成されていれば**連邦的**である。組織は、活動範囲が複数の操作的目的の手段・目的構造にまたがり、しかも一元的下位組織から構成されないのであれば、**合成的**である。一元的組織や合成的組織の一部である組織単位は、**構成単位**といわれる。

目的的構造全体を包含する組織単位の中で最小のものが存在する。それは一元的かもしれないし合成的かもしれないが、**統合的水準**と呼ばれ、当該操作的目的に関する全活動を公式権限で調整できる最低水準である。

合成的組織の一形態は、広く流布しており、注目に値する。組織の大きな下位組織（部門）は、「管理」活動を除いて二元的組織である。管理活動は、組織全体のために活動する特別な部門に分割・割り当てられる。この種の構造は、ライン・補助組織（あるいはやや不正確だが「ライン・スタッフ」組織）としばしば呼ばれ、「ほぼ一元的」と呼ばれる。補助部門はライン部門、共通の管理活動をする部門は補助部門（またはスタッフ部門）と呼ばれる。補助部門の例としては、人事部門、法務部門、購買部門などがある。

非プログラム化意思決定の観点からは、ライン・補助組織は合成的組織よりも（一元的部門をもった）連邦的組織に似ている。しかし、どちらに似ているかは、各ライン部門の操作的目的関連活動のうち、**どれだけ**を分割して補助単位に割り当てるかに密接に関係する。補助活動が少ないほど（すなわち、ライン部門がより自己充足的なほど）、組織はより連邦的に働き、補助活動が多いほど、組織はより合成的に働く。

一つの組織のいくつかの操作的下位目的は、組織資源だけ争い、他は競争しないというよう

[p.217]

*52 原典（初版p.195, 第２版p.216）では"subdivisions"となっている。五つ前の段落で、明確にするために、システム全体を「組織（organization）」、その中に「部門（departments）」、部門の中に「課（divisions）」があると書いているので、仮に一貫性のある記述だとすると"subdivisions"は「係」と訳すべきである。しかし、文意からすると、組織の下位組織という意味で、しかも二つ後の段落には"major subdivisions (departments)"という言い換え表記もあるので、"subdivisions"は部門か課を表しているのだと考えられる。ここでは「下位組織」と訳し、次の文章の"subdivisions"も同様に訳している。

242

に互いに独立しているかもしれないし、あるいは直接競争するかもしれない。たとえば、筋の異なる2製品事業部をもつ会社では、事業部の目的は競争的よりむしろ独立的になりやすい。他方、同じ事業の販売部門と生産部門の下位目的は、いくつかの点で競争的になりやすい（生産費用の削減事業は製品を売りにくくするが、顧客を引き付ける販売慣行も生産を難しくするかもしれないからである）。[*53]

操作的目的に関する第5章と第6章の中心命題の一つは再掲に値する。すなわち、代替的行為の選択に、共通の操作的上位目的をもたない数個の操作的目的の比較を要するならば、交渉が意思決定過程の特徴になる。考慮される代替案すべてが同じ操作的目的に向けられているならば、分析的な意思決定過程が主になる。したがって、交渉が広く行われるのは、目的が操作的ではないか、共有されていないか**どちらか**の徴候である。

表面上、目的が共有（たとえば、利益最大化が企業目的だと合意）されていても、それが操作的でなければ、二つに場合分けが必要である。これは意思決定過程の特徴に重要な区別で、①経営者集団メンバーの内面化による目的をもたない共通組織目的、である。①の場合、交渉過程では多くのイデオロギー的対立、すなわち、どの手段が目的にとって最善なのかについての本当の対立があるはずだ。②の場合には、交渉はより機会主義的なものになり、「私利を公益で覆う」企ての合理化が特徴になる。

最終的に、どんな具体的プログラムも操作的目的群を獲得すると仮説を立てる。その目的は、（操作的であれば）もともとそのプログラムを創始したものかもしれないし、（最初の目的が操作的でなければ）プログラム制度化後に進化したのかもしれない。いったん獲得すると、操作的目的はプログラム評価の基礎となる。

[p.218]

*53 たとえば、生産の平準化は生産費用削減効果はあるが、納期が合わずに販売機会を逃す可能性もある。逆に、顧客が望むようにデザインを複雑にすると、金型が作れなかったりするかもしれない。

層による革新的機能の専門化

組織のどこでも、**革新感受性**(7.24)は、**特定単位ニーズ革新関連性**(7.25)の関数だろう[7.25→7.24]。たとえば、組織単位の経営トップ層は、下位単位割当の下位目的とも組織の一般目的とも違う、その単位の目的に関する革新ニーズに特に敏感である。そのことは、(a)注意を引いたもの、(b)その後付いた優先順位、の両方で明らかになる。

革新提案の目的範囲が、担当組織層には不適切(広すぎ狭すぎ)なとき、①「適正」範囲だったときと比べて注意や優先を受けなくなりがちで、②仮に注意を引いても、検討・プログラム作成を適切な組織層に照会しがちな、といった選別を受ける。

プログラム変化や新プログラム提案があったと仮定する。変化は、組織の既存の操作的目的の一つに関連するかもしれないし、それ以外の連邦的単位の非操作的目的に関連するかもしれない。後者の場合、創始は、既存の一元的組織の管轄外の新プログラム作成を伴う。これは、連邦的組織のトップ層で起こるものとしては「適正」かつ特徴的革新活動、すなわちどの現業単位の現活動範囲にも入らない新プログラム創始と新操作的目的定義である。

他方、個別の操作的目的を包含する最小単位が組織全体であるような合成的組織においては、トップ層でより広範な革新活動が見られるだろう。ライン・補助構造は、連邦的構造とより極端な合成的構造の間にあり、既存操作的目的に関する革新の大部分は、トップ層よりライン部門層でなされると期待できる。

連邦的組織の革新が既存操作的目的に関係するなら、たいていのプログラム作成は一元的下位組織の中で起こる(ライン・補助組織ではそれより程度が小さい)。より高層の創始参加は、主にプログラム承認に限られるだろう。それと比べ、一元的下位組織の革新参加は、創始、代替案の作成、結果の作成、評価、推薦、承認と、革新機能的に多様になると予測する。

[p.219]

*54 原典初版p.197では項として分けられていなかったが、原典第2版p.218では項として独立させられている。

*55 原典(初版p.198, 第2版p.219)では"operating"(現業の)になっているが、"operational"(操作的な)として訳している。

244

それゆえ、確かな公認組織単位への活動・操作的目的割当は、専任の従業員集団を作るという大きな意味があり、その目的に関するさらなるプログラム作成の要点である。

同時に、連邦的・合成的組織の一元的部分より上の層の革新関与度は、用いる**調整類型** (7.26) に一部依存する。**トップ層の革新関与度** (7.27) はフィードバックによる調整で増大し、計画による調整で減少する【7.26→7.27】。

ライン・補助組織の革新の場所と率は、一元的ライン部門の自己充足度に依存する。多くの場合、潜在的革新と新プログラムの場合、組織構造と既存プログラムの変化が必要だが、一般に、革新の提案者は、公式構造上隣接していない構造要素や既存プログラムに主に向けられる。

トップ層の革新過程関与度 (7.27) は、既に言及した他にも多くの要因に依存している。一般に、活発な革新活動は、プログラム化活動の責任が大きくない組織単位でだけ起こる。それゆえ革新が起こるのは、重い業務責任なしに計画責任 (7.13) のある個人・単位が存在する層である【7.13→7.27】。

一般に組織の上層ほど、注意パターンが不安定になる。特定の革新努力に対する上層部の参加 (7.27) は、予定表にある他の優先項目の数 (7.15) で大きく変わる【7.15→7.27】。

上層部、特に一元的組織より上の人々の注意は、組織構造維持、組織存続、複数下位組織活動に意義のある革新提案に主に向けられる。それゆえ、上に行くほど、決定の「手続的」側面の重要性が増す。

もし組織のトップ層が「組織特性」の定期検討プログラムをもっているならば (7.13)、この

第7章 組織における計画と革新

245

プログラムは、それ以下の層の革新（7.12）の重要な刺激となる【7.13→7.12】[*56]。組織内の革新の場所は、権力・影響力の分布にもかなり影響する。これには二つ理由がある。(1)継続／変化、行為／無為の既出の非対称性のため、組織の活動パターンは、提案評価と同じくらい活動起案過程から大きな影響を受ける。この不確実性のため、提案評価は推測過程の場所に拠の伝達よりはるかに容易。この不確実性吸収の必要性のため、提案評価は推測過程の場所に大きく影響され、通常、不確実性の大量吸収は起案場所近くで起こる。創始権が権力源なのは、たいていの組織の経営者には常識である。多分、それによって、権限委譲に対する一般的態度——組織内各管理層に存在する、下に対しては集権化を好む態度、上に対しては分権化を好む態度——が説明される。

7・6　計画過程

プログラム化／非プログラム化意思決定に関する命題を多数述べてきた。命題の大局的意味を知るには、国家計画・企業内計画の計画過程の長年の議論にこの理論を適用するのが有用である。もちろん、広義の「計画」は他の種類の意思決定と見分けがつかないので、ここでは歴史的に計画過程を定義する。

近年、計画は、まったく異なる次の2文脈で議論されてきた。(1)近代工業経済における中央計画の望ましい範囲に関する「計画対無計画」論争。(2)大規模工業会社における集権化と分権化の比較優位に関する議論。まずは前者から分析を始める。

[p.222]

[*56] この命題【7.13→7.12】は原典第2版 p.206で既出の命題である。

246

計画か無計画か：大論争[57]

中央計画の論点は、経済運営の中央メカニズムとして私企業、市場、価格に委ねる時はいつで、国家がこのメカニズムを補完し取って代わる時はいつか、である。アダム・スミスは、「見えざる手」についての有名な一節で、この問題に枠組みを与えた。彼の主張は次のようなものであった。

(1) 唯一頼りになる人間の動機は私利である。
(2) 価格と市場のメカニズムは、個人が私利を追求すれば、「見えざる手に導かれて、意図していなかった目的を促進する」というものである。すなわち、彼は「社会の年間収入ができるだけ大きくなるように必然的に働く」。

最初の命題(1)は多少単純な事実問題を提起したが、命題(2)はさらに物議をかもし、ごく最近まで、次の二つに焦点が分かれた。[58]

(2a) スミスの不十分な定義「社会の年間収入」に代わる社会的厚生の基準を定義する。
(2b) その基準を所与とし、私企業経済における私利追求で社会的厚生が最大化する正確な条件を明らかにする。

つまり、(1) 動機づけ、(2a) 社会的厚生基準の定義、(2b) 私利と社会的厚生の相似現象、の3問題を考える必要がある。この3問題がみな均等にここでの議論、すなわち人間の情報処理能力と限界がいかに計画に影響するかという認知問題と主に関連する議論につながるわけでは

---

[57] 原典初版p.200では項として分けられていなかったが、原典第2版p.222として独立させられている。

[58] 原典初版p.200では1、2になっている。ただし、その後の段落で(2a)(2b)となっている。原典第2版p.222では項(a)(b)だったが、原典第2版p.222では項としてその方が整合的なので、それに合わせた。さらに、その前の箇条書きの1、2も(1)(2)としてそれに合わせた。

ないので、(1)動機づけと(2a)目的対立の問題は少しコメントして片付け、問題(2b)に関連する認知的側面の議論を進めよう。

動機づけと目的対立 [*59]

私利が唯一頼りになる人間の動機なのか否か。第3、4、5章の考察に帰れば、人間の動機づけに関する現在の知識では、単純にどちらともいえない。いずれにしても、現代の計画の経済分析で、動機づけ問題の役割は二次的でしかなかった。

社会的厚生関数の定義問題もまた、第3、4、5章のテーマに関連している。これに、いわゆる「パレート流」[*60] の厚生経済学者——人間の全知的合理性公準の上にトマス主義の巧妙な構造を打ち立てた[*61]——が大注目してきた。計画論争にとり、この理論の唯一の意義は、公準愛好者がやる以上に強い仮定を置かなければ、社会的厚生関数が成立しないことを示したことだ。本書の主要関心は組織内計画なのだから、(社会的厚生関数に対応する)組織目的の定義問題には触れず、当面、そのような目的の存在を仮定しよう。

[p.223]

見えざる手 [*62]

以上で、動機づけの心配がなく、よく定義された組織目的(もしくは厚生関数)が存在すると仮定した上で生じる認知問題に進む準備ができた。

単に利益最大化でもいいのだが、単目的の一組織を考えてみよう。この組織は一定の資源を自由に使え、資源制約の下での目的最大化が問題である。明らかに、一人または集団が、可能な代替的行為をすべてもっているならば、どの代替的行為が組織に最良か分かる(完全情報と無限の計算能力は共に仮定している)。これが**中央計画**の最も単

[*59] 原典初版p.201では項として分けられていなかったが、原典第2版p.222では項として独立させられている。

[*60] Vilfredo Federico Damaso Pareto (1848-1923)は、イタリアの経済学者。パリに生まれる。トリノの理工科大学で主に自然科学系の学問を学ぶ。鉄道技師、製鉄会社の支配人を経て、1893年、ワルラス(M.-E. L. Walras)の後継者としてローザンヌ大学教授となる。ワルラスの一般均衡論の完成を目指した。今日の選択理論、厚生経済学の基礎を確立[有斐閣経済辞典第4版]。

[*61] トマス・アクィナス(Thomas Aquinas; 1225頃-1274)の哲学および神学説、その信奉者(トマス派)の学説。

[*62] 原典初版p.201では項として分けられていなかったが、原典第2版p.223では項として独立させられている。

248

純な形態である。

代替的手続として、組織内で市場の働きと価格メカニズムを真似ることもできる。組織をさまざまな下位部分に分解し、それぞれに独自基準（たとえばその「利益」）を設け、部分間を流れるすべての商品に「市場」を作るのである。各部分は投入を購入し、産出を販売するが、その相手は組織内他部分か組織外である。この種の手続は**価格を通じた分権的意思決定**と呼ばれる。

もし下位部分の基準の選択が適切で、**もし市場が適切に働くならば**、中央計画下と同じ代替的行為がとられる。すなわち、見えざる手によって、各下位部分の基準での最適選択は、組織全体の最適選択と一致する。厚生経済学の基本定理は、そうなる状況を正確に示すことに関係する。

厚生経済学の「古典的」定理は、企業間（ここでは組織の下位部分間）完全競争で、外部経済・外部不経済（個別単位の損益計算書に直接または価格を通して反映されない費用、収入）がなければ、個々の企業（組織の下位部分）による利益最大化は、経済の社会的厚生（企業全体の利益）を最大にするとしている。

計画・無計画論争にとってはどんなに重要でも、この定理は、企業内の価格を通じた分権化にはほとんど関係ない。というのは、完全競争条件は、企業内だけでなく企業外にも市場がある中間財でしか満たされないからである。価格の物差しを提供する外部市場がなければ、組織は一般に、内部での独占や不完全競争に悩まされる。

しかし、バローネによるより新しい定理によれば、完全競争でなくても、外部経済・外部不経済がない仮定のままで、利益最大化ルールに代えて、各下位部分で制御可能な限界費用（すなわち変動費用）を価格と等しくするルールにすれば、見えざる手は十分に働く。このルール

[p.224]

*63 イタリアの経済学者Enrico Barone (1859-1924) は、社会主義計算論争の口火を切り、社会主義経済でも計画機関が物価を計算し、資本主義経済並みの効率性を実現することは可能だと主張した。それに対し、後で出てくるフォン・ミーゼスやハイエクが反論したとされる。

は市場をきれいにし（たとえば、在庫の単調増加・単調減少を防ぐ）、所与の仮定の下で（一般に各下位部分では利益最大ではないが）企業を利益最大化に導く【A.7.14】。

バローネの定理では、外部経済・外部不経済がない仮定はまだ必要である。この仮定はとても軽微とはいえ、価格メカニズムの組織内分権化意思決定への実際の適用は非常な困難を伴う。産業立地論のクープマンとベックマン (Koopmans & Beckman, 1957①) の最近の研究は、こうした多くの困難に光を当てている。

厚生経済学の基本定理は、古典的なものもバローネのものも、ある状況下では、分権的価格メカニズムは中央計画と同じくらい良いと主張するが、後者より前者が**好ましい理由**は何も言っていない。アダム・スミス (Smith, 1776①)[*64] は、動機づけの第一公準がその理由だった。この公準の無視で、より最近の厚生理論の分権化の論拠は骨抜きになった。フォン・ミーゼス (von Mises, 1944①)[*65] とハイエク (Hayek, 1944①)[*66] は、過去20年間、第一公準に代わる新しい議論を進めてきた。次にこれを見よう。

限定された合理性の原則[*67]

フォン・ミーゼスとハイエクの議論（ここではハイエクを使う）は、人間の利用可能情報の限界と情報計算能力の限界に決定的に依拠している。それゆえ、本章の前の節や前章で検討した認知的問題と密接に関連する。その分権化の論拠は、本質的に、**人間の計画能力の現実的限界**を所与とすれば、集権化より分権化システムがよく働くというものである。ハイエクはうまく論じている。

［中央計画の論拠として現代文明の複雑性を引き合いに出す人から］一般に、首尾一貫し

[*64] 原典参考文献リストの初版 p.243 には記載されていなかったが、第2版 p.269 では、出版年も含めて引用して記した。しかし、本文中では、出版年を伴って追加されている。原典第2版の参考文献リストでは、Smith, A. (1937 (1776)). *The wealth of nations*, New York: Random House, Modern Library, となっているので、挙げられている1937年の Random House の Modern Library 版を書名もフル・バージョンにして正確に記した。

[*65] 原典初版 p.203 では出版年が1949年になっていたが、第2版 p.224 では1944年に訂正されている。

[*66] 原典参考文献リスト（初版 p.228、第2版 p.252）では、出版年は1946年、出版地は London になっている。原典本文の初版 p.203 では出版年は1944年になっていたが、第2版 p.224 では1946年に訂正されている。実は、この本は1944年に Chicago, IL: University of Chicago Press 版 (viii+248pp.) と London: George Routledge & Sons (viii+184pp.) 版が出版され、さらに1946年には短縮版 (95pp.) が London: George Routledge & Sons から出版されている。この後の引用箇所との整合性（脚注69）を考えると、出版年は1944年、出版地は London ではなく Chicago にしておくべきだと判断する。ハイエクは1974年にノーベル経済学賞を受賞している。

[*67] 原典初版 p.203 では項として分けられていなかったが、原典第2版 p.225 では項として独立させられている。

た経済過程の全体像が得にくくなると、社会生活が無秩序に陥るべきでないなら、中央機関による調整は必要不可欠だと言われる。

この議論は競争の働きを完全に誤解している。競争は比較的単純な条件に適しているのではない。まさに分業の複雑性こそが、競争を唯一適切な調整方法たらしめる現代的条件なのである。一人であるいは委員会で全関連事実の完全調査が可能なほど条件が単純ならば、難なく効率的に制御・計画できる。そうではなくて、考慮すべき要因が多くなり過ぎて、通観できなくなったので分権化が必須になっただけなのだ。しかし、いったん分権化が必要になると、調整問題が発生する。調整とは、個別機関に、そこだけが知りうる事実で活動を調節させてなお、相互計画調節が生じることである。それほど多くの個人の決定関連考察すべてを意識的に均衡させることは誰にもできないので、分権化が必要になった。つまり「意識的制御」では調整は果たせない。個人が決定を他人と有効に調節するために必要な情報を各機関に伝えることによってのみ、調整は果たせる。どんなセンターも、異なる商品の需給条件に絶えず影響する変化の詳細をすべて知ることやそれを十分な速さで収集・拡散することは決してできない。したがって、必要なものは、個人行為の関連効果をすべて自動的に記録し、全個人の決定の合力と決定指針を同時に表示する登録装置である。

まさに競争下の価格システムがそれであり、他のシステムでは見込みすらない。技術者が少数の計器針を監視するように、比較的少数の価格の動きを監視することで、企業家同士が活動を調節できる。……全体が複雑になるほど、個人間で分業ならぬ分知するようになる。その個人の個別の努力が、価格システムとして知られる関連情報伝送用の非人称メカニズムによって調整されるのである。(1944, pp.48-50) [*69]

【p.226】

[*68] 原典初版p.203では英国英語的に"centre"だったが、原典第2版p.225では"center"に変わっている。

[*69] 原典初版p.204にはなかったが、原典第2版p.226で"(1944, pp.48-50)"が付された。しかも、原典参考文献リスト(初版p.228、第2版p.252)には1946年版しか挙げられていないのに、1944年と記されている。脚注66も参照のこと。同じ1944年版でも、London: George Routledge & Sons版での該当箇所はpp.36-37にあってpp.48-50にはない。手元にあるChicago, IL: University of Chicago Pressから出版されたPhoenix Books版(1962年発行16刷)の該当箇所は確かにpp.48-50にある。

これは次のように価格メカニズム肯定論である。(1)完全競争下で外部経済がないとき、集権的体系同様に分権的体系でも（個々の下位部分における利益最大化によって）最適決定を保証できる。(2)事実、分権的体系は集権的体系と比べ、情報・計算に要しないので、実際には分権的部分利益最大化で最適決定が**可能**でも、集権的体系では**不可能**である。完全競争の仮定を緩めても、下位部分利益最大化ルールに代えて限界費用・価格等化ルールにすれば、バローネの定理により、この議論はなお有効である。

外部経済・外部不経済を考えるときは、①行為の間接的結果（外部経済）を考慮しなかったことによる分権化に伴う損失と、②必要な事実の入手や必要な計算の実行ができないこと（限定された合理性）による集権化に伴う損失をはかりにかけて、集権化に対する分権化の純利益（あるいはその逆）を評価する必要がある。これは意思決定メカニズムの「不完全性」①②の重要性の量的比較問題になる。実は、これは第6章で分析した自己充足性と調整欲求削減の間の選択問題と同じものである。分権化と集権化のどちらがいいかの問題は、一般的かつ先験的に一度に決着できるものではなく、事案ごとに世の経験的事実に照らして判断する必要がある。

価格を使わない分権化 *70

ハイエクは限定された合理性の議論を分権化価格メカニズムと中央計画の得失論争に適用した。しかしこの部分の議論は、今見たように、実のところ集権化、分権化一般を論じたもので、価格メカニズムに**限って**言及したわけではない。それゆえ、より一般的視点で、市場メカニズムと無関係な他の集権化・分権化メカニズム——それが、複雑状況での意思決定に有利な手続を与えてくれる——を考えてもよい。

もし「最適化」要件を重くとると、価格メカニズムに匹敵する優れた新メカニズムは見つか

【p.227】

---

*70 原典初版 p.204 では項として分けられていなかったが、原典第2版 p.226 では項として独立させられている。

252

りそうにない。厚生経済学の定理の証明の数学的構造を検討すれば、最適決定ルールに出てくるパラメーターが「価格」や限界費用と単純に解釈できることも分かる。しかし現実には外部経済のせいで、最適化の必要条件が満たされそうにないこともみてきた。それゆえ広く探索し、最適化を満足化に代え、少なくともどこかの現実世界の条件下では「良い」決定を示す、中央計画や価格メカニズムより好ましいメカニズムを探すことを厭わない。

実のところ、現下の経済体制の決定メカニズムとして価格が適切かどうかについて、利用可能な経験的証拠の大部分は、価格が「働く」(すなわち、市場をきれいにする) 証拠であって、最適性の証拠ではない。完全競争条件、外部経済・外部不経済不存在条件からどの程度の乖離か？ 少なくとも米国経済については決定的証拠がない。明らかに**完全**には条件を満たさないが、その乖離の大きさを測定する有用な基準を提案した人もいない。通常、価格メカニズムは、市場をきれいにし、消費者に広い選択の幅を与え、普通に外部経済が存在しても差し支えないことでよしとする。

価格メカニズムのテスト：戦時計画[*72]

ハイエクの議論を論理的帰結までたどると、中央計画に対する価格メカニズムの優位性は、適用状況が複雑であるほど大になる。この仮説の検証に、戦時下の現代経済より良い場はないようだ。しかしそのまさに戦時下で、価格メカニズムが中央計画に一部置き換えられた事実は面白い。この逆説は注目に値するが、価格メカニズム論に興味のある経済学者は注目してこなかった。しかし、第二次世界大戦中に英国の航空機計画に参加した洞察力ある英国の経済学者イーリー・デボンズ (Devons, 1950 ①) は注目した。説明すべき逆説の存在に気がついていた。

[*71] 原典初版 p.205 では "real-world" だったが、第2版 p.227 ではハイフン "-" が抜けて "real world" となっている。

[*72] 原典初版 p.205 では項として分けられていなかったが、原典第2版 p.227 では項として独立させられている。

MAPでは、この計画は必要で、計画なくして航空機生産は不振に陥るといつも疑いもなく仮定していた。実は、航空機は、MAPの計画のために生産されていたというより、むしろ計画にもかかわらず生産されていたと断言する懐疑主義者はいた。しかし彼らから、MAPは計画するのを止めるべきだと本気で提案したりせず、使っている方法・技法を大幅に改善できると考えていた。航空機は、競争的価格システムで生産するのではなく、生産は計画する必要があると疑いもなく受け入れていたので、なぜこのような計画が必要か説明を試みたり、MAPが使う方法・技法を戦時経済計画の何か一般理論に照らして判断したりとは、MAPでは誰もしなかった。関係役人にとって、MAP計画活動は、事の成行きで強制されたもので、考え抜かれたシステム——資源の最小使用で航空機の最大生産を保証する最良の方法——に適するから採用されたのではない。(p.2)

次にデボンズは、自身が提起した問題に答えて、中央計画の存在理由を続ける。

戦時に計画は必要だった。なぜなら経済で唯一の消費者を演じていたのは政府であり、戦争に勝つというただ一つの目的を達成するのに、さまざまな品目の生産をはかりにかける必要があったからである。

理論的には、この決定の後、政府が製品発注し、生産者に必要な原材料、部品、労働力を競争させることもできた。しかし、政府の戦争資金調達法はインフレ誘発的で、競争させれば単に一般価格水準が上昇しただけだろう。

……実業家が軍需生産用に自発的に設備投資することはありえなかった。……というのは、戦争期間の推測に必要な情報 (basis) がなかったからである。……政府のみがこの知

*73 第二次世界大戦中に、ドイツの空襲（いわゆるBattle of Britain）に対抗するために、英国で、チャーチル首相が作った航空機生産省 (the Ministry of Aircraft Production) の略称。1940年〜1946年の間だけ存在していた。

*74 原典初版では、Devons (1950) からの引用箇所4ヵ所 (pp.205-208) に引用ページ数は付けられていなかったが、原典第2版では、すべての引用箇所 (pp.228-230) に引用ページ数が付けられている。

最初の論点はきわめて面白い。というのは、戦時下、社会的厚生関数の定義特有の困難すべてが、戦争に勝つという根本目的の前に消滅したからである。政府は決定を分権化するのに（バローネ・ルールを使って）最も容易に価格システムを使えたとき、デボンズの理由の含意は、いくつかの活動は限界収益が未知なので、その適正規模は、戦争努力への限界貢献の判断から切り離して決定できないということである。このことは、中央計画担当者のこの事実判断が、購入価格の形をとることを妨げない。しかし、中央計画担当者は、その購入価格が生む供給量の予測——分権化価格設定では不要と思われる予測——なしには購入価格を決定できないことを意味する。

本章で前に用いた用語でいうと、ここで価格メカニズムが遭遇する困難は、目的（戦争に勝つこと）が完全には操作的でないことである。少なくとも、目的に対する活動の限界貢献を単純に推定できるほど十分に操作的ではない。

インフレに関するデボンズ第二の論点は、ここでの議論に関係ない利害対立問題を提起するものなので、飛ばして次の論点に進もう。

自発的投資に関するデボンズ第三の論点もまた、決定に必要な事実は単に「そこ」にあるのではなく、何かの方法で何か処理をして意思決定者に知らせる必要があるという観察に依拠している。それは価格擁護論の根底にある次の重要な仮定を明らかにする。すなわち、意思決定者個人が限界費用を価格に等しく設定するのに必要な情報は、そのような意思決定者にとって最も容易に入手可能である。戦時下のように、この仮定が成立しないときは、分権化の論拠と価格メカニズムの論拠は分かれて別になる。

[p.229]

（pp.3-4）

戦時計画の分権化[75]

こうして、戦時意思決定では価格メカニズムにいくつか欠陥があることが分かる。しかし、ハイエクが警告する複雑性負荷を集権化された計画がどう支えるのかはまだ分からない。デボンズはこれにも答えている。**戦時計画は本書で定義した意味での中央計画ではなかった。**それは、分権化の要素を多く伴うが、価格以外の調整手段を用いていた。

政府の考える最善の戦争の仕方に全行為を一致させたい衝動が、必然的に決定の集権化に帰着した。というのは、集権化によってのみ、個人行為が互いに一つになり、望ましい一般パターンにうまく収まることも保証できるからである。したがって理論的には、最高位の計画機関が「遠大な計画」……を詳細に立てるべきだった。……しかし実際には、そんなことはなかったし、できるはずもなかった。というのは、決定の集権化がより高度になるほど、考慮に入れるべき情報は広くなり、考慮に入れられる関係は少なくなるということが、人間能力の限界から来る管理の必然だからである。それゆえ政府は、ただ一つの目的を追求する一個人のように、共同体に代わって行為しようとはいつも試みてはいたが、管理上の困難のために、別々に分かれ、大部分が自己充足の管理単位への決定委譲を強いられてきた。戦時計画の最も難しい課題は、問題を構成要素に分割する最善の方法の決定であり、同時に構成要素行為間の調整の保証だった。

経済システムの全要因が相互に関係しているのは本当だが、所与の変数間の相互関係は、近いものも遠いものもある。扱う問題の分割方法で分かりやすいのは、連結が最も近いと思われる要因を一緒にして分類することだった。(p.5)

[p.230]

---

*75 原典初版 p.207 では項として分けられていなかったが、原典第2版 p.229 では項として独立させられている。

256

そして彼は、次のように、分権化・集権化問題をまとめている。

計画の色々な試みから次の2問題が明らかになった。①各管理単位がその担当区域を効率的に扱えるように領域を分割する必要性。②これら別々の単位の行為がすべて総計画にうまく収まることを保証する必要性。しかし、こうした原則の実行はいつも対立を生む。なぜなら、①は、計画を扱いやすく現実的にするために、委任と委議を要求し、②は、計画を調整可能にするために、集権化を要求するからである。(p.14)

企業内計画にとっての意味[*76]

計画論争は、個々の企業内の意思決定にどんな光を投げかけるのか？　論争は当初、民間企業／政府統制の間の選択に関するものだったが、論点は次第に、中央計画／価格メカニズムを伴った分権的意思決定の間の選択に移り、後者の問題の探究が、集権化／分権化の間のより広い選択の問題を提起した。マクロ経済の問題（民間企業と政府統制の間の選択）のみに関わる論争の特定部分は、年を経て不明瞭になる傾向があった。その結果、最近の論争は、全体経済における意思決定と同じくらい、企業内意思決定の問題に十分に関係する。ここまでの本書の分析から要約して抽出できるものを見てみよう。

第一に、もし私利が唯一頼りになる人間の動機であるならば、企業内の意思決定の分権化は、企業利益最大化に貢献する代替的行為を選ぶよう意思決定者を動機づけるメカニズムを伴う必要がある。近年人気を得たものに、部門別損益計算書付きの会計図表がある。しかし、もし尺度が会社利益と相関すれば、そして、もし意思決定者がその尺度に注意を払うよう（奨励金その他で）動機づけられていれば、他の代替的尺度も同等に役立たないわけはない。

[p.231]

[*76] 原典初版p.208では項として分けられていなかったが、原典第2版p.230では項として独立させられている。

第二に、好環境下、特に個々の部門が互いに十分独立し、そのため大きな外部経済・外部不経済がないとき、価格メカニズムは企業内分権的意思決定の保証に役立つ装置となる。

第三に、価格メカニズムの企業内使用には、外部経済がないだけではなく、意思決定者にとって限界費用・収益の合理的推定値または有効な推定手法が利用可能（同様に目的が操作的）である必要がある。こうした手法がなければ、価格メカニズムは分権化に有効ではないだろう。

第四に、組織内意思決定の分権化の動きは、どんな意思決定手法でも、組織が本当の「最適」に近づくわけではないので、決定メカニズムの探索では最適化基準を重視し過ぎず、「使える」満足化手法を探すべきである。

この方面での意思決定手法の探究は、いまだ未開である。古い経営文献に一般的なものが少しは見られる。マルシャックとラドナー（Marschak & Radner, 1954①; Marschak, 1955①）は、最適化モデルに忠実に従い、状況を高度に単純化して、効率的な決定ネットワークの設計を研究した。その中にはベイブラス・ネットワークを使った実験室実験と関連できるものもある。個々の企業内の生産管理・計画の決定のために多数の決定ルールが開発されてきたが、これまた慣れ親しんだ最適化の土地を一歩踏み出したにすぎない程度である（Churchman, Ackoff, & Arnoff, 1957①）。

計画の動学 [*78]

ここまで、分権化を進める重要な力として、限定された合理性の原則に訴えてきたが、プログラム化／非プログラム化意思決定の別は何も使わなかった。所与の代替案からの選択というで古典的なモデルに限れば、計画問題の主要論点は、ある関数（生産関数と需要関数）の推定とあ

【p.232】

[*77] Churchman, Ackoff, and Arnoff (1957) は、オペレーションズ・リサーチ（OR）創成期の代表的教科書。内容としては、企業が抱える在庫管理問題、配分（線形計画）問題、待ち行列問題、取替問題、入札問題などをモデル化し、その最適解を求めるもの。ただし、こうした数学的な手法の解説に終始するのが、同書の特色はORの教科書の常套なのだが、一般的なORの解を実際に企業に適用し、長期に実施するために、解を管理するシステムを構築しておくことが説かれている点にある（Ch.2）。

[*78] 原典初版p.209では項として分けられていなかったが、原典第2版p.232では項として独立させられている。

258

る将来データの予測の可能性である。価格が意思決定の有効な装置であるかは、①価格がシステムを導く先の均衡、②その均衡に対する推定・予測誤差の効果、③推定と予測の修正を通じてシステムに導入される動的特性を検討して決める必要がある。

たとえば、各部門の生産決定を、価格で調整する企業と販売予測・在庫データで調整する企業との間で分権化システムを比較できる（実際の公式の在庫・生産制御方式はたいてい後者の種類である）。デボンズの代替的な戦時計画法の評価を除けば、知る限り、この種の実証的比較が実際にされたことはない。

新プログラムを作成する条件での代替的計画メカニズムの比較は、一層困難である。特定の伝達・意思決定構造が、日々の業務効率に与える影響と、自身の構造変化や他の非プログラム化変化を扱う組織能力に与える影響はまったく違うだろう。古典的計画理論は、文字通り静態的な場合にのみ、すなわち均衡の比較にのみ適用するので、非プログラム化変化の条件での計画については、規範的命題の枠組みを与えない。それゆえ、このような動態的考察が重要である限り、古典的理論はこの問題に大部分無関係である。その代替的接近法は、本章の前の方の節の命題で示しており、完全には開発されていないが、多分最終的には、より適切なものになるだろう。

7・7 結論

本章と前章では、組織内人間行動の認知的側面を検討してきた。一般に組織研究は、20世紀の第1四半世紀は科学的管理法の視点で、第2四半世紀は、通例「人間関係論」と呼ばれる関心と接近法で占められてきた。前者の場合、組織内の行為者たる人間は、少数の生理学的特性

【p.233】

*79 原典（初版p.209, 第2版p.232）では"induced into"となっているが、"introduced into"として訳している。

と単純な心理学的特性で記述しうる「機械」として主に見られていた。後者の場合には、行為者たる人間は感情と動機を賦与されたが、それに比して適応的・理性的存在としての特性にはほとんど注意が払われなかった。この初期の接近法の代替物ではなく補完物として、本書の認知的分析が組織論のより広い外形にぴったりはまる。

組織内の他の現象と比べ、認知的現象はあまり関心をもたれなかったので、最初の五つの章の分析と比べ、最後の二つの章の理論の扱いは、必然的により断片的、より非体系的となった。特に、信頼できる説得的な経験的証拠はほとんど存在しない。これは本書全体にわたり不満ではあるが、認知的テーマについては特に力説しておく。組織という舞台装置における人間の心と行動の理解。そこに空想に代えて事実を据える仕事に加わるよう他の人々を促すことになれば、これらの章を書いた労力は償われて余りある。

260

あとがき

膨大な理論と（はるかに少ないが）その経験的検証の既に要約となっている書物の内容をさらに要約するのは、きっと困難で多分余計なことだろう。この本の締めくくりには、第1章に書いた意図を振り返るのが一番いい。組織論の文献の渉猟は、従業員を機械や生理学的自動人形として見る理論から始めた。続けて人間行動の動機的・感情的側面を中心に扱う理論を見て、認知的過程を強調する理論で完結した。

本書で渉猟した領域は、理論化の到達度、特に命題の実証度で非常にむらがあることを見てきた。命題用に収集できた証拠は、大部分が動機づけ・態度を扱う本書中盤の諸章関係だった。組織的行動の認知的側面は、ほとんど未開の地である。

同時に、組織的行動に関する本書の命題の経験的検証問題は、多くの技術的・方法論的問題を提起していることも見てきた。そのうちいくつかは他の場所で論じたので、そこ以上に方法を詳細に論じることはしない。しかし、組織的行動の研究にとって特に重要と思われる四つの方法論的問題には言及すべきだろう。

1. 同定の問題。計量経済学者他 (Koopmans, 1950①; Hood & Koopmans, 1953①) は経験的データで理論モデルを検証する問題にかなりの注意を注いできた。本書他が組織論の中で提示したモデルのあるものは、いくつかの点で、実質上同定に至っていない。

2. 組織単位が使用するプログラムのメンバーの行動観察から推測する問題。相当量の研究が、プログラム推測の方法論に基づいて行われた (Cyert, Simon, & Trow, 1956

① ; Newell, Shaw, & Simon, 1958①)。

3. 組織メンバー間の影響関係の有無と強さの推測問題。影響測定に伴う主要問題のいくつかは、過去数年間にわれわれ他の研究者が論じてきた (Simon, 1953a①; March, 1955a①, 1956①, 1957①; Dahl, 1957①)。

4. 組織研究において、実地調査は一般的で、組織的行動の単一事例研究は特殊的だという格の問題。この分野は十分発達しているとは感じていないので、何か新しい貢献を報告できたらよいと思うが、残念ながらできない。組織論は、理論同様、方法論にもむらがあり、さらなる発展が求められる。

ほどよい正確さで命題・理論の意味・意図を記述してきたのではないだろうか。他の人々が文献に与えた意味・意図を、それが依拠するとわれわれが判断した人間行動の基礎理論を開示しながら記述してきた。さらに真剣に、行動科学の主要な一般命題・方法論的革新のいくつかの実証の場として、組織内人間行動を使う機会を多数指摘してきたと思う。

262

謝辞

本書の研究は、当初、内表紙にあるマーチ（James G. March）、サイモン（Herbert A. Simon）、ゲッコウ（Harold Guetzkow）の三人で引き受けた。三人で計画し、本書の構想を煮詰めた。1956年から57年にかけての学年、ゲッコウがいない行動科学高等研究センターで、マーチとサイモンが分担して原稿を書き、最終的に内容を決めた。しかし、内表紙に共同研究者としてゲッコウの名を出すことで、本書への賞賛も非難も分かち合うべきだと考える。

カーネギー工科大学産業経営大学院の研究事情に詳しい人ならば、三人以外にも協力者がいると分かるだろう。特に、サイアート（Richard M. Cyert）とニューウェル（Allen Newell）には負うところが大きい。企業理論に触れる所はサイアート、人間の問題解決の扱いはニューウェルの着想と影響がはっきり見られる。他の組織研究会メンバー、W. Dill、C. Haberstroh、D. B. Trow にも示唆や批評をよく求めた。

学外では、影響の測定についてはダール（R. A. Dahl）と長時間有益な議論をしたし、ゲーム理論とそれ以外の対立の理論の関係についてはハーサニー（J. C. Harsanyi）から教えてもらった。二人には特に感謝している。コールマン（J. S. Coleman）はセミナーで、彼が今思っている以上に本書の構成に貢献した。社会科学研究会議（The Social Science Research Council: SSRC）の助成でカーネギー工科大学に置かれた組織理論調査・研究訓練センター（The Research Training Institute on Organization Theory and Research）のメンバーには、1957年夏、第一稿を精査してもらった。これには、ハーサニー、ニューウェルに加えて、R. F. Bales、W. G. Bennis、R. L. Chapman、R. L. Hamblin、S. Hollander、N. Kaplan、J. T. Lanzetta、H. J. Leavitt、E. M. Lentz、

263

改訂稿は大いに改善された。S. B. Levine、D. C. Pelz、J. C. Pock、D. Shimshoni、C. K. Warrinerも含まれる。彼らの示唆でともに参考文献リスト作成で手伝ってくれた。他にも多くの学生、アシスタントに手伝ってもらった。特にE. A. Feigenbaum、H. J. Harr、R. A. Hendricks、C. B. Hensley、D. K. Mims, Jr.、W. H. Starbuck、F. Stern、F. M. Tonge, Jr.。

L. Cottrell, III、J. Feldman、P. S. Hours、G. Majone、S. Sebulskyは、本文への深いコメントと

E. L. Adamsは、本書に関して、原稿タイプ他ここに列挙できないほど多様かつ多くの仕事をしてくれた。

学問をする上で最も希少な考える時間は、組織内人間行動の理論・実証に対するフォード財団の十分な研究助成と、行動科学高等研究センターのフォード財団給費研究員制度で得られた。財団とセンターには感謝している。助成対象テーマが広かったおかげで、組織的行動の基本知識を広げるとともに人事にも役立つ、最も有益な方向で探究することが可能となった。もちろん、盛んな理論・調査研究を可能にする産業経営大学院の知的組織的環境にも感謝している。

264

第2版への序文

今から三分の一世紀以上前、ハロルド・ゲッコウ（Harold Guetzkow）とともに、組織に関する理論の「命題目録」[*1]作りに着手した。（なるべくなら正しい）一般命題を列挙し、それを支持する経験的証拠を評価するつもりだった。もちろん命題目録作りには命題の体系化が必要で、そこから進化した本書でも組織論の体系を提案した。

それ以来、本書は注意と関心を引き続けた。ある人にとっては出版年である1958年以前に出版された組織研究の案内書となった。ある人にとっては組織に関する命題の有用な資料として、引用、修正、増補、批判の対象であり続けた。さらにある人にとっては先史時代の偶像となった。

本書への十分な関心が続いたことは、元の本文のままの新版でも有用な証である。しかし、初版が出て35年、その間、組織と組織論の世界で起きた出来事については、本文から刺激を受けて、この「第2版への序文」の形でコメントすることにした。それは幸せなのだが、同時にわれわれが当時と比べて多分あまり賢くなっていないという警告でもある。いまだにこの本を時折読んで楽しめて、しかも、今は知っているが当時は知らなかったものよりも、当時は知っていたのに忘れてしまったものに、より多く驚くのは、もしかしたら不幸な兆しなのかもしれない。

今、全般的に何か言いたいことがあるとすれば、それは、組織や組織論の基礎を揺るがすよ

[*1] 参考文献リスト冒頭に挙げられている4点の先行文献のうち、De Grazia (1949) と Prestridge and Wray (1953) は、各文献にコメントを付した文献リストだが、おそらく当初は、それと似たようなものを作成しようとしていたのではないかと思われる。

うな、すなわち、それが認められなくなったり、ひどくゆがめられたりするほどの出来事はこの間なかったということである。1958年以降、組織の置かれた状況は、社会的には、特にレトリック、イデオロギー、民族集団やジェンダーでかなり変化した。また1958年以降、組織研究は印象的な発見が勢ぞろいし、量・質ともに1950年代よりずっと良い。にもかかわらず、観察した新しい現象も、多分、新概念の大半も、それほど無理矢理押し込んだり折り曲げたりせずに、目論見通りにこれまでの枠組みにぴったりはめ込める。それが、本書を書き直さずに、コメントするにとどめる(多くの)理由の一つである。

本書の関心

本書の関心は公式組織の理論である。選好、情報、利益、知識が異なる個人・集団、つまり葛藤・対立のある個人・集団の間で調整された行為のシステムが組織である。葛藤・対立から、協働、資源の動員、努力の調整——これらが組織とそのメンバーの共生する——への精巧な転換を記述するのが組織論である。

この共生の促進は、主に、情報、アイデンティティ[*3]、物語、奨励金等の制御を通じて成し遂げられる。組織過程と経路情報が参加者の目的と忠誠心を形作る。共有された物語、すなわち共通の確信と標準的慣行を含んだ組織のエートス[*4]を創り出す。適切な行動には奨励金等を与える。

しかし、組織過程を有効に制御するには限界がある。寿命の不確実性とあいまい性による限界、行為者たる人間の限られた認知的・感情的能力による限界[*5]、時間と空間のトレードオフの

[p.2]

*2 社会的・文化的に形成される性別。作られた男らしさ・女らしさ［広辞苑第6版（岩波書店）］。

*3 アイデンティティ (identity) は、同一性とも訳される。人や組織が他者から区別される独自の性質や特徴を一貫しつつもっていて、それが他者や共同体からも認められていること。「自分は何者か」「自分の存在意義は何か」等の自己を社会の中に位置づける問いに対し、肯定的かつ確信的に回答できれば、アイデンティティ確立の上で重要な指標となる［広辞苑第六版（岩波書店）；心理学辞典（有斐閣）］。実は、個人のアイデンティティだけではなく、組織アイデンティティについての研究もある。Albert, S., & Whetten, D. A. (1985). Organizational identity. *Research in Organizational Behavior*, 7, 263-295. Dutton, J. E. & Dukerich, J. M. (1991). Keeping an eye on the mirror: Image and identity in organizational adaptation. *Academy of Management Journal*, 34 (3), 517-554.

*4 ここでエートスは、ある民族や社会集団に行き渡っている倫理的規範、あるいは単なる規範としての倫理ではなく、そのことが歴史の流れの中でいつしか人間の血となり肉となってしまった、いわば社会の倫理的雰囲気とでもいうべきものだとされている（ヴェーバー、マックス（1991）『プロテスタンティズムの倫理と資本主義の精神』（大塚久雄訳）ワイド版岩波文庫（原著1920年）、「訳者解説」pp.387-388）。

266

調和の複雑さによる限界、そして競争の脅威による限界。

組織の行為者たちは、互いに取引するとき、協調的・競争的優位を追求してこれらの限界に立ち向かう。①計算、計画、分析することで、②自身の経験、他者の経験・知識を学習することで、③検索容易に知識を蓄えるルール・手続・解釈のシステムを創り使うことで、限界に立ち向かう。自分たちの活動の周囲に、その助けとなる文化、合意、構造、確信を作り上げる。こうした組織的行動の寄せ集めが、本書の焦点なのである。個人・集団の集まりが、比較的体系的に自己調整する仕方の理解に努めよう。

扱われる組織はたいてい伝統的に階層とみなされる。組織を階層的に記述することは普通で、それは一つには階層がしばしば効率的だからであり、一つには階層秩序がより一般的な文化規範——社会関係を支配・従属で記述する——に適合的だからである。階層はほとんど独立の二つの側面をもっている。一つは、たいていの組織の特徴になっている入れ子の箱の構造、どの層でも、一般に箱間より箱内の方が、伝達がより密集している。二つ目は、よくある公式の権限関係のピラミッド配列で、組織の「頂点」から「底」まで階段状である。階層の入れ子特性は、下位単位間で必要な相互作用と調整の量を限界内に抑えて、下位単位の専門化を可能にする。同時に階層は、公式権限を指揮・調整メカニズムとして使うことを容易にする。

しかし、組織過程が一貫して階層的というわけではない。他の類型のネットワークもある。これは相互連結活動の生態の反映だけではなく、単線一方向の因果順序・権力といった単純な考え方からは逸脱している。ここで言っている組織の境界線とは、「プリンシパル」と「エージェント」、あるいは「内部の人」と「外部の人」と分ける感[*6]じはっきりした組織の境界線をものともせずに乗り越えている。

---

*5 ここでトレードオフ（trade-off）とは、一方を取ればもう一方を犠牲にしなければならない二者関係にあることをいう。

*6 エージェンシー理論では、仕事を依頼する側をプリンシパル、仕事を依頼される側をエージェントと呼ぶ。たとえば、株式会社の場合は、株主がプリンシパルで経営者はそのエージェントと考える。

じのものである。ただし、きれいに分け過ぎに思えるが。

本書の中心をなす統一の構成概念は、階層ではなく意思決定過程に対して指示し、知らせ、支える組織内の情報の流れである。意思決定過程もまた、つかみどころがないものになりうる。決定とは何で、いつ行われ、誰が行うのかを定義することは、どれも時々問題となることが分かったが、この概念は、ほどよく役立ってきたと思われる。いくつかの種類の決定は組織にとって重要である。第一に、個人が（従業員、メンバー、支持者、管理者、顧客、オーナーとして）組織に参加するか退出するかの決定と、参加に際しどの程度努力・熱意を投入するかの決定がある。第二に、組織の事業を指揮して、どのように組織化し、どんな目的を宣言し、その目的に到達するために課業をいかに調整し、いつ指示や構造を変えるのかを決めるという決定がある。

本書の第3章と第4章は、第一の種類の決定を主に扱っている。第5章は、同じ種類の決定だが、組織メンバーや組織内下位単位の目的と努力が葛藤・対立したときにどのように組織化するかの理論である。意思決定者は一度には、目的のすべてにも、代替案のすべてにも、代替案の結果のすべてにも注意を払わない。注意は、過去の経験から知っている代替案だったり、別の時点では行動計画表から外れる。ある時点の行動計画表で高優先順位の静学と動学である。

第7章は組織の革新・変化に向けた活動に焦点を当てている――いわば経済学でいうところの静学と動学である。

中心的な構成概念が意思決定であるにもかかわらず、本書で展開される理論の多くは、選択の理論というよりも注意の理論である。意思決定者は一度には、目的のすべてにも、代替案のすべてにも、代替案の結果のすべてにも注意を払わない。注意は、過去の経験から知っている代替案だったり、別の時点では行動計画表から外れる。ある時点の行動計画表で高優先順位の目的が、別の時点では行動計画表から外れる。注意は、過去の経験から知っている代替案に局限されたり、製品開発・設計過程から生まれた少数代替案に局限されたりするかもしれない。ある状況下ではある結果（たとえば流動性）に注意を集中するが、別の状況下では別の結

[p.4]

---

*7 構成概念 construct とは、その存在を仮定することによって複雑な現象が比較的単純に理解されることを目的として構成する概念がある。構成概念の印象的な例としては遺伝子がある。メンデルが1865年にエンドウでの実験から遺伝子の存在を論じており、ヨハンセンは1909年にこの因子を遺伝子と呼ぶことを提唱し、遺伝子の存在を仮定すると、遺伝がうまく説明できることは分かっていた。しかし、この構成概念としての遺伝子の実体がデオキシリボ核酸（DNA）で、その長い二重鎖の一部分ずつが遺伝子として機能することが分かったのは1953年であった（高橋伸夫（2006）『経営の再生』第3版、有斐閣、ch.5）。

*8 本書の元の本文では、前者を参加の決定、後者を生産の決定と呼んでいる。

*9 他で開発されたものは無視して、自分たちで開発したものの中だけから選ぼうとするいわゆる自前主義、NIH症候群（Not-Invented-Here syndrome）のことを指していると読める。代表的な研究としては、Katz, R., & Allen, T. J. (1982). Investigating the Not Invented Here (NIH) syndrome: A look at the performance, tenure, and communication patterns of 50 R & D project groups. *R & D Management, 12* (1), 7-19. ただし、この論文自体については疑問点も。Takahashi, N., & Inamizu, N. (2012). Mysteries of NIH syndrome. *Annals of Business Administrative Science, 11*, 1-10.

第2版への序文

果（たとえば市場シェア）に注意を集中するかもしれない。一度に一つのことにしか注意が払われないというのが言い過ぎであれば、控えめに表現しても、あらゆることに注意が向けられるわけではないので、注意の配分方法を理解することは、決定の理解に不可欠である。結果として、本書では、探索の理論——緊急問題、代替案とその結果についての情報を組織がいつ、どこで、どうやって探索するのかの考察——に多くの注意が向けられた。[*10]

本書に書いた組織的注意の理論は、二つの小さな着想の上に構築されたが、この二つの着想は、その後かなり強力で魅力的だと証明された。一つ目の着想は満足化で、組織は目標に的を絞り、中間段階なしに成功（目標達成）と失敗（目標未達成）にはっきりと二分して区別するというものである。二つ目の着想は、組織は、現時点で目標達成の活動よりも、目標未達の活動に注意を向けるというものである。1958年以降、この二つの着想は（関連するものとともに）意思決定に関してかなりの収穫をもたらした。

組織と意思決定を、合理性の限界の反映だと考え、注意拘束的行為・探索の整然としたパターンだと考えることは、もちろん本書が言わんとするすべてではないが、多分、中心の芯の部分は含んでいる。

本書でそれとなく述べたこと

読者は、組織に関する本書の考え方が有用だと大体は認めてくれると思う。明示的には書かなかった真理も大部分は暗示していたと、われわれも普通の著者並みに自負している。しかし、もし本書を今書くのであれば、その論じ方は、少なくとも、大きく次の四点で少し違っていた

[p.5]

---

*10 その例として、サイモンが、登場人物がどんな問題に注意を払っているのかだけを仮定して作った、販売担当部長、工場長、製品デザイン担当技師の間の架空の会話が分かりやすい。①販売部長は、顧客が低価格、短い納期、製品の品質を希望していることを代弁し、②生産計画部長は、販売の予測可能性を望み、③工場長はもっと長いリードタイム（時間的余裕）と、あまり顧客に無謀な約束をしないことを希望し、④製品デザイン技師はデザイン改良に対して工場側の融通がきかないことに不平を言う、というものだった。サイモンが経営者に対して、この架空の会話を聞かせると、自分の会社のことをよく知った上で話しているのではないかと疑ったという。Simon, H. A. (1957). *Administrative behavior: A study of decision-making processes in administrative organization*, 2nd ed., New York: Macmillan, pp.xvii-xviii. [松田武彦・高柳暁・二村敏子訳『経営行動』ダイヤモンド社、1965、第2版への序文pp.13-14）

かもしれない。

1. 純粋理論的な思弁に反するような経験的な観察により注意を払ったかもしれない。
2. ルール・ベースに反する分析的に合理的な行為の強調をもっと控えただろう。
3. 決定前提を外生的に所与とはあまりみなさなかっただろう。
4. 組織の歴史的、社会的、そして解釈的な文脈により大きな役割を与えただろう。

これらの点について、ここでこれから述べることの多くに、本書は先取りして手を打っていたと考えているが、とはいえ、仮に今このプロジェクトに着手したら必要だったであろうほどには、どれも詳細には論じなかったのである。

1 思弁とデータ

今の問題意識で、本書に一番欠けているのは経験的証拠の手当てである。最初の五つの章では、問題はそれほどひどくはなく、たくさんの文献に基づいて描写することができた。もちろん、今日ではさらに多くのそのような研究があり、本書の論拠をさらに強化し、純粋理論的な思弁に見える部分を改めることにも使える。多変量解析的統計手法の発達、調査設計・分析の教育の進歩、そして研究者の有益なデータ生成努力が結びついて、今や最初の五つの章で扱った問題には、まあまあしっかりした経験的基礎になっている。

より難しいのは、第6章と第7章で議論した問題である。個人についてはいくぶん少なめに、システムについてはいくぶん多めに論じたが、見つけた関連証拠の大部分は、特定の組織のモ

*11 思弁speculationとは、経験によることなく、ただ純粋な思考によって経験を超えた真理の認識に到達しようとすること。現代では否定的意味に用いられることが多い。知的直観の意味をもつ場合もある［広辞苑第6版（岩波書店）］。
*12 モノグラフとは、一つの特定の問題を詳細に取り扱った研究論文［広辞苑第6版（岩波書店）］。
*13 この問題は議論が絶えない。特に1980年前後からは、事例研究に対する批判とそれに対する自己弁護が繰り返された。当時、コンティンジェンシー理論に代表される安易な①アンケート・データをもとにした②仮説検証型の研究が氾濫していたこともあり、それはますました。①事例研究であり、②仮説構築型の研究をもち上げたアイゼンハート（Eisenhardt, 1989）や、自分の考える正しい事例研究のあり方を説いたイン（Yin, 1981）などは自己弁護の代表例である。インはその後、事例研究の教科書まで書いて版を重ねている。インの論文では、比喩として、刑事が事件現場に行って、目撃者の証言を聞いて……と刑事が真犯人にたどり着くまでの過程になぞらえて説明している。その比喩を用いて私見を述べれば、刑事事件であれば、真犯人を捕まえてからではなく立件できないはずであるが、現存するほとんどの事例研究は、犯人が誰かも分からぬうちに、捜査資料段階でどんどん論文として発表されてしまっている。事例研究の危うさの本質なのであって、それこそが、真犯人さえきちんと捕まえていれば、方法論的にはかなりのバリエーションが許されるというのが、本来の

第2版への序文

ノグラフ的な研究、すなわち事例研究の形をとっていた。科学は客観的で再現可能で典型的な証拠に基づいていると教わったが、事例研究をそんな証拠にできるとする科学的方法論の既存文献はなかった。潜在的に関連する事例の特定・収集でさえ実質的に不可能と分かった。

組織的意思決定過程に関する仮説を発見・検証するには、誰かが実際の組織的文脈で過程を調べる必要があると、われわれははっきり気づいていた。そんな調査をしたのは、ほぼ特定組織の研究者だけで、短期・長期に、社会史家、民族誌学者（エスノグラファー）として仕事をする。彼らの標本はたまたま目にした標本であって、定義できる母集団の代表ではない。彼らのデータは主として歴史的物語、常識を偏見なく適用して帰納的に推論される因果関係、そして組織的洞察とから成り、量的データはほとんどない。

今、この仕事に再挑戦する人は（仮に誰かそんな愚か者がいたら）、ある点に関してはずいぶんと恵まれている。実験室実験・実地調査ともに決定行動研究がかなり急増したのである。決定に関する文書データを用いた研究もあるし、準実験室環境で組織参加者の経験的観察研究もあるし、実際の組織内決定過程を観察した研究もある。たとえば、組織におけるリスクを冒す行動のようなものの経験的理解は、1958年当時と比べ、かなり正確である。

社会学と心理学では、非定量的な言葉のデータを体系的に取り扱う方法がかなり発達した。たとえば認知科学の問題解決研究では、今では、被験者が問題解決課題を行いながら口にする独り言の実験記録をデータとして使う方法がある。それと並行して、社会学では、多くの種類の文章の内容を分析する方法が発達した。そうしたデータをいかにコード化、処理し、いかに仮説検証に使うか、現象を模擬実験するコンピュータ・プログラム形式の仮説も含めて、今はたくさん分かっている。

多分、あまり進歩がなかったのは、組織・組織メンバーの母集団からの標本抽出問題と、個

【p.6】

*14 統計学的には、明確に定義した母集団から標本（sample）を無作為抽出（random sampling）したときにのみ、標本のデータに基づいて母集団の性質を、確率をもって推定、検定できる。そのときは、標本は母集団の代表といえる。それを踏まえて、ここで言っていることは、社会史家、民族誌学者は、昆虫標本や植物標本のような意味での「標本」を扱っているかもしれないが、それは統計学的な意味では標本ではなく、母集団を代表していない、という趣旨であろう。

*15 おそらく、groupthink に関する研究を指していると思われる。これは「赤信号、みんなで渡れば怖くない」みたいな現象を引き起こすので、groupthink の一般的な直訳である「集団思考」のはずなのに、一般的には「集団浅慮」と訳されることが多い。代表的な研究としては、Janis, I.L. (1972; 1982). Victims of groupthink: A psychological study of foreign-policy decisions and fiascoes, 1st ed. (Groupthink: Psychological studies of policy decisions and fiascoes, 2nd ed. (a revised and enlarged edition). Boston, MA: Houghton Mifflin. がある。ただし、この手の集団心理はかなり不安定で、いつもリスキーにばかりシフトするわけでもなく、時には逆に慎重にシフトすることまであるといわれている。リスク行動一般については、200

研究の姿であろう。Yin, R.K. (1981). The case study crisis: Some answers. Administrative Science Quarterly, 26 (1), 58-65. Eisenhardt, K.M. (1989). Building theories from case study research. Academy of Management Review, 14 (4), 532-550

271

人・小単位のデータの総計問題——それで個人・小単位が属する大規模システムの行動を明らかにする——である。しかし、これらの問題も、十分精力的かつ十分頻繁に検討すれば、きっと、少なくともなんとか扱えて、ことによると解決するだろう。今日、社会科学者が社会史家と民族誌学者の仕事にますます注意を払うようになり、これは事例研究と歴史的物語を組織論の発見・検証データとして真剣に扱おうとする吉兆である。

最後に、最近、特に経済学部、ビジネス・スクール、そして心理学部において、意思決定、市場、そして小規模組織の実験室研究が盛り上がりをみせている。こうした研究は、新古典派経済学と数理的ゲーム論の理屈にまだ支配され過ぎに思える。しかし、こうした実験室のデータにさらされれば、ほぼ必然的に、実験者は驚き、新しい考えに突き当たり、やがては今より現象によく合う概念的枠組み、説明が生まれるだろう。[p.7]

多分、方法論的に最も切望されかつ最も発達が遅れているのは、以上のような新しい類のデータやモデルを扱えるように統計理論を改造することである。データ分析の統計学が組織論に適合的ではないために、複雑化するデータ分析は、(たとえば線形回帰のような)最も粗野な理論モデルのみがもとになり、もっと面白い理論的着想が経験的に検証されないまま残されている。こうした状況は、1958年以降、多少は改善したが、十分ではない。

2　行為の論理

分析ベースの行為

人間は選択し、選択は結果に照らした代替案の評価がもとになるという基本的な考え方は「常識」であり、加えてほとんどの現代社会科学の基礎となっている。この考え方は、特にそれが

[*16] 認知科学（cognitive science）とは、人間の知的な働きをその応用面から分析・解明しようとする工学・医学・哲学・心理学などの学際的研究領域。知識表現・記憶・解知識獲得・概念形成などの生体における仕組みの解明やコンピュータを用いたこれらの機能の実現を目指す。1970年代から特にアメリカで進展［広辞苑第6版（岩波書店）］

2年にノーベル経済学賞を受賞したカーネマン (Kahneman, D) とトバルスキー (Tversky, A) らの一連の研究のこと。

[*17] 原文では thinking-aloud protocolsとなっているが、サイモンの共著書Ericsson, K. A., & Simon, H.A. (1984). *Protocol analysis: Verbal reports as data*. Cambridge, MA; London: MIT Press. は、プロトコル分析あるいは発話プロトコル法（verbal protocol method）の代表的文献として知られる。p.200）の脚注16を参照のこと。そこにも書いたが、think-aloud protocol; TAPの方が一般的。直訳すれば「独り言の実験記録」の意味。詳しくは第7章（原書第2版）

[*18] 内容分析（content analysis）のこと。テキスト分析とも呼ばれるが、たとえば文章に出てくる単語の頻度を計測したり、新聞記事の面積を測定したりして、文章を数量的に分析する方法。1990年代から内容分析のための専用のコンピュータ・ソフトが普及した。ただし、内容分析の代表的文献Berelson, B. (1952). *Content analysis in communication research*. New York: Free Press（稲葉三千男・金圭煥訳『内容分析』みすず書房、1957）が出版されたのは本書の初版出版前である。このベレルソン

第2版への序文

新古典派経済学の教義に出てくるとき、人間の心の描写として正確でも魅力的でもないとしばしば批判されてきた。多くの著者は、人間は完全な合理性を達成できないと示唆している。しかし、報酬を支払って合理性を追求させると、かえってあまり利口とはいえない行動にシステム的に至ると示唆する著者も少なくない。

合理性妄想を批判する者が図書館に行けば、本書よりもっと格好の攻撃対象を多く見つけるだろう。しかし、多分、図書館の「合理性」コーナーに本書があるのは妥当である。本書ではたいてい、行動を選択の結果として、選択を中心に組織化されたものとして描写するし、選択はその結果の選好的評価に依存すると説明する。本書は、少なくともその意味では合理性の本なのである。

しかし、その合理性はかなり制限された合理性である。本書に登場する人々は、何をするにも理由があると思われている。その理由で、選択とその正当性（説明であれ合理化であれ）が両方分かる。このように行為は行動とその説明両方の予測の基礎になる。

理由は、関連した二つの論理を反映している。第一の行為の論理は、①分析的合理性で結果の論理である。行為は、その予想結果を行為者の選好で評価して選ばれる。この結果の論理は、予想、分析、計算の概念と結びつき、代替案の選好的・自己発見的な探索や、代替案[※21]を見つけた際の満足度の評価で主に働く。

第二の行為の論理、②ルールの状況対応の論理に基づく。状況を熟知頻出の類型と認識し、それと一組のルール（本書では時にプログラムと呼ぶ）を合わせることで行為を選ぶ。この適切さの論理は、経験、役割、直感、専門知識の概念と結びつき、計算は主に組織のファイルや個人記憶に貯蔵された経験の検索手段となる。

本書は、どちらの種類の論理的行動も探求するが、②より①に注意を向ける。つまり、行為

【p.8】

こそが、著者二人に組織論の命題目録作りを依頼した人物だとされる。Simon, H. A. (1991). *Models of my life*. New York: Basic Books, p.163. (安西祐一郎・安西徳子訳『学者人生のモデル』岩波書店、1998、p.242)

*19 後述するマーチらのゴミ箱モデルは、コンピュータ上で現象を模擬実験するコンピュータ・シミュレーションの研究として有名である。ゴミ箱モデルで最も単純なコンピュータ・プログラムはTakahashi, N. (1997). A single garbage can model and the degree of anarchy in Japanese firms. *Human Relations*, 50 (1), 91-108 に掲載している。

*20 実験経済学（experimental economics）のこと。2002年のノーベル経済学賞をカーネマンと共同受賞したスミス（Vernon, L. Smith）は、実験経済学の代表的な研究者の一人である。

*21 原語"heuristic"の訳語は従来「ヒューリスティック」とカタカナ表記して済ませることがほとんどだったが、これでは訳していないのと同じなので、本書では「自己発見的」と訳すことにする。英語heuristicの辞書的な意味は、発見的な、すなわち、一定の規則に従うのではなく、可能性を探って問題解決に至ること、あるいは、最終結果に至るまで試行錯誤を繰り返し評価することで解法を発見することを指している〔新英和大辞典第6版（研究社）〕。

273

には必然的理由があり、代替的行為の主観期待効用の比較評価で組織内行動・組織行動を予測できると仮定しておく。この一般的枠組みを広範な決定の検討に用いる。

合理性（①の意味）は、知的とは限らない。人にはしばしば必然的理由があると仮定することと、人は目的に客観的に最適な行為を確実に選ぶと仮定することとはまったく異なるのである。本書で描く組織は、意図的にも、選択正当化の方法としても、合理的（手続的に合理的）だが、その合理性の追求は、理路整然とも知的行為とも限らない（しばしば本質的に合理的でない）。

人間の無知や過誤だけではなく、目的のあいまいさや目的の対立も、組織内行動描写の重要部分である。組織内個人行為は、公式の組織目的か、あるいはいくつかのまったく個人的な目的を狙っている。その行為は、目的によく合うこともあれば合わないこともある。それは、しばしば誤情報や情報不足のせいであり、行為の結果を予測や計算すらできないせいである。目的は時には明瞭で安定しているかもしれないが、しばしば不明瞭で矛盾し変化する。この現実的センスで、意図的で限られた合理性を仮定すると、行動における感情の重要な役割を無視しないことになる。ましてや、人間の行為を動機づける広範な人間の欲求と欲望——時には強欲が、時には利他主義が、時には集団への忠誠心が後押しする——を無視しないことになる。

本書に見られる限られた結果の合理性①の考え方は、現代の意思決定理論では、少なくとも真正新古典派経済理論以外は、大体標準になった。今日の経済学は、経済主体の不完全な知識、未来に関する不確実性、最適な行為を発見する能力の限界に対して、絶えずより注意を払うようになっている。限られた合理性は、現代の企業理論、行動的決定理論、そして多くの派生理論の基礎となっている。いくつかの比較的少数派の逸脱（たとえば、合理的期待形成理論）を除

[p.9]

----

*22 主観期待効用は正確にはsubjective expected utilityだが、原典(p.8)では"expected subjective value"になっている。

*23 本書では、「limited rationality」を「限られた合理性」、「bounded rationality」を「限定された合理性」と訳している。後者の用語の方が一般的である。

274

第2版への序文

けば、それは、一般に受け入れられた学説などとなっている。永遠に受け入れられ続ける学説などないので、まだ信じているのかと訊かれるだろうが、答はイエス、まだ信じている。

情報技術が精緻化しても、まだ限られた合理性は組織考察の強力な基礎的枠組みを与え、コンピュータ、オペレーションズ・リサーチ、経営科学に具現化されると信じる。本書出版時、現代の情報・決定技術は、経営科学、決定科学、オペレーションズ・リサーチ、情報工学の学問分野とともに、組織の意識へと踏み込み始めたばかりだった。これらの学問分野は、組織の意思決定に新技術を応用することを企てた。最適化理論の概念的枠組みを使い、それにかつての想像を超える計算を可能にする数学的ツール、すなわち適切な数値データと強力な新計算機を与えた。この新技術を使って、個人・組織の認知的・計算的限界が課す合理性の制約を減らし、除去しようとした。人間の情報的・計算的限界は、限定された合理性の基本的前提なので、情報技術の進歩はこの概念に対する大いなる挑戦と考えるのが妥当かもしれない。

これら新ツールは、多種の決定、たとえば、在庫管理、生産管理、記録・情報管理に相当影響を与えてきた。しかし、組織全体への影響は限られてきた。新ツールは、①過度な曲解なしに数学的定式化が可能、②その定式化に合った数値データ収集が可能、という状況に主に応用されるからである。

この条件①②のために、応用は主に中間管理層と下位管理層の決定に限られてきた。より上層の管理者の仕事は、情報技術革命が頻繁に宣言されたにもかかわらず、一般にあまり変わらなかった。多くの組織で、組織用の新型経営情報システムの開発に最新技術を使おうとしたが、組織内の実際の決定過程や経営ニーズにあまり合わないシステムになるのが普通だった。

本書初版の出版以降、電子的伝達も急激に発達した。1958年にはファックスは商用ではなかったし、電子メールも然り。今やファックスは一般的で、電子メールもゆっくり普及して

[p.10]

いるが、本書が論じる過程の本質をいまだ変えてはいないようだ。人工知能といわゆる「エキスパート・システム」では事情が少し異なる。それには三つ理由がある。第一に、オペレーションズ・リサーチや経営科学のモデルほどには定量的方法に限定されない。第二に、人間の合理性の限界と徹底的な近似・満足化要件をより十分に考慮しているまだ実現には遠い。決定工学の発達はどれもまだ、限られた合理性の原理を経営に応用することに大再考を迫るには至っていない。結びついている。その結果、生まれ始めた人工知能とエキスパート・システムは、今に、オペレーションズ・リサーチや経営科学よりも経営課題の中核に浸透するかもしれない。しかしまる。第三に、結果の論理（自己発見的探索）と適切さの論理（認識とルール・ベースの行為）を

ルール・ベースの行為

ルール・ベース型、認知ベース型の行為について、本書の記述は多分控えめである。プログラム、役割、他の形態のルール・ベースの行為を論じているが、それは概して分析ベースの行為の概念に付随してだった（最新の組織の扱いが他もたいていはそうであるように）。最新の研究では再び適切さの論理が広がりを見せ、結果・計算の論理では、人間の重要な知的行為の方法が分からない可能性が高まっている。

専門家の行動に関する最新の認知ベースの研究では、一方で、体系的な（そして時々定量的な）結果分析の意思決定過程におけるそれぞれの役割が、他方では、認知された状況に対して適切な行為を見つけることが、かなり明らかになってきた。後者は、経験を積んだ意思決定者の行動でたびたび起こる「直感」のような現象の重要な構成要素であるらしい。直感に特有の特徴は、（秒単位の）速い反応、そして結果に至る一連の処理を当人も説明で

[p.11]

276

きないことである——そのような処理を否認すらする。反応はいつも正しいわけではない。しかし観察者に直感を印象づけるのは、反応、特に専門家の反応が、ほとんど処理時間や努力を要しないように見えるのに、しばしば正しいからである。特に印象的なときは、直感に対して「洞察」あるいは「創造性」といった他の尊称を与えることもある。逆のときは「盲点」あるいは「早合点」と呼ぶ。

直感の役割と性質は、チェス競技の研究によって例証される。チェスの名人は、50人以上を相手にして同時にチェスを指すことができ、次々とチェス盤を移動しながら、一手をわずか数秒で指し、それでもほとんど全員に勝つことができる——ただし、対戦相手は専門家よりも強くない(イロ・レーティング400以上でグランドマスター以下)という条件でだが。勝ち抜き戦では、競技者はしばしば先の手を読み、時にはゲームのツリーの100本もの枝を探索するのだが、対照的に同時対戦では、そのような分析をしている時間はほとんどない。どのようにしてそんな速さで手を選んでいるのかと尋ねられれば、名人は「直感的に」やっていると答えそうだ。

こうした研究により、名人の直感が、チェス盤上の手掛りに気がつくことで成立していることが明らかになった。過去の何千ものチェスの盤面の経験で非常に熟知した手掛りが、対戦相手がコマの配置を教えてくれる。直感とは、単純に、こうした過去の経験を通して熟知したものを認知する技能なのである。代表的な名人は、少なくとも5万のそのような手掛り(通常「チャンク」と呼ばれる)、すなわちチェスでしばしば現れる熟知したコマのパターンを記憶していて、それとともに、いかに弱点を利用して優位に立つかを指図するルールを記憶していた。

この研究は、分析と直感の関係について何を語っているのだろうか? 直感は、認知のあり

*24 チェスでは、強さはレーティングで表現される。公式戦の勝敗で上下する点数だ。勝っても、相手のレーティングが高いと大幅に上がり、低いと小幅にしか上がらない計算方法になっている。米国の物理学者イロ(Arpad Emrick Elo)が考案したイロ・レーティング(Elo rating)では、レーティングで200点低い相手に勝つ確率が0.75になるように設定される。グランドマスター(grandmaster; GM)は、いわゆる名人位に相当する最上位の段位で、世界で1000人くらいいるといわれる。GMのタイトルは高水準の国際競技会で決められた勝率(平均のGMを超える勝率)を3回突破したときに与えられる。なおイロ・レーティングでは、平均的な対局者の点数は1500とされているので、本文にある400というのは、GMを引き合いに出すまでもなく、平均より もずっと弱いことになる。

*25 チャンク(chunk)は、ミラー(G. A. Miller)が、1956年に提案した情報処理の心理的な単位。たとえば"DOGCAT"は英語を知らない人にはD, O, G, C, A, Tの6文字で6チャンクだが、英語を知っている人にはDOG, CATの2単語で2チャンクとして処理される。ミラーは直接記憶の範囲を7±2チャンクであると考えた。Miller, G. A. (1956). The magical number seven, plus or minus two: Some limits on our capacity for processing information. Psychological Review, 63(2), 81-97. [心理学辞典(有斐閣)]

ふれた現象と同義だと言っているのである。意思決定に使える時間がたっぷりあるときは、熟練したチェス競技者は大いに分析を行う（もちろん、分析すべき筋を選んだり、それを評価したりする際には直感の助けを得ながら）。分析する時間がない早指しのときは、名人はほぼ完全に直感によっている（すなわち、認知によっている）。早指しするとき、勝ち抜き戦とは条件が違うが、直感によってチェスの技能の本質的な部分が直感——熟知した重要な手掛りを認知し、それをどう使うか、記憶した知識を検索する能力——にカプセル化されていることを示すには十分である。

このチェスの技能の話は、専門家の行動研究の他の多くの分野でも繰り返される。たとえば、コンピュータのいわゆるエキスパート・システムの構築の際には専門家の行動が研究され、系統立った質問が行われる。[p.12] こうした点で、経営的技能が、既に研究されてきた他の技能とは異なると考える理由はない。専門の経営者は、結果分析とルール・ベースの直感（認知）の両方を使って決定に至る。その経験がしばしば明示的・意識的計算なしに正しい決定へと導く。知的な経営者は分析だけで経営するのではない。豊かな直感（認知能力）と経営分野での長年の訓練・経験を通して得た行為のルールを分析に十分織り交ぜて経営する。

個人が経験を〈認知／行為〉ペアにコード化することで専門知識を獲得するこの過程は、組織が〈状況／行動〉ペアのルールを開発する過程と相似である。本書はプログラムについて書いている。組織は役割とアイデンティティの集まりである。ルールの集まりは、一部は専門家を雇うことで組織に持ち込まれ、たとえば会計士は、会計士として訓練されたことをする。それ以外は共同経験を通じて組織内で開発され、標準手続として組織記憶される。

一体化や社会化の過程は、それによって個人が自分自身をアイデンティティと関連づけ、役割を学習するものであるが、状況認知に対する反応をルーチン化するメカニズムでもある。組

*26 エキスパート・システム（expert system）とは、医療診断、造船・建築設計、財務分析等の高度な専門知識を必要とする分野で、専門家が行ってきた判断・操作の代行をするコンピュータ支援情報システム「有斐閣経済辞典第4版」（岩波書店）。利用者との対話によって知識ベースを構築するものもある。

*27 原典（p.12）では、直訳すると「ルールと状況をペアにする」だが、状況とペアになる対象は、前後の表現では行為、行動であり、ペアにするものがルールとされ、整合的ではないので、ここでは「〈状況／行動〉ペアのルール」としている。

278

織は、自身の経験も他者の経験・知識もルールに変え、そのルールは、人が入れ替わっても、根拠も知らずに維持・実行される。その結果、ルールの生成・変更・想起・忘却の過程は、組織の分析と理解にとって本質的である。

組織的行為は《状況／適切な行動》照合によるのだが、プログラム、専門的規則、専門的直感では行為が一意に定まらない。参加者はルールに従うが、どのルールが適切かいつもはっきりしているわけではない。異なるルールをもった異なるアイデンティティの人が一つの状況に入ってくる。状況ははっきりせず、認知は時にあいまいとなり、適切なルールは特定しにくい。ルール実行に必要となる（かもしれない）技能もすぐに利用できるとは限らない。

本書では、適切さの論理に基づくルール・ベースの行為を論じたが、多分、今ほどには重視していない。[*28] まず、①組織内で観察される行動の多くは、状況が与えた役割以上に重要な役割を演じている。①個人では直感、②組織ではルール・ベースで行為してしても愚かになりうるし、経験をルールにコード化しても、最適どころか適切な行動すら決して保証しない。しかし、組織が自身の目的に向けて知的に行為する能力を説明するからには、結果の論理と同様に適切さの論理の役割にも注意しなくてはならない。

次に、②組織的行為に見られる知的さの多くが、顕在的な分析ではなくルールから生じている過程というよりは認識と分類の過程である。それに関連する認知的・組織的過程は、結果を評価するかぶるという意味で「直感的」である。

【p.13】

---

* 28　組織のルールは組織ルーチンと呼ばれる方が一般的で、マーチ自身が、ルーチン・ベースの組織学習論で大きな役割を果たしている。詳しくは、高橋伸夫（1998）「組織ルーチンと組織エコロジー」『組織科学』32(2) 54-77を参照のこと。実は、1989年にマーチを記念する組織学習論のコンファレンスがカーネギー・メロン大学で開催され、そこでのカーネギー論文が本書第2版の出版前に、創刊間もない *Organization Science* 誌の「組織学習」特集号 (Vol.2, No.1, 1991) と後続号 (Vol.3, No.1, 1992) に掲載され、マーチ自身も「組織学習における探索と深耕」という単著論文を寄せている。March, J. G. (1991). Exploration and exploitation in organizational learning. *Organization science*, 2 (1), 71-87. さらに1996年には、これらの論文を含む大部の論文集Cohen, M. D., & Sproull, L. S. (Eds.). (1996). *Organizational Learning*. CA: Sage Thousand Oaks, が出版される。経済学分野では、ネルソンとウィンターの進化理論導入し、その後の研究に大きな影響を与えている。Nelson, R. R., & Winter, S. G. (1982). *An evolutionary theory of economic change*. Cambridge, MA: Belknap Press of Harvard University Press.（後藤晃・角南篤・田中辰雄訳『経済変動の進化理論』慶應義塾大学出版会、2007）

3 自律的な選好

選択の理論は、本書で概説した理論も含めて、選好を自律的で決定に先立つと扱いがちである。個人の選択は、個人の選好のために行われると思われているが、その選好の形成過程は選択にとって外生的なものとして扱われる。こうしてできた理論は、意思決定者を自律的個人として、意思決定を、目的設定とその後の選択厳密という逐次的2段階で進行するものとして記述する傾向がある。

本書は、意思決定者とその選好の社会性を明確に扱っている。組織内の人々を孤立者——その欲望、アイデンティティ、考えが周囲の他の人々とは無縁に形作られた——だとは見ていない。組織メンバーは社会的人間なのであり、その知識も確信も選好もすべて、育った社会的環境の産物であり、今暮らして働いている環境の産物なのである。この多種多様な集団・下位集団——自身、家族、組織とその下位単位を含む——に対する複雑な忠誠心のせいで、個人内葛藤・個人間対立は組織生活の普遍的特徴となる。

これらの忠誠心が、組織メンバーの行為を形作る。特に、広くあるいは狭く、身に付けた組織単位への強い忠誠心が、組織目的の支持を確保する基本メカニズムを構成する。本書は、金銭や他の誘因の重要な役割を否定しないが、それらによる動機づけでは、実際に観察される組織目的の支持の水準は確保できないと言っている。

対象が個人的利己的利益よりむしろ組織目的であるような献身は、利他主義の一形態とみなしうる。もし組織的アイデンティティを説明しようとするならば、ダーウィンの信奉者が明らかに必須要件としている生存条件、個体の「適合性」に対して、利他主義の頑健性を主張しな

[p.14]

ければならない。本書ではその主張は行われていないが、意思決定論者と同様に個体群生物学者にとっても、中心的な関心事になっている。『サイエンス』1990年12月21日号に掲載された筆者の一人サイモンが書いた論文が、そのことを検討している。[*29]

1958年にわれわれは平然と意思決定者像を社会的なものとして描いた。他方、多分あるべき姿より、いくぶん静か過ぎた。そうでなければ、本書はもっと明示的に注意を払っていただろう、社会的・環境的影響に応じて変化するという組織目的の特性の重要性に対して、多分、本書はある共同目的を達成するために創り出されると思われている。そんな記述にもしばしば真実はあるかもしれないが、そのことで、組織の原「目的」達成後・忘却後も組織が長く続く傾向を無視するならば、誤解のもとである。

ポリオ（小児麻痺）・ワクチンが小児麻痺救済募金運動[*30]の存在理由を打ち砕いたとき、協会は先天的欠損症の予防と治療に新しい目的を見出した。IBMという会社は、最初は国勢調査向け、次は社会保障向け、さらにはビジネス用会計システム向けにパンチカード統計表システムを応用しながら成長したが、コンピュータの出現を見てそれを取り入れ、すべてが新しい、思いもしなかったコンピュータ用アプリケーション・ソフトウェアで成長している。

大学は、最初の目的が消滅してしまった後、ほとんど目的を転換し、長く生き延びてきた最重要例である。たとえば12世紀のパリ大学が今日のパリ大学になったり、カーネギー工科大学[*31]がカーネギー・メロン大学になったり、数えきれないほどの師範学校と教員養成大学が総合大学になったりしている。

本書はこの目的流動性にはあまり注意を払っていない。問題と解の間あるいは目的と決定の間のつながりが、客観的実体に埋め込まれているというより、むしろ組織過程によって作られ

[*29] Simon, H.A. (1990). A mechanism for social selection and successful altruism. *Science, 250* (4988), 1665–1668.

[*30] 小児麻痺救済募金運動（The March of Dimes）は、1938年以来行われている。

[*31] 師範学校（normal school）は、"high school"卒業後2年課程の学校で、主にヨーロッパ大陸での呼称。英国には昔からなく、米国では19世紀半ばから20世紀にかけて存在した。今は4年制で teachers college と改称しており、教員養成大学、あるいは総合大学の中の教員養成学部を指す〔『新英和大辞典第6版（研究社）』。ただし原典（第2版 p.14）では "teachers' colleges" とアポストロフィが入っている。

ているかもしれないという事実にもあまり注意を払っていない。①組織的近接性によって目的と行為を結びつける組織構造が、このつながりを賦課するかもしれない（たとえば警察などの法執行機関は、ある活動を犯罪扱いする決定が、それを除去する目的のための方法として疑問の余地がないと思っている）。*32 同時性によって目的と行為を結びつける一時的構造もこのつながりを賦課するかもしれない。たとえばもし収入増加と同時に持ち家促進という問題は、さらなる収入増加という解に結びつく。

選択機会がすべての種類の無関連な（しかし同時利用が可能な）問題、解、目的、利益、関心を引き寄せる──ちょうどゴミ箱がゴミを引き寄せるように──という考えは、著者の一人マーチとその共同研究者により「意思決定のゴミ箱モデル」とレッテルが貼られた。*33 この辛辣な言い方を組織論に導入したことはわびるが、現象は十分に実在し、かつ重要である（それに多分、このレッテルをはがすのは手遅れだ）。駐車場について議論するために召集された会議が、セクハラや賠償政策やフットボールを議論することになるかもしれない。

しかし、ことによると、本書に登場する目的概念の精緻化で最も異彩を放っているところは、目的が行為を生むのと同じくらい容易に行為が目的を生むかもしれないという事実をより明示的に認めたことである。確かに、組織より先に目的が存在し、形作られ、組織を導くと考えた方が便利である。実際、伝統的選択理論で最も大切な公理の一つが、効用の事前存在である。

しかし、この考えは人を誤らせる。本当は、過程はどちらの方向にも進むのである。

もし音楽を学ぶ人に、どうやったら音楽的センスを磨けるのかと尋ねれば、多分、もっと音楽を聴くようにと答えるだろう。同様に、われわれ（組織、コミュニティ、個人）が何を望むのかは、われわれが生活することで学ぶのである。生活することで、すなわち、製品やサービスを生み出したり売ったりすることで、企業は問題と機会に遭遇し、それが選好や欲望

[p.15]

*32 法執行機関（law enforcement agency）とは、警察などの犯罪発見と犯罪者逮捕の任に当たる機関のこと［新英和大辞典第6版（研究社）］。

*33 原典p.15では「ゴミ箱理論（garbage-can theory）」となっているが、ゴミ箱モデル（garbage can model）と呼ぶ方が一般的なので（原典索引でもそうなっている）、ここでは「ゴミ箱モデル」と訳した。マーチらが1972年に提唱したゴミ箱モデルでは「ゴミ箱」にたとえられているのは選択機会である。そして、まるでゴミ箱にゴミを投げ入れるように、参加者によってさまざまな種類の問題と解が勝手に作り出されては選択機会に投げ入れられる。こうして、その選択機会に投げ込まれた問題に対して、その解決に必要な量のエネルギーがたまったとき、あたかも満杯になった当該選択機会も完結して片付けられる。そのとき「決定」が行われたものと考えようというモデルである（高橋伸夫（編者）（2000）『超企業・組織論』有斐閣, ch.1）。Cohen, M. D., March, J. G., & Olsen, J. P. (1972). A garbage can model of organizational choice. *Administrative Science Quarterly* 17 (1), 1-25.

へと変容する。いくつか例を挙げれば、新製品が市場を席巻する（たとえば自動車が馬車に取って代わる。電卓が計算尺に取って代わる）。インフレでコストが上がる。社会的変化が新しい市場を生み出す（女性解放とレストラン、自動車と郊外のショッピング・センター[*34]）。政府の規制が企業の目的を条件づける（安全衛生規則、環境規制）。新しい法的ルールが特定の組織形態を許したり排除したりする（反トラスト、銀行の地域制限）。われわれは、自分の選択を経験することで、一部、自分の欲を作り出しているのである。

行為が行為の目的を生むという考えと密接に関連しているが、実は、多くの人々の生活において、行為はそれ自体が重要な目的であるという事実がある。観光船の目的は、港に着くことではなく、巡航することである。組織を理解する際、組織メンバー、多分、特に管理者が欲しているものの一つは活動それ自体であるということを考慮する必要がある。「活動的」組織の一員であることは、人をウキウキさせる。パワー・ゲーム（権力闘争）は面白いゲームであるうるし、特に勝者にとってはそうである。決定を行う経営者であるということは、資源配分を管理する権力だけではなく、自身を強く前向きに元気づける力も得ることなのである。しばしば、結果よりもむしろその過程の方に喜びがある。

[p.16]

4 歴史的・社会的文脈

本書は、多くの点で、決定の結果に対し過程を軽視する古典的見地への答である。そうした古典的見方は、かつては組織の経済理論で支配的で、他でも非常に一般的だったので、組織の行為を瞬間的・一意的な外部環境適応だと主張していた。決定は制約条件で一意に定まり、それゆえ、決定が生じる過程を気にせず予測可能とみられていた。

[*34] ここで「と（and）」でつないでいるのは、たとえば、「自動車が郊外のショッピング・センターを生み出す」だけではなく「郊外のショッピング・センターが自動車市場を生み出す」というように、両方向に作用すると考えているからだと思われる。

それに対し本書は、決定の結果は文脈で一意に定まるものではなく、途中の組織的決定過程に左右されると暗に答えている。合理性の限界が予測不可能性を大量に持ち込み、複数均衡があり、いずれにしても、文脈の変化と比べて均衡には時間がかかる。外部環境も本当は外生的でなく、（一部は）組織とその決定で作られる。行為のこれら不確定要素が、組織的決定を「客観的」制約条件の知識から単純予測不可能なものにしている。

本書の立ち位置は良かったと考えているが、そのおかげで、行為の歴史的・社会的文脈の重要性を理解できたのかもしれない。もし期待と選好で行為が決まるのであれば、その期待と選好がどこから来るのかを問う必要がある。もし状況に合うものを選ぶルールで行為が決まるのであれば、合うということを定義・解釈する方法を問う必要がある。もし歴史の展開につれて、未来の実現確率の分布が一変するのであれば、行為のタイミングを意識する必要がある。

こうした問いに答えるためには、任意の特定の組織がどんな風に歴史と結びつき、その組織が要求水準、確信、技術、人員を抽出する組織母集団とどんな風に結びついているのかが分からないといけない。協調と競争を含んだ行為の生態系が、どんな風に行為の前提に影響するのかを知らなくてはならない。他組織との資源交換と依存のパターンに、組織がいかに適合するのかも見なくてはならない。組織特性は不変かもしれず、意図的な選択というより慣習で選ばれるかもしれないので、その程度をモデル化しなくてはならない。意図的な行為が行われる際の意味の社会的文脈にも注意しなくてはならない。

本書は、なんでもみんな一緒に研究できるわけではないと暗に認めている。組織論の研究者は、分析レベルが個人、組織、社会であるのに応じて、ミクロ組織論、メゾ組織論、マクロ組織論の区別をする。本書は三つすべての要素をもっているが、その分析レベルが、三番目より圧倒的に最初の二つであるということに疑いはない。本書は、組織を含んだ社会システムを説

【p.17】

＊35 第3章3.3節に登場する。

明しようとする観点よりも、組織とその中の人々の行動を理解しようとする観点から主に書かれている。それゆえ、本書の大部分は、(外生的)環境の中で、変化に対して組織がいかに反応するのかを理解するという観点から書かれている。そうなると外的環境の研究は不可欠ではあるが、それは意思決定研究と同時に行わなくてもできるし、その逆もまた真である。まったくの分業というわけだ。

適応システムのモデル化の最新研究は、生き物がそれほど単純ではないことを示唆している。外部世界が組織内過程を形作るのとちょうど同じように、組織内過程もまた外部世界を形作る。技術はただ単に採用されるのではなく、変えられ、適応させられる。受信した情報は送信したわれわれの反響も含んでいる。選好を形作る世界は選好が形作る。名付ければ、共進化なのである。するとエスカレートしていく経路依存的な世界の内的過程をその歴史的・社会的文脈から分離することは、以前信じられていたよりも難しいことを示している。

最後に、本書出版以降の組織研究は、組織的行動の象徴的・解釈的文脈をかなり強調してきた。意味は違いをつくり、意味は社会的に構築され、組織中に普及する解釈的言語を通じて伝えるための(いくぶん)神聖な儀式なのである。組織は情報を集め、分析するが、それは、それが正しい組織と正しい意思決定者がすることだからである。別の時代、別の社会では、意思決定者は神託を求め、啓示を請うていた。イデオロギーと世界観が変われば組織も変わるが、逆もまた真なのである。

組織は、社会的に認められたメタファーの文脈の中で、それ自身を組織化する。社会が博物

[p.18]

*36　メタファーとは、隠喩(法)のことで、ある物を別の物にたとえる修辞法一般を指している。より正確には、たとえを用いながらも、表面には「如し」「ようだ」等を出さずに、これと属性の類似するものを代置する技法。たとえば、白髪を生じたことを「頭に霜を置く」という類のたとえ方である『広辞苑第6版』(岩波書店)。

館に対して、その保有物を「製品」、後援者を「顧客」と言わしめるとき、そのメタファーの意味でのコレクションを押し付けることになる。社会が、高等教育機関に対して、「ジュニア・カレッジ」の代わりに、「コミュニティ・カレッジ」というレッテルを貼るとき、アイデンティティと目的の転換を促すが、その詳細は予想できない。社会が、企業を株主のための道具であると考えるとき、企業は、製品・サービスの生産者、労働者を養う源と考えていたときとは違う何かになる。

さらに進んで、現代では、組織内の意味について研究する者の中には、生活にとって中心的なものは、選択よりもむしろ解釈であると主張する者もいる。そうした考えでは、組織は、歴史と生活の解釈を維持し、伝達し、精緻化するという必要条件の周りに──決定の周りにではなく──組織化される。決定は、むしろ主に解釈のための道具である。解釈的観点は組織について重要な洞察をもたらすとは思うが、回顧的にすらこれ以上はここでは触れない。しかし、組織が適応し、影響を与えている現実の世界が存在することを再確認する一方で、本当は、この第２版が出版される年１９９２年の組織についての本は、１９５８年の本と比べれば、その中で組織が動く意味の社会的文脈に対していくらか余計に注意を払う必要があることにわれわれは気づいている。

組織の歴史的・社会的・解釈的文脈は、普及し、重要である。しかしながら同時に、それが生み出す組織論構築の困難さを大げさに言い過ぎでもある。あらゆるものが他のあらゆるものに（多少は）つながっているからといって、すべての研究が不可能になるわけではない。組織研究の世界は、まだ部分的に分解可能なのである。以前考えていたほどには、すべての目的について分解可能ではないというだけである。

*37 ジュニア・カレッジ（junior college）とは２年制の短期大学で、職業につく人を対象に、high school以上の高度の訓練の機会を与える目的で設立された。内容は college の最初の２年間に相当し、４年制大学への編入の道も開かれている。それに対して、コミュニティ・カレッジ（community college）は、米国の公立短期大学で、授業料が安く地域の住民なら誰でも入学でき、卒業後はさらに一般の大学への道も開かれている。職業訓練などの技術専門教育に重点が置かれ、卒業後はさらに一般の大学への道も開かれている［新英和（第７版）中辞典（研究社）］。

*38 代表的な論者はワイク（Karl E. Weick）であろう。本書第２版出版以前に、Weick, K. E. (1969, 1979). *The social psychology of organizing*. Reading, MA.: Addison-Wesley. (1969年版の訳 遠田雄志訳 金児暁嗣訳『組織化の心理学』誠信書房、１９８０／１９７９年版の訳 遠田雄志訳『組織化の社会心理学 第２版』文眞堂、１９９７）が出版されている。高橋伸夫（2010）『組織力：宿す、紡ぐ、磨く、繋ぐ』ちくま新書に比較的詳しい解説がある。本書第２版出版以降に出版された Weick, K. E. (1995). *Sensemaking in organizations*. Thousand Oaks, CA: Sage. (遠田雄志・西本直人訳『センスメーキング イン オーガニゼーションズ』文眞堂、2001）では、主張がより先鋭化していく。

最後に

この第2版への序文では、初版すなわち本書の本文で書いていることと今は違うことをいくつか挙げてきた。それらは、たいていは本書初版で予想されていたことであり、根本的に違う考え方が必要というよりもむしろ、それとは矛盾しないと考えている。大体において、ほぼ無条件で、初版の本文のままでいいと思っている。

それにもかかわらず、過去35年を考えると、組織論研究は、その視野を拡大し、質を向上させてきたことは特筆に値する。1958年には、現在あるような組織論研究に専門化した学術誌はほぼ皆無だった。今は、質の高い学術誌がいくつかある。1958年には、米国の組織論研究者は、他の国の組織論研究者とはほとんど交流がなかった。今はかなり相互交流があり、国際的なつながりも多い。1958年には、組織論研究は、経済学、心理学、社会学の重要ではない部分の代表であった。今は、組織経済学、組織心理学、組織社会学はそれぞれの学問分野における主要領域である。1958年には、組織の体系的研究は、ビジネス・スクールの経営学科の小さな部分であった。今は、戦略論、人的資源論、産業組織論、労使関係論が、学科の大きな部分、重要な部分を占めている。

組織の研究と理論が唯一拡大した領域であるのかどうかが問題なのではない。過去35年にわたる組織論研究の成長は、一般に、行動科学や社会科学の驚くべき成長の一部だったのである。それにもかかわらず、組織論研究の成長の一部は、多分、考えの活力や顕現性から来たものである。そして、もしそれらの考えを近づきやすいものにすることに本書が貢献したのであれば、うれしい。

本書を書いたとき、本書が提示するような問題は重要であると考えていたが、今でもそう考えている。当時、後の二人の重要な研究の基礎になればと望んでいたが、その望みはかなえられたと考えている。今頃は二人とも引退できていると想像していたが、この想像は非現実的であることが分かった。やる気はあるし、共同研究者への思いもある。にもかかわらず、宿題はまだ片付きそうにない。

ジェームズ・G・マーチ

ハーバート・A・サイモン

訳者あとがき

高橋　伸夫

本書『オーガニゼーションズ』は、私の研究者人生を決めた本である。今読むと気恥ずかしいが、20年以上も前に書いた拙著『組織の中の決定理論』(朝倉書店、1993)の「まえがき」冒頭部分を抜粋しておこう。

　J. G. March と H. A. Simon の書いた *Organizations* という本がある。出版されたのは1958年、私の生まれた翌年である。近代組織論の金字塔的業績であり、いまや組織論の古典であるが、翻訳が出たのは原著出版後20年もたった1977年、私が大学の学部学生の頃であった。そのときは評判を聞いて一読してはみたものの、たいして印象も残らなかった。しかし、大学院に入り、多少なりとも勉強をしてから読み直してみて、そのバックグラウンドの広さにようやく気がついて唖然とした。統計的決定理論、ゲーム理論、経済学、心理学、行政学、社会学、そしてもちろん経営学の分野で、その後咲き乱れることになる大輪の花々の種子が組織論という鞘の中に埋め込まれている。そんな感じの本である。特に統計的決定理論との連続性には新鮮な驚きがあった。近代組織論は決定理論の理解なくしては語れない。この本との再会を果たして、私は自分の専門分野を決めた。

　そして、本来の守備範囲である経営学の分野で、近代組織論ではいわばかくし味的存在であった統計的決定理論を前面に打ち出した組織研究をするようになった私は、後になっ

289

て、大学院時代に統計的決定理論のまともな授業、演習に参加する機会に恵まれたこと自体、とてつもなく幸運なことであったことを知らされた。

こんな幸運にめぐり合うことができたという感謝の気持ちが、本書執筆の根底にある。私の感じた新鮮な驚きをどれだけ伝えることができるだろうか。統計的決定理論と近代組織論の連続性、さらにはコンティンジェンシー理論、組織活性化（組織開発）、ゴミ箱モデル、そして動機づけ理論への展開を一つの流れとしてはっきり見えるようにできるだろうか。とにかく、一見かなり距離のあるこれらの領域を決定理論を基軸に1冊の著書にまとめる作業に着手したわけである。

ありがたいことに、拙著『組織の中の決定理論』はいまだ絶版にならずに済んでいる。だが、そこで扱っているのは本書第6章の内容が中心であり、その他の部分はあまり取り上げることができなかった。それくらい『オーガニゼーションズ』はカバレッジの広い本なのである。

ただし、上記の「まえがき」には、多少補足説明もしなくてはならない。そもそも『オーガニゼーションズ』の初版の翻訳を読もうとして、私を含めてどれだけの人——研究者および研究者の卵クラスの人も含めて——が、挫折感を味わってきたことか。「一読してはみたものの、たいして印象も残らなかった」などというのは、かなりの強がりであり、実のところ、ほとんど内容を理解できなかったのである。

私は大学卒業後、経営組織論の研究者を目指し、サイモンの『経営行動』の翻訳者として知られた故高柳暁先生を慕って1980年に筑波大学の大学院に進学した。ところが意に反して、大学院ではほとんど数学漬けの毎日。その中に当時の日本では珍しい統計的決定理論のセミナーがあった。

290

訳者あとがき

主宰していたのは松原望先生で、指定された英語の分厚いテキストの難度は半端ではなく、レポーターに当たると、1ヵ月も前から準備を始めて、まずはすぐに担当箇所を日本語に全訳し、それからウンウンと唸りながら一生懸命考えて、関係する数学や統計学のテキストを読み漁り、なんとかセミナー当日に「ここまでは分かったのですが、ここから先の式の意味がさっぱり分かりません」と、教えを請えるようになれば（つまり、どこが分からないのかが分かれば）、とりあえずは及第点という有様だった。

そんな数学漬けの大学院生活の1年目があっという間に過ぎ、補講期間に入った途端、私は、気が抜けたのか、突如高熱を発して1週間寝込んでしまった。ようやく熱も下がり、学生寮の自室の書棚に目をやると、あの日以来放置され真新しいままの『オーガニゼーションズ』が目にとまった。暇つぶしにと、パラパラとページをめくり始めて、第6章「合理性の認知限界」にまで行ったとき、私はそこに書いてあることを理解できる自分に驚いた。実は、その章は統計的決定理論のアイデアがベースになっていたのである。最初に読んだときの挫折感があまりにも大きかった反動で、そのときは嬉しいを通り越して、運命の稲妻にでも打たれたような気分になった。その瞬間、私の進路が決まったのだ。それから12年、その成果が、上に挙げた拙著『組織の中の決定理論』だったのである。

そして、奇遇にも、拙著『組織の中の決定理論』出版と同年の1993年に『オーガニゼーションズ』の原典第2版が、出版社を変え、今度はペーパーバックで出版された。その翌年1994年に、私は初版の翻訳者である故土屋守章先生の定年退官に間に合うタイミングで、東京大学経済学部に助教授として着任した。土屋先生と同じ職場というのは、私にとってはまさに運命的出来事の延長線上だったのだが、まさか『オーガニゼーションズ』第2版の翻訳を私がすることになるとは夢にも思っていなかった。

なぜなら、実は、第2版は「第2版への序文」が追加されただけで、本文は初版とほとんど変わっていなかったからである。私はすぐにでも土屋先生が序文の訳を足して第2版を出すものとばかり思っていた。しかし、結局、第2版の翻訳は出ずじまいで、初版の翻訳も絶版となり、土屋先生も東大を定年退官後、2010年に亡くなってしまった。

第2版の翻訳の話がダイヤモンド社から飛び込んできたのは2012年11月中旬、ちょうど、書いていた拙著『殻』（ミネルヴァ書房、2013）を脱稿するところだった。編集の木山政行さんからは、色々とご配慮、ご提案をいただいたが、私にとっては、あまりにも思い入れの強い本だったので、荷が重すぎると、即座にお断りをしてしまった。しかし断ってしまったものの、ずっと思い悩んでいる風の私を見かねて、妻敦子が発した「これも運命、引き受けたら」の一言に背中を押されて、2013年に入ってから、私は『オーガニゼーションズ』第2版の翻訳作業に取りかかった。

当初は、土屋訳もあることだし、時間さえ投入すれば原典第2版出版からちょうど20年の2013年中には20周年記念出版ができるのではないかと虫のよいことを考えていた。ところが訳業が始まって、理解できない箇所や意味の分からない箇所について、そこで引用されている文献にまで遡って調べ始めるようになると、原典に明らかな間違いがあることが次々と判明する。

原典の参考文献リストには、膨大ともいえる900点近い論文、書籍、資料が挙げられているが、その書誌情報のいい加減さにも正直あきれた。実際に本文中で引用されているものはそのうちの26・1％にすぎないことも分かったが、引用されている文献は、すべて書誌情報をチェックして参考文献リストに加筆修正し、入手可能なものはすべて入手した。便利な時代になったもので、ほとんどの論文は電子ジャーナル化されていてダウンロードできたし、図書館に

292

訳者あとがき

も入っていないような文献についても、ネットの古書市場で探し回るとたいていは現物が手に入った。入手した文献については、必要最小限の内容の確認もした。こうして見つかった引用内容の間違いに限らず、図と本文中の説明に齟齬があったり、挙げられている変数が間違っていたり……と、原典には、にわかには信じがたいくらいの量の間違いがあった。これで理解できていたら、逆に不思議である。

原典の初版と第2版の変更箇所は一字一句確認し、訳者脚注にも示したが、本文については、基本的に変更はなかった。つまり、私が見つけたほとんどの間違いは、原典第2版出版時にも直されていなかったのである。要するに『オーガニゼーションズ』は出版後、半世紀以上にわたって、(残念ながら私も含めて) 誰一人として、世界の組織論研究者で、まともに全体を読んで理解した人がいなかったということなのだろう。

しかも、サイモンにとっても、あまり強調したい仕事ではなかったらしい。サイモンは後に400ページ近い大部の詳細な自伝を出版しているが、その中で『オーガニゼーションズ』について書いているのは、せいぜい1ページ程度 (pp.163-164 邦訳 pp.242-243) にすぎず、他の業績と比べても扱いが小さいのである。

その前後を読むと当時の様子が伝わってくる。

本書の二人の著者、サイモン (Herbert A. Simon; 1916-2001) とマーチ (James G. March; 1928-)、そして第三の共著者ともいえるゲッコウ (Harold Guetzkow; 1915-2008) は、それぞれ1949年、1953年、1950年にカーネギー工科大学 (今のカーネギー・メロン大学) に着任する。三人で一緒に研究会をやるようになると、意思決定過程を問題解決過程と考えるようになっったという。1978年にノーベル経済学賞を受賞するサイモンだが、その頃、1950年代半ばには、それまでの政治学 (行政学)、経済学からコンピュータ科学、認知科学、人工知能

*1 Simon, H. A. (1991). Models of my life. New York: Basic Books. (安西祐一郎・安西徳子訳『学者人生のモデル』岩波書店、1998)

293

へと研究テーマを大転換することになる。ゲッコウが本書完成前の1957年にカーネギー工科大学を離れてしまうので（マーチも『企業の行動理論』（1963）出版後の1964年には離れ、カーネギー工科大学も1965年にカーネギー・メロン大学に改称する）、サイモンとゲッコウは40歳前後、マーチは30歳手前の数年間のすれ違う時間の中で『オーガニゼーションズ』は生まれたのである。

たとえていうならば、統計的決定理論、ゲーム理論、経済学、心理学、政治学、行政学、社会学、そして経営学というそれまでバラバラだったタテ糸が、一瞬絡み合って「組織論」という結び目を作り、そしてまたほどけていく。その結び目が本書『オーガニゼーションズ』だったのである。それゆえ、その存在自体が文字通り「画期的」であり、今や経営組織論なら誰もが引用する金字塔的「古典」と位置づけられている。

本書成立の背景には、当時の社会科学全体を包んでいた時代の雰囲気のようなものも見て取れる。米国では、第一次世界大戦の頃から、自然科学を学問のモデルと見て、数量化、記号化といった方法を社会科学に導入しようとする動きがあったが、学際的研究の進展の中で、それがさらに促進され、客観的に観察、測定、分析することができる行動のレベルで人間を科学的に研究する学問として、行動科学が生まれた。心理学、社会学、人類学から生物科学にまでたがって、行動の観点からこれらを統一する一般理論を追求する新しいタイプの科学が登場したのである（今でも心理学では「行動科学」という名前が生き残っている）。本書でしつこいほどに登場する「操作性」（測定可能性）に代表されるように、こうした指向は無邪気にといっていいほど本書で貫かれている。

さらに、第二次世界大戦後の1940年代以降、オペレーションズ・リサーチ、ゲーム理論、決定理論、コンピュータ、情報理論、サイバネティクスなどが爆発的な勢いで出現してくる。

訳者あとがき

プログラム、伝達、制御、システム、フィードバック・ループ等々、本書に登場する数々の概念、用語が、実はこうした新興分野から積極的に摂取されたものなのである。その意味でも本書出現のタイミングは絶妙だった。それから半世紀以上経った今日でも、われわれは当時の知的基盤の上に、営々として何か新しいものを築こうとあがいているにすぎない。

さて、話を翻訳の話に戻そう。こうして始まった私の翻訳生活だが、翻訳している時間よりも調べ物をしている時間の方がはるかに長い、孤独でマニアックな翻訳作業は、意外にも楽しかった。実はかなり多忙な日々だったはずなのに、時間さえあれば調べ物をし、いつも頭の片隅で分かりやすい訳文に思案を巡らせ、いったん作業を始めると時が経つのも忘れるほどに翻訳に没頭した。

いつしか、参考にさせていただいていたはずの土屋先生の訳文は、一文残らず新しい訳文に置き換わり、今やその痕跡は単語レベルで探して見つかる程度になってしまった。その間、息子伸之が洋子さんという良き伴侶を得て結婚し、孫の幸斗まで生まれて、私的生活・環境は激変しており、そんな中で、ようやく「明けない夜はない」と思えるようになったのは、桜も咲く頃、2013年度も終わり頃になってからだった。

この1年半の翻訳生活で、私は常に、強く思い入れのある『オーガニゼーションズ』に、「古典」として敬意を払って向き合ってきたつもりである。しかし翻訳作業が進むにつれて、おそらく世界最初の「組織論」の包括的・体系的テキストでもある本書を、テキストとしても読めるようにしたいという無謀な願望をもつようになった。

むろん原典は相変わらず難解なままだし、翻訳ゆえの制約もある。しかし、訳文中に私が「 」付で補った文言や、各ページの訳者脚注で基礎知識・周辺知識を補いながら読んでいただければ

295

ば、大学の学部学生レベルの組織論のテキストとしても使える程度には、十分に分かりやすく、読みやすくなっているはずである。

少なくとも日本語を解する人々からは、もはや『オーガニゼーションズ』を難解な本などとは評されたくない。『オーガニゼーションズ』初版で挫折した人も、身構えずに、まずは一読あれ。私は、大学の学部ゼミで最初に読むべき「組織論」のテキストとして本書を推奨したい。今の「組織論」はすべてがここから始まっているのだから。

296

訳語上の注意

- 英語の"goal"は、通常は「目標」と訳す方が一般的だと思われるが、本書に関しては「目的」と訳さないと意味が通じない部分が多いので、「目的」と訳している。

- 英語の"decision"と"decision making"は、どちらも「意思決定」と訳してもいいのだが、原典でも使い分けているわけだから、そのニュアンスを活かすために、あえて「決定」と「意思決定」に訳し分けている。

- "organizational behavior"は「組織的行動」、"organization behavior"は「組織行動」と訳し分けている。初版の土屋訳では、前者は「組織内行動」と意訳されていたが、組織内でも組織的ではないまったくの個人行動があるので、意訳せずに「組織的行動」とした。

- "individual workers" "individual participants"等の"individual"は「個々の」と訳すべきかもしれないが、"each"等を使わずに"individual"を使っている語感を出したくて、「労働者個人」「参加者個人」等と訳している。

- "communication"は、本書ではほぼ一貫して情報伝達の意味で用いられているので「伝達」と訳している。

- 英語の"conflict"は、個人的葛藤から集団間対立、さらには国家間紛争までを意味する多義的な用語なので、単にカタカナ表記して「コンフリクト」としただけでは議論が錯綜してしまう。その弊害は、残念ながら原典でも露見している（詳細は第5章の脚注1、脚注3を参照のこと）。本書では個人内のコンフリクト、組織間のコンフリクトを「対立」と訳している。コンフリクト全般を指す場合には「葛藤・対立」と表記する。このことに抵抗感をもつ読者もいるかもしれないが、たとえば、英語のfunctionには「関数」という意味と「機能」という意味があるが、「関数」「機能」

297

と訳し分けせずに「ファンクション」とカタカナ表記すべきだという主張は、明らかに学問的退化であろう。意味、概念が違うのであるから、本来は別の用語を当てるのが当然だと考える。ましてや日本語の訳語で訳し分けができる場合には、そうするのが当然だと期す場合には、原典第2版第1章p.26とp.27のように、それぞれ「数学の」ファンクション（つまり「関数」第1章脚注8）、「生物学または社会学でいう」ファンクション（つまり「機能」第1章脚注15）と違う意味ですよと明示して使っている。これは、議論が錯綜することを避け、明晰な分析をするには当然のことなのである。

英語のprogramにはコンピュータ・プログラムの意味もあるが、その区別をするためか、原典では、第6章で前者の場合別に「計画」の意味もあるが、その区別をつけている。ところが、これが第7章になるとaction programとperformance programを付けている。ところが、これが第7章になるとaction programなどという計画と紛らわしい英語にすり替わり、かえって混乱を招くことになる。そこで翻訳では、前者の意味の場合は余計な修飾語を付けずに単に「プログラム」と訳している。

社会的立場の類似性 (more similar the social standing)	(3.87) 98	100
ルーチン (化) (routine/routinized)	160-161(routinized), 163*, 206	177-178, 180, 231
see also プログラム		
歴史的文脈 (historical contexts)*	16-17*	284
連邦的組織 (federal organization)	178, 216-217, 219-220	199, 241-242, 244
労働組合 (union)	38*, 90*, 92, 93?	24, 93-94
（適切さの）論理 (logic of appropriateness)*	10-13*	276-279
see also 一体化 ; 役割 ; ルール		
割当問題 (assignment problem)	41-44, 179	29-33, 200

目的差異 (difference in goals)/ 目的分化 (differentiation of goals)	(5.16) 141	144, <145>, 146-147, F5.3*	154, 156-160, 163
目的重点変更における注意指向刺激の有効性 (effectiveness of attention-directing stimuli in changing goal emphasis)	(6.20) 179		199
目的の転移 (displacement of goals)		57	51
目的明確性 (clarity of goals)	(7.16) 206	<207>	230-231
see also 要求水準；基準；集団；利害；規範；組織；ルール；標準；下位目的			
問題解決 (problem-solving)		149-151*, 160-161*, 198-200*, 201-203*, 213-215*	162, 164, 177-179, 221-227, 237-240
個人問題解決 (individual problem-solving)*		201-202*, 203*?	225-226
集団問題解決 (group problem-solving)		201-203, 213-215*	225-227, 238-240
問題解決速度 (speed of problem-solving)	(7.23) 215		240
問題解決類型 (type of problem-solving)	(7.10) 198		221
役割 (roles)		22	4
誘因 (inducement)		104, 105-108*	106-112
誘因効用−貢献効用バランス (balance of inducement utilities over contribution utilities)	(4.1) 112	113	117
see also 満足			
要求水準 (level of aspiration)	(3.37) 68	69*, 105, 140, 203-205	64-65, 108, 152, 227-229
要求水準・業績間乖離 (disparity between aspiration levels and achievement)	(5.13) 140	F5.2*	152-153
see also 目的			
予算 (budgeting)		143	155
欲求不満 (frustration)		69, 205	66, 229
予定表 (schedule)		182	202
利害 (interests)			
利害分岐 (bifurcation of interests)	(3.17) 60	61	55
see also 目的			
離職 (turnover)		67*, 111-113*, 118*, 119-123*, 124*?, 125*, 127-128*?	63, 116-119, 122, 123-128, 137
リスク (risk)*		6*, 154*, 158-159*	271, 169, 175-176
類似性 (similarity)			

300

索引

満足 (satisfaction)		66–71, 105, 125, 126?, 127–128, 196*, 200–201*	60–68, 108, 131, 133–135, 218, 223–224
職務満足 (satisfaction with the job)	(4.5) 113	114, F4.1*, 125	118, 124, 131
満足 (satisfaction)	(3.34) 68; (7.4) 194	69, 204	64–65, 227 216
see also 誘因効用 #			
満足化 (satisficing)		4*, 161?, 162, 167?, 170*?, 191, 196, 209, 227	269, 179, 212, 219, 234, 253
身分 (status)			
過去の身分・収入変化率 (rate of change of status and/or income in the past)	(4.13) 116		121
身分 (status level)	(3.71) 87	F3.9*	88–89
無為 (inaction) see 行為			
名声 (prestige)		94–95*	96–97
知覚された集団名声 (perceived prestige of the group)	(3.65) 85	F3.8*, 87, F3.9	85–86, 88–90
命題の類型 (types of propositions)		25–28	9–11
目的 (goals)		8*, 14–15*, 25*	274, 280–281, 8
個人目的 (individual goals)	(3.41) 72	83*?, 85	69, 85
個人目的達成許容 (permissiveness toward individual goal achievement)	(3.83) 89	F3.10*	91–92
参加者による組織目的内面化 (internalization of organizational goals by participants)	(3.21) 61	F3.3*, 64	55, 58–59
集団メンバー間で知覚された目的共有の程度 (extent to which goals are perceived as shared among members of the group)	(3.8) 58	85, F3.8*, 89, F3.10	51, 86–87, 90–91
集団目的達成成功 (success in achieving group goals)	(3.70) 87	F3.9*	88–89
組織規則内面化 (internalization of the rules of the organization)	(3.4) 57	58	51
組織目的の主観的操作性 (subjective operationality of organizational goals)	(5.22) 146	F5.3*	159, 163
組織目的の操作性 (operationality of organizational goals)	(3.24) 61	F3.3*, <177–179>?	56–58
組織目標と実績の差異 (difference between organizational goals and achievement)	(3.16) 60	61, 64, F3.4	55, 59, 61

301

プログラム作成 (elaboration of program)		48, 207-208, 209?, 210-212, 213?, 214, 215?	38, 231-233, 236-237
プログラムと組織構造 (program and organizational structure)【項】		171-172	190
プログラム内容 (program content)	(6.4) 165	166, <167>, 169*?, <171*>?	183-185, 190
see also 活動			
文化的中心性 (cultural centrality)	(3.88) 98		100
分業 (division of work)		179-182, 188, 202	200-203, 210, 226
組織的分業 (organizational division of labor)	(7.22) 214		239
組織内分業 (division of labor in the organization)	(6.16) 174	F6.1*	194, 196
see also 部門化 ; 組織			
分権化 (decentralization)		221, 224-226, 228-232, 221-232?	246, 249-252, 255-259
分析過程 (analytical processes)		178	200
葛藤・対立解消のための分析的過程の使用 (use of analytic processes to resolve conflict)	(5.25) 151		165
分類表 (classification schemes)		176-177*?, 184, 186	205, 207
変化への抵抗 (resistance to change)		194	217
防衛性向 (propensity to defend)			
組織メンバーの対外部圧力相互防衛性向 (propensity of organization members to defend each other against outside pressures)	(3.9) 58	F3.2*	52, 54
防止可能性 (defensibility)			
個人的行為防止可能性 (defensibility of individual action)	(3.10) 58	59, F3.2*	52, 54
個人的行為防止の必要感 (felt need for the defensibility of individual action)	(3.13) 59	F3.2*	53-54
報酬 (rewards)		75, 80, 81?, 82, 145-146	73, 79, 82, 157-160
期待報酬 (expected value of reward)	(3.36) 68		64
金銭報酬の業績依存性 (dependence of monetary reward on performance)	(3.61) 82	F3.7*	82-83
個人報酬の独立性 (independence of individual rewards)	(3.84) 89	F3.10*	91-92
報酬量 (amount of rewards)	(4.10) 115		120
see also 奨励給 *; 奨励金制度 #; 昇進			
方法研究 (method study) see 時間研究・方法研究			
マートン・モデル (Merton model)		56-60, 62*, 65*, 66*	50-55, 57, 60

代替案の主観的比較不能性 (subjective incomparability of alternatives)	(5.3) 135	136, F5.1*	146, 148
費用 (cost)		42–43*?, 209*	234
革新費用 (costs of innovation)	(7.1) 194		217
人事異動費用 (cost of changing personnel)	(3.18) 61		55
埋没費用 (sunk costs)		193–194	216
標準 (standards)			
個人的基準 (individual standards)	(3.69) 87	F3.9*	88–89
最低受容可能行動の知識 (knowledge about minimum acceptable behavior)	(3.30) 64	F3.4*	59, 61
集団基準 (group standard)	(3.76) 87	F3.9*	89–90
see also 目的 ; 集団			
標準化 (standardization)		171	191
言語標準化 (standardization of language)		184, 185?	205
状況標準化 (standardization of the situation)	(6.24) 181	182	201–202
疲労 (fatigue)		36–38	21–24
不確実性 (uncertainty)		133–134, 139, 158–159	143, 150–151, 175–176
代替案の主観的不確実性 (subjective uncertainty of alternatives)	(5.2) 135	F5.1*, 139, F5.2*	146, 148, 150, 153
不確実性吸収 (uncertainty absorption)	(6.27) 186	<176*>, <186–188>, 187, 210*, 221*	195, 207–210, 235, 246
不確実性吸収の場所 (locus of uncertainty absorption)	(6.28) 187		208
複占 (duopoly)		154	169
部門化 (departmentalization)		40–44, 45?, 46, 47?, 48, 49?, 50, 51?, 60*	28–33, 35, 38, 40, 55
see also 分業			
プログラム (programs/performance program)		8*, 161–172, 197–200, 232, 235*	273, 178–191, 220–224, 258, 261
下位プログラムによる専門化 (specialization by subprograms) (原典の「プログラムと専門化」は、用語として存在しない)	(6.21) 180	179?, 180	201
高次プログラム (higher-level program)		171	190
プログラム間関係 (interrelation of programs)【項】		170–171	189–190
プログラム局所変更の使用 (use of local changes in programs)	(7.9) 197		220
プログラム継続 (program continuity)	(7.2) 194		217
プログラム構造 (structure of programs)【項】		167–168	186–187

調整 (coordination)		2*, 23*, 44-48, 182-183, 225, 229-230*	267, 4-5, 33-38, 202-203, 251, 256-257
アウトプット調整欲求 (need for output coordination)	(6.9) 166	188*	184, 209
活動調整欲求 (need for activity coordination)	(6.8) 166	188*	185, 209
調整類型 (type of coordination)	(6.25) 182		202
	(7.26) 220		245
see also 相互依存性			
直感 (intuition)*		11-13*	277, 279
賃金 (wage)		37-38, 81-82, 107, 117	24, 81, 110, 120-121
提携 (coalition)		153	167
適応行動 (adaptive behavior)		68?, 69?, 70?, 191*, 192*?	213
伝達 (communication)		10*, 21-22, 47, 157*, 182-90	275, 3-4, 36, 174, 203-211
伝達経路使用 (communication channel usage)	(6.31) 189	190	210-211
伝達構造 (communication structure)	(7.18) 209	210	234
伝達効率 (efficiency of communication)	(6.26) 183	186*, 189	204, 207, 210
内集団伝達内容 (content of in-group communication)	(6.14) 174	F6.1*	194, 196
see also 集団			
see also 情報			
動機づけ (motivation)		38, 53?, 67-102, 103-131, 179*, 205*, 222-223, 231	24, 63-104, 106-138, 199, 229, 247-248, 257
統合的水準 (level of integration)		216?	
動作節約 (motion economy)		39-40	26
投資行動 (investment behavior)		109?, 126?, 127-128	133, 135
取り込み (co-optation)		73	71
認知 (cognition)		172-179	192-200
see also 準拠枠 #; 知覚 #; 合理性			
能力 (capacity)		34	19
配分 (allocation)		142*, 143*, 170	154-155, 190
see also 資源配分			
比較不能性 (incomparability of outcomes)		133-134, 136*?	143

304

代替案の主観的受容不能性 (subjective unacceptability of alternatives)	(5.4) 135	136, F5.1*, <139>, 140, F5.2*	146, 148, 150-151, 153
代替案の主観的比較不能性 (subjective incomparability of alternatives)	(5.3) 135	136, F5.1*	146-148
代替案の主観的不確実性 (subjective uncertainty of alternatives)	(5.2) 135	F5.1*, 139, F5.2*	146, 148, 150, 153
知覚された組織外代替案数 (number of perceived extraorganizational alternatives)	(4.18) 120	121-122, F4.2*	125, 128, 132
無難な代替案の利用可能性 (availability of bland alternatives)	(5.8) 136	F5.1*	147-148
see also 決定 ; 想起集合			
探索 (search)		106, 127-128, 153*, 161, 169, 199-201	109, 133-135, 167, 178, 188, 222-224
個人の探索性向 (individual's propensity to search)	(4.32) 124	125, F4.2*, <127-128>	130, 131-135
新代替案探索 (search for new alternatives)	(5.7) 135	136, F5.1*	146, 148
代替案探索量 (amount of search for alternatives)	(3.6) 58		51
探索 (search)	(3.35) 68	69	65-66
	(7.3) 194		217
明確化探索 (search for clarification)	(5.6) 135	F5.1*	145, 148
see also 決定			
知覚 (perceptions)【節】		76-83, 147-148, 172-179, 187*?	73-84, 160-161, 191-200
知覚差異 (difference in perceptions)	(5.17) 141	147-148?, F5.3*	154, 163
see also 準拠枠 #			
注意 (attention)		4, 5*?, 136, 174, 200-201, 219-220	269, 147, 192-193, 224, 244-245
注意の焦点 (focus of attention)	(6.11) 173	174, 175#, F6.1*, 190	193, 195-196, 213
注意の範囲 (span of attention)	(6.17) 174	F6.1*	195-196
仲裁問題 (arbitration problem)		154	168
忠誠心 (loyalties)*		13-14*	280

305

相互依存性 (interdependence/mutual dependence)		142-144, 180-181, 183-184*	154-156, 201-202, 204-207
相互依存許容度 (tolerance for interdependence)	(6.23) 181	183	201, 204
有限資源相互依存性 (mutual dependence on a limited resource)	(5.19) 142	143, 146, F5.3*	155-156, 159, 163
see also 調整 ; 自己充足			
操作性 (opearationality) see 基準 ; 目的			
創始 (initiation)		193, 194?, 195, 196?, 197	216, 218, 220
創造性 (creativity)		11*, 136, 161*(creative thinking)?	277, 147
速度 (speed)		34-35	19-20
組織 (organization)			
可視組織数 (number of organizations visible)	(4.26) 122	124, F4.2*	128-130, 132
組織規模 (size of the organization)	(4.16) 118	F4.1*, 121?	123-124
組織構造 (structure of organization)		171, 172?, 190-192	190, 212-214
組織層 (level in the organization)	(3.64) 83	F3.7*, 98?	83-84
組織層 (organization level)	(5.21) 144	F5.3*, <215-221>	156, 163, 240-246
組織の影響構造 (influence structure of the organization)	(6.29) 187		208
組織の可視性 (visibility of the organization)	(4.28) 123	124?	128
組織の制御 (control of the organization)	(3.44) 74	F3.6*, 98	72, 75, 101
組織の名声 (prestige of the organization)	(4.27) 123		129
知覚された組織退出願望 (perceived desirability of leaving the organization)	(4.3) 113	118*, F4.1	117, 123-124
組織均衡論 (organizational equilibrium theory)		103, 104-107?, 108	106, 112
組織内余剰 (organizational slack)		146, 170?, 171, 208	159, 190, 233
代価 (cost)		37	23
代替案 (alternatives)		70, 105, 127-128*, 133-134*, 161-162*, 200-201*	67, 108, 133-135, 143-144, 178-180, 223-224
外部代替案の客観的利用可能性 (objective availability of external alternatives)	(3.42) 71	F3.6*	70, 75
代替案提示順序 (order of presentation of alternatives)	(7.19) 209		234

生物 (organism)		28-29, 36?, 37, 38?, 58-59?, 198-200?	11-12, 23
生物としての人間 (human organism)		28, 30, 34-35, 67	11, 13, 19-20, 63
生理学的組織論 (physiological theory)		32, 33?, 34, 38, 39?, 40*, 41*, 52*	17, 21, 25-26, 29, 43
生理学的組織論の命題 (propositions of physiological organization theory)【項】		38-40*	25-28
政略 (politics)		150	162
接触 (contact)			
接触曝露 (exposure to contact)	(3.78) 88	F3.10*	90-91
個人的接触の異質性 (heterogeneity of personal contacts)	(4.29) 123	124	128
説得 (persuasion)		149-150	162
節約技術 (technology of the economy)	(4.23) 122		127
セルズニック・モデル (Selznick model)		59, 60?, 61-62, F3.3*, 64-66*	53, 55-58, 60
選択問題類型 (type of choice problem) *see also* 決定	(7.6) 195	198*	217, 221
専門化 (specialization/specialized)	(4.25) 122	3*, 43-44, 179-182, 187-189, 214*	267, 32, 127, 200-203, 208, 210, 239
下位プログラムによる専門化 (specialization by subprograms) *see also* 部門化；分業；組織	(6.21) 180	186?(変数 6.22 の間違い)	201
専門職 (professionalization)		90-91, 98-99, 174	93, 100-101, 194
専門能力の訓練量 (amount of training in specialized competences)	(3.15) 59	60, 61, F3.3*	55, 58
戦略 (strategy) *see also* プログラム		163, 169	180, 188
戦略的要因 (strategic factors)		191	213
想起 (evoke)		67, 70, 73-76	64, 66, 70-73
想起集合 (evoked set)		28, 54, 74-76	12, 47, 71-74
想起集合の特性 (character of the evoked set)	(3.39) 72	74, 76, F3.6	69, 71, 73, 75

手段・目的 (means-end)		50-51, 173, 178*, 212-213	40-41, 192, 198, 236-237
受容不能性 (unacceptability)*		133-134*, 139-140*	143, 150-151
順化 (habitation)			
特定職務・組織に対する順化 (habitation to a particular job or organization)	(4.33) 125		131
準拠枠 (frame of reference)#		29#, 54#, 159#	
状況定義 (definition of the situation)#		29#, 160#, 172-173#, 174#?, 175#, 176#?, 177#, 178-179#?	
昇進 (promotion/mobility)		81, 93?, 116*	79, 121
昇進の業績依存性 (dependence of organizational mobility on performance)	(3.59) 81	F3.7*	79, 83
see also 報酬; 離職			
象徴 (symbols)*		17*, 18*?	285
消費者行動 (consumer behavior)		110, 126?, 127, 128?	114, 134
情報 (information)		2*, 9-10*, 182	266, 274-275, 202
情報処理チャネリング (channelling of information-processing)	(5.24) 148		161
情報の焦点 (focus of information)	(6.15) 174	F6.1*	194, 196
独立情報源数 (number of independent information sources)	(5.23) 147	148	161
see also 伝達			
奨励給 (incentive payments)*		37-38	24-25
奨励金制度 (incentive scheme/system)	(3.47) 75	F3.6*, 81-82	73, 75, 81-82
see also 報酬			
職場集団 (work group) see 集団			
職務特性 (job characteristics)			
職務特性と個人自己性格規定の適合性 (conformity of the job characteristics to self-characterization held by the individual)	(4.6) 114	115-116, F4.1*	118, 119-121, 124
神経症反応 (neurotic reaction/behavior)		69, 205	66, 229
制御要求 (demand for control)	(3.1) 57	59, F3.2*, 62, (3.3), F3.4*	50, 53-54, 57-58, 61
生産関数 (production function)		107	111
生産性 (productivity)		66-67, 71*, 112*	62-64, 68, 116
生産動機づけ (motivation to produce)	(3.38) 72		69

索引

仕事と他の役割の時間パターン適合性 (congruence of work-time patterns with those of other roles)	(4.14) 117		122
仕事と他の役割の要件両立性 (compatibility of work requirements with the requirements of other roles)	(4.8) 114	117-118, F4.1*	119, 122-124
事実 (facts)		176, 187*	195, 208
正統化された「事実」の使用 (use of legitimized "facts")	(6.30) 188		209
市場シェア (share of market)		177-178, 204*	198, 228
市場メカニズム (market mechanism)		222, 223-226?, 227, 228-233?	247, 252
失業者数 (number of unemployed workers)	(3.50) 78	F3.7*	76, 83
締切 (deadlines)		207	231
自由裁量 (discretion)	(6.10) 168	167?, <169-170>, <188#>	187-189
集団 (group)		76	73
集団意見一様性 (uniformity of group opinion)	(3.54) 79	80, F3.7*(b), 202?	78
集団一体化 (identification with the group)	(3.53) 79	F3.7*, 85, F3.8	78, 83, 85-86
集団凝集性 (cohesiveness of the group)	(3.57) 79	80, F3.7*(b)	78
集団内充足個人欲求数 (number of individual needs satisfied in the group)	(3.66) 85	F3.8*, 89, F3.10	86-87, 91-92
集団内相互作用 (interaction within the group)	(3.56) 79	80, F3.7*, 85, F3.8*, 89, F3.10	78, 83, 86-87, 90-91
集団の可視性 (visibility of the group)	(3.72) 87	F3.9*	88-89
集団の環境制御範囲 (range of group control over the environment)	(3.55) 79	80, F3.7*(c)	78-80, 83
集団の規模 (size of the group)	(3.74) 87	F3.9*	88-89
集団の社会的地位 (position of the group in the society)	(3.68) 87	F3.9*	88-89
集団の成長率 (rate of growth of the group)	(3.75) 87	F3.9*	88-89
集団の特異性 (distinctiveness of the group)	(3.73) 87	F3.9*	88-89
職場集団規模 (size of the work group)	(3.62) 83		84
知覚された集団名声 (perceived prestige of the group)	(3.65) 85	F3.8*, 87, F3.9	85-86, 88-90
see also 伝達；対立；目的；一体化；権力関係；標準；下位単位 #；下位目的 *			
集団圧力 (group pressures)			
集団圧力が組織要求を支持する程度 (extent to which group pressures support organizational demands)	(3.85) 97	98	100
集団圧力強度 (strength of group pressure)	(3.51) 79	F3.7*(c)	77-80, 83
集団圧力方向 (direction of group pressure)	(3.52) 79	F3.7*, <97-101>	77, 83, 99-103

309

最適性 (optimality)/ 最適化 (optimizing/optimization)		161-162, 191, 227	179-180, 212, 253
参加 (participation)			
決定参加感 (felt participation in decisions)	(3.43) 73	74, F3.6*	71, 75
個人の職務割当参加 (individual's participation in job assignment)	(4.11) 115		120
参加に代わる知覚された代替案 (perceived alternatives to participation)	(3.49) 78	F3.7a*	76
参加の決定 (decision to participate)		3*?, 67, 73-74?, 103-131(第 4 章全体)*, 194*	64, 105-139, 217
従業員参加 (participation of employees)【節】		110-131	114-138
文化的参加圧力 (culture pressure to participate)	(3.79) 88	F3.10*	90-91
参加者 (participant)		48?, 108-110	112-114
参加者個人の退出性向 (propensity of the individual participant to leave)	(4.2) 112		117
参加者の社会的身分 (social status of the participant)	(4.22) 121	124, F4.2*	127, 130, 132
参加者の性別 (sex of the participant)	(4.20) 121	F4.2*	126, 132
参加者の年齢 (age of the participant)	(4.21) 121	125, F4.2*	127, 131-132
see also 個人			
時間 (time)			
決定時間 (decision time)	(5.10) 136		147
時間圧力 (time pressure)	(5.9) 136	F5.1*	147-148
	(6,18) 175	F6.1*	195-196
	(7.15) 206	220	230, 244
see also 決定			
時間研究・方法研究 (time study and method study)		31-44	16-32
時間研究 (time study)		31, 32?, 33-39, 40-44?	16, 18-25
方法研究 (method study)		31, 32?, 33, 34-36?, 37-38, 39-44?	16, 18, 23-25
持久力 (durability)		36	21
刺激 (stimuli)		29, 54, 70*?, 160-163*, 170, 175*, 183*, 205*	12, 46, 177-181, 190, 194, 199, 203, 229
資源配分 (resource allocation)	(7.17) 209	143*?, 196?, 208?, 213?	233
自己充足 (self-containment)		47-48, 220*	36-38, 245
see also 相互依存			
仕事 (work)			

310

索引

交渉 (bargaining)		150-156, 178, 218*	162-170, 198, 243
厚生 (welfare)		177-178*, 222-224	197-199, 247-249
合成的組織 (composite organization)		216-217, 219-220	241-242, 244-245
行動 (behavior)			
行動硬直性 (rigidity of behavior)	(3.7) 58	F3.2*	52, 54
行動の信頼性強調 (emphasis on the reliability of behavior)	(3.2) 57	58-59, F3.2*	50, 54-54
隣接個人行動 (behavior of adjacent individuals)	(3.48) 76	F3.6*	74-75
効用関数 (utility function)		104-105, 130*, 158, 178?, 209*	108, 110, 138, 175, 234
合理性 (rationality)		7-9*, 157-160, 161-163?, 169?, 172?, 190, 191?, 192, 211, 223, 224?, 225-226, 232*	273, 174-178, 212, 214, 236, 248, 250, 252, 258
互換性部品 (interchangeable parts)		181	202
顧客との悶着量 (amount of difficulty with clients)	(3.11) 58	59, F3.2*	52, 54
個人 (individual)		78	76
(個人の) 教育水準 (level of education)	(4.12) 116		121
(個人の) 勤続期間 (length of service)	(4.24) 122	125, F4.2*	128, 131-132
個人の可視性 (visibility of an individual)	(4.30) 124	F4.2*	130, 132
個人の計算能力 (computational ability of the individual)	(3.46) 74	F3.6*	72, 75
個人の独自性 (uniqueness of the individual)	(4.31) 124		130
see also 目的；集団；有機体；参加者特性			
コミットメント (commitment)		208	233
ゴミ箱モデル (bargabe can model)*		15*	282
コミュニティ規模 (size of the community)	(3.81) 89	F3.10*	90-91
雇用 (employment)		109#, 124?	
雇用契約 (employment contract)*		110-111, 130, 131?	114-115, 138
コンピュータ (computer)		9*, 165, 180(computing machine), 199*(electronic computers)	275, 183, 200, 222
サーブリッグ (therblig)		34-35	20-21
在庫 (inventories)		143, 167-169, 171*, 172*, 181-182#	156, 186-188, 190-191

311

中央計画 (central planning; 原典索引では central program となっているが、間違い)		223-230, 231-232?	246-257
経験 (experience)			
過去経験量 (amount of past experience)	(5.11) 139	F5.2*	151, 153
過去の経験 (past experience)	(7.11) 198		221
個人的経験の名声水準 (prestige level of individual experience)	(3.77) 87	F3.9*	89-90
経済活動 (business activity)		140?	
経済活動水準 (level of business activity)	(4.19) 120	F4.2*	126, 132
see also 環境の気前良さ ; 失業者数			
経済人 (economic man)		158#	
経路依存 (path-dependence)*		17*	285
ゲーム理論 (game theory)		152-156	166-171
結果 (consequences)		4*, 158-159*	268, 175-176
想起代替案の知覚された結果 (perceived consequences of evoked alternatives) see also 決定	(3.40) 72	<76>, <77>, 78-79, 81-82, F3.7(ac)	69, 76, 81, 83
予期しない結果 (unanticipated consequences)		53#, 57?, F3.1	49
欠勤 (absence)*		111-113*, 118*	116-118, 123
決定 (decision)			
決定状況複雑性 (complexity of the decision situation)	(5.12) 139	F5.2*	151, 153
決定内容 (content of decisions)	(3.20) 61	F3.3*	55, 58
受容可能水準決定ルールの使用 (use of acceptable-level decision rules)	(7.7) 196	197, 209#	220
see also 代替案 ; 選択問題 ; 結果 ; 想起集合 ; 影響過程 ; 問題解決 ; 探索 ; 時間			
権威／権限 (authority)		110-111,188, 216#	114-115, 209
権威を笠に着る程度 (extent of use of trappings of authority)	(3.12) 58		52
権限委譲 (delegation of authority)	(3.14) 59	60-61, F3.3*	53, 55, 58
see also 委譲 ; 監督 ; 階層 *			
権力 (power)		187#	
権力関係可視性 (visibility of power relations) see also 集団	(3.26) 62	64, F3.4*, 74, F3.6*	59, 61, 75
行為 (action)			
行為と無為の区別 (action distinguished from inaction)		195-197	218-219
分析ベースの行為 (analysis based)*		7*	272
ルール・ベースの行為 (rule based)*		10*, 13*	276, 279
貢献 (contributions)		104-105	106-108
貢献効用 (contribution utilities)		105-107*	108-110
see also 誘因効用 ; 満足			

機会主義 (opportunism)		128–130	136–137
機械としての従業員 (employee as instrument)		25–26*, 48, 157*, 234*	8–9, 38, 174, 260
「機械」モデル (machine model)		54, 62, 67, 73	47, 57, 63, 71
企業の経済理論 (economic theory of the firm)#		144#	
基準 (criteria)		177, 201*, 202*?, 203–205*	197, 224, 227–229
基準の主観的操作性 (subjective operationality of criteria)	(3.60) 81	82, 83, F3.7*	81, 82, 83, 84
see also 目的			
規則 (rules)			
一般的・非人格的規則使用 (use of general and impersonal rules)	(3.25) 62	64*, F3.4*	57, 59, 61
see also 目的 ; ルール・ベースの行為*			
機能 (function)		27	10
規範 (norms)			
規範間の類似量 (amount of similarity between norms)	(3.86) 97	98	100
平等規範浸透程度 (extent to which equality norms are held)	(3.27) 62		57
see also 目的			
給与 (salaries) see 賃金		107#	
境遇 (positions)			
現在の境遇類似性 (similarity of present position)	(3.82) 89	F3.10*	91–92
競争 (competition)			
競争量 (amount of competition)	(3.67) 85	F3.8*, 89, F3.10	86–87, 91–92
集団間競争量 (amount of intergroup competition)	(3.58) 80		78
均衡 (equilibrium)		99, 232	101, 258
組織均衡 (organizational equilibrium)		103, 104–107?, 108, 109$	106, 112–113
勤続期間 (length of service)*	(4.24) 122	94?, 96, 122, 125, F4.2*	98, 128, 131–132
緊張 (tension)			
個人間緊張の水準 (levels of interpersonal tension)	(3.29) 62	64*, F3.4*	59, 61
勤労意欲 (morale)*		24*, 66–67*	6, 62–64
グールドナー・モデル (Gouldner model)		62, 64, F3.4*, 66	57, 59–61
経営人 (administrative man)#		158–163#	
計画 (planning)		161, 193, 197, 206–207*, 221–232	178, 216, 220, 231, 246–259

葛藤減少動機づけ (motivation to reduce conflict)	(5.5) 135	136, F5.1*	146, 148
葛藤・対立への反応 (reactions to conflict)		135-137, 149-151	146-148, 162-165
個人的葛藤 (individual conflict)		133-137, 155*	143-147, 170
集団間対立 (intergroup conflict)	(5.18) 141	<140*>, <144*>, F5.3*, <156*>	150, 154, 157, 164, 170
組織間対立 (interorganizational conflict)		152-155	166-170
組織下位単位間の対立 (conflict among organizational subunit)	(3.19) 61	(F3.3)	55, 58
組織葛藤・対立の種類 (type of organizational conflict)	(5.26) 151	<137-140>	165, 149-152
知覚された葛藤 (perceived conflict)	(5.1) 135	F5.1*, F5.2*	146, 148, 153
see also 集団 ; 組織			
過程別専門化 (process specialization)		43, 44?, 47, 50, 181-182	32, 36, 41, 201-202
環境 (environment)		78*	76
環境の気前良さ (munificence of the environment)	(5.14) 140	F5.2*, 143, F5.3*	152-153, 156, 163
環境複雑性 (complexity of the environment)	(7.8) 196	197	218
see also 経済活動			
関係 (relationships)			
職務関係予測可能性 (predictability of instrumental relationships on the job)	(4.7) 114	F4.1*	119, 124
人格的関係量 (amount of personalized relationship)	(3.3) 57	58	50
関数 (function)		26	9
監督 (者) (supervision)		73-75*, 94*	71-72, 96
監督者の権威主義 (authoritarianism of supervisors)	(3.32) 64		60
監督者の役割正統性 (legitimacy of the supervisory role)	(3.28) 62		59
監督者の役割知覚の中での懲罰力 (punitivity of supervisory role perception)	(3.33) 64		60
監督習慣と従業員独立の一致性 (consistency of supervisory practices with employee independence)	(4.9) 115		119
監督の細かさ (closeness of supervision)	(3.31) 64	F3.4*, 74, F3.6*	59, 61, 71, 75
see also 組織 ; 決定参加感			
官僚制 (bureaucracy)		55-66	47-62
管理論 (administrative management theory)		41, 42-44?, 48-49*?	28-29
記憶 (memory)		28, 198	12, 221

see also 目的 ; 集団			
科学的管理法 (scientific management)		31-32	16
価格メカニズム (price mechanism)		223-224, 225?, 226-227, 228?, 229-231, 232?	249-250, 252-253, 255-258
課業 (task)			
課業 (集団) 一体化 (identification with task group)		96-97, 100?	98-99
課業複雑性 (complexity of the task)	(3.45) 74	F3.6*	72, 75
革新 (innovation)		195, 197-198, 199?, 200, 201-202?, 203-207, 210-211*, 212-214*?, 215*, 216-217*?, 218-221*, 222*?	217-218, 221-222, 224, 227-235, 240, 244-246
革新感受性 (sensitivity to innovation)	(7.24) 218	219?	244
革新の制度化 (institutionalization of innovation)	(7.13) 206	220-221?	229-230, 232-233
革新のための組織資源 (organization resources for innovation)*【項】		208-209*	
革新費用 (costs of innovation)	(7.1) 194		217
革新率 (rate of innovation)	(7.12) 204	75?, 205?, 206, 210, 220-221*?	228, 230, 234
革新類型 (type of innovation)	(7.20) 210		234
トップ層の革新関与度 (extent of involvement of top levels in innovation)	(7.27) 220		245
寡占 (oligopoly)		152	166
家族 (family)		90-92	93-95
活動 (activities)			
活動をアウトプットに関連づける容易さ (ease of relating activities to output)	(6.7) 166		185
活動タイミング相互依存性 (interdependence of timing of activities)	(5.20) 142	F5.3*	155, 163
活動のプログラム化程度 (extent to which activities are programmed)	(3.63) 83	F3.7*	83, 84
組織メンバーの活動従事性向 (propensity of organization members to engage in an activity)	(7.14) 206		230
職務活動観察の容易さ (ease of observing job activities)	(6.5) 166		185
反復性 (repetitiveness)	(6.3) 164	181*	182, 201
非プログラム化 (unprogrammed)		193, 198*, 207*	216, 222, 231
プログラム化 (programming)	(6.1) 164		182
予測可能性 (predictability)	(6.2) 164		182
see also 職務特性 ; 課業			
葛藤・対立 (conflict)		132-156(第 5 章全体)	141-171

移動 (退出を含む)(movement*)		111-112*?, 113*, 114-115*?, 116-117*, 119-121*, 122*?, 123*, 124*?, 125-126*, 127*?, 128*	118, 121-127, 129, 131, 135
知覚された組織移動容易性 (perceived ease of movement from the organization)	(4.4) 113	120#, F4.2	117, 132
知覚された組織内異動可能性 (perceived possibility of intraorganizational transfer)	(4.17) 118	F4.1*	123-124
see also 離職			
意味 (meaning)*		17-18*	284-285
因数分解類型 (type of factorization)	(7.21) 214	215	239-240
影響 (influence)		22, 54, 55?, 67, 72	3, 46, 63, 69
影響過程類型 (type of influence process)	(7.5) 194	195	217-218
see also 決定			
生い立ちの同質性 (homogeneity in background)	(3.80) 88	89, F3.10*	90-93
see also 経験			
オートメーション (automation)		32*, 165, 180?	17, 183
会計情報 (accounting information)		183, 184?	204
解釈 (interpretation)*		17-18*	284-286
下位集団一体化 (identification with subgroup)		95	97-98
階層 (hierarchy)		3*, 182, 211-212, 215-216	267, 203, 235-236, 238-240
下位単位 (subunit)		3*	267
下位単位イデオロギーの形成 (elaboration of subunit ideologies)	(3.22) 61		56
下位単位間相互依存性 (interdependence among subunits)	(7.28) 220		245
組織下位単位間相互依存性 (interdependencies among organizational subunits)	(6.22) 180		201
特定単位ニーズ革新関連性 (relevance of the innovation to the needs of the specific unit involved)	(7.25) 218-219		244
see also 集団 ; 組織			
外部経済 (external economies)		223?, 224, 225?, 226, 231	249, 252, 258
下位目的 (subgoals)		173-175, F6.1*, 177-179*, 217-218*	192-194, 196-199, 239-240
下位目的持続性 (persistence of subgoals)	(6.13) 174	F6.1*	193, 196
下位目的分化 (differentiation of subgoals)	(6.12) 174	F6.1*, 186(変数 6.22 の間違い)?	193-196
参加者による下位目的の内面化 (internalization of subgoals by participants)	(3.23) 61	F3.3*	56, 58

索引
Index

- 原典初版、第2版の索引をもとにして、用語・変数と原典第2版での出現ページを示す。ただし、本文中に存在しない用語は不採用にした。
- 変数の場合は変数番号を（ ）で示し、その後にその変数の原典第2版初出ページを示す。変数番号のない変数の登場ページは< >で示す。【節】【項】はその節や項全体に登場することを示す。
- 凡例 —— *第2版で追加；#第2版で欠落；?索引にはあるが本文にはない；F図の番号

用語（五十音順）	原典ページ（変数）	原典ページ（その他）	翻訳ページ
あいまい性 (ambiguity)*（第2版で索引に追加した場所が間違っている）		8*	266
アウトプット (output)			
アウトプット調整欲求 (need for output coordination)	(6.9) 166	188	185, 209
活動をアウトプットに関連づける容易さ (ease of relating activities to output)	(6.7) 166		185
職務アウトプット観察の容易さ (ease of observing job output)	(6.6) 166		185
アノミー (anomie)		91, 118*	90, 92, 123
意思決定 (decision-making)			
意思決定手法としての範疇化の使用 (use of categorization as a decision making technique)	(3.5) 58		51
共同意思決定の必要感 (felt need for joint decision-making)	(5.15) 141	142, <143>, 144, F5.3*	154–156, 162–163
委譲 (delegation)		59–60*, 61–62	53, 55–58
see also 権限委譲；監督の細かさ			
一元的組織 (unitary organization)		178, 216–217, 219*	199, 241–242, 244–245
一体化 (identification)		12*, 86–87, 88?, 89–97, 172–174, 175–178?, 179, 234–235*?	278, 87–88, 92–99, 191, 194, 199
認知的連関への一体化依存 (the dependence of the identification on cognitive links)	(6.19) 179		199
see also 集団；組織			

317

			(relevance of the innovation to the needs of the specific unit involved)	
7.26	220		調整類型 (type of coordination)=6.25	245
7.27	220		トップ層の革新関与度 (extent of involvement of top levels in innovation)	245
7.28	220		下位単位間相互依存性 (interdependence among subunits)	245

			subunits)		
6.23	181, 183		相互依存許容度 (tolerance for interdependence)		201, 204
6.24	181-182		状況標準化 (standardization of the situation)		201-202
6.25	182		調整類型 (type of coordination)=7.26		202
6.26	183, 186, 189		伝達効率 (efficiency of communication)		204, 207, 210
6.27	186-187		不確実性吸収 (uncertainty absorption)		207-208
6.28	187		不確実性吸収の場所		208
			(locus of uncertainty absorption)		
6.29	187		組織の影響構造		208
			(influence structure of the organization)		
6.30	188		正統化された「事実」の使用		209
			(use of legitimized "facts")		
6.31	189-190		伝達経路使用 (communication channel usage)		210-211
7.1	194		革新費用 (costs of innovation)		217
7.2	194		プログラム継続 (program continuity)		217
7.3	194		探索 (search)		217
7.4	194, 204		満足 (satisfaction)		217, 228
7.5	194-195		影響過程類型 (type of influence process)		217
7.6	195, 198		選択問題類型 (type of choice problem)		217, 221
7.7	196, 209		受容可能水準決定ルールの使用		220 234
			(use of acceptable-level decision rules)		
7.8	196		環境複雑性 (complexity of the environment)		220
7.9	197		プログラム局所変更の使用		220
			(use of local changes in programs)		
7.10	198		問題解決類型 (type of problem-solving)		221
7.11	198		過去の経験 (past experience)		221
7.12	204, 206, 210, 220, 221		革新率 (rate of innovation)		228, 230, 234, 245-246
7.13	206, 220-221		革新の制度化 (institutionalization of innovation)		230, 245
7.14	206		組織メンバーの活動従事性向		230
			(propensity of organization members to engage in an activity)		
7.15	206, 220		時間圧力 (time pressure)=5.9=6.18		230, 245
7.16	206		目的明確性 (clarity of goals)		230
7.17	209		資源配分 (resource allocation)		233
7.18	209-210		伝達構造 (communication structure)		234
7.19	209		代替案提示順序		233
			(order of presentation of alternatives)		
7.20	210		革新類型 (type of innovation)		234
7.21	214, 215		因数分解類型 (type of factorization)		239
7.22	214		組織的分業 (organizational division of labor)		240
7.23	215		問題解決速度 (speed of problem-solving)		239
7.24	218-219		革新感受性 (sensitivity to innovation)		244
7.25	218-219		特定単位ニーズ革新関連性		244

			(subjective operationality of organizational goals)		
5.23	147-148	5.3	独立情報源数	161, 163	
			(number of independent information sources)		
5.24	148	5.3	情報処理チャネリング	161, 163	
			(channelling of information-processing)		
5.25	151		葛藤・対立解消のための分析的過程の使用	165	
			(use of analytic processes to resolve conflict)		
5.26	151		組織内葛藤・対立の種類	165	
			(type of organizational conflict)		
6.1	164		プログラム化(programming)	182	
6.2	164		予測可能性(predictability)	182	
6.3	164, 181		反復性(repetitiveness)	182, 201	
6.4	165-166		プログラム内容(program content)	184-185	
6.5	166		職務活動観察の容易さ	185	
			(ease of observing job activities)		
6.6	166		職務アウトプット観察の容易さ	185	
			(ease of observing job output)		
6.7	166		活動をアウトプットに関連づける容易さ	185	
			(ease of relating activities to output)		
6.8	166, 188		活動調整欲求(need for activity coordination)	185, 209	
6.9	166, 188		アウトプット調整欲求	185, 209	
			(need for output coordination)		
6.10	168		自由裁量(discretion)	188	
6.11	173, 175, 190	6.1	注意の焦点(focus of attention)	193, 195-196, 211	
6.12	174	6.1	下位目的分化(differentiation of subgoals)	193-194, 196	
6.13	174	6.1	下位目的持続性(persistence of subgoals)	193-194, 196	
6.14	174	6.1	内集団伝達内容	194, 196	
			(content of in-group communication)		
6.15	174	6.1	情報の焦点(focus of information)	194, 196	
6.16	174	6.1	組織内分業(division of labor in the organization)	194, 196	
6.17	175	6.1	注意の範囲(span of attention)	195-196	
6.18	175	6.1	時間圧力(time pressure)=5.9=7.15	195-196	
6.19	179		認知的連関への一体化依存	199	
			(the dependence of the identification on cognitive links)		
6.20	179		目的重点変更における注意指向刺激の有効性	199	
			(effectiveness of attention-directing stimuli in changing goal emphasis)		
6.21	180		下位プログラムによる専門化	201, 207	
			(specialization by subprograms)		
6.22	180, (186)		組織下位単位間相互依存性	201, 207	
			(interdependencies among organizational		

変数索引

4.29	123, 124		個人的接触の異質性	129-130
			(heterogeneity of personal contacts)	
4.30	124	4.2	個人の可視性 (visibility of an individual)	130, 132
4.31	124		個人の独自性 (uniqueness of the individual)	130
4.32	124-125		個人の探索性向	130-131
			(individual's propensity to search)	
4.33	125		特定職務・組織に対する順化	131
			(habitation to a particular job or organization)	
5.1	135	5.1, 5.2	知覚された葛藤 (perceived conflict)	146, 148, 153
5.2	135, 139	5.1, 5.2	代替案の主観的不確実性	146, 148, 151, 153
			(subjective uncertainty of alternatives)	
5.3	135-136	5.1	代替案の主観的比較不能性	146-148
			(subjective incomparability of alternatives)	
5.4	135-136, 140	5.1, 5.2	代替案の主観的受容不能性	146-149, 151, 153
			(subjective unacceptability of alternatives)	
5.5	135-136	5.1	葛藤減少動機づけ	146-149
			(motivation to reduce conflict)	
5.6	135	5.1	明確化探索 (search for clarification)	146, 148-149
5.7	135	5.1	新代替案探索 (search for new alternatives)	146-149
5.8	136	5.1	無難な代替案の利用可能性	147-149
			(availability of bland alternatives)	
5.9	136	5.1	時間圧力 (time pressure)=6.18=7.15	147-149
5.10	136		決定時間 (decision time)	147
5.11	139	5.2	過去経験量 (amount of past experience)	151, 153
5.12	139	5.2	決定状況複雑性	151, 153
			(complexity of the decision situation)	
5.13	140	5.2	要求水準・業績間乖離	152-153
			(disparity between aspiration levels and achievement)	
5.14	140, 143	5.2, 5.3	環境の気前良さ	152-153, 156, 163
			(munificence of the environment)	
5.15	141-142, 144	5.3	共同意思決定の必要感	154-157, 163
			(felt need for joint decision-making)	
5.16	141, 144, 146-147	5.3	目的差異 (difference in goals)／目的分化 (differentiation of goals)	154, 157, 159-160, 163
5.17	141, 147-148	5.3	知覚差異 (difference in perceptions)	154, 157, 160-161, 163
5.18	141	5.3	集団間対立 (intergroup conflict)	154, 163
5.19	142-143, 146	5.3	有限資源相互依存性	155-156, 159, 163
			(mutual dependence on a limited resource)	
5.20	142	5.3	活動タイミング相互依存性	155, 162
			(interdependence of timing of activities)	
5.21	144	5.3	組織層 (organization level)	156, 163
5.22	146	5.3	組織目的の主観的操作性	159, 163

			organization)		
4.5	113-114, 125	4.1	職務満足 (satisfaction with the job)	118-119, 124, 131
4.6	114-116	4.1	職務特性と個人自己性格規定の適合性 (conformity of the job characteristics to self-characterization held by the individual)	118, 120-121
4.7	114	4.1	職務関係予測可能性 (predictability of instrumental relationships on the job)	119, 124
4.8	114, 117-118	4.1	仕事と他の役割の要件両立性 (compatibility of work requirements with the requirements of other roles)	119, 122-124
4.9	115		監督習慣と従業員独立の一致性 (consistency of supervisory practices with employee independence)	119
4.10	115		報酬量 (amount of rewards)	120
4.11	115		個人の職務割当参加 (individual's participation in job assignment)	120
4.12	116		教育水準 (level of education)	120-121
4.13	116		過去の身分・収入変化率 (rate of change of status and / or income in the past)	121
4.14	117		仕事と他の役割の時間パターン適合性 (congruence of work-time patterns with those of other roles)	122
4.15	118		職場集団規模 (size of the work group)	123
4.16	118	4.1	組織規模 (size of the organization)	123-124
4.17	118	4.1	知覚された組織内異動可能性 (perceived possibility of intraorganizational transfer)	123-124
4.18	120-122	4.2	知覚された組織外代替案数 (number of perceived extraorganizational alternatives)	125-128, 132
4.19	120	4.2	経済活動水準 (level of business activity)	126, 132
4.20	121	4.2	参加者の性別 (sex of the participant)	126, 132
4.21	121, 125	4.2	参加者の年齢 (age of the participant)	127, 131-132
4.22	121, 124	4.2	参加者の社会的身分 (social status of the participant)	127, 130, 132
4.23	122		節約技術 (technology of the economy)	127
4.24	122, 125	4.2	勤続期間 (length of service)	128, 131-132
4.25	122		専門化 (specialization)	128
4.26	122-124	4.2	可視組織数 (number of organizations visible)	128-130, 132
4.27	123		組織の名声 (prestige of the organization)	129
4.28	123		組織の可視性 (visibility of the organization)	129

3.67	85, 89	3.8, 3.10	競争量 (amount of competition)		86-87, 91-92
3.68	87	3.9	集団の社会的地位		88-89
			(position of the group in the society)		
3.69	87	3.9	個人的基準 (individual standards)		88-90
3.70	87	3.9	集団目的達成成功		88-89
			(success in achieving group goals)		
3.71	87	3.9	身分 (status level)		88-89
3.72	87	3.9	集団の可視性 (visibility of the group)		88-89
3.73	87	3.9	集団の特異性 (distinctiveness of the group)		88-89
3.74	87	3.9	集団の規模 (size of the group)		88-89
3.75	87	3.9	集団の成長率 (rate of growth of the group)		88-89
3.76	87	3.9	集団基準 (group standard)		89-90
3.77	87	3.9	個人的経験の名声水準		89-90
			(prestige level of individual experience)		
3.78	88	3.10	接触曝露 (exposure to contact)		90-91
3.79	88	3.10	文化的参加圧力 (culture pressure to participate)		90-91
3.80	88	3.10	生い立ちの同質性 (homogeneity in background)		90-92
3.81	89	3.10	コミュニティ規模 (size of the community)		90-91
3.82	89	3.10	現在の境遇類似性		91-92
			(similarity of present position)		
3.83	89	3.10	個人目的達成許容		91-92
			(permissiveness toward individual goal achievement)		
3.84	89	3.10	個人報酬の独立性		91-92
			(independence of individual rewards)		
3.85	97-98		集団圧力が組織要求を支持する程度		100
			(extent to which group pressures support organizational demands)		
3.86	97-98		規範間の類似量		100
			(amount of similarity between norms)		
3.87	98		社会的立場の類似性		100
			(more similar the social standing)		
3.88	98		文化的中心性 (cultural centrality)		100
4.1	112-113		誘因効用－貢献効用バランス		117
			(balance of inducement utilities over contribution utilities)		
4.2	112		参加者個人の退出性向		117
			(propensity of the individual participant to leave)		
4.3	113, 118	4.1	知覚された組織退出願望		117-118, 123-124
			(perceived desirability of leaving the organization)		
4.4	113, 120	4.2	知覚された組織移動容易性		117, 125, 132
			(perceived ease of movement from the		

3.40	72, 78-79, 81-82	3.7ac	想起代替案の知覚された結果 (perceived consequences of evoked alternatives)	69, 76-77, 79-80, 82
3.41	72, 85		個人目的 (individual goals)	69, 85
3.42	72	3.6	外部代替案の客観的利用可能性 (objective availability of external alternatives)	71, 75
3.43	73-74	3.6	決定参加感 (felt participation in decisions)	71, 75
3.44	74, 98	3.6	組織の制御 (control of the organization)	72, 75, 100
3.45	74	3.6	課業複雑性 (complexity of the task)	72, 75
3.46	74	3.6	個人の計算能力 (computational ability of the individual)	72, 75
3.47	75	3.6	奨励金制度 (incentive scheme)	73, 75
3.48	76	3.6	隣接個人行動 (behavior of adjacent individuals)	74-75
3.49	78	3.7a	参加に代わる知覚された代替案 (perceived alternatives to participation)	76
3.50	78	3.7a	失業者数 (number of unemployed workers)	76
3.51	79	3.7c	集団圧力強度 (strength of group pressure)	77-78, 80
3.52	79	3.7c	集団圧力方向 (direction of group pressure)	77, 80
3.53	79, 85, 87	3.7c, 3.8	集団一体化 (identification with the group) ［性向］	78, 80, 85-87, 90, 96
3.54	79-80	3.7b	集団意見一様性 (uniformity of group opinion)	78, 80
3.55	79-80	3.7c	集団の環境制御範囲 (range of group control over the environment)	78-80
3.56	79-80, 85, 87-89	3.7b, 3.8, 3.10	集団内相互作用 (interaction within the group)	78-80, 83, 86-87, 90-92, 96
3.57	79-80	3.7b	集団凝集性 (cohesiveness of the group)	78-79
3.58	80	3.7c	集団間競争量 (amount of intergroup competition)	79-80
3.59	81	3.7	昇進の業績依存性 (dependence of organizational mobility on performance)	79, 83
3.60	81-83	3.7	基準の主観的操作性 (subjective operationality of criteria)	81-84
3.61	82	3.7	金銭報酬の業績依存性 (dependence of monetary reward on performance)	82-83
3.62	83	3.7	職場集団規模 (size of the work group)	83-84
3.63	83	3.7	活動のプログラム化程度 (extent to which activities are programmed)	83-84
3.64	83	3.7	組織層 (level in the organization)	83-84
3.65	85, 87	3.8	知覚された集団名声 (perceived prestige of the group)	85-86, 88
3.66	85, 87, 89	3.8, 3.10	集団内充足個人欲求数 (number of individual needs satisfied in the group)	86-87, 90-92

324

3.14	59–61	3.3	権限委譲 (delegation of authority)	55, 58
3.15	59–61	3.3	専門能力の訓練量 (amount of training in specialized competences)	55, 58
3.16	60, 64	(3.3), 3.4	組織目標と実績の差異 (difference between organizational goals and achievement)	55–56, 58–59, 61
3.17	60–61	3.3	利害分岐 (bifurcation of interests)	55, 58
3.18	61		人事異動費用 (cost of changing personnel)	55
3.19	61	(3.3)	組織内下位単位間の対立 (conflict among organizational subunit)	55
3.20	61	3.3	決定内容 (content of decisions)	55–56, 58
3.21	61, 64	3.3	参加者による組織目的内面化 (internalization of organizational goals by participants)	55, 57–59
3.22	61	(3.3)	下位単位イデオロギーの形成 (elaboration of subunit ideologies)	56, 58
3.23	61	3.3	参加者による下位目的内面化 (internalization of subgoals by participants)	56, 58
3.24	61	3.3	組織目的の操作性 (operationality of organizational goals)	56–58
3.25	62, 64	3.4	一般的・非人格的規則使用 (use of general and impersonal rules)	57, 59, 61
3.26	62, 64, 74	3.4, 3.6	権力関係可視性 (visibility of power relations)	59, 61, 71, 75
3.27	62		平等規範浸透程度 (extent to which equality norms are held)	59
3.28	62	(3.4)	監督者の役割正統性 (legitimacy of the supervisory role)	59, 61
3.29	62, 64	3.4	個人間緊張の水準 (levels of interpersonal tension)	59, 61
3.30	64	3.4	最低受容可能行動の知識 (knowledge about minimum acceptable behavior)	59, 61
3.31	64	3.4, 3.6	監督の細かさ (closeness of supervision)	59–61, 75
3.32	64		監督者の権威主義 (authoritarianism of supervisors)	60
3.33	64		監督者の役割知覚の中での懲罰力 (punitivity of supervisory role perception)	60
3.34	68–69	3.5	満足 (satisfaction)	64–66
3.35	68–69	3.5	探索 (search)	64–66
3.36	68–69	3.5	期待報酬 (expected value of reward)	64–66
3.37	68–69	3.5	要求水準 (level of aspiration)	64–65
3.38	72		生産動機づけ (motivation to produce)	69
3.39	72, 74–76	3.6	想起集合の特性 (character of the evoked set)	69–75

変数索引
Numerical Index to variables

（訳注）原典（初版pp.249-253; 第2版pp.276-280）には、変数番号・変数名のリストが掲載されているが、ページ数等の表示がなく、索引としての機能を果たしていない。そこで、ここでは、登場する原典のページ数と図の番号も表示している。原典では明示されていないが、翻訳では補って明示している場合は、括弧付きで表示する。また原典の変数名は、索引風に単語の語順を入れ替えているが、そもそも変数名のアルファベット順ではなく、変数番号順に並べていて無意味なので、ここでは初出時の変数名をそのまま表示している。

変数番号	原典ページ	図番号	変数名（初出時）	翻訳ページ
3.1	57, 59, 62	3.2, (3.3), 3.4	制御要求 (demand for control)	50, 53-55, 57-58, 61
3.2	57-59	3.2	行動の信頼性強調 (emphasis on the reliability of behavior)	50, 53-54
3.3	57-58		人格的関係量 (amount of personalized relationship)	50-52
3.4	57-58		組織規則内面化 (internalization of the rules of the organization)	51
3.5	58		意思決定手法としての範疇化の使用 (use of categorization as a decision making technique)	51
3.6	58		代替案探索量 (amount of search for alternatives)	51
3.7	58	3.2	行動硬直性 (rigidity of behavior)	52, 54
3.8	58, 85, 87-89	3.8, 3.10	集団メンバー間で知覚された目的共有の程度 (extent to which goals are perceived as shared among members of the group)	52, 86-87, 90-92
3.9	58	3.2	組織メンバーの対外部圧力相互防衛性向 (propensity of organization members to defend each other against outside pressures)	52
3.10	58-59	3.2	個人的行為防止可能性 (defensibility of individual action)	52-54
3.11	58-59	3.2	顧客との悶着量 (58; amount of difficulty with clients)	52-54
3.12	58		権威を笠に着る程度 (extent of use of trappings of authority)	52
3.13	59	3.2	個人的行為防止の必要感 (felt need for the defensibility of individual action)	53-54

1937年とされているが、本来の出版年は1926年である。1937年版は"Preface to 1937 edition"（pp. v-xii）がついてはいるが、改訂版というわけではない。

83）原典が出版された直後に翻訳：星野行則譯『學理的事業管理法』崇文館書店，1913年1月が出版される。ほぼ同時期に，横河グループの創業者である横河民輔纂譯『科學的經營法原理』横河民輔，1912年11月；東急電鉄の事実上の創業者である五島慶太譯『工場會社學理的經營法』（業務研究資料／［鐵道省大臣官房研究所編］，第9號別冊）鐵道院總裁官房研究所，1913年1月が存在する。

84）上野訳(p.49)によれば，もともとは1903年にASME (The American Society of Mechanical Engineers)が発行する *ASME Transactions, 24*, 1447で発表されたものが，後に単行本になった。原典の参考文献リストには1919年しかないが，1911年のHarper & Brothers版も同年のNew York: McGraw-Hill Book版も存在する。逆に1919年版は存在を確認できなかった。

85）この本は，*Shop management* や *The principles of scientific management* などを合本して，1947年に出版されたもの。

86）原典参考文献リスト（初版p.245；第2版p.272）では"when"の前のコンマ","が抜けている。

87）訳者である富田達彦による「あとがき」によれば，この本は，「現代心理学の理論的枠組，すなわち新行動主義の宣言の書といわれる。また，学習理論としては，S-S説とS-R説の二大学派のうちの，前者を体系的に示した唯一の書と評されている」(p.440)。

88）原典参考文献リストでは，初版(p.245)も第2版(p.272)も，"problem-solving"のハイフン"-"が脱落している。

89）London: Staples Press版(1954)もある。

90）原典参考文献リストでは初版でも第2版でも "*Personnel Practice Bulletin*" は "*Personnel Practices Bulletin*" と誤記されている。

91）原典参考文献リスト（初版p.246；第2版p.273）では "*Mathematik*" と誤記されている。

92）Weber, M. (1920). *Die protestantische Ethik und der Geist des Kapitalismus*. Tübingen: Verlag von J. C. B. Mohr.

93）原典初版(p.246)でも第2版(p.273)でも，出版地はOxfordになっているが，間違い。

94）原典参考文献リスト（初版p.246；第2版p.273）では，出版地はOxfordになっているが，間違い。

95）本文中で引用されているのは1952年の第2版の方である。

96）有馬訳は1978年12月25日出版の全18章（論文）完訳。池上訳はそのうちサピア＝ウォーフ仮説に関係の深い7章（論文）分だけを訳し，一足先に1978年4月10日出版。この本が後に訳者解説追補を付けて1993年5月10日に講談社学術文庫の中の1冊として出版されている。

97）原典参考文献リスト（初版p.247；第2版p.274）では，出版年が1947年になっているが1948年の間違い。また，タイトルも "Human *problems of* the restaurant industry" になっているが，"Human *relations in* the restaurant industry" の間違い。

98）原典参考文献リスト（初版p.247；第2版p.274）では，出版年が1942年になっているが1943年の間違い。

一であって、出版者はACMの間違い。
69) 原典の参考文献リストでは、"Transactions on Information Theory. Institute of Radio Engineers, September"となっていて、巻号ページ数の記載がない。なお、この論文は1956年9月に発行されているが、同じ内容で1956年6月にRand Corporationから、ワーキング・ペーパー P-868も出されている。
70) これは報告書で、表紙に"prepared by Gladys L. Palmer with the assistance of Carol P. Brainerd for the Committee on Labor Market Research"とされているので、Palmer & Brainerd (1954) と共著で表示されることもある。なおBakke, E. W., Hauser, P. M., Palmer, G. L., Myers, C. A., Yoder, D., & Kerr, C. (1954)の著者6人にShartle, C. L.を加え、YoderがChairmanになった委員会がCommittee on Labor Market Researchである。
71) 原典参考文献リスト (初版p.238; 第2版p.264)ではRatner, A. となっているがRatner, A. R. である。また、タイトルから"*1910-1940, 1910-1948*"が抜けている。これはResearch reportである (University of Pennsylvania. Wharton School of Finance and Commerce. Industrial Research Unit, No. 11)。
72) 原典 (初版p.239; 第2版p.265) では、"part-institutions"のハイフン"-"が抜けている。またタイトルから"The Glacier Project-VI"も抜けている。
73) 原典 (初版p.239; 第2版p.265) では、サブタイトルが抜けている。
74) 1943年に第2版として、Ridley, C. E., & Simon, H. A. (1943). *Measuring municipal activities: A survey of suggested criteria for appraising administration*. Ann Arbor, MI: University Microfilms Internationalが出版されている。1943年版には翻訳もあり、本田弘訳『行政評価の基準: 自治体活動の測定』北樹出版、1999. ただし、翻訳では「ハーバート・A・サイモン、クラレンス・E・リドレー著」とファースト・オーサーが入れ替わっており、内表紙裏の原典表示の段階で既にそうなっているが、理由は不明。1943年版は、1938年版以降の測定研究の発展の成果について書かれた序説が付加され、参考文献リスト約200点の半数も入れ替えられている。また付録として付いていた報告様式類も削除されている。そのため、1938年版の書名 *Measuring municipal activities: A survey of suggested criteria and reporting forms for appraising administration* の下線部は、1943年版の書名からは削除されている。本書で引用しているのは1938年版。
75) 原典 (初版p.240; 第2版p.266) では、270-295になっているが、270-294の間違い。
76) 原典参考文献 (初版p.241; 第2版p.267) では"rejection"の後のコンマ","が脱落している。
77) Sherif, M. (1948). *An outline of social psychology*. New York: Harper & Brothersの改訂版。
78) 原典参考文献リスト (初版p.243; 第2版p.269) では"1953a"とすべきところ、"a"が抜けて"1953"となっている。
79) 原典 (初版p.243; 第2版p.269) では、"deviate-members"のハイフン"-"が抜けている。また、93-100になっているが93-101の間違い。
80) 原典文献リスト (初版p.243; 第2版p.269) からはGuetzkow, H.の名前が抜けている。原典本文では初版p.129と p.162で"(Simon, Guetzkow, Kozmetsky, and Tyndall, 1954)"とGuetzkowの名前が入っていたが、初版p.129に対応する第2版p.148では、文献リストに合わせてGuetzkowの名前が削除されてしまった。初版p.162に対応する第2版p.183ではそのまま放置。ちなみに、この業績は、Simonが1978年にノーベル経済学賞を受賞した際の記念講演で、「大企業の意思決定における会計データの使われ方」を研究したもの (Simon, 1979, p.501) として引用されている。Simon, H. A. (1979). Rational decision making in business organizations. *American Economic Review*, 69(4), 493-513.
81) 原典参考文献リストの初版p.243には記載されていなかったが、第2版p.269で追加されている。しかし、本文中では、出版年を伴って引用されていないので、出版年も含めて記した。原典第2版の参考文献リストでは、"Smith, A. (1937 (1776)) *The Wealth of Nations*. New York: Random House, Modern Library."となっていたので、挙げられている1937年のRandom HouseのModern Library版を書名もフル・バージョンにして正確に記した。
82) 原典では本文 (初版p.79; 第2版p.99) でも、参考文献リスト (初版p.244; 第2版 p.271) でも、出版年が

328

44) この他に、London: G. Bell & Sons 版(1933)もある。
45) このハンドブックは2巻本で、そのうちの第1巻。1984年には、第2版が出版されている。Norman S. Endler & J. McVicker Hunt (Eds.) (1984). *Personality and the behavioral disorders* (2nd ed.). New York: John Wiley & Sons.
46) 原典の参考文献リストでは初版(p.231)も第2版(p.256)も出版年が1947年になっているが、1949年の間違い。
47) 原典第2版p.257では出版年は1956年になっているが、初版p.232では1950年、原典の本文引用箇所(初版p.212; 第2版p.234)でも1950年になっている。
48) 原典の参考文献リストでは、初版(p.232)も第2版(p.257)も第1巻(号数なし)になっているが、第2巻の間違い。
49) Shapley, L. S. (1953). A value for *n*-person games. (pp.307-317) と Shapley, L. S. (1953). Quota solutions of *n*-person games. (pp.343-359) の2本あり、どちらを指しているのか不明。
50) Raiffa, H. (1953). Arbitration schemes for generalized two-person games. (pp.361-387).
51) Kelly, H. H., & Thibaut, J. W. (1954). Experimental studies of group problem solving and process. In G. Lindzey (Ed.), *Handbook of social psychology* (chap. 21: pp.735-785). Cambridge, MA: Addison-Wesley.
52) 原典の参考文献リストでは、書名が、初版(p.234)では"*Time and motion study*"、第2版(p.259)では"*Times and motion study*"となっているが、どちらも間違い。背表紙に"*Time and motion study*"とだけ書かれていたので、誤解したのかもしれない。また引用されている1940年版は第3版にあたる。
53) 原典の参考文献リストの初版p.234では第59巻となっていたが、第2版p.259では第54巻と誤植。
54) 原典の参考文献リスト(初版p.234; 第2版p.259)では"x-stability"になっているが、"Ψ-stability"の間違い。Ψはプサイψの大文字。
55) 原典の参考文献リスト(初版p.234; 第2版p.259)では"Stamford"になっているが"Stanford"の間違い。
56) 原典の参考文献リスト(初版p.234; 第2版p.259)では"x-stability"になっているが、"k-stability"の間違い。
57) 原典の参考文献リスト(初版p.234; 第2版p.259)では第2巻になっているが第1巻の間違い。
58) 本文中(p.82)で引用されているのは1942年の第2版。
59) 原典参考文献リスト(初版p.235; 第2版p.260)では"MacMahon"になっていたが、"Macmahon"の間違い。
60) "Report of the Washington Meeting, December 27-30, 1953"という記事(pp.513-530)の中の1ページ弱の要約。
61) 原典参考文献リスト(初版p.236; 第2版p.261)では第5巻になっているが、第3巻の間違い。このジャーナルは1922～1926(1927?)年にBaltimore, MD: Williams & Wilkins Companyから発行されていた。
62) 原典参考文献リスト(初版p.236; 第2版p.261)では4人の共著者のうち、最初の2人しか表示されておらず、これは本文中も同様である。またLombard, G. F. F. の最後のF. も抜けていた。この文献はPrestridge and Wray (1953)のリストにも挙げられていたが、やはり最後の2人の名前が抜けており、同様にLombard, G. F. F. の最後のF. も抜けていた。
63) 原典参考文献(初版p.237; 第2版p.262)では、副題が副題として扱われておらず、さらに副題から"a theory of"が脱落している。また第52巻となっているが第20巻の間違い。
64) 翻訳では、「ニール・E・ミラー，ジョン・ドラード，エール大学人間関係研究所共著」とされている。
65) 原典(初版p.237; 第2版p.263)では、タイトルの定冠詞"The"が抜け落ちている。
66) 本文で引用されているのは1920年の第2版の方。
67) 原典(初版p.238; 第2版p.263)では"co-operative"とハイフンを入れているが、間違い。
68) 原典の参考文献リストでは、"*Proceedings of the Western Joint Computer Conference*. Institute of Radio Engineers."となっているが、正式名称はリストの通りで、さらにInstitute of Radio Engineersはスポンサ

26) 原典参考文献リスト(初版p.226; 第2版p.251)では"G"の所に並べられていた。
27) 原典参考文献リスト(初版p.222; 第2版p.245)では、論文タイトルが"Application of game theory to international politics"と間違っていた。Notes and Memorandaのコーナーに掲載されていた。
28) 原典の参考文献リストでは、初版(p.222)でも第2版(p.246)でも、Dickinson, C. Z.になっているが、Zenas Clark DickinsonなのでDickinson, Z. C.が正しい。
29) 原典の参考文献リストでは、初版(p.222)でも第2版(p.246)でも、"*Proceedings of the Western Joint Computer Conference.* Institute of Radio Engineers."となっているが、正式名称はリストの通りで、さらにInstitute of Radio Engineersはスポンサーであって、出版者はACMの間違い。
30) 原典文献リストでは、初版(p.223)でも第2版(p.247)でも"Grundley"になっているが、"Grindley"の間違い。またページ数も39-53となっているが、39-54の間違い。Iも主タイトルに入っているが、サブタイトルの側に入っているのが正しい。
31) Fayol, H. (1917). *Administration industrielle et générale: Prévoyance, organisation, commandement, coordination, controle.* Paris: Dunod. (佐々木恒男訳『産業ならびに一般の管理』未来社, 1972)
32) 原典参考文献(初版p.224; 第2版p.248)ではII.より後の副題が欠落している。
33) 原典第2版の参考文献(p.250)では"Gilbreth"のスペルから"l"が抜けている。
34) 原典の参考文献(初版p.225、第2版p.250)では出版地Chicagoだけが表示されているが、New York: M. C. Clark版しか確認できなかった。
35) 原典は*Fatigue study*の第2版(1919)を引用しているが、初版は1916年。
36) この他にも、New York: Macmillan版(1919, c1917)、London: George Routledge & Sons版(1918)が存在する。
37) この他にNew York: Macmillan版(1914)も存在している。
38) 原典参考文献リスト(初版p.226; 第2版p.250)では、91-102になっているが、92-102の間違い。
39) 原典参考文献リスト(初版p.227; 第2版p.252)では、書名から頭の"*An essay on*"が欠落している。
40) 原典参考文献リスト(初版p.227; 第2版p.252)では書誌情報が欠落しているが、これは英国で、第一次世界大戦末期に作られた復興省(Ministry of Reconstruction; 第二次世界大戦末期にも作られる)の政治機構委員会(Machinery of Government Committee)から英国議会に提出された報告書である。その委員会の委員長が、英国の政治家・法律家・哲学者Richard Burdon Haldane (1856-1928)だった。Haldaneは子爵だったので、報告書には称号Viscount Haldane of Cloanが記されている。英国の生物学者John Scott Haldane (1860-1936)はその弟[新英和大辞典第6版(研究社)]。
41) 原典参考文献リスト(初版p.228; 第2版p.252)では、出版年は1946年、出版地はLondonになっている。原典本文の初版p.203では出版年が1944年になっていたが、第2版p.224では1946年に訂正されている。ただし、原典第2版p.226では、引用箇所として"(1944, pp.48-50)"が追加されており、出版年は1944年のままである。原典の記述は錯綜しているので整理すると、この本は1944年にChicago, IL: University of Chicago Press版(viii+248pp.)と London: George Routledge & Sons版(viii+184pp.)のページ付けの異なる二つの版が出版され、さらに1946年にはLondon: George Routledge & Sonsから短縮版(95pp.)が出版されている。原典での引用箇所は、同じ1944年版でも、London: George Routledge & Sons版ではpp.36-37にあってpp.48-50にはない。手元にあるChicago, IL: University of Chicago Pressから出版されたPhoenix Book版(1962年発行16刷)では確かにpp.48-50にある。したがって、出版年は1944年とし、Chicago, IL: University of Chicago Pressを先に置く。
42) 原典初版p.204にはなかったが、原典第2版p.226で(1944, pp.48-50)が付された。ただし、原典参考文献リスト(初版p.228; 第2版p.252)には1946年の短縮版しか挙げられていないのに、なぜか初版の出版年1944年が記されている。
43) 原典の参考文献リストでは初版(p.228)でも第2版(p.253)でも、Hersey (1925)とHersey (1955)の順番は逆になっている。

5) Prestridge and Wray (1953)は、471点の文献のリストだけの本。タイプしたものを片面だけ謄写版印刷して、表紙を付けてホチキスで簡易製本したもの。各文献には数行のコメントが付けられている。471点の文献のうち、本書の参考文献リストと重なっているものは48点だけで、「P*nnn*」で表示している。ここで*nnn*はPrestridge and Wray (1953)が文献に振っている通し番号1～471を指す。このうち本書の本文中で実際に引用されているのは、半分の24点だけである。
6) 原典ではThe Acton Society Trustになっているが、定冠詞は外した。
7) 引用されているのは1957年出版の第2版。初版は1954年。経済学の教科書としてよく売れたらしく、次々と版を重ねて1980年にはwith the assistance of David J. Teeceで第10版が出ている。1987年の第11版が最後。
8) この6人にShartle, C. L.を加え、YoderがChairmanになった委員会がCommittee on Labor Market Researchで、Palmer (1954)は、その委員会向けの報告書である。
9) 原典参考文献リスト（初版p.214; 第2版p.237）では、書名に*Labor, mobility, and economic opportunity*と2ヵ所にコンマ","が入っていたが、間違い。
10) 原典初版では本文p.169では出版年(1938)の記載がなかったが、原典第2版p.191では出版年(1938)が記載されている。
11) 原典では1949年の第3版が引用されている。
12) 原典参考文献リスト（初版p.216; 第2版p.239）ではgroupが抜けている。
13) 原典参考文献リスト（初版p.216; 第2版p.239）ではBlackett, D. W.となっているが、Blackett, O. W.の間違い。
14) 電子ジャーナル化された段階で、タイトルInterest tests reduce factory turnoverの最初の2単語Interest testsが抜け落ち、Reduce factory turnoverとなっている。
15) 引用されているのは1952年の改訂版。
16) 原典参考文献リスト(p.240)では、Employee Relations Departmentとなっていた。
17) 原典の参考文献リストでは、初版(p.218)でも第2版(p.241)でも、Burgess, F. W.となっているが、Ernest Watson Burgessなので、Burgess, E. W.が正しい。
18) 原典第2版p.242では、"Cartwright, D.(1943) and L. Festinger."となっていて、出版年の入る場所が間違っている。
19) 原典参考文献リスト（初版p.220; 第2版p.243）では512-533となっているが、512-532の間違い。
20) 原典参考文献リスト（初版p.220; 第2版p.243）では、タイトル冒頭の定冠詞Theが脱落している。
21) 原典参考文献リスト（初版p.220; 第2版p.243）では1-31となっているが、1-14の間違い。またページは号ごとに1から始まっているので、第3号と書く必要がある。現在のジャーナル名は*Human Organization*である。
22) 原典初版では本文p.169では出版年(1951)の記載がなく、参考文献リストp.220にもCommons (1951)は挙げられていなかった。原典第2版p.191では出版年(1951)が記載され、参考文献リストp.243にCommons (1951)が追加され、初版の参考文献リストの書誌情報とは異なり、出版社も記載されている。ただし、出版年は正しくは1950年なので、そのように訂正した。
23) 原典参考文献リストでは、初版(p.220)でも第2版(p.243)でも、Iは本タイトルに入っていたが、本当はサブタイトルの側に入っている。ちなみにI～VIIIまである。
24) 引用されていなかったので、この翻訳の参考文献リストからは削除されているが、原典参考文献リスト（初版p.220; 第2版p.244）にはCurle, A. (1949b). The sociological background to incentives. *Occupational Psychology*, *23*(1), 21-28が存在していたので、(1949a)と表記されている。ただし、初版では1949a, 1949bの区別は本文(p.95)でも参考文献リスト(p.220)でも行われていない。なお、(1949b)のページ数は、原典では、21-23になっているが、21-28の間違い。
25) 原典第2版の参考文献リスト(p.244)では"Dahl, R. A. (1953) and C. E. Lindblom"となっていて、出版年の入る場所が間違っている。

Whorf, B. L. (1956). *Language, thought, and reality: Selected writings of Benjamin Lee Whorf* (edited and with an introduction by J. B. Carroll). Cambridge, MA: Technology Press of Massachusetts Institute of Technology, New York: J. John Wiley & Sons. (池上嘉彦訳『言語・思考・現実: ウォーフ言語論選集』弘文堂, 1978。有馬道子訳『言語・思考・実在: 完訳: ベンジャミン・リー・ウォーフ論文選集』南雲堂, 1978。池上嘉彦訳『言語・思考・現実』講談社学術文庫, 講談社, 1993)【ch.6①, p.185】

Whyte, W. F. (1948). *Human relations in the restaurant industry*. New York: McGraw-Hill.【ch.5①, p.143】P453

Willerman, B., & Swanson, L. (1953). Group prestige in voluntary organizations: A study of college sororities. *Human Relations, 6*(1), 57-77.【ch.3①, p.94】

Worthy, J. C. (1950b). Organizational structure and employee morale. *American Sociological Review, 15*(2), 169-179.【ch.3①, p.95】D430 P469

Woytinsky, W. S. (1943). *Three aspects of labor dynamics: A report prepared for the Committee on Social Security*. Washington, D. C.: Committee on Social Security, Social Science Research Council.【ch.4①, p.121】

Wyatt, S. (1934). *Incentives in repetitive work: A practical experiment in a factory* (Industrial Health Research Board Report 69). London: His Majesty's Stationery Office (cited in Viteles 1953).【ch.3①, p.76】【ch.3②, p.82】【ch.3③, p.99】D419

Zeuthen, F. (1930). *Problems of monopoly and economic welfare*. London: George Routledge & Sons.【ch.5①, p.152】

1) 原典初版p.213ではIt also includes a substantial number of works that might have been cited.(下線部:引用されたかもしれない)となっていたが、第2版p.236では、It also includes a substantial number of works that have not been cited.(下線部:引用されなかった)という表現に変わっている。

2) Bowen (1955)は、全体でもviii+103pp.の小本だが、"Selected bibliography" (pp.79-100)が付いていて、417点の文献が挙げられている。また第2章"Framework of a theory of the firm" (pp.23-46)にはサイモンのコメント"Appendix B: Comments by Herbert A. Simon" (pp.43-46)も付いている。417点のうち、本書の参考文献リストと重なっているものは29点だけで、「B*nnn*」で表示している。ここで*nnn*はBowen (1955)が文献に振っている通し番号1〜417を指す。このうち本書の本文中で実際に引用されているのは13点だけである。ただし、そのうちSimon (1952-53)は、Bowen (1955)のリストにある1952年の同名のCowles CommissionのWorking Paperを同一論文として扱ってカウントしている。

3) De Grazia (1949)は、363点の文献のリストだけの本。タイプしたものを両面印刷してホチキスで背綴じしたもの。各文献にはコメントが付けられている。363点のうち、本書の参考文献リストと重なっているものは24点だけで、「G*nnn*」で表示している。ここで*nnn*はde Grazia (1949)が文献に振っている通し番号1〜363を指す。このうち本書の本文中で実際に引用されているのは14点だけである。

4) Dubin (1958)は巻末pp.399-432に「補足の参考文献(supplementary bibliography)」として、計961点の文献を第1章〜第21章の章ごとにまとめて、重複しないようにリストアップしている。ただし、第4章のリストはなく、第12章と第13章は2章分で1リストになっている。このうち、本書の参考文献リストと重なっているものは85点で、「D*nnn*」で表示している。ここで*nnn*はDubin (1958)の巻末参考文献リストの掲載ページを表している。このうち本書の本文中で実際に引用されているものは34点だけである。その中には、Gulick and Urwick (1937)の中の3本の論文が個別にカウントされている。また本書の参考文献リストに掲載されている(引用はされていない) Manis and Meltzer (1954)はDubin (1958)の第1章のリストと第3章のリストに重複掲載されているので、文献数合計ならびに本書と重なっている文献数から、それぞれ1つずつ引いてある。ちなみに、本書の参考文献リストのMann (1951)は*Journal of Social Issues*掲載の論文なのに、なぜかDubin (1958)のリストのMann (1952)は発行年が後にもかかわらずMimeographとなっている。しかし、同一論文として扱ってカウントしてある。

P410

Taylor, F. W. (1903; 1911; 1919). *Shop Management*. New York: Harper & Brothers. (上野陽一訳編『科学的管理法』産業能率短期大学出版部, 1969 に所収)【ch.2①, p.31】P411

Taylor, F. W. (1947). *Scientific Management*. New York: Harper & Brothers.【ch.2①, p.31】G79

Thorndike, E. L. (1927). The law of effect. *American Journal of Psychology, 39*(1/4), 212-222.【ch.3①, p.83】

Thorndike, E. L. (1938). The effect of discussion upon the correctness of group decisions, when the factor of majority influence is allowed for. *Journal of Social Psychology, 9*(3), 343-362.【ch.7①, p.203】

Tolman, E. C. (1932; 1949). *Purposive behavior in animals and man*. New York: Century, Berkeley, CA: University of California Press. (1932年版の訳：富田達彦訳『新行動主義心理学：動物と人間における目的的行動』清水弘文堂, 1977)【ch.1①, p.28】

Tolman, E. C., & Brunswick, E. (1935). The organism and the causal texture of the environment. *Psychological Review, 42*(1), 43-77.【ch.1①, p.28】

Torrance, E. P. (1953). Methods of conducting critiques of group problem-solving performance. *Journal of Applied Psychology, 37*(5), 394-398.【ch.3①, p.75】

Truman, D. B. (1951). *The governmental process: Political interests and public opinion*. New York: Knopf.【ch.4①, p.109】D411

Urwick, L. (1943). *The elements of administration*. New York: Harper & Brothers.【ch.2①, p.41】G36

Vernon, H. M. (1921). *Industrial fatigue and efficiency*. London: George Routledge & Sons.【ch.2①, p.36】

Viteles, M. S. (1932). *Industrial psychology*. New York: W. W. Norton.【ch.2①, p.36】

Viteles, M. S. (1953). *Motivation and morale in industry*. New York: W. W. Norton.【ch.2①, p.38】【ch.3①, p.67】【ch.3②, p.82】

Viteles, M. S. (1955). Motivation and Morale - whose responsibility? *Personnel Practice Bulletin* (Melbourne), *11*(1), 27-42.【ch.3①, p.83】

von Mises, L. (1944). *Bureaucracy*. New Haven, CT: Yale University Press.【ch.7①, p.224】

von Neumann, J. (1928). Zur Theorie der Gesellschaftsspiele. *Mathematische Annalen, 100*(1), 295-320.【ch.5①, p.152】

von Neumann, J. (1937). Über ein ökonomisches Gleichungssystem und eine Verallgemeinerung des Brouwerschen Fixpunktsatzes. In K. Menger (Ed.), *Ergebnisse eines Mathematischen Kolloquiums, 8,* 73-83.【ch.5①, p.152】

von Neumann, J., & Morgenstern, O. (1944). *Theory of games and economic behavior*. Princeton, NJ: Princeton University Press. (阿部修一, 橋本和美訳『ゲームの理論と経済行動』全3巻, ちくま学芸文庫, 筑摩書房, 2009)【ch.5①, p.152】B399

Walter, J. E. (1957). Dividend policy and the process of choice. Unpublished ms.【ch.4①, p.128】

Weber, M. (1930). *The Protestant ethic and the spirit of capitalism* (T. Parsons trans). New York: Charles Scribner's Sons. (Original work published 1920) (ドイツ語原典の訳：大塚久雄訳『プロテスタンティズムの倫理と資本主義の精神』岩波書店, 1988; 岩波文庫, 1989; ワイド版岩波文庫, 1991)【ch.3①, p.99】D411 P442

Weber, M. (1946). *From Max Weber: Essays in sociology* (H. H. Gerth, & C. W. Mills, trans.). New York: Oxford University Press.【ch.3①, p.55】G38

Weber, M. (1947). *The theory of social and economic organization* (A. M. Henderson, & T. Parsons, trans.). New York: Oxford University Press, New York: Free Press, London: Collier Macmillan, London: William Hodge and Co.【ch.3①, p.55】G39 D401 P443

Wechsler, D. (1935; 1952). *The Range of Human Capacities*. (1st ed.) Baltimore, MD: The Williams. (2nd ed.) Baltimore, MD: Williams & Wilkins.【ch.2①, p.32】

(Simon, H. A. (1957). *Models of man, social and rational: Mathematical essays on rational human behavior in a social setting.* New York: John Wiley & Sons. (宮沢光一監訳『人間行動のモデル』同文舘出版, 1970)の第15章(pp.261-273 邦訳pp.453-470)として所収)【ch.1①, p.28】

Simon, H. A. (1957). The compensation of executives. *Sociometry, 20*(1), 32-35. (Simon, H. A. (1957). *Models of man, social and rational: Mathematical essays on rational human behavior in a social setting.* New York: John Wiley & Sons. (宮沢光一監訳『人間行動のモデル』同文舘出版, 1970)の新稿5(邦訳pp.361-365)として所収)【ch.4①, p.122】

Simon, H. A. & Guetzkow, H. (1955a). Mechanisms involved in group pressures on deviate-members. *British Journal of Statistical Psychology, 8,* 93-101.(Simon, H. A. (1957). *Models of man, social and rational: Mathematical essays on rational human behavior in a social setting.* New York: John Wiley & Sons. (宮沢光一監訳『人間行動のモデル』同文舘出版, 1970)の第8章(pp.131-144 邦訳pp.221-240)として所収)【ch.3①, p.80】

Simon, H. A. & Guetzkow, H. (1955b). A model of short- and long-run mechanisms involved in pressures toward uniformity in groups. *Psychological Review, 62*(1), 56-68. (Simon, H. A. (1957). *Models of man, social and rational: Mathematical essays on rational human behavior in a social setting.* New York: John Wiley & Sons. (宮沢光一監訳『人間行動のモデル』同文舘出版, 1970)の第7章(pp.115-130 邦訳pp.197-219)として所収。そのことは、第8章の References (p.144 邦訳p.240)に明記されているが、論文タイトルは第8章と対をなすように Mechanisms involved in pressures toward uniformity in groups に変更されている)【ch.3①, p.80】

Simon, H. A., Guetzkow, H., Kozmetsky, G., & Tyndall, G. (1954). *Centralization vs. decentralization in organizing the controller's department: A research study and report.* New York: The Controllership Foundation, Houston, TX: Scholars Book.【ch.5①, p.148】【ch.6①, p.183】

Simon, H. A., Smithburg, D. W., & Thompson, V. A. (1950). *Public Administration.* New York: Alfred A. Knopf. (岡本康雄, 河合忠彦, 増田孝治訳『組織と管理の基礎理論』ダイヤモンド社, 1977)【ch.2①, p.43】【ch.2②, p.47】【ch.4①, p.103】【ch.4②, p.109】【ch.4③, p.129】【ch.6①, p.178】【ch.7①, p.216】B362 D408

Smith, A. (1937 (1776)). *An inquiry into the nature and causes of the wealth of nations* (edited, with an introduction, notes, marginal summary and an enlarged index, by E. Cannan; with an introduction by Max Lerner) (The modern library of the world's best books, G-32). New York: Random House. (大内兵衛, 松川七郎訳『諸国民の富(全5巻)』岩波文庫, 1959-1966)【ch.7①, p.224】D408

Stockford, L. O., & Kunze, K. R. (1950). Psychology and the pay check. *Personnel, 27,* 2-15.【ch.4①, p.116】【ch.5①, p.140】

Stone, R. C. (1952a). Mobility factors as they affect workers' attitudes and Conduct toward incentive systems. *American Sociological Review, 17*(1), 58-64.【ch.3 ①, p.78】【ch.3 ②, p.81】【ch.3 ③, p.93】【ch.3 ④, p.95】P395

Stouffer, S. A., Suchman, E. A., DeVinney, L. C., Star, S. A., & Williams, R. M., Jr. (1949). *The American soldier: Adjustment during army life, Vol. I. Studies in social psychology in World War II.* Princeton, NJ: Princeton University Press.【ch.4①, p.115】【ch.4②, p.116】【ch.4③, p.116】

Tawney, R. H. (1926; 1937). *Religion and the rise of capitalism: A historical study (Holland memorial lectures, 1922).* New York: Harcourt, Brace. (賀川豊彦, 鍵田研一共譯『宗教と資本主義の勃興』警醒社, 1933)【ch.3①, p.99】D411

Taylor, F. W. (1907). On the art of cutting metals. *Transactions of the A.S.M.E., 28,* 31-350. (鈴木隆訳『切削法研究―理論と實際―』機械製作資料社, 1943)【ch.2①, p.31】

Taylor, F. W. (1911). *The Principles of Scientific Management.* New York: Harper & Brothers. (有賀裕子訳『新訳科学的管理法―マネジメントの原点―』ダイヤモンド社, 2009)【ch.2①, p.31】【ch.3①, p.67】D408

334

(1st ed.) Evanston, IL; White Plains, NY: Row, Peterson & Co. (2nd ed.) Evanston, IL; Elmsford, NY: Row, Peterson & Co. (第2版の訳: 三隅二不二, 佐々木薫訳編『グループ・ダイナミックス [第2版] Ⅰ・Ⅱ』誠信書房, 1969-1970) の第15章 (pp.311-340) として所収。原典初版では ch.17 (pp.223-248)、第2版では ch.15 (pp.260-285) として所収されている)【ch.5①, p.142】

Schelling, T. C. (1957). Bargaining, communication, and limited war. *Conflict Resolution, 1*(1), 19-36.【ch.5①, p.150】【ch.5②, p.154】

Selznick, P. (1949). *TVA and the grass roots: A study in the sociology of formal organization.* Berkeley, CA: University of California Press, London: Cambridge University Press.【ch.3①, p.56】【ch.3②, p.59】【ch.5①, p.150】D429

Selznick, P. (1957). *Leadership in administration: A sociological interpretation.* Evanston, IL; New York: Row, Peterson & Co. (北野利信訳『組織とリーダーシップ』ダイヤモンド社, 1963)【ch.7①, p.208】

Sherif, M., & Sherif, C. W. (1956). *An outline of social psychology* (Rev. ed.). New York: Harper & Brothers.【ch.5①, p.142】

Shubik, M. (1956). A game theorist looks at the antitrust laws and the automobile industry. *Stanford Law Review, 8*(4), 594-630.【ch.5①, p.152】

Simon, H. A. (1943). *Fiscal aspects of metropolitan consolidation.* Berkeley, CA: Bureau of Public Administration, University of California.【ch.6①, p.179】

Simon, H. A. (1947; 1957). *Administrative behavior: A study of decision-making processes in administrative organization.* New York: Macmillan. (第2版の訳: 松田武彦, 高柳暁, 二村敏子訳『経営行動』ダイヤモンド社, 1965)【ch.1①, p.28】【ch.2①, p.49】【ch.4①, p.103】【ch.6①, p.160】B357 G140

Simon, H. A. (1952-53). A comparison of organization theories. *The Review of Economic Studies, 20*(1), 40-48. (Simon, H. A. (1957). *Models of man, social and rational: Mathematical essays on rational human behavior in a social setting.* New York: John Wiley & Sons. (宮沢光一監訳『人間行動のモデル』同文舘出版, 1970) の第10章 (pp.170-182 邦訳pp.323-339) として所収)【ch.4①, p.107】【ch.4②, p.110】【ch.4③, p.129】B360 (1952年の同名の Cowles Commission の Working Paper) D407

Simon, H. A. (1952a). A formal theory of interaction in social groups. *American Sociological Review, 17*(2), 202-211. (Simon, H. A. (1957). *Models of man, social and rational: Mathematical essays on rational human behavior in a social setting.* New York: John Wiley & Sons. (宮沢光一監訳『人間行動のモデル』同文舘出版, 1970) の第6章 (pp.99-114 邦訳pp.175-196) として所収)【ch.3①, p.79】

Simon, H. A. (1953a). Notes on the observation and measurement of political power. *Journal of Politics, 15*(4), 500-516. (Simon, H. A. (1957). *Models of man, social and rational: Mathematical essays on rational human behavior in a social setting.* New York: John Wiley & Sons. (宮沢光一監訳『人間行動のモデル』同文舘出版, 1970) の第4章 (pp.62-78 邦訳pp.87-107) として所収)【Postscript①, p.235】

Simon, H. A. (1953b). Birth of an organization: The economic cooperation administration. *Public Administration Review, 13*(4), 227-236.【ch.5①, p.146】【ch.6①, p.172】(Simon, H. A. (1976). *Administrative behavior: A study of decision-making processes in administrative organization* (3rd ed.). New York: Free Press. (第3版の訳: 松田武彦, 高柳暁, 二村敏子訳『経営行動』ダイヤモンド社, 1989) の第16章 (pp.315-334 邦訳pp.395-419) として所収) D408

Simon, H. A. (1955). A behavioral model of rational choice. *Quarterly Journal of Economics, 69*(1), 99-118. (Simon, H. A. (1957). *Models of man, social and rational: Mathematical essays on rational human behavior in a social setting.* New York: John Wiley & Sons. (宮沢光一監訳『人間行動のモデル』同文舘出版, 1970) の第14章 (pp.241-260 邦訳pp.427-452) として所収)【ch.1①, p.28】【ch.3①, p.54】【ch.6①, p.160】B358

Simon, H. A. (1956). Rational choice and the structure of the environment. *Psychological Review. 63*(2), 129-138.

Proceedings of the March 1-3, 1955, western joint computer conference (pp. 101-108). ACM. 【ch.1 ①, p.28】

Newell, A., Shaw, J. C., & Simon, H. A. (1958). Elements of a theory of human problem solving. *Psychological Review, 65*(3), 151-166. 【ch.1①, p.28】【ch.6①, p.160】【ch.7①, p.198】【Postscript①, p.235】

Newell, A., & Simon, H. A. (1956). The logic theory machine: A complex information processing system. *IRE Transactions on Information Theory, 2*(3), 61-79. 【ch.2①, p.33】

Palmer, G. L. (1954). *Labor mobility in six cities: A report on the survey of patterns and factors in labor mobility, 1940-1950.* New York: Social Science Research Council. 【ch.4①, p.121】

Palmer, G. L., & Ratner, A. R. (1949). *Industrial and Occupational Trends in National Employment, 1910-1940, 1910-1948.* Philadelphia, PA: Industrial Research Department, Wharton School of Finance and Commerce, University of Pennsylvania. 【ch.4①, p.122】

Payne, R. (1954). An approach to the study of relative prestige of formal organizations. *Social Forces, 32*(3), 244-247. 【ch.3①, p.94】

Payne, R. B., & Hauty G. T. (1955). Effect of psychological feedback upon work decrement. *Journal of Experimental Psychology, 50*(6), 343-351. 【ch.3①, p.83】

Plato (1937). *The dialogues of Plato, Vol. 1.* (B. Jowett, trans.). New York: Random House. 【ch.7①, p.199】

Purcell, T. V. (1953). T*he worker speaks his mind on company and union.* Cambridge, MA: Harvard University Press. (稲本国雄訳『私はこう思う:アメリカ労働組合員の意見』(時事新書) 時事通信社, 1960) 【ch.3①, p.92】【ch.3②, p.93】

Reynolds, L. G. (1951). *The structure of labor markets: Wages and labor mobility in theory and practice.* New York: Harper & Brothers. 【ch.4①, p.105】【ch.4②, p.114】【ch.4③, p.115】【ch.4④, p.116】【ch.4⑤, p.120】【ch.4⑥, p.121】【ch.4⑦, p.122】【ch.4⑧, p.122】【ch.4⑨, p.123】【ch.4⑩, p.123】【ch.4⑪, p.123】【ch.4⑫, p.125】

Reynolds, L. G., & Shister, J. (1949). *Job horizons: A study of job satisfaction and labor mobility.* New York: Harper & Brothers. 【ch.4①, p.115】【ch.4②, p.118】【ch.4③, p.123】

Rice, A. K. (1951). An examination of the boundaries of part-institutions: An illustrative study of departmental turnover in industry (The Glacier Project-VI). *Human Relations, 4*(4), 393-400. 【ch.4①, p.118】P321

Rice, A. K., Hill, J. M. M., & Trist, E. L. (1950). The representation of labour turnover as a social process: Studies in the social development of an industrial community (The Glacier Project-II). *Human Relations, 3*(4), 349-372. 【ch.4①, p.106】

Richmond, A. H. (1954). Conflict and authority in industry. *Occupational Psychology, 28,* 24-33. 【ch.3 ①, p.74】

Ridley, C. E., & Simon, H. A. (1938). *Measuring municipal activities: A survey of suggested criteria and reporting forms for appraising administration.* Chicago, IL: The International City Managers' Association. 【ch.6①, p.166】

Roberts, D. R. (1956). A general theory of executive compensation based on statistically tested propositions. *Quarterly Journal of Economics, 70*(2), 270-294. 【ch.4①, p.122】

Rose, A. M. (1952b). *Union solidarity: The internal cohesion of a labor union.* Minneapolis, MN: University of Minnesota Press, London: Oxford University Press. 【ch.3①, p.92】【ch.3②, p.92】【ch.3③, p.93】P344

Ryan, T. A. (1947). *Work and Effort: the psychology of production.* New York: Ronald. 【ch.2①, p.36】D419

Sayles, L. R., & Strauss, G. (1953). *The local union: Its place in the industrial plant.* New York: Harper & Brothers. 【ch.3①, p.92】【ch.3②, p.92】【ch.3③, p.93】

Schachter, S. (1951). Deviation, rejection, and communication. *Journal of Abnormal and Social Psychology, 46*(2), 190-207. (Cartwright, D., & Zander, A. (Eds.) (1953; 1960). *Group dynamics: Research and theory.*

①, p.231】B272 D409

Marschak, J., & Radner, R. (1954). The firm as a team (abstract). *Econometrica, 22*(4), 523.【ch.2①, p.48】【ch.7 ①, p.231】

Masuoka, J. (1940). The structure of the Japanese family in Hawaii. *American Journal of Sociology, 46*(2), 168-178.【ch.3①, p.91】

Mayberry, J. P., Nash, J. F., & Shubik, M. (1953). A comparison of treatments of a duopoly situation. *Econometrica, 21*(1), 141-154.【ch.5①, p.154】

Maynard, H. B., Stegemerten, G. J., & Schwab, J. L. (1948). *Methods-time measurement.* New York: McGraw-Hill. (林茂彦訳『MTMメソッド〜タイム設定法』技報堂, 1956)【ch.2①, p.35】

Mayo, E. (1924). Reverie and industrial fatigue. *Journal of Personnel Research. 3*, 273-281.【ch.2 ①, p.37】D421

Mayo, E., Lombard, G. F. F., Fox, J. B., & Scott, J. F. (1944). *Teamwork and labor turnover in the aircraft industry of Southern California.* Boston, MA: Harvard University, Graduate School of Business Administration, Bureau of Business Research.【ch.4①, p.112】P257

Merton, R. K. (1936). The unanticipated consequences of purposive social action. *American Sociological Review, 1*(6), 894-904.【ch.3①, p.55】

Merton, R. K. (1940). Bureaucratic structure and personality. *Social Forces, 18*(4), 560-568. (Merton, R. K. (1949; 1957). *Social theory and social structure.* Glencoe, IL: Free Press. (1957年版の訳: 森東吾, 森好夫, 金沢実, 中島竜太郎共訳『社会理論と社会構造』みすず書房, 1961)の第6章(pp.179-189)として所収)【ch.3①, p.56】【ch.3②, p.56】G201

Messinger, S. L. (1955). Organizational transformation: A case study of a declining social movement. *American Sociological Review, 20*(1), 3-10.【ch.4①, p.129】

Miller, N. E. (1951). Comments on theoretical models: Illustrated by the development of a theory of conflict behavior. *Journal of Personality, 20*(1), 82-100.【ch.5①, p.134】

Miller, N. E., & Dollard, J. (1941). *Social learning and imitation.* New Haven, CT: Yale University Press. (山内光哉, 祐宗省三, 細田和雅共訳『社会的学習と模倣』理想社, 1956)【ch.5①, p.134】

Mooney, J. D., & Reiley, A. C. (1939). *The principles of organization.* New York: Harper & Brothers.【ch.2①, p.41】P281

Moore, D. G., & Renck, R. (1955). The professional employee in industry. *Journal of Business, 28*(1), 58-66.【ch.3 ①, p.91】D429

Morse, N. C. (1953). *Satisfactions in the white-collar job.* Ann Arbor, MI: Survey Research Center, Institute for Social Research, University of Michigan.【ch.3①, p.96】【ch.3②, p.97】【ch.4①, p.111】【ch.4②, p.114】【ch.4 ③, p.115】【ch.4④, p.116】【ch.4⑤, p.116】【ch.4⑥, p.122】

Morse, N. C., & Reimer, E. (1955). The experimental change of a major organizational variable. *Journal of Abnormal and Social Psychology, 52*(1), 120-129.【ch.5①, p.115】

Muscio, B. (1917; 1920). *Lectures on industrial psychology.* (1st ed.) Sydney: Angus & Robertson. (2nd ed.) London: George Routledge & Sons; New York: Dutton. (時國理一譯『現代産業心理學講話』日本評論社, 1919)【ch.2①, p.36】

Myers, C. A., & MacLaurin, W. R. (1943). *The movement of factory workers: A study of a New England Industrial Community 1937-1939 and 1942.* New York: John Wiley & Sons, London: Chapman & Hall. 【ch.4①, p.121】【ch.4②, p.121】D422 P293

Nash, J. F., Jr. (1950). The bargaining problem. *Econometrica, 18*(2), 115-162.【ch.5①, p.154】

Nash, J. F., Jr. (1953). Two-person cooperative games. *Econometrica, 21*(1), 128-140.【ch.5①, p.154】

Newell, A. (1955, March). The chess machine: An example of dealing with a complex task by adaptation. In

①, p.150】

Louden, J. K. (1944). *Wage Incentives*. New York: John Wiley & Sons. 【ch.3①, p.82】

Lowry, S. M., Maynard, H. B., & Stegemerten, G. J. (1927; 1932; 1940). *Time and motion study and formulas for wage incentives*. New York: McGraw-Hill. (野田信夫, 加藤威夫訳『時間研究による作業標準決定法』マネジメント社, 1932) 【ch.2①, p.33】【ch.2②, p.37】

Luce, R. D. (1954). A definition of stability for *n*-person games. *Annals of Mathematics, 59*(3), 357-366. 【ch.5①, p.153】

Luce, R. D. (1955a). Ψ-stability: A new equilibrium concept for *n*-person game theory. *Mathematical Models of Human Behavior, Proceedings of a Symposium*. Stanford: Dunlap & Assoc. (pp.32-44). 【ch.5①, p.153】

Luce, R. D. (1955b). *k*-stability of symmetric and of quota games. *Annals of Mathematics, 62*(3), 517-527. 【ch.5①, p.153】

Luce, R. D. & Raiffa, H. (1957). *Games and decisions: Introduction and critical survey*. New York: John Wiley & Sons. 【ch.5①, p.152】

Luce, R. D., & Rogow, A. A. (1956). A game theoretic analysis of congressional power distributions for a stable two-party system. *Behavioral Science, 1*(2), 83-95. 【ch.5①, p.152】

Lytle, C. W. (1929; 1942). *Wage incentives methods: Their selection, installation and operation*. New York: Ronald Press. 【ch.3①, p.82】

Mack, R. W., Murphy, R. J., & Yellin, S. (1956). The Protestant ethic, level of aspiration, and social mobility: An empirical test. *American Sociological Review, 21*(3), 295-300. 【ch.3①, p.98】

Macmahon, A. W., Millett, J. D., & Ogden, G. (1941; 1971). *The administration of federal work relief* (Studies in administration/ Committee on Public Administration, Social Science Research Council, Vol.12). Chicago, IL: Committee on Public Administration of the Social Science Research Council by Public Administration Service, New York: Da Capo Press. 【ch.6①, p.181】

Macy, J., Jr., Christie, L. S., & Luce, R. D. (1953). Coding noise in a task-oriented group. *Journal of Abnormal and Social Psychology, 48*(3), 401-409. 【ch.6①, p.184】

Maier, N. R. F. (1949). *Frustration: The study of behavior without a goal*. New York: McGraw-Hill. (池田貞美, 高橋守雄訳『欲求不満の心理』誠信書房, 1962) 【ch.3①, p.69】

Mann, F., & Baumgartel, H. (1952). *Absences and employee attitudes in an electric power company*. Ann Arbor, MI: Survey Research Center, Institute for Social Research, University of Michigan. 【ch.4①, pp.113-114】D425

March, J. G. (1955a). An introduction to the theory and measurement of influence. *American Political Science Review, 49*(2), 431-451. 【ch.1①, p.28】【ch.3①, p.54】【ch.6①, p.160】【ch.7①, p.195】【Postscript①, p.235】

March, J. G. (1955b). Group autonomy and internal group control. *Social Forces, 33*(4), 322-326. 【ch.3①, p.97】

March, J. G. (1956). Influence measurement in experimental and semi-experimental groups. *Sociometry, 19*(4), 260-271. 【Postscript①, p.235】

March, J. G. (1957). Measurement concepts in the theory of influence. *Journal of Politics, 19*(2), 202-226. 【Postscript①, p.235】

Marriot, R. (1949). Size of working group and output. *Occupational Psychology, 23*, 47-57. 【ch.3①, p.95】

Marriot, R. (1951). Socio-psychological factors in productivity. *Occupational Psychology, 25*, 15-24. 【ch.3①, p.82】P250

Marschak, J. (1950). Rational behavior, uncertain prospects, and measurable utility. *Econometrica, 18*(2), 111-141. 【ch.6①, p.159】B274

Marschak, J. (1955). Elements for a theory of teams. *Management Science, 1*(2), 127-137. 【ch.2①, p.48】【ch.7

Research Memorandum RM-948. In R.M. Thrall, C.H. Coombs, & R.L.Davis (Eds.). (1954). *Decision processes* (ch.19; pp.301-327). New York: John Wiley & Sons, London: Chapman & Hall. 【ch.5①, p.153】

Katona, G. (1951). *Psychological analysis of economic behavior*. New York: McGraw-Hill. 【ch.6 ①, p.161】 B221 D420

Katz, D. (1949). Morale and motivation in industry. In W. Dennis (Ed.). *Current trends in industrial psychology*. Pittsburgh, PA: University of Pittsburgh Press. 【ch.3①, p.95】

Katz, D., Maccoby, N., Gurin, G., & Floor, L. G. (1951). *Productivity, supervision and morale among railroad workers*. (Survey Research Center Series, No.5). Ann Arbor, MI: Institute for Social Research, University of Michigan. 【ch.3①, p.74】【ch.3②, p.75】【ch.3③, p.94】【ch.3④, p.95】【ch.3⑤, p.100】【ch.4①, p.113】 D418 P213

Katz, D., Maccoby, N., & Morse, N. C. (1950). *Productivity, supervision and morale in an office situation*. (Survey Research Center Series, No.2). Ann Arbor, MI: Institute for Social Research, University of Michigan. 【ch.3①, p.74】【ch.3②, p.74】【ch.3③, p.100】【ch.4①, p.113】

Kerr, W. A., Koppelmeier, G. J., & Sullivan, J. J. (1951). Absenteeism, turnover, and morale in a metals fabricating factory. *Occupational Psychology, 25,* 50-55. 【ch.3①, p.95】

Koopmans, T. C. (Ed.). (1950). *Statistical inference in dynamic economic models*. New York: John Wiley & Sons, London: Chapman & Hall. 【Postscript①, p.234】

Koopmans, T.C., & Beckman, M. (1957). Assignment problems and the location of economic activities. *Econometrica, 25*(1), 53-76. 【ch.7①, p.224】

Kornhauser, A., Dubin, R., & Ross, A. M. (Eds.). (1954). *Industrial conflict*. New York: McGraw-Hill. 【ch.5①, p.143】

Krulee, G. K. (1955). Company-wide incentive systems. *Journal of Business, 28*(1), 37-47. 【ch.3①, p.74】【ch.3②, p.75】【ch.3③, p.83】

Kuehn, A. (1958). *An analysis of the dynamics of consumer behavior and its implications for marketing management* (Ph. D. thesis, Carnegie Institute of Technology). 【ch.4①, p.128】

Kuhn, H. W. (1955). The Hungarian method for the assignment problem. *Naval Research Logistics Quarterly. 2*(1-2), 83-97. 【ch.2①, p.42】

Kuhn, H. W., & Tucker, A. W. (Eds.). (1953). *Contributions to the theory of games: Vol. 2*. Princeton, NJ: Princeton University Press. 【ch.2①, p.42】【Shapley : ch.5①, p.154】【Raiffa : ch.5②, p.154】

Lanzetta, J. T., & Roby, T. B. (1956). Group performance as a function of work-distribution patterns and task load. *Sociometry, 19*(2), 95-104. 【ch.7①, p.207】

Lazarus, R. S., Deese, J., & Osler, S. F. (1952). The effects of psychological stress upon performance. *Psychological Bulletin, 49*(4), 293-317. 【ch.5①, p.136】

Learner, L. (1955). *A comparative study of the effects of individual and group wage incentive plans upon productivity and interpersonal relations* (Ph. D. thesis, University of Pittsburgh). 【ch.3①, p.82】

Levin, H. S. (1956). *Office work and automation*. New York: John Wiley & Sons; London: Chapman & Hall. (竹中尚文, 玉井康雄訳『事務とオートメーション』同文館, 1956) 【ch.6①, p.175】

Lewin, K. (1935). *A dynamic theory of personality: Selected papers* (D. K. Adams & K. E. Zener, trans.). New York: McGraw-Hill. (相良守次, 小川隆訳『パーソナリティの力学説』岩波書店, 1957) 【ch.5①, p.136】

Lindzey, G. (Ed.). (1954). *Handbook of social psychology*. Cambridge, MA: Addison-Wesley.【ch.1①, p.20】【Kelley & Thibaut: ch.7①, p.201】【Kelley & Thibaut: ch.7②, p.202】【Kelley & Thibaut: ch.7③, p.202】【Kelley & Thibaut: ch.7④, p.203】

Lipset, S. M. (1950). *Agrarian socialism: The Coöperative Commonwealth Federation in Saskatchewan: A study in politican sociology*. Berkeley, CA: University of California Press, Toronto: Oxford University Press. 【ch.5

Gulick, L. H., & Urwick, L. (Eds.). (1937). *Papers on the science of administration.* New York: Institute of Public Administration.【ch.2①, p.41】【ch.2②, p.43】【Gulick: ch.2③, p.47】【Mooney: ch.2③, p.49】【Gulick: ch.2④, p.50】G15 D406(Gulick "Notes on ～") D406(Urwick "Organization ～") D430(Urwick "The function ～")

Haberstroh, C. J. (1957). *Processes of internal control in firms* (Ph. D. thesis, University of Minnesota).【ch.7①, p.212】

Hadamard, J. (1945). *An essay on the psychology of invention in the mathematical field.* Princeton: Princeton University Press. (伏見康治, 尾崎辰之助, 大塚益比古訳『数学における発明の心理』みすず書房, 1990)【ch.7①, p.198】

Haldane, R. B. H. (1918). *Report of the Machinery of Government Committee.* London: His Majesty's Stationery Office.【ch.2①, p.41】

Halpin, A. W. (1954). The leadership behavior and combat performance of airplane commanders. *Journal of Abnormal and Social Psychology, 49*(1), 19-22.【ch.3①, p.75】

Harsanyi, J. C. (1956). Approaches to the bargaining problem before and after the theory of games: A critical discussion of Zeuthen's, Hicks', and Nash's theories. *Econometrica, 24*(2), 144-157.【ch.5①, p.152】

Hayek, F. A. (1944; 1946). *The road to serfdom.* Chicago, IL: University of Chicago Press, London: George Routledge & Sons. (1944年版全訳: 一谷藤一郎訳『隷従への道: 社会主義と自由』創元社, 1954; 西山千明訳『隷属への道』春秋社, 1992)【ch.7①, p.224】【ch.7②, p.226】G53

Hersey, R. B. (1925). Rests – authorized and unauthorized. *Journal of Personnel, 4,* 37-45.【ch.2①, p.37】

Hewitt, D., & Parfit, J. (1953). A note on working morale and size of group. *Occupational Psychology, 27,* 38-42. 【ch.3①, p.76】【ch.3②, p.95】

Hicks. J. R. (1932). *The theory of wages.* London: Macmillan. (内田忠壽訳『賃銀の理論』東洋経済新報社, 1952)【ch.5①, p.152】

Hill, A. V. (1926). *Muscular activity.* Baltimore, MD: Williams & Wilkins.【ch.2①, p.36】

Hill, A. V. (1927a). *Living machinery: Eight lectures delivered at the Lowell Institute, Boston, March, 1927.* New York: Harcourt.【ch.2①, p.36】

Hill, A. V. (1927b). *Muscular movement in man: The factors governing speed and recovery from fatigue.* New York: McGraw-Hill.【ch.2①, p.36】

Hill J. M. M., & Trist, E. L. (1955). Changes in accidents and other absences with length of service: A further study of their incidence and relation to each other in an iron and steel works. *Human Relations, 8* (2), 121-150.【ch.4①, p.125】

Homans, G. C. (1950). *The Human Group.* New York: Harcourt, Brace. (馬場明男, 早川浩一共訳『Human group』誠信書房, 1959)【ch.3①, p.79】

Hood, W. C., & Koopmans, T. C. (Eds.). (1953). *Studies in econometric method.* New York: John Wiley & Sons, London: Chapman.【Postscript①, p.234】

Hoppock, R. (1935). *Job Satisfaction* (photo-studies by Lewis W. Hine; aerial photography by V. Kauffman). New York: Harper & Brothers.【ch.3①, p.79】【ch.3②, p.91】G156

Howard, J. A. (1957). *Marketing management: Analysis and decision.* Homewood, IL: Irwin. (田島義博訳『経営者のためのマーケティングマネジメント: その分析と決定』建帛社, 1960)【ch.4①, p.127】

Hunt, J. McV. (Ed.). (1944). *Personality and the behavior disorders: A handbook based on experimental and clinical research: Vol. 1.* New York: Ronald Press.【ch.5①, p.134】【ch.5②, p.136】

Jaffe, A. J., & Stewart, C. D. (1951). *Manpower resources and utilization: Principles of working force analysis.* New York: John Wiley & Sons, London: Chapman & Hall.【ch.4①, p.122】

Kalish, G. K, Milnor, J. W., Nash, J. F., & Nering, E. D. (1952). Some experimental *n*-person games. RAND

Fayol, H. (1930). *Industrial and general administration* (J.A. Coubrough, trans.). London: H.R. Grubb. (Original work published 1917). 【ch.2①, p.41】G10 D405

Feldman, H. (1937). *Problems in labor relaitons: A case book presenting some major issues in the relations of labor, capital, and government.* New York: Macmillan. 【ch.3①, p.82】

Festinger, L. (1943a). Studies in decision: I. Decision-time, relative frequency of judgment and subjective confidence as related to physical stimulus difference. *Journal of Experimental Psychology, 32*(4), 291-306. 【ch.5 ①, p.139】

Festinger, L. (1943b). Studies in decision: II. An empirical test of a quantitative theory of decision. *Journal of Experimental Psychology, 32*(5), 411-423. 【ch.5①, p.139】

Festinger, L., Schachter, S., & Back, K. (1950). *Social pressures in informal groups: A study of human factors in housing* (with chapters by C. Bauer and R. W. Kennedy). New York: Harper & Brothers. 【ch.3①, p.79】

Freeman, J. L. (1955). *The political process: Executive bureau-legislative committee relations.* New York: Doubleday, New York: Random House. 【ch.4①, p.109】

Friedman, G. (1954). Outline for a psycho-sociology of assembly line work. *Human Organization, 12,* 15-20. 【ch.3①, p.74】【ch.3②, p.83】

Gaus, J. M., & Wolcott, L. O. (1940). *Public administration and the United States Department of Agriculture* (Studies in administration/ Committee on Public Administration, Social Science Research Council, Vol. 10). Chicago, IL: Committee on Public Administration of the Social Science Reserch Council by Public Administration Service. 【ch.7①, p.204】【ch.7②, p.206】【ch.7③, p.210】

Gilbreth, F. B. (1909). *Bricklaying System.* New York: M. C. Clark. 【ch.2①, p.39】D415

Gilbreth, F. B. (1911). *Motion study: A method for increasing the efficiency of the workman.* New York: D. Van Nostrand, London: Constable. (大壁早治譯『手數省略新式工場管理法』大倉書店, 1912)【ch.2①, p.39】

Gilbreth, F. B. (1912). *Primer of Scientific Management.* New York: D. Van Nostrand. 【ch.2①, p.39】

Gilbreth, F. B., & Gilbreth, L. M. (1916; 1919). *Fatigue study: The elimination of humanity's greatest unnecessary waste a first step in motion study.* (1st ed.) New York: Sturgis & Walton. (2nd ed.) New York: Macmillan, London: George Routledge & Sons. 【ch.2①, p.36】【ch.2②, p.36】【ch.2③, p.37】D415

Gilbreth, F. B., & Gilbreth, L. M. (1917). *Applied motion study: A collection of papers on the efficient method to industrial preparedness.* New York: Sturgis & Walton, London: George Routledge & Sons. 【ch.2①, p.34】【ch.2②, p.39】D415

Gilbreth, L. M. (1914). *The psychology of management: The function of the mind in determining, teaching and installing methods of least waste.* New York: Sturgis & Walton. 【ch.2①, p.39】

Goode, W. J., & Fowler, I. (1949). Incentive factors in a low morale plant. *American Sociological Review, 14*(5), 618-624. 【ch.3①, p.78】P151

Gore, W. G. (1956). Administrative decision-making in federal field offices. *Public Administration Review, 16,* 281-291. 【ch.6①, p.175】

Gouldner, A. W. (1954). *Patterns of industrial bureaucracy.* Glencoe, IL: Free Press. (岡本秀昭, 塩原勉訳編『産業における官僚制：組織過程と緊張の研究』ダイヤモンド社, 1963)【ch.3①, p.56】【ch.3②, p.62】B172

Gouldner, A. W. (1957). Theoretical requirements of the applied social sciences. *American Sociological Review, 22*(1), 92-102. 【ch.3①, p.55】

Gross, E. (1953). Some functional consequences of primary controls in formal work organizations. *American Sociological Review, 18*(4), 368-373. 【ch.3①, p.97】

Guetzkow, H., & Simon, H. A. (1955). The impact of certain communication nets upon organization and performance in task-oriented groups. *Management Science, 1*(3/4), 233-250. 【ch.6①, p.164】D426

團行動の經濟學』文雅堂書店, 1958)

Comrey, A. L., Pfiffner, J. M., & Beem, H. P. (1952). Factors influencing organizational effectiveness: I. The US Forest Service. *Personnel Psychology, 5*(4), 307-328. 【ch.3①, p.94】

Curle, A. (1949a). Incentives to work: An anthropological appraisal. *Human Relations, 2*(1), 41-47. 【ch.4 ①, p.114】 D402 P98

Cyert, R. M., & March, J. G. (1955). Organizational structure and pricing behavior in an oligopolistic market. *American Economic Review, 45*(1), 129-139. 【ch.6①, p.160】

Cyert, R. M., & March, J. G. (1956). Organizational factors in the theory of oligopoly. *Quarterly Journal of Economics, 70*(1), 44-64. 【ch.5①, p.146】【ch.6①, p.160】【ch.7①, p.204】

Cyert, R. M., Simon, H. A., & Trow, D. B. (1956). Observation of a business decision. *Journal of Business, 29*(4), 237-248. 【ch.7①, p.200】【Postscript①, p.235】

Dahl, R. A. (1957). The concept of power. *Behavioral Science, 2*(3), 201-215. 【Postscript①, p.235】

Dahl, R. A., & Lindblom, C. E. (1953). *Politics, economics and welfare: Planning and politico-economic systems resolved into basic social processes.* New York: Harper. (磯部浩一訳『政治・経済・厚生』東洋経済新報社, 1961 (抄訳))【ch.3①, p.97】

Dalton, M. (1948). The industrial rate-buster: A characterization. *Applied Anthropology, 7*(1), 5-18. 【ch.3 ①, p.98】 P101

Davis, K. (1953). A method of studying communication patterns in organizations. *Personnel Psychology, 6* (3), 301-312. 【ch.3①, p.81】

Davis, R. C. (1940). *Industrial organization and management.* New York: Harper & Brothers. 【ch.3①, p.91】

Dearborn, D. C., & Simon, H. A. (1958). Selective perception: A note on the departmental identifications of executives. *Sociometry, 21*(2), 140-144. 【ch.5 ①, p.147】【ch.6 ①, p.175】(Simon, H. A. (1976). *Administrative behavior: A study of decision-making processes in administrative organization* (3rd ed.). New York: Free Press. (第3版の訳: 松田武彦, 高柳暁, 二村敏子訳『経営行動』ダイヤモンド社, 1989)の第15章(pp.309-314 邦訳pp.387-394)として所収)

de Groot, A. D. (1946). *Het denken van den schaker, een experimenteel-psychologische studie* (Doctoral dissertation, Noord-Hollandsche Uitgevers Maatschappij, Amsterdam, The Netherlands). (in Dutch) 【ch.7 ①, p.198】【ch.7②, p.200】

Denerly, R. A. (1953). Workers' attitude toward an establishment scheme. *Occupational Psychology, 27*, 1-10. 【ch.3①, p.81】

Deutsch, K. W. (1954). Game theory and politics: Some problems of application. *Canadian Journal of Economics and Political Science, 20*(1), 76-83. 【ch.5①, p.152】

Devons, E. (1950). *Planning in practice: Essays in aircraft planning in war-time.* Cambridge, England: Cambridge University press. 【ch.2①, p.48】【ch.7①, p.227】

Dickinson, Z. C. (1937). *Compensating industrial effort: A scientific study of work and wages.* New York: Ronal Press. 【ch.3①, p.82】

Diebold, J. (1952). *Automation: The advent of the automatic factory.* New York: van Nostrand. (中島正信, 渡辺真一訳『オートメーション』中央経済社, 1957) 【ch.2①, p.32】

Dinneen, G. P. (1955, March). Programming pattern recognition. In *Proceedings of the March 1-3, 1955, western joint computer conference* (pp. 94-100). ACM. 【ch.2①, p.33】

Dubin, R. (1949). Decision-making by management in industrial relations. *American Journal of Sociology, 54*(4), 292-297. 【ch.3①, p.66】 B142 P118

Elwell, J. L., & Grindley, G. C. (1938). The effect of knowledge of results on learning and performance: I. A coordinated movement of the two hands. *British Journal of Psychology, 29*(1), 39-54. 【ch.3①, p.83】

参考文献リスト

p.118】【ch.4②, p.121】
Blau, P. M. (1955). *The dynamics of bureaucracy: A study of interpersonal relations in two Government agencies*. Chicago, IL: University of Chicago Press. 【ch.3①, p.66】【ch.6①, p.166】【ch.6②, p.179】【ch.6③, p.186】D427
Bolanovich, D. J. (1948). Interest tests reduce factory turnover. *Personnel Psychology, 1*(1), 81-92. 【ch.4①, p.116】
Brayfield, A. H., & Crockett, W. H. (1955). Employee attitude and employee performance. *Psychological Bulletin, 52*(5), 396-424. 【ch.3①, p.67】【ch.4①, p.111】D418
Brinton, C. C. (1938; 1952). *The anatomy of revolutions*. New York: W. Norton; (Rev. ed.) New York: Prentice-Hall. (岡義武, 篠原一譯『革命の解剖』(岩波現代叢書) 岩波書店, 1952) 【ch.4①, p.116】
Brissenden, P. F., & Frankel, E. (1922). *Labor turnover in industry: A statistical analysis*. New York: Macmillan. 【ch.4①, p.117】【ch.4②, p.118】【ch.4③, p.121】【ch.4④, p.121】【ch.4⑤, p.122】
Britton, C. E. (1953). *Incentives in Industry*. New York: Research and Compensation Division, Esso Standard Oil Company. 【ch.3①, p.82】
Brown, W. H. (1957). Innovation in the machine tool industry. *Quarterly Journal of Economics, 71*(3), 406-425. 【ch.7①, p.209】
Bruner, J. S., Goodnow, J. J., & Austin G. A. (1956). *A study of thinking*. New York: John Wiley & Sons. (岸本弘, 岸本紀子, 杉崎恵義, 山北亮訳『思考の研究』(海外名著選, 7) 明治図書, 1969) 【ch.1①, p.28】【ch.2①, p.33】
Bullock, R. P. (1952). *Social factors related to job satisfaction: A technique for the measurement of job satisfaction*. Columbus, OH: Bureau of Business Research, College of Commerce and Administration, Ohio State University. 【ch.4①, p.117】
Burgess, E. W., & Locke, H. J. (1945; 1953). *The family: From institution to companionship,* New York: American Book. 【ch.3①, p.92】
Byrt W. J. (1954). Human factor in wage incentives. *Personnel Practices Bulletin* (Melbourne), *10*, 16-21. 【ch.3①, p.82】
Cartwright, D. (1941a). Relation of decision-time to the categories of response. *American Journal of Psychology, 54*(2), 174-196. 【ch.5①, p.139】
Cartwright, D. (1941b). Decision-time in relation to the differentiation of the phenomenal field. *Psychological Review, 48*(5), 425-442. 【ch.5①, p.139】
Cartwright, D., & Festinger, L. (1943). A quantitative theory of decision. *Psychological Review. 50*(6), 595-621. 【ch.5①, p.139】G333
Cartwright, D., & Zander, A. (Eds.). (1953). *Group dynamics: Research and theory*. Evanston, IL; White Plains, NY: Row, Peterson & Co. (三隅二不二訳編『グループ・ダイナミックス』誠信書房, 1959) 【ch.5①, p.147】B78
Churchman, C. W., Ackoff, R. L., & Arnoff, E. L. (1957). *Introduction to operations research*. New York: John Wiley & Sons. (森口繁一監訳, 宮澤光一, 松田武彦, 大前義次, 菅波三郎訳『オペレーションズ・リサーチ入門(上巻・下巻)』紀伊國屋書店, 1958) 【ch.7①, p.231】
Coch, I., & French, J. R. P. (1948). Overcoming resistance to change. *Human Relations, 1*(4), 512-532. 【ch.4①, p.114】P90
Coleman, J., Katz, E., & Menzel, H. (1957). The diffusion of an innovation among physicians. *Sociometry, 20*(4), 253-270. 【ch.7①, p.209】
Collins, O., Dalton, M., & Roy, D. (1946). Restriction of output and social cleavage in industry. *Applied Anthropology, 5*(3), 1-14. 【ch.3①, p.98】G96 P92
Commons, J. R. (1950). *The economics of collective action*. New York: Macmillan. (春日井薫, 春日井敬譯『集

部に載っていた文献はなかったが、本書のリストを含めて4リストに載っていた文献は6点、そのうち本書で引用されていたのは、Barnard (1938), Bendix (1947), Weber (1947)の3点だけだった。

Abruzzi, A. (1952). *Work Measurement: New principles and procedures.* New York: Columbia University Press. 【ch.2①, p.35】

Acton Society Trust (1953). *Size and morale.* London: Action Society Trust. 【ch.4①, p.111】【ch.4②, p.118】

Adams, D. K. (1954). Conflict and integration. *Journal of Personality, 22*(4), 548-56. 【ch.3①, p.75】

Aristotle.(n.d.) *Politics.* 【ch.2①, p.41】

Babchuk, N., & Goode, W. J. (1951). Work incentives in a self-determined group. *American Sociological Review, 16*(5), 679-687. 【ch.3①, p.95】P18

Bach, G. L. (1954; 1957). *Economics: an introduction to analysis and policy.* Englewood Cliffs, NJ: Prentice-Hall. 【ch.2①, p.37】

Bakke, E. W. (1950). *Bonds of organization: An appraisal of corporate human relations.* New York: Harper & Brothers. 【ch.6①, p.182】D405 P27

Bakke, E. W., Hauser, P. M., Palmer, G. L., Myers, C. A., Yoder, D., & Kerr, C. (1954). *Labor mobility and economic opportunity: Essays.* Cambridge, MA: Technology Press of Massachusetts Institute of Technology, New York: John Wiley & Sons, London: Chapman & Hall. 【Palmer: ch.4①, p.121】【Yoder: ch.4②, p.121】【Hauser: ch.4③, p.121】【ch.4④, p.121】

Bales, R. F., & Strodtbeck, F. L. (1951). Phases in group problem-solving. *Journal of Abnormal and Social Psychology, 46*(4), 485-495. (Cartwright, D., & Zander, A. (Eds.). (1953; 1960). *Group dynamics: Research and theory.*(1st ed.) Evanston, IL; White Plains, NY: Row, Peterson & Co., (2nd ed.) Evanston, IL; Elmsford, NY: Row, Peterson & Co. (第2版の訳: 三隅二不二, 佐々木薫訳編『グループ・ダイナミックス[第2版] Ⅰ・Ⅱ』誠信書房, 1969-1970)の第33章「集団における問題解決の位相」(pp.749-765)として所収。ちなみに1953年の初版ではch.26 (pp.386-400)、1960年の第2版ではch.33 (pp.624-638)として所収されていた)【ch.7①, p.199】

Barnard, C. I. (1938). *The functions of the executive.* Cambridge, MA: Harvard University Press. (山本安次郎, 田杉競, 飯野春樹訳『新訳 経営者の役割』ダイヤモンド社, 1968)【ch.4①, p.103】【ch.6①, p.191】【ch.7①, p.211】B28 G128 P42

Barnes, R. M. (1937; 1940; 1949; 1958). *Motion and time study.* New York: John Wiley & Sons. (1937年版の訳: 太城藤吉譯『作業動作研究: 作業に於ける動作と時間』東洋書館, 1943. 1958年版の訳: 大坪檀訳『動作・時間研究(第4版)』日刊工業新聞社, 1960.4)【ch.2①, p.39】

Behrend, J. (1953). Absence and labour turnover in a changing economic climate. *Occupational Psychology, 27*(2), 69-79. 【ch.3①, p.72】【ch.3②, p.78】【ch.4①, p.106】【ch.4②, p.121】

Bendix, R. (1947). Bureaucracy: The problem and its setting. *American Sociological Review, 12*(5), 493-507.【ch.3①, p.66】G179 D427 P52

Bilodeau, E. A. (1954). Recent experiments on knowledge of results with psychomotor devices. *USAF Personnel Training Reserve Center Bulletin.* No. AFPTRC-TR-54-68. 【ch.3①, p.83】

Birch, H. G. (1945). The role of motivational factors in insightful problem-solving. *Journal of Comparative Psychology, 38*(5), 295-317. 【ch.5①, p.136】

Black, D. (1948). On the rationale of group decision-making. *Journal of Political Economy, 56*(1), 23-34. 【ch.5①, p.144】B38 D410

Blackett, O. W. (1928). *Factory labor turnover in Michigan* (Michigan business studies, Vol. 2, No. 1). Ann Arbor, MI: University of Michigan, School of Business Administration, Bureau of Business Research. 【ch.4 ①,

参考文献リスト
Bibliography

この参考文献リストは本書の本文中で引用された参考文献をすべて含んでいる。また引用されなかった相当な数の文献も含んでいる。しかし、これだけ長くても、包括的リストというよりむしろサンプルである。他の関連した——ただしいくぶん異なる——参考文献リストについては、次を参照のこと。

Bowen, H. R. (1955). *The business enterprise as a subject for research: Prepared for the Committee on Business Enterprise Research*. (Pamphlet ser., 11). New York: Social Science Research Council.

de Grazia, A. (1949). *Human relations in public administration: An annotated bibliography from the fields of anthropology, industrial management, political science, psychology, public administration, and sociology*. Chicago, IL: Public Administration Service.

Dubin, R. (1958). *The world of work: Industrial society and human relations*. (Prentice-Hall sociology series). Englewood Cliffs, NJ: Prentice-Hall.

Prestridge, V., & Wray, D. (Compiled) (1953). *Industrial sociology: An annotated bibliography*. (Bibliographic contributions, No. 3). Champaign, IL: Institute of Labor and Industrial Relations, University of Illinois.

［訳者注］

- 「引用されなかった相当な数の文献を含んでいる」とされているが、実際、四分の三の文献は引用されていない。第2版では、総数で897点の論文、書籍、資料が挙げられているが、実際に本文中で引用されているのはそのうち234点（26.1%）にすぎない。その中には、第2版で参考文献リストに追加された（すなわち初版の参考文献リストには載っていなかった）次の2冊も含んでいる。初版の本文・参考文献リスト両方で抜けていて、第2版で追加されたCommons (1950)。そして、初版・第2版とも本文では名前だけしか引用されていないAdam Smithの著書Smith (1776) も第2版の参考文献リストでは追加されている。この翻訳の文献リストでは、引用されている文献のみを掲載する。
- 原典の参考文献リストでは、書籍については出版地のみ表示され、出版社の表示がまったくない。副題についても表示がない。また、「出版年」とされているものが初版の出版年なのか、改訂版あるいは2刷以降の出版年なのかもまったく不明である。ジャーナルについても、巻数の表示はあるが、号数の表示がない。ここでは、それらをすべて補っている。
- 書籍、論文とも、日本語の翻訳の存在が確認できたものは示している。
- 原典の初版と第2版では、参考文献リストの形式が変わっているので、翻訳を機に、標準的なAPAスタイルに統一した。
- 原典の参考文献リストは、間違いが多いので、訳者が訂正した箇所は参考文献リストの後に注の形で明示している。
- 原典本文での引用箇所については、原典第2版の章とページ数で表示している。各章で何回目の登場であるのかも丸付数字で表示している。これにより、章によって特定の文献が繰り返し引用されていることが分かる。
- Bowen (1955), de Grazia (1949), Dubin (1958), Prestridge and Wray (1953) のどれかの参考文献リストにも載っていた文献は140点、そのうち60点が本書で引用されている。つまり本書の参考文献リスト897点のうち16%しかこれらのリストと重複していなかったことになる。本書のリストを含めて5リスト全

［著者］
ジェームズ・G・マーチ（James G. March, 1928-）
スタンフォード大学名誉教授。組織論および意思決定理論の権威。政治学、組織論、心理学、社会学、行動科学、企業理論、意思決定論、行動経済学、教育論と広範な領域を研究。本書の他、リチャード・サイアートとの共著 *A Behavioral Theory of the Firm*, Prentice-Hall, 1963.（邦訳『企業の行動理論』ダイヤモンド社、1967年、現在は絶版）は、古典的名著として知られる。

ハーバート・A・サイモン（Herbert A. Simon, 1916-2001）
政治学者・認知心理学者・経営学者・情報科学者。心理学、人工知能、経営学、組織論、言語学、社会学、政治学、経済学、システム科学にわたる広範な領域で影響を与えた。組織の経営行動と意思決定に関する生涯にわたる研究で、1978年にノーベル経済学賞を受賞。また、人工知能への貢献でも知られ、コンピュータ科学の権威ある賞であるチューリング賞も受賞している。主著に *Administrative Behavior*, Macmillan, 1947/Free Press, 1997.（邦訳『経営行動』ダイヤモンド社、1965年／1989年）がある。

［訳者］
高橋伸夫（たかはし・のぶお）
1957年北海道小樽市生まれ。1980年小樽商科大学商学部卒業。1984年筑波大学大学院社会工学研究科退学。東京大学教養学部助手。1987年東北大学経済学部助教授。1991年東京大学教養学部助教授。1994年東京大学経済学部助教授。1998年東京大学大学院経済学研究科教授。学術博士（筑波大学、1987）。

オーガニゼーションズ 第2版
―― 現代組織論の原典

2014年8月21日　第1刷発行

著　者──ジェームズ・G・マーチ、ハーバート・A・サイモン
訳　者──高橋伸夫
発行所──ダイヤモンド社
　　　　　〒150-8409　東京都渋谷区神宮前6-12-17
　　　　　http://www.diamond.co.jp/
　　　　　電話／03・5778・7232（編集）　03・5778・7240（販売）
装　丁───竹内雄二
製作進行──ダイヤモンド・グラフィック社
印　刷───堀内印刷所（本文）・慶昌堂印刷（カバー）
製　本───本間製本
編集協力──吉田秀次
編集担当──木山政行

©2014 Nobuo Takahashi
ISBN 978-4-478-02176-7

落丁・乱丁本はお手数ですが小社営業局宛にお送りください。送料小社負担にてお取替えいたします。但し、古書店で購入されたものについてはお取替えできません。
無断転載・複製を禁ず
Printed in Japan

◆ダイヤモンド社の本◆

世界19ヶ国語で翻訳された戦略論の最高峰に君臨する名著

産業が違い、国が違っても競争戦略の基本原理は変わらない。戦略論の古典としてロングセラーを続けるポーター教授の処女作。

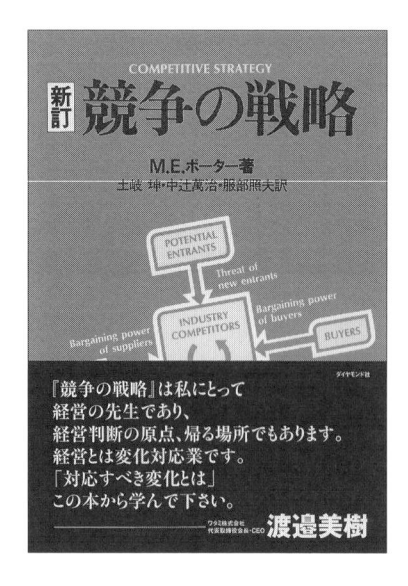

[新訂] 競争の戦略

M・E・ポーター [著]
土岐坤、中辻萬治、服部照夫 [訳]

●Ａ５判上製●定価（5631円＋税）

http://www.diamond.co.jp/